Droit des données 2.0

- Projet de recherche prioritaire du Laboratoire clé de la stratégie des mégadonnées
- Projet de recherche prioritaire du Laboratoire clé de Beijing pour la recherche scientifique urbaine basée sur les mégadonnées
- Projet financé par le Fonds éditorial des laboratoires d'idées de la Fondation de Beijing pour les échanges culturels internationaux entre les villes

DROIT DES DONNÉES 2.0

CONSTRUCTION DU SYSTÈME DE DROITS

Laboratoire clé de la stratégie des mégadonnées

Édité par Lian Yuming

PETER LANG

Oxford • Bern • Berlin • Bruxelles • New York • Wien

Bibliographic information published by Die Deutsche Bibliothek
Die Deutsche Bibliothek lists this publication in the Deutsche Nationalbibliografie;
detailed bibliographic data is available on the Internet at http://dnb.ddb.de.

A catalogue record for this book is available at the British Library.

Cover design: Brian Melville for Peter Lang

ISBN   978-1-80079-426-9 (print) • ISBN   978-1-80079-427-6 (ePDF)
ISBN   978-1-80079-428-3 (ePub) • ISBN   978-1-80079-429-0 (mobi)
DOI 10.3726/b18310

© Peter Lang Group AG 2021

Published by Peter Lang Ltd, International Academic Publishers,
52 St Giles, Oxford, OX1 3LU, United Kingdom
oxford@peterlang.com, www.peterlang.com

Lian Yuming has asserted his right under the Copyright, Designs and Patents Act, 1988,
to be identified as Editor in Chief of this Work.

All rights reserved.
All parts of this publication are protected by copyright.
Any utilisation outside the strict limits of the copyright law, without
the permission of the publisher, is forbidden and liable to prosecution.
This applies in particular to reproductions, translations, microfilming,
and storage and processing in electronic retrieval systems.

This publication has been peer reviewed.

Avec le soutien du
Centre d'étude du droit des données, Université de Science
Politique et de Droit de Chine
(Base de recherche du Laboratoire clé de la stratégie des mégadonnées)

Aperçu général de l'Institution

Le Laboratoire clé de la stratégie des mégadonnées, créé en avril 2015, est une plate-forme de recherche interdisciplinaire, professionnelle, internationale et ouverte mise en place conjointement par le gouvernement populaire municipal de Guiyang et la Commission scientifique et technique de Beijing. Il est également le nouveau think-tank de haut niveau pour le développement des mégadonnées en Chine.

Sous l'égide de l'Institut international de développement urbain de Beijing et de l'Institut d'étude des stratégies de développement axées sur l'innovation de Guiyang, le Laboratoire clé de la stratégie des mégadonnées a créé ses centres de recherche à Beijing et à Guiyang, ainsi que des bases de recherche à l'École du Parti du Comité central du PCC, au Comité national chinois pour les termes en sciences et technologies, à l'Université de Zhejiang, à l'Université des sciences politiques et juridiques de Chine et à l'Académie scientifique et technologique de Shanghai, et a approuvé la création de plates-formes de recherche respectivement sur l'innovation de la théorie de blocs de données et de son application, sur l'innovation de l'application des mégadonnées dans la prise de décisions en matière d'espace urbain, et sur l'innovation des mégadonnées relatives à la culture de la province du Guizhou. Tout cela constitue un nouveau système de recherche dit « deux centres, cinq bases et trois plates-formes » incarnant une nouvelle structure favorisant l'innovation synergique régionale.

Le Laboratoire clé de la stratégie des mégadonnées a publié une série d'ouvrages importants relatifs à l'innovation de la théorie et de la pratique sur le développement des mégadonnées, tels que, entre autres, les *Données en blocs : symbole de l'arrivée de l'ère des mégadonnées*, les *Données en blocs 2.0 : révolution normative à l'ère des mégadonnées*, les *Données en blocs 3.0 : Internet régulé et souveraineté de la chaîne de blocs*, les *Données en blocs 4.0 : datalogie d'activation à l'ère de l'intelligence artificielle*, les *Données en blocs 5.0 : théories et méthodes de sociologie des données*, la *Loi sur les droits numériques 1.0 : fondements théoriques* (versions en chinois, en anglais, en français, en allemand et en chinois traditionnel), la *Chaîne de blocs de souveraineté : Internet d'ordre et la communauté de destin pour l'humanité*, ainsi que le *Livre bleu des mégadonnées : Rapport sur le développement des mégadonnées en Chine* (No.1–No.4), tous ayant une grande influence en Chine comme à l'étranger.

Présentation du Rédacteur en chef

Lian Yuming, professeur, docteur en ingénierie, est actuellement membre du Comité national de la CPPCC (Conférence consultative politique du Peuple chinois), directeur de l'Institut international de développement urbain de Beijing, et directeur du Centre de recherche sur le droit des données à l'Université des sciences politiques et juridiques de Chine.

Expert renommé en urbanisme, le professeur Lian Yuming est vice-président de la CPPCC du District de Chaoyang de la ville de Beijing, membre du Comité consultatif d'experts du gouvernement populaire municipal de Beijing, vice-président de la Fédération de la communauté des sciences sociales de Beijing, expert en chef de la Base de recherche sur le développement coordonné de la zone Beijing-Tianjin-Hebei, et directeur du Laboratoire clé de Beijing pour la recherche scientifique urbaine basée sur les mégadonnées. Ses domaines de recherche sont l'urbanisme, la théorie de la décision et la sociologie. Ses principaux ouvrages sont le *Réveil de villes*, *Du positionnement stratégique de la capitale*, *Connaître de nouveau les villes du monde*, etc.

Depuis mars 2014, le professeur Lian Yuming assume les postes d'assistant du maire de Guiyang, de directeur de l'Institut d'étude des stratégies de développement axées sur l'innovation de Guiyang et de directeur du Laboratoire clé de la stratégie des mégadonnées, et est chargé de la recherche sur la stratégie des mégadonnées. Il a dirigé les ouvrages tels que, entre autres, les *Données en blocs : symbole de l'arrivée de l'ère des mégadonnées*, les *Données en blocs 2.0 : révolution normative à l'ère des mégadonnées*, les *Données en blocs 3.0 : Internet régulé et souveraineté de la chaîne de blocs*, les *Données en blocs 4.0 : datalogie d'activation à l'ère de l'intelligence artificielle*, les *Données en blocs 5.0 : théories et méthodes de sociologie des données*, la *Loi sur les droits numériques 1.0 : fondements théoriques* (versions en chinois, en anglais, en français, en allemand et en chinois traditionnel), la *Chaîne de blocs de souveraineté : Internet d'ordre et la communauté de destin pour l'humanité*, ainsi que le *Livre bleu des mégadonnées : Rapport sur le développement des mégadonnées en Chine* (No.1–No.4).

COMITÉ DE RÉDACTION

Conseillers généraux   Chen Gang, Yan Aoshuang
Directeur   Zhao Deming
Directeur exécutif adjoint   Chen Yan
Directeurs adjoints   Xu Hao, Liu Benli, Lian Yuming
Rédacteur en chef   Lian Yuming
Rédacteurs en chef adjoints   Long Rongyuan, Zhang Longxiang
Chercheurs principaux   Lian Yuming, Zhu Yinghui, Song Qing, Wu Jianzhong, Zhang Tao, Song Xixian, Long Rongyuan, Zhang Longxiang, Zou Tao, Shen Xudong, Chen Wei, Yang Guanhua, Yang Lu, Yang Zhou
Chercheurs secrétaires   Li Ruixiang, Long Wanling

COMITÉ DE TRADUCTION

Traductrice   Cheng Wenjuan
Réviseuse   Zhao Sa

TABLE DES MATIÈRES

Mot du rédacteur en chef	xvii
Préface	xxv

CHAPITRE 1
Homo numericus … 1
   1.1 Nature humaine comme fondement du droit … 2
   1.2 Postulat de l'*homo numericus* et altruisme … 18
   1.3 Système et légalisation du droit des données … 33

CHAPITRE 2
Droits sur les données … 55
   2.1 Droits sur les données et pouvoir des données … 56
   2.2 Classification des droits sur les données … 77
   2.3 Confrontation entre les droits sur les données … 94
   2.4 Protection des droits sur les données … 107

CHAPITRE 3
Droit de partage … 131
   3.1 Justification du droit de partage … 131
   3.2 Proposition du droit de partage … 149
   3.3 Contenu du droit de partage … 161
   3.4 Importance du droit de partage … 177

CHAPITRE 4
Souveraineté des données … 191
   4.1 Émergence de la souveraineté des données … 192
   4.2 Droits de la souveraineté des données … 207

4.3	Jeu de la souveraineté des données	220
4.4	Gouvernance de la souveraineté des données	232

CHAPITRE 5
Système du droit des données : une comparaison internationale 251

5.1	Droit des données à l'étranger	252
5.2	Droit des données en Chine	286
5.3	Importance du droit des données pour la gouvernance mondiale de l'Internet	323

Postface 343

Terminologie 349

Mot du rédacteur en chef

Au cours de l'histoire mondiale de la civilisation, l'humanité a connu successivement la révolution agricole, la révolution industrielle et la révolution de l'information. Chacune de ces révolutions eut un impact considérable et profond sur la production et la vie humaines. Toutefois, la révolution numérique qui se produit en ce moment même est encore plus significative. Les changements sans précédent qu'elle apporte ne constituent pas un simple développement supplémentaire ou une extension unidimensionnelle. Ils représentent, dans une large mesure, une alternative au mode de production et de vie que l'être humain poursuit depuis la révolution industrielle. De nouveaux types de relations juridiques, telles que celles dans l'économie numérique, dans la conduite autonome et dans l'édition génomique, ne cessent d'émerger. L'expérience et les règles existantes de l'humanité sont confrontées à des défis extrêmes et à des reconstructions structurelles. Comme le dit la devise d'une tribu nomade, « si vous avancez trop vite, votre âme ne parviendra pas à vous suivre ». Cette devise décrit très bien la situation actuelle du développement des mégadonnées : partout dans le monde, l'exploitation des mégadonnées progresse à une vitesse fulgurante, mais le secteur présente d'importants risques potentiels et des confusions. Dans une société qui évolue vers le numérique, les réseaux et l'intelligence, les théories juridiques et les méthodes de réglementation juridique traditionnelles rencontrent à la fois des difficultés théoriques et des lacunes pratiques. « Pour bien gouverner la société, les lois doivent s'adapter à la réalité en constante évolution ». Il est donc nécessaire d'incorporer les mégadonnées dans la construction d'un nouveau système juridique, de développer des théories tournées vers l'avenir et d'innover le système institutionnel pour préparer l'humanité à l'avènement de « l'espace ternaire » et de l'ère numérique.

1. Les trois prémisses du postulat de l'*homo numericus*

L'homme est le point de départ logique de la loi et la loi est une expression concentrée de la nature humaine. Le fondement juridique du droit des données s'appuie également sur la nature humaine. Par conséquent, il est nécessaire de concevoir des règles et des systèmes et d'envisager l'application des lois en gardant à l'esprit la nature humaine. La nature humaine a la particularité d'être ouverte et évolutive. Ce n'est qu'en façonnant constamment de nouvelles images et en créant de nouvelles régulations que les humains peuvent résoudre leurs contradictions et se perfectionner. L'*homo numericus* est une nouvelle manifestation de la nature humaine à l'ère des mégadonnées. Lorsque son modèle de personne morale, le chemin, la portée et la forme d'un système de droits sur l'*homo numericus* seront déterminés, ils fourniront une base de légitimité au droit des données du point de vue de l'éthique. L'hypothèse de « l'*homo numericus* » comme nature humaine dans le droit des données se justifie pour plusieurs raisons. D'une part, cela permet de décrire la nouvelle vision de la nature humaine selon laquelle les sujets caractérisés par l'altruisme et le partage devraient être représentés. D'autre part, elle permet d'atténuer ou de surmonter le dilemme de sécurité dans la gouvernance des données pour une construction scientifique et une mise en œuvre efficace des lois. Certes, certaines conditions préalables sont indispensables à l'existence et au développement du postulat de l'*homo numericus*.

Notre dépendance vis-à-vis des objets évolue vers celle vis-à-vis des données. Les données couvrent chaque étape de notre vie, de la naissance à la mort, et nous sont devenues indispensables. Cette dépendance à l'égard des données est apparue alors que nous continuons de dépendre de nos semblables et des objets. Lorsque la production basée sur les données, la vie basée sur les données et les vies numériques deviennent réalité, l'intelligence humaine et l'intelligence artificielle fusionnent, les « personnes physiques » se transforment en « personnes numériques », l'image, la signification et l'extension de « l'homme » seront profondément modifiées. Le développement technologique n'a pas de fin et l'évolution n'est pas terminée. À l'avenir, la société humaine pourrait être composée de

« personnes physiques », de « robots » et de « clones humains ». Il est à noter que le statut de l'*homo numericus* est un problème juridique inévitable auquel nous devrons faire face.

L'altruisme est devenu une valeur fondamentale de la société. Dans une société numérique, la structures des relations détermine que la décentralisation, le décloisonnement, la disparition des frontières sont les mécanismes internes, que l'ouverture, le partage, la coopération et le bénéfice mutuel en sont l'esprit fondamental. Ces caractéristiques font que le développement de la société est axé sur les gens et que l'altruisme est la valeur fondamentale de notre époque. Les propositions de valeur altruistes augmentent la volonté des gens de transférer et de partager leurs droits relatifs aux données, favorisant ainsi la transformation positive des transferts et des partages. Lorsque les ressources de données sont extrêmement abondantes et peuvent être distribuées à la demande, le concept de partage équitable sera enraciné dans l'esprit des gens, le travail numérique deviendra un moyen d'accéder au bonheur et l'altruisme se renforcera considérablement. L'altruisme, présent dans la nature humaine, sera stimulé, par le système du droit des données.

L'*homo numericus* maximise la valeur des données. Lorsque l'*homo numericus* recherche, crée et réalise la valeur des données, il poursuit le principe de maximisation de la valeur. Un système de droit des données est un système juridique pour ajuster la propriété, les droits, l'utilisation et la protection des données, ainsi qu'une norme de base pour réglementer les comportements en lien avec les données et maintenir l'ordre des données. Dans la construction d'un tel système, il est essentiel de parvenir à un équilibre entre la protection efficace des droits et la promotion d'une meilleure utilisation des données, de préserver l'intérêt public et la sécurité publique tout en favorisant le libre partage des données personnelles. La clé pour parvenir à cet équilibre réside dans le transfert de certains droits des citoyens. En d'autres termes, l'objectif législatif du droit des données est de promouvoir la circulation et l'utilisation des données, plutôt que de les restreindre avec un filet juridique inamovible. La naissance du droit des données signifie que les êtres humains ont acquis une meilleure compréhension de leur relation avec les données et qu'ils défendent le principe du transfert, pour permettre aux données de leur apporter plus de bien-être.

2. Les trois droits à l'ère des mégadonnées

À mesure que l'époque évolue, de nouveaux droits doivent être reconnus pour répondre aux besoins de la société. Face à l'arrivée de la société de données, il est nécessaire de construire un système de protection des droits pour parvenir à une protection complète des données. Les droits sur les données, le droit de partage et la souveraineté des données sont devenus les nouveaux droits à l'ère des mégadonnées. Leur inclusion dans la liste des droits légaux est tout à fait légitime. En un sens, l'émergence du droit des données est aussi une occasion de faire évoluer le droit à un stade de développement social spécifique.

Les droits sur les données. À mesure que les données se transforment en ressource, en actif et en capital, la collecte illégale, les vols, les trafics, les abus de données ainsi que d'autres infractions ou actes criminels sont devenus fréquents. Renforcer la protection juridique pour défendre le développement et l'utilisation des données par le système juridique est un travail législatif important dans tous les pays du monde. Ce sujet de recherche, nommé « droits sur les données », est également très étudié par des universitaires chinois et étrangers. En tant que droit émergent, les droits sur les données englobent le droit sur les données personnelles, le droit sur les données d'entreprise et le droit sur les données du gouvernement, etc. La protection de ces droits est un concept large, qui peut être interprétée sous deux angles : celui du droit privé (droits relatifs aux données) et celui du droit public (pouvoir des données). L'essence de l'état de droit consiste à réglementer le pouvoir public et à protéger les droits privés, afin de défendre la justice et d'orienter les tendances. Les droits relatifs aux données et le pouvoir public des données sont des extensions du droit privé et du droit public traditionnels dans l'espace numérique, avec des conflits fréquents. À l'heure actuelle, ils sont tous deux dans une période d'évolution rapide. À long terme, les droits relatifs aux données proliféreront inévitablement alors que le pouvoir des données s'affaiblira.

Le droit de partage. Le partage permet une utilisation efficace des données et une manifestation ultime de la propriété des données. Différent du droit réel, le droit des données ne se manifeste pas sous la forme de la possession, mais comme des droits de partage non exclusifs. Une donnée peut souvent avoir plusieurs sujets de droit. Une fois que le droit des données passe du droit naturel à une propriété commune et à une volonté générale, il devient inévitablement un droit social. Le droit de partage est l'essence même du droit des données. Il se réalise par des droits d'intérêt général et l'usufruit sur les données. La séparation entre la propriété et l'usus des données devient possible, ainsi qu'un modèle de partage qui privilégie l'utilisation et non la possession. Cependant, il existe un conflit naturel entre le partage de données et la protection de la vie privée, en raison de l'opposition entre l'intérêt public et l'intérêt personnel, entre l'intérêt de la propriété et l'intérêt de la personnalité. Par conséquent, pour exploiter pleinement la valeur des ressources de données, il est nécessaire de parvenir à un équilibre entre le droit de partage et le droit à la vie privée. La proposition du droit de partage est un symbole important de la civilisation numérique. Il deviendra une nouvelle règle juridique qui transcendera le droit réel. Il est prévisible que, sur la base du partage, la civilisation humaine entrera dans un stade supérieur, marqué par un ordre construit sur le droit de partage.

La souveraineté des données. L'espace numérique est devenu le « Cinquième domaine » des États, après les espaces maritime, terrestre, aérien et spatial. Le volume des données dont dispose un pays, ses activités de données ainsi que sa capacité à interpréter et à utiliser les données deviendront des éléments importants de sa force nationale globale. Détachée des éléments géographiques, la souveraineté des données est devenue une nouvelle branche conceptuelle et occupe une place centrale dans le système de souveraineté. La souveraineté des données est une partie importante de la souverainement nationale, car elle est la manifestation et l'extension naturelle de la souveraineté nationale dans l'espace numérique. Si la puissance d'un pays dans le domaine des données est le principal indicateur pour mesurer sa force nationale globale et sa compétitivité internationale, sa souveraineté des données sera la condition préalable et la base pour la sauvegarde de ses intérêts fondamentaux. Plusieurs pays et régions ont déjà commencé à construire des systèmes de souveraineté des données portant sur la gestion et le contrôle des données. Par exemple, l'Union européenne a mis en œuvre le Règlement général sur la protection des données (RGPD) pour étendre sa compétence extraterritoriale sur les données. Les États-Unis ont adopté la Clarifying Lawful Overseas Use of Data Act (CLOUD Act), qui donne aux instances de justice le droit de réclamer des données extraterritoriales. La Russie a adopté la loi RuNet pour créer un internet souverain « indépendant et contrôlable ». L'Australie, le Brésil, le Canada, l'Inde, la Corée du Sud et d'autres pays ont également adopté des lois similaires. La souveraineté des données est devenue une nouvelle règle de mesure dans le jeu mondial et la compétition internationale.

3. Les trois principales influences du droit des données

Le monde d'aujourd'hui est en train de vivre des changements majeurs inédits depuis un siècle. La société humaine a à la fois de nombreuses opportunités et défis. Comme l'a dit Stephen Hawking, « nous sommes au seuil d'un monde nouveau et splendide, un endroit à la fois passionnant et précaire ». Sur la question de la construction d'un système de gouvernance mondiale de l'Internet, la lutte entre les pays s'intensifie, le processus de gouvernance progresse difficilement et aucun accord n'a été trouvé sur le modèle de gouvernance. Bien que les pays du monde aient des conditions nationales différentes, des stades de développement d'Internet différents et des défis réels différents, ils désirent tous de développer l'économie numérique, ont tous l'intérêt à relever les défis de la cybersécurité et le besoin de renforcer la gouvernance du cyberespace. Le droit des données est la nouvelle formule que la Chine prescrit au monde pour la gouvernance mondiale de l'Internet. Il fournit la sagesse chinoise et une solution chinoise pour promouvoir la construction d'une communauté de destin dans le cyberespace.

Le droit des données symbolise l'internationalisation du droit chinois. Aujourd'hui, la Chine est en train de vivre les changements sociaux les plus vastes et les plus profonds de l'histoire de l'humanité. Elle met également en œuvre une innovation ambitieuse et unique dans la pratique de l'état de droit. Le système de l'état de droit est l'épine dorsale du système de gouvernance nationale. Le secrétaire général chinois Xi Jinping a souligné que « la Chine doit être capable d'appliquer l'état de droit lorsqu'elle entre sur la scène internationale et participe aux affaires internationales en tant que puissance responsable ». Il a indiqué que « le système de gouvernance mondiale se trouve dans une période clé d'ajustement et de changement. Nous devons participer activement à l'établissement des règles internationales et agir comme un participant, un promoteur et un chef de file dans le processus de réforme de la gouvernance mondiale ». Le droit des données est une innovation et une percée dans le domaine juridique. Il dirigera la mondialisation du droit et de la théorie du droit. En particulier, la traduction et la publication en plusieurs langues d'ouvrages sur le droit des données ont permis à la Chine d'exposer sa pensée, sa voix et sa solution pour la structure de gouvernance mondiale de l'Internet. C'est un symbole important de l'essor du droit chinois, qui commence à occuper le devant de la scène mondiale. Cette série d'ouvrages constitue également un bien public et un outil juridique puissant pour participer à la gouvernance mondiale à l'ère de la civilisation numérique.

Le droit des données sera un élément essentiel du système de l'état de droit à l'avenir. La prochaine révolution sociale bouleversante de la société humaine serait sans doute une révolution de l'état de droit pour réguler les empires numériques. Jusqu'à présent, les modèles de gouvernance multiformes, multi-niveaux et multi-domaines se sont progressivement adaptés à l'ère de la mondialisation. Cependant, ces systèmes complexes peuvent rendre la gouvernance inefficace et illégitime. Afin d'éviter les frictions mutuelles en matière de souveraineté des données, il faudrait formuler des normes internationales, construire un système de droit des données et former une communauté juridique internationale dans le cadre de la coopération internationale. Ce sont des moyens réalisables permettant à l'humanité de bâtir une communauté de destin dans le cyberespace grâce à l'état de droit. Sur le plan mondial, les différentes lois tendent à se fusionner et à uniformiser. Nous commençons à imaginer l'état de droit du futur, dans le but de mieux diriger le présent et de nous préparer pour l'avenir. Dans ce contexte, le droit des données indique l'avenir du droit et nous offre une imagination infinie.

Le droit des données est une pierre angulaire de la civilisation numérique. Vis-à-vis du passé, le droit est un produit de la civilisation. Au regard du présent, le droit est un outil pour maintenir la civilisation et pour l'avenir, le droit est un moyen de faire progresser la civilisation. Alors que l'humanité est passée de la civilisation agricole à la civilisation industrielle, puis à la civilisation numérique, le droit axé sur les personnes a évolué vers le droit axé sur les objets, puis sur les données. Si la civilisation numérique est à l'origine de la création du droit des données et de son innovation, le droit des données fournit de son côté une base pour le maintien du système et de l'ordre de cette civilisation. Le droit des données revêt une importance très significative en ce qu'il sert de paradigme d'ordre pour la civilisation numérique et jette les bases du maintien de l'ordre dans cette civilisation. En ce sens, le droit des données est un produit de la transition de la civilisation et le fondement juridique de la construction d'une communauté de destin dans le cyberespace. Avec le droit réel, ils constituent les deux fondements juridiques de l'ère numérique.

Lian Yuming
Directeur du Laboratoire clé de la stratégie des mégadonnées
Directeur du Centre d'étude du droit des données, Université de Science Politique et de Droit de Chine
Le 17 janvier 2020 à Pékin

Préface

Aujourd'hui, l'humanité est confrontée à des défis sans précédent. Diverses menaces mondiales tels que la guerre nucléaire, la cyberguerre, la guerre financière, la guerre biologique et les pouvoirs non souverains ne cessent d'émerger. La résolution de ces problèmes nécessite une gouvernance mondiale. Le concept de « communauté de destin pour l'humanité » est une solution proposée par la Chine pour l'avenir du monde, le développement de la société humaine et la gouvernance mondiale. Le fondement juridique de la communauté de destin pour l'humanité est une communauté juridique internationale, reliée par un système de règles communes qui régit une société internationale interdépendante. Ce système peut renforcer la fusion des intérêts entre les pays pour former une communauté d'intérêts qui assume les responsabilités communes. Le droit des données est une partie importante de la communauté juridique internationale. Il représente notre regard examinateur vis-à-vis des tendances générales de la technologie, du droit et du développement humain. La proposition du droit des données est un symbole important de l'essor du droit chinois, qui commence à occuper le devant de la scène mondiale. Le droit des données offre également un outil juridique puissant pour participer à la gouvernance mondiale à l'ère de la civilisation numérique.

1.

Lors de la cérémonie d'ouverture du Forum économique mondial de Davos 2017, le président chinois Xi Jinping a déclaré qu'« aujourd'hui, nous vivons dans un monde de contradictions. D'un côté, la richesse matérielle continue de s'accumuler, et la science et la technologie progressent chaque jour : la civilisation humaine s'est développée au plus haut niveau de son histoire. De l'autre, les conflits régionaux sont fréquents, les défis mondiaux tels que le terrorisme et la crise des réfugiés continuent de surgir l'un après l'autre, tandis que la pauvreté, le chômage et les écarts de revenus s'aggravent : le monde est confronté à de plus en plus d'incertitudes ». Le lendemain, dans un discours prononcé au siège des Nations Unies à Genève, Xi a soulevé la question essentielle de notre époque : « qu'est-il arrivé au monde et comment devrions-nous réagir ? » Deux ans plus tard, lors de la cérémonie de clôture d'un forum sur la gouvernance mondiale co-organisé par la France et la Chine, Xi Jinping a de nouveau souligné que « Le monde d'aujourd'hui est confronté à des changements majeurs jamais vus depuis un siècle. La paix et le développement sont toujours les thèmes de notre époque. Dans le même temps, les problèmes de l'instabilité et de l'incertitude sont devenus plus proéminents et l'humanité fait face à de nombreux défis communs ».

Le monde est confronté à des changements et à des défis majeurs qui n'ont jamais été vus depuis un siècle. Le premier défi est la menace d'une guerre nucléaire. Depuis le 21e siècle, les principaux pays du monde se sont précipités pour déployer des stratégies nucléaires et construire une dissuasion nucléaire avec des forces à la fois offensives et défensives, ce qui a formé une concurrence et un jeu nucléaire vicieux à l'échelle mondiale. Ce cercle vicieux peut encore briser la stabilité stratégique mondiale, déclencher une troisième guerre mondiale marquée par les armes nucléaires et ouvrir la porte du désastre à l'humanité. Le deuxième défi est la menace d'une cyberguerre. La guerre dans le cyberespace est une toute nouvelle forme de guerre. En effet, le cyberespace est devenu un nouveau champ de bataille où les pays s'affrontent de manière féroce pour s'emparer, contrôler et occuper du terrain. Le cyberespace et l'espace réel où vit l'humanité sont étroitement liés l'un à l'autre. La cyberguerre est même plus inquiétante que les bombes nucléaires. La menace d'une cyberguerre qui s'accroît silencieusement sera une source importante de turbulences dans le monde et peut entraîner l'humanité dans un monde de désordre. Le troisième défi est la menace d'une guerre financière. La sécurité financière a une influence directe sur le développement économique et la paix mondiale. Elle est donc une question importante de la gouvernance mondiale. Dans le contexte de l'intégration économique mondiale, la crise financière systémique de n'importe quel pays entraînera inévitablement des conséquences destructrices pour le développement économique mondial. Aucun pays ne pourra se tenir à l'écart. Le quatrième défi est la menace d'une guerre biologique. Aujourd'hui, l'humanité est confrontée à de multiples défis de santé tels que les cancers, le virus Ebola et le SIDA, et à des risques sociaux multidimensionnels tels que l'édition génomique. Pour les personnes physiques, les « surhumains » créés par l'édition génomique représentent une « civilisation supérieure » et un coup fatal. Les conséquences d'une perte de contrôle des « surhumains » seraient catastrophiques pour l'humanité. Le cinquième défi est la menace des pouvoirs non souverains. Les réseaux de forces non souveraines utilisent Internet pour « démocratiser » d'autres pays. Elles peuvent facilement aller au-delà des frontières pour former un réseau mondial, influencer ou même contrôler et contraindre des États souverains, modifiant ainsi directement ou indirectement l'ordre géopolitique international en tant que nouveau type de danger mondial. De plus, l'humanité est également affrontée à deux « rhinocéros gris » majeurs, qui ont un impact subversif et accablant sur son avenir. Le premier « rhinocéros gris » est le réchauffement climatique. Dans un récent rapport, les Nations Unies ont une fois de plus tiré la sonnette d'alarme sur les catastrophes climatiques. Selon le rapport, à la fin du 21e siècle, le niveau des océans pourrait monter d'un mètre. Un milliard de personnes dans le monde sera exposé aux tempêtes, aux inondations et à d'autres catastrophes naturelles et 280 millions de personnes perdront leur maison, entraînant un flux mondial de réfugiés climatiques. Le second « rhinocéros gris » est le choc des civilisations. Les civilisations doivent-elles toujours s'affronter ou sont-elles capables de coexister harmonieusement, de s'intégrer et d'apprendre les unes des autres ? À une époque où la situation internationale est complexe et changeante, où la fermeture et l'ouverture, l'unilatéralisme et le multilatéralisme s'affrontent, cette question ancienne se pose de nouveau et nous interroge sur l'avenir de l'humanité.

Le 7 juin 2019, au Forum économique international de Saint-Pétersbourg (SPIEF), en Russie, le secrétaire général de l'ONU, Antonio Guterres Guterres, a rappelé que « les défis mondiaux nécessitent des solutions globales. Aucun pays ni aucune organisation ne peut relever seul les défis ». Il a également souligné la nécessité des institutions et des structures multilatérales, car les relations internationales doivent être fondées sur le droit international. En tant que le plus grand pays en développement du monde et membre permanent du Conseil de sécurité des Nations Unies, la Chine a toujours défendu une vision de gouvernance mondiale basée sur les consultations réciproques, l'engagement commun et le partage des fruits. Elle suit sans relâche la voie du développement pacifique, soutient sans réserve le multilatéralisme, préserve fermement la position fondamentale de l'ONU dans la gouvernance mondiale et œuvre activement pour la construction d'un nouveau type de relations internationales et d'une communauté de destin pour l'humanité. Il est à noter que le Bureau politique du Comité central du Parti communiste chinois a organisé de nombreuses études collectives sur la gouvernance mondiale. Le secrétaire général Xi Jinping a personnellement présidé des réunions et prononcé une série de discours importants sur le sujet. La Chine attache donc une grande importance à la gouvernance mondiale. Elle est disposée à continuer à jouer un rôle de puissance responsable, à participer à la réforme et à la construction du système de gouvernance mondiale et à apporter continuellement sa sagesse et sa force.

2.

Depuis que le président chinois Xi Jinping l'a proposé pour la première fois le 23 mars 2013, le concept de « communauté de destin pour l'humanité » est devenu rapidement un terme très recherché dans le domaine des relations internationales et de la gouvernance mondiale. Non seulement il a été mentionné et expliqué à maintes reprises par les dirigeants chinois dans leurs discours en Chine et à l'étranger, mais il a également été inscrit dans de nombreuses résolutions des structures de l'ONU. Le concept est devenu, dans une certaine mesure, un consensus international. Dans le Rapport présenté à son 19e Congrès, le Parti communiste chinois (PCC) a appelé « tous les peuples à unir leurs efforts pour bâtir une communauté de destin pour l'humanité, et construire un monde beau et propre, caractérisé par l'ouverture, l'inclusion, la paix durable, la sécurité globale et la prospérité commune ». Lors de la 2e session plénière du 19e Comité central du PCC, le Parti a de nouveau souligné que « la poursuite de la voie du développement pacifique, l'adhésion à la stratégie d'ouverture mutuellement bénéfique et la construction d'une communauté de destin pour l'humanité revêtent une grande importance pour la noble cause du développement pacifique de l'humanité ». En mars 2018, la première session de la 13ᵉ Assemblée populaire nationale (ANP) a voté et adopté un amendement à la Constitution chinoise, incluant « la construction d'une communauté de destin pour l'humanité » dans le préambule de la Constitution. L'idée d'une « communauté de destin pour l'humanité » a ainsi été élevée au niveau constitutionnel et incorporée dans le système juridique chinois, ce qui indique également que ce concept est devenu une partie importante de la pensée de Xi Jinping sur le socialisme à la chinoise de la nouvelle ère.

À l'heure actuelle, la gouvernance mondiale de l'Internet présente de nombreux problèmes historiques, tels que des règles immatures, un ordre incohérent et le développement inégal, tout en étant confrontée à des difficultés réelles, comme le déséquilibre structurel, la domination hégémonique et l'affaiblissement de l'état de droit. En apparence, les communautés techniques édictent elles-mêmes des règles. En réalité, ces communautés sont contrôlées par l'hégémonie des puissances technologiques, qui monopolisent le pouvoir sur Internet par la « pseudo-décentralisation ». L'Internet n'est pas une zone de non-droit. La communauté internationale a besoin d'un système d'état de droit équitable, ainsi que des normes et des protections d'une communauté juridique internationale. Le concept de communauté juridique internationale traduit la nouvelle compréhension de la Chine à l'égard du fondement social du droit international. Il revêt une grande importance pour la participation de la Chine à la réforme du système de gouvernance mondiale, puisqu'il aide à comprendre la relation entre la Chine et le monde, à renforcer la puissance du discours de la Chine sur la scène mondiale et à promouvoir la légalisation des relations internationales prônée par la Chine. Il est tout à fait juste de dire que la construction d'une communauté juridique internationale est l'unique voie qui puisse nous conduire vers une communauté de destin pour l'humanité.

De même que l'environnement international fournit une base pour la création d'une communauté juridique internationale, celle-ci offre des solutions juridiques aux problèmes de l'environnement international. Dans le monde actuel, le droit international est diversifié et fragmenté, et la gouvernance mondiale est marquée par des absences et des différences, alors que les menaces de guerre nucléaire, de cyberguerre, de guerre financière, de guerre biologique, de forces non souveraines et d'autres problèmes mondiaux sont devenus de plus en plus fréquents et extrêmes. Il est urgent que les pays du monde entier renforcent la coopération, approfondissent les échanges, saisissent ensemble les opportunités du numérique, de l'intelligence artificielle et de l'Internet, relèvent les défis mondiaux dans les domaines juridiques, sécuritaires et de gouvernance gouvernementale et travaillent main dans la main pour construire une communauté juridique internationale. La construction de cette communauté n'est pas seulement une demande de la Chine, mais aussi un besoin mondial. Tant que les États souverains sont reliés par des intérêts communs en raison de leur interdépendance et ont besoin de prendre ensemble des actions pour faire face aux menaces communes, il leur faut construire des systèmes juridiques communs pour protéger les intérêts et répondre aux menaces, ainsi qu'un mécanisme de responsabilités communes mais différenciées pour mettre en œuvre ces systèmes juridiques. De ce fait, la communauté juridique internationale n'est pas une projection, mais une réalité.

3.

Le droit des données sera une partie essentielle de la communauté juridique internationale. Dans un contexte de numérisation totale, tous les éléments du monde ternaire, composé d'humains, de machines et d'objets peuvent être exprimés par des données. « L'*homo numericus* » apparaît comme un nouveau postulat de modèle de personnalité. Il génèrera une série de droits et de relations juridiques difficiles à réglementer par les lois traditionnelles, comme les droits relatifs aux données, le droit de partage et la souveraineté des données. Par conséquent, il est nécessaire de construire de nouvelles normes juridiques pour réglementer la propriété des données, les droits sur les données, l'utilisation des données et la protection des données à l'ère de la civilisation numérique. Nous appelons l'ensemble de ces nouvelles normes « droit des données ». Dans le domaine des données, Kevin Kelly et Yuval Noah Harari sont les deux philosophes les plus éminents du 20e siècle. La trilogie de Kevin Kelly sur l'avenir : *Hors de contrôle, Ce que la technologie veut* et *L'inévitable,* ainsi que la trilogie historique de Yuval Harari : *Sapiens : Une brève histoire de l'humanité, Homo Deus : Une brève histoire de l'avenir* et *21 leçons pour le 21e siècle* ont connu un immense succès dans le monde entier. S'ils sont qualifiés de « philosophe des données », c'est parce qu'ils ont avancé la conclusion importante selon laquelle l'Internet a brisé le monde ancien. Toutefois, comment l'Internet reconstruit-il un nouveau monde ? Cette question n'a pas encore de réponse et la proposition du droit des données nous offre une solution pour reconstruire l'ordre mondial dans une perspective juridique.

Le droit des données est une proposition basée sur l'étude des « trois tendances principales » de l'ère de la civilisation numérique. La première tendance est celle du développement technologique. L'invention du premier ordinateur électronique à usage général a marqué le début de l'ère des technologies de l'information 1.0, représentée par l'électronique, l'informatique et les logiciels. Puis, après 20 ans de progrès et d'évolution, notamment dans la technologie Internet, des plates-formes Internet internationales comme Facebook sont nées et les réseaux mondiaux d'information sont interconnectés. L'humanité est entrée dans l'ère des technologies de l'information 2.0 et le monde est devenu un village planétaire. Mais les progrès technologiques ne se sont pas arrêtés et les technologies de nouvelle génération telles que l'intelligence artificielle, l'information quantique, les communications 5G, l'Internet des objets et la chaîne de blocs se développent rapidement. L'humanité est entrée dans l'ère des technologies de l'information 3.0 représentée par le jumeau numérique, et son espace de vie est en train d'évoluer du physique vers le numérique. Dans un avenir proche, l'espace physique et l'espace numérique fusionneront progressivement. La numérisation, la mise en réseau et l'intelligence deviendront progressivement les nouvelles caractéristiques de la vie humaine et la vie numérique sera notre mode de vie le plus important. Cette tendance est le contexte technologique de l'étude du droit des données. La deuxième tendance est celle du développement juridique. Le développement du droit traduit l'état de conscience de la société. Au cours de l'histoire mondiale des systèmes juridiques, le droit n'a cessé d'évoluer pour s'adapter à l'apparition de nouvelles entités : ethnies, cités, États ou encore organisations internationales. À l'avenir, le droit national évoluera vers le droit transnational, puis le droit supranational. L'unification mondiale du droit, l'autonomie du droit privé, la convergence du droit statutaire et de la jurisprudence sont des tendances importantes du développement du droit. Elles conduiront à la formation d'une structure juridique pluraliste composée de « droit mondial » et de « droits nationaux ». Cette tendance est l'appréciation de base de l'étude du droit des données. La troisième tendance est celle du développement humain. Depuis la naissance du droit jusqu'à nos jours, le sujet des droits est toujours une personne physique. Dans un avenir proche, la société humaine pourrait être composée de « personnes physiques », de « robots » et de « clones humains », qui coexistent. Nous désignons collectivement les « personnes physiques », les « robots » et les « clones humains » comme des *homo numericus*. Sur cette base, nous avons construit un cadre juridique à trois niveaux : les droits relatifs aux données, le système des droits relatifs aux données et le droit des données. Cette tendance est la base théorique de l'étude du droit des données.

Le droit en matière d'économie numérique est le droit chinois qui a le plus de possibilités d'aller à l'international. Au début du 21e siècle, le développement pacifique durable de la Chine a été le plus grand changement de la politique internationale. Pour un pays, la véritable paix est de fournir une civilisation utile au monde. Le droit des données est un produit d'évolution de notre époque et peut fournir un nouvel ordre pour l'ère de la civilisation numérique. Il ouvre un nouveau champ de recherche juridique et revêt une grande importance pour la promotion du dialogue entre le droit chinois et le droit mondial et des échanges culturels juridiques bilatéraux et multilatéraux. Les droits relatifs aux données, le système des droits relatifs aux données et le droit des données nous offrent une nouvelle perspective pour étudier le monde. Ils nous donnent la clé que nous attendons tous avec impatience et qui ouvrira la porte de la civilisation numérique. Le droit des données n'est pas seulement un grand concept pour étudier notre vie future, mais aussi une découverte majeure dans l'étude de la civilisation numérique. Sa proposition a jeté les bases permettant aux pays de défendre leur souveraineté des données, de consolider leur pouvoir dans l'établissement des règles au niveau international et de promouvoir l'état de droit dans la gouvernance mondiale. Elle revêt une importance particulière pour la construction d'une communauté de destin pour l'humanité.

CHAPITRE I

Homo numericus

Les droits sont étroitement liés à la nature humaine. La nature humaine est la source et le fondement des droits, tandis que les droits sont une demande et une manifestation de la nature humaine. Seuls les droits fondés sur la nature humaine peuvent s'enraciner dans la société. Par conséquent, notre niveau de compréhension des droits et notre capacité à défendre les droits sont déterminés par notre niveau de compréhension de la nature humaine. Le droit est un système de règles fondé sur les besoins de la nature humaine et une manifestation externe des besoins de l'homme, l'homme étant à la fois son point de départ et sa destination. De la même manière que le droit prend sa source de la nature humaine, la recherche juridique doit se baser sur elle. Ce dont nous avons besoin, c'est d'expliquer l'essence du droit, laquelle se trouve dans la nature humaine. La nature humaine est la base pour juger de la légitimité du droit et de la construction du système juridique. Aujourd'hui, nous entrons dans une nouvelle ère caractérisée par l'économie numérique, le gouvernement numérique et la société numérique. L'avènement de cette nouvelle civilisation dépend de la construction des règles, des systèmes et des lois régissant le droit des données. La législation en matière de données sera donc une tendance inévitable dans le développement de la société humaine. Dans cette perspective, le postulat de la nature humaine constitue le fondement logique et la valeur centrale de l'étude du droit des données. Concrètement, nous proposons que le postulat de la nature humaine dans le droit des données soit l'*homo numericus,* dont la valeur centrale serait l'altruisme. En effet, la proposition du droit des données n'est envisageable que parce que l'altruisme est possible.

1.1 Nature humaine comme fondement du droit

Toutes les théories de l'homme sont basées sur des postulats de la nature humaine. Ces différents postulats et les différentes définitions de l'homme ont déterminé l'orientation de chaque théorie. Comme l'indiqua David Hume, « il est évident que toutes les sciences, d'une façon plus ou moins importante, ont une relation à la nature humaine, et que, si loin que l'une d'entre elles peut sembler s'en écarter, elle y revient toujours d'une façon ou d'une autre （David Hume 1996, p. 6） ». Derrière la conception de tout système, il y a un postulat de la nature humaine. « Basés sur des postulats différents de la nature humaine, les systèmes adoptent des méthodes différentes pour organiser, diriger, contrôler et motiver les hommes (Gao Chengjun 2014) ». La construction de tout système institutionnel doit avoir un point de départ logique clair afin d'éviter toute abstraction théorique. « Sur ce sujet, le chercheur taïwanais Yang Yihua affirme que les principes de droit demeurent un domaine de recherche juridique axé sur l'homme. L'étude des principes de droit revient toujours à l'étude de l'homme. Les principes de droit sont inséparables de l'homme, de l'interaction entre les personnes et des scènes de la société humaine (Hu Yuhong 2002, p. 7) ». « L'étude du droit est une étude de l'homme et la théorie du droit est une science axée sur les personnes. Elle s'intéresse à la vie juridique réelle des êtres humains et aux problèmes juridiques auxquels les hommes sont confrontés dans la vie sociale. Quant aux 'phénomènes juridiques', ce sont simplement de divers comportements manifestés par des hommes dans des scènes juridiques. Si nous soulignons que les phénomènes juridiques sont l'objet de l'étude du droit, il se peut que nous oublions le créateur de ces phénomènes et il sera impossible de révéler la tension inhérente entre l'homme et le droit causée par des problèmes juridiques (Hu Yuhong 2002, p. 6) ».

1.1.1 *L'homme et la nature humaine*

Toutes les sciences humaines sont basées sur l'étude de l'homme et de la nature humaine. Dès la Grèce antique, des hommes dotés d'une grande sagesse tentèrent de résoudre le mystère de la nature humaine. Au Moyen Âge, où la théologie était le fondement de la vision du monde de l'homme, la divinité fut utilisée pour façonner et expliquer la nature humaine. Ce n'était qu'à partir de la Renaissance que l'homme, son corps, ses opinions, ses désirs et son bonheur furent pris en considération par ce que l'on appelle la « découverte de l'homme ». Toutefois, qu'est-ce que l'homme ? Les réponses à cette question sont très divergentes dans l'histoire des pensées chinoises et étrangères. Ce sujet qui ne cesse de nous questionner est comme un trésor inépuisable et attire les philosophes des temps anciens et modernes. Depuis des milliers d'années, ils y réfléchissent, s'en inquiètent et se disputent sur sa réponse.

Au cours de l'histoire, de nombreux philosophes chinois et étrangers ont commenté la nature humaine, laissant un véritable océan de documents sur le sujet. Malgré cela, aucun consensus n'a été trouvé. Même aujourd'hui, aucun signe n'indique encore un tel consensus. Le charme de la question réside probablement dans son insolubilité. Les théories de l'homme sont nombreuses : Protagoras affirme que « l'homme est la mesure de toutes choses » ; Aristote définit que « l'homme est un animal politique » ; un devis médiéval dit que « l'homme est moitié ange et moitié bête » ; selon La Mettrie, « l'homme est une machine » ; pour Kant, « l'être humain est une fin » ; pour les utilitaristes, l'homme est un maximisateur rationnel des avantages ; pour Marx, « l'homme est le résultat de l'ensemble de ses relations sociales » ; selon Cassirer, « l'homme est un animal symbolique » ; pour Nietzsche, « l'homme est la volonté de puissance » ; pour Pascal, « l'homme est un roseau pensant » ; pour Mark Twain, « l'homme est le seul animal qui connaît ou qui a besoin de la honte ». « Ces théories ont apporté des réponses très justes à certains aspects de la nature humaine, mais chacune d'elles ne représente probablement qu'un maillon de la chaîne infinie que représente l'exploration des êtres humains de leur propre mystère (Chen Zhonglin 2001) ». Aucune d'elles n'apporte de réponse complète.

Tableau 1-1 Définitions de l'homme au cours de l'histoire humaine

Définition	Source
L'homme est une création de Dieu.	C'est le point de vue de la mythologie primitive et de la théologie chrétienne. Selon le récit de la Création du monde de la Bible, Dieu, après avoir créé toutes choses, créa l'homme à son image et lui confia la mission de dominer sur toute la terre et sur tous les animaux qui fourmillent sur la terre.
L'homme est un animal rationnel.	Il s'agit de la théorie de l'homme la plus ancienne et la plus influente, et elle est encore fréquemment utilisée aujourd'hui. Selon Socrate, l'homme est une existence capable de donner des réponses rationnelles à des questions rationnelles. Xun Zi explique que « la raison pour laquelle l'homme est humain n'est pas qu'il a la particularité d'avoir deux jambes ou de ne pas avoir de plumes, mais parce qu'il a la faculté de distinguer ».
L'homme est un animal politique.	Cette définition fut initiée par Aristote. Selon lui, « l'homme est naturellement un être sociable et la nature pousse donc instinctivement tous les hommes à l'association politique ». Par conséquent, « l'homme est par nature un animal politique ». Selon Xun Zi, « si l'homme peut commander les bœufs et les chevaux, alors qu'il est moins fort que l'un et moins rapide que l'autre, c'est parce qu'il sait former des groupes sociaux alors que les animaux n'en sont pas capables ».
L'homme est un animal du langage.	Aristote nota que « seul parmi les animaux l'homme a un langage ». Pour Heidegger, « le langage est une demeure de l'homme ». Cassirer définit que « l'homme est un animal symbolique ». Bien que l'éthologie moderne ait découvert que les animaux ont également un langage et peuvent communiquer et partager des informations avec leurs semblables, les anthropologues contemporains insistent encore sur le fait que « les humains sont la seule créature capable de communiquer avec des signes linguistiques ».

Tableau 1-1   Continued

Définition	Source
L'homme est un animal moral.	Évoquant le souverain Shun de la Chine ancienne, Mencius dit : « il n'y a qu'une petite différence entre l'homme et les bêtes ; les gens ordinaires la rejettent tandis que les gens vertueux la préservent. Le souverain Shun comprend la vérité des choses et observe les relations humaines. Il marche naturellement et non à contrecœur sur le chemin de la bienveillance et de la justice ». Selon Xun Zi, « l'eau et le feu ont de l'énergie mais pas de vie, l'herbe et les arbres ont de la vie mais pas de conscience, les animaux ont la conscience mais pas de sens moral ; les humains ont de l'énergie, la vie, la conscience et du sens moral, ils sont donc l'être le plus noble sur terre ». Zhu Xi dit que « ce qui diffère l'homme des animaux, c'est qu'il y a de l'amour entre un père et un fils, de la loyauté entre un souverain et un ministre, de la différence de fonctions entre un homme et une femme, du respect entre un ancien et un enfant et de la confiance entre deux amis ».
L'homme est un animal avec des outils.	Benjamin Franklin énonça que « l'homme est un animal fabricateur d'outils ». Friedrich Engels définit l'homme comme « un animal fabriquant et utilisant des outils ». Les anthropologues George Bartholomew Jr. et Joseph Birdsell notèrent que « l'homme est le seul mammifère qui soit dépendant continuellement des outils pour survivre ». Selon le philosophe chinois Deng Xiaomang, « l'homme est un animal qui fabrique, utilise et véhicule des outils ».
L'homme est un animal spirituel.	Selon Friedrich Hegel, « ce qui élève l'homme par rapport à l'animal, c'est la conscience qu'il a d'être un animal » ; Ludwig Feuerbach définissait l'homme comme « un animal avec une vie intérieure » ; Wilhelm Dilthey pensa que « l'homme est différent de l'animal parce qu'il a de la culture spirituelle » ; Max Scheler défendait que « l'homme [soit] la seule existence supérieure à tendance spirituelle » ; Erich Rothacker estimait que « l'essence de l'homme réside dans son activité spirituelle » ; Michael Landmann dit que « l'homme est une créature spirituelle ».

(continued)

Tableau 1-1   Continued

Définition	Source
L'homme est un animal culturel.	Cassirer définissait l'homme comme « un animal culturel » ; Michael Landmann considérait l'homme comme celui qui « créait et utilisait la culture ». Shi Zhonglian interprète la culture comme « tout ce qui est créé par l'humain ». Selon lui, « ce n'est qu'en considérant l'homme comme créature culturelle que nous pouvons saisir la caractéristique propre de l'homme ».
L'homme est une créature imparfaite.	Arnold Gehlen estime que « la plus grande différence entre l'homme et l'animal est que l'homme est déficient ». Ce déficit ou cette incertitude de l'homme le pousse à compenser ses lacunes par des activités pour dépasser les animaux. En même temps, ce déficit représente une ouverture au monde de l'homme, par laquelle il remédie à son déficit biologique.
L'homme est un animal libre.	Parmi les philosophes qui soutiennent cette définition, nous pouvons citer Zhuangzi de la Chine ancienne, ou encore des penseurs plus récents, comme Rousseau, Kant, Marx et Sartre. Marx reste celui qui représente le mieux ce point de vue. Sa définition de l'homme, déduite de sa pensée, pourrait être que l'homme est un animal libre et conscient. En même temps, ce point de vue ne l'empêcha pas d'affirmer, dans sa vieillesse, la définition de l'homme de Benjamin Franklin, puisque la fabrication d'outils est justement une activité libre et consciente.

Source : Han Dongping, « 破解人之谜——人的定义的解构与重构 » [Le Mystère de l'homme : décomposition et reconstruction de la définition de l'homme], *Journal of Wuhan University* (Edition Sciences humaines), 2016, n° 6

De toute évidence, nous n'arrêterons jamais de déconstruire et de proposer de nouvelles définitions de l'homme. Si nous cherchons à définir l'homme, c'est parce que la vie humaine est une réalité sous la régulation d'un cadre institutionnel. Karl Marx a expliqué les attributs essentiels de l'homme sous trois angles : « Il a révélé, sous l'angle du travail, la différence entre l'homme et l'animal ; il a dévoilé, sous l'angle social, la relation entre les hommes et clarifié, sous l'angle du développement personnel, que l'essence de l'homme résidait dans ses besoins (Yang Lan 2018) ». En raison de sa complexité, l'homme est inévitablement multidimensionnel. Contrairement à la nature divine ou à la nature animale, la nature humaine est un terme général qui englobe les divers attributs de l'homme, notamment ses attributs naturels, sociaux et spirituels. C'est l'unité dialectique de ces trois parties qui forme une structure complète de la nature humaine. Parallèlement, la nature humaine est étroitement liée aux relations de production, aux relations politiques, aux relations éthiques, etc. Elle a donc la particularité d'être changeante dans le processus de développement social.

Les attributs naturels de l'homme se réfèrent à l'ensemble de ses attributs régis par la nature, du fait qu'il est un être naturel. L'homme, comme tout être vivant, est le résultat d'un développement selon les lois de la nature. Il réalise des mouvements physiques et chimiques comme d'autres êtres et présentent des propriétés physiques. En tant qu'animal vivant, il possède des attributs animaux comme les animaux en général. L'aspect naturel de l'homme et les désirs qui en résultent sont la base matérielle de l'existence humaine et les conditions préalables à toutes les activités et à tous les autres attributs de l'homme. Friedrich Engels nota : « le fait que l'homme vient du milieu animal a déterminé qu'il ne pourrait jamais se détacher complètement de l'animalité. La différence entre l'homme et l'animal réside donc dans la part d'animalité que l'homme sera capable d'inhiber ». « L'homme est un être naturel et vivant. Il est donc doté de forces naturelles, de vitalité et est naturellement actif. Ces forces existent en lui comme talents, capacités et désirs (Bureau central de Compilation et de Traduction 2009, p. 209) ». « L'homme est un être de la nature (Bureau central de Compilation et de Traduction 2009, p. 208) ». Il est un être de la nature avant d'être un être de la société, de la raison, de la culture et de l'éthique.

Les attributs sociaux de l'homme se réfèrent à l'ensemble de ses attributs en tant qu'être social. L'homme organise ses activités d'une façon différente de celle des autres animaux : il vit en groupes sociaux, ce qui lui donne de la nature sociale. Selon Ludwig Feuerbach, seul l'homme social est l'homme (Ludwig Feuerbach 1984, p. 571). Karl Marx estima que l'homme était à la fois naturel et social et que l'homme ne devenait humain que dans les relations sociales. Selon lui, l'essence de l'homme n'est pas une abstraction inhérente à l'individu isolé, mais l'ensemble des rapports sociaux. « Plus nous remontons dans l'histoire, plus l'individu – et par suite l'individu producteur également – apparaît comme un être dépendant, partie d'un ensemble plus grand : tout d'abord et de façon toute naturelle dans la famille et dans le clan qui n'est qu'une famille élargie ; plus tard, dans les communautés de formes diverses, issues de l'antagonisme et de la fusion des clans. Ce n'est qu'au 18ᵉ siècle, dans la 'société bourgeoise', que les différentes formes de connexion sociale se présentent à l'individu comme une nécessité extérieure. Pourtant l'époque qui voit naître cette conception, cette idée de l'individu au singulier, est précisément celle où les rapports sociaux ont atteint leur plus grand développement. L'homme est non seulement un animal social, mais un animal qui ne peut s'individualiser que dans la société. L'idée d'un individu isolé, vivant en dehors de la société [...] est absurde » (Karl Marx 1979, p. 22).

Les attributs naturels et sociaux ne sont que le point de départ de la nature humaine. Ils ne représentent pas sa totalité. Plus important encore, l'homme a des attributs moraux. La nature morale de l'homme se traduit par sa tendance à agir selon des codes de conduite spécifiques, dans ses interactions avec les autres et dans ses relations avec la société. Le sens moral est un attribut qui distingue l'homme des autres animaux et qui le rend supérieur qu'eux. Il distingue l'homme de l'animal à la fois par les valeurs qu'il promeut et par la façon d'agir. Dans *Wangzhi* [« Sur la gouvernance d'un roi »], Xun Zi nota que « l'eau et le feu ont de l'énergie mais pas de vie, l'herbe et les arbres ont de la vie mais pas de conscience, les animaux ont la conscience mais pas de sens moral ; les humains ont de l'énergie, la vie, la conscience et du sens moral, ils sont donc l'être le plus noble sur terre ». En d'autres termes, la supériorité de l'homme par rapport aux autres animaux réside dans ses sens moraux du bien et du mal. « La caractéristique la plus importante de cette particularité [de l'homme] est l'altruisme, c'est-à-dire le respect et l'attention que l'homme portent envers les autres, au collectif, ainsi qu'à l'humanité et à la nature, dans le but d'harmoniser son comportement avec son environnement et de profiter au développement des autres et du collectif (Yan Cunsheng

2007) ». Le sens moral est un attribut basé sur la rationalité, la sensibilité et la nature sociale de l'homme, mais plus avancé que ces attributs. Son essence est l'altruisme et le civisme.

1.1.2 Quelques postulats de la nature humaine

Un postulat de la nature humaine est une présupposition des attributs essentiels de l'homme. Pour comprendre la relation entre l'homme et la nature, l'homme et la société, ainsi que l'homme et lui-même, il est indispensable d'explorer la nature humaine. Dans la société réelle, les activités de gestion, la conception des systèmes, l'innovation des règles ou encore l'établissement des lois et règlements s'appuient tous sur un postulat de la nature humaine pour l'étude des problèmes. De même, les systèmes, règles et lois incarnent d'une manière ou d'une autre certains postulats de la nature humaine. Au cours de l'histoire de la pensée humaine, de nombreux postulats furent formulées en matière de nature humaine. Quelques-uns d'entre eux, de certaines disciplines spécifiques, sont très influents dans la société et sont largement utilisés (voir tableau 1-2).

Tableau 1-2 Quelques postulats classiques de la nature humaine

Postulat	Idée essentielle
Homo economicus	C'est dans la *Richesse des nations* qu'Adam Smith souleva pour la première fois le concept d'*homo economicus*, partant de l'idée que les actions de l'homme ont pour but de maximiser son intérêt personnel. Ce postulat eut un impact profond sur la société industrielle. En effet, la construction de toute la société occidentale et son organisation institutionnelle reposent sur cette base. Dans le même temps, Adam Smith constata qu'une « main invisible » était capable de favoriser silencieusement et efficacement l'intérêt public de la société, pendant que chacun cherche à maximiser son intérêt personnel. Ce postulat favorisa l'établissement de la théorie de l'organisation scientifique du travail.

(*continued*)

Tableau 1-2   Continued

Postulat	Idée essentielle
Homo politicus	Dans la *Politique*, Aristote avança l'idée que « L'homme est par nature un animal politique ». Le postulat de l'*homo politicus* suppose que l'homme est un animal capable d'ajuster ses intérêts et de poursuivre une coopération amicale et qu'il tend toujours à former une communauté politique. Ainsi, les citoyens d'une cité naissent égaux et participent directement aux affaires de la cité selon les principes d'équité et de justice. Le postulat de l'*homo politicus* dévoile l'inséparabilité entre l'homme et la politique dans une société de classes où les intérêts sociaux sont hautement différenciés, apportant ainsi une contribution positive à la résolution du mystère de la nature humaine. La théorie occidentale des droits de l'homme est issue de la théorie d'Aristote sur l'homme politique.
Homo moralis	Dans la *Théorie des sentiments moraux*, Adam Smith souligna que les êtres humains avaient tous le sens moral qui se manifestait en empathie et en sens de justice. Il estima que les actions de l'homme présentaient une tendance altruiste pour la maximisation des intérêts collectifs. La théorie de Smith de l'homme moral s'approche de la pensée de Mencius, philosophe de la Chine ancienne, qui défend que la nature de l'homme soit fondamentalement bonne. En effet, la Chine traditionnelle a toujours considéré l'*homo moralis* comme la base de la nature humaine dans la construction de sa société et l'organisation institutionnelle. L'influence de ce postulat sur la société chinoise traditionnelle est évidente.
Homo socialis	Sur la base de l'expérience de Hawthorne, Elton Mayo, professeur et chercheur en gestion à l'Université de Harvard aux États-Unis, proposa d'abord la théorie des relations interpersonnelles, avant d'exposer le postulat de l'*homo socialis* dans les *Problèmes humains dans une civilisation industrialisée*. Selon lui, l'*homo socialis* se trouve dans des relations sociales et a des besoins sociaux divers. Dans la vie sociale, il a non seulement la motivation de rechercher une rémunération personnelle, mais a également des besoins tels que l'amitié, les sentiments de sécurité et d'appartenance. Ce postulat souligne que les relations interpersonnelles et le sentiment d'appartenance motivent davantage les travailleurs que les récompenses économiques. Le passage de l'*homo economicus* à l'*homo socialis* est sans aucun doute une grande avancée pour les concepts et les méthodes de l'organisation du travail.

Postulat	Idée essentielle
Homo culturalis	Le concept d'*homo culturalis* fut proposé par le philosophe allemand et fondateur de la philosophie de la culture Ernst Cassirer dans son *Essai sur l'homme*. En 1981, le professeur William Ouchi de l'Université de Californie publia un travail pionnier sur la théorie de la culture d'entreprise, la *Théorie Z : Faire face au défi japonais*. Dans ce livre où il met en avant le postulat de l'*homo culturalis*, Ouchi défend l'idée que la psychologie et le comportement des hommes sont au final déterminés par des facteurs culturels tels que les valeurs. Le postulat de l'*homo culturalis* a mis en lumière la nature culturelle profonde de l'homme et eu un impact considérable sur la société.

De toute évidence, ces théories sur la nature humaine sont toutes des interprétations sous un angle spécifique. L'*homo economicus* met l'accent sur la recherche d'intérêt personnel de l'homme, l'*homo politicus* sur le mode de vie en groupes de l'homme, l'*homo moralis* sur l'altruisme de l'homme, l'*homo socialis* sur la nature sociale non économique de l'homme, et l'*homo culturalis* sur l'enracinement culturel de l'homme. Ces postulats de la nature humaine ont tous leur raison d'être. Cependant, en tant que conclusions tirées de comportements partiels de l'homme, ils présentent inévitablement des lacunes et peuvent conduire à des pratiques erronées. En effet, si ces postulats ont eu des influences positives sur la société, elles ont également causé des effets négatifs. Il faut donc les remettre en question tout en affirmant pleinement leur valeur.

1.1.3 Postulats de la nature humaine en droit

De la même manière que l'homme est le point de départ logique des règles sociales, la nature humaine est la question centrale et l'essence de leur construction. Derrière chaque système se cache une réflexion profonde sur la nature humaine. Dans toutes les époques, les lois et la gouvernance en vertu de la loi sont basées sur une évaluation de la nature humaine. Différentes évaluations conduisent à différentes méthodes de contrôle social. Seules les lois qui répondent aux besoins humains seront respectées par l'homme, et celles qui s'écartent de la nature humaine ne seront qu'un bout de papier. La légitimité du droit réside en grande partie dans sa conformité avec la nature humaine. C'est également la nature humaine qui peut expliquer la nécessité et l'inévitabilité de la législation autour du droit des données. Comme l'a déclaré Oliver Wendell Holmes Junior, le droit tire sa philosophie des besoins de la nature humaine (Bernard Schwartz 1989, p. 134). Les théories du droit qui n'en tiennent pas compte peuvent difficilement devenir de la philosophie du droit. Dans un monde qui préconise la place primordiale de l'homme, il faut plus que jamais utiliser la nature humaine comme critère pour évaluer les points positifs et négatifs des lois. Une « bonne loi » devrait être fondée sur la nature humaine. Les valeurs et l'ordre juridique qu'elle défend devraient être conformes à la nature humaine et contribuer à la vie et au développement de l'humanité.

Les ethniques et les droits existants sont fondés sur la nature humaine. « Le postulat de la nature humaine comme *homo economicus* est le fondement du droit civil. C'est sur cette prémisse que le droit civil régule le comportement des acteurs de la société civile et définit les règles correspondantes (Yi Jun 2006) ». De nombreux penseurs, tels que Mencius et Xun Zi de la Chine ancienne, Platon et Aristote de la Grèce antique, ou encore Hobbes et Rousseau de l'ère moderne, ont proposé des interprétations uniques et profondes sur la relation entre le droit et la nature humaine (voir les tableaux 1-3 et 1-4). La compréhension de la nature humaine est au centre de la compréhension de l'homme. Certains l'étudient à partir des attributs naturels de l'homme, d'autres à partir de sa nature sociale, ou encore du point de vue éthique ou sous l'angle des classes sociales. Ils tirent ainsi des conclusions très différentes. Ces conclusions différentes conduisent inévitablement à des visions du droit différentes qui, à leur tour, traduisent les différentes théories de la nature humaine. « Le droit est une création de l'homme et est lié, d'une manière ou d'une autre, à la nature humaine. Il peut même être considéré comme un produit du développement de la nature humaine (Zhuo Zeyuan 2001, p. 85) ». « Le plus important dans une ère du droit, c'est la vision de l'homme, car elle détermine l'orientation du droit (Gustav Radbruch 2001, p. 141) ». Dans des conditions historiques différentes, les postulats de la nature humaine en droit sont différents. De ce fait, le droit présente des caractéristiques différentes à chaque période.

Tableau 1-3 Visions de la nature humaine en droit dans la Chine ancienne

Figures représentatives	Idée essentielle
Xun Zi	Le droit est un dérivé de l'étiquette. C'est un système social conçu pour assurer la bonne mise en œuvre de l'étiquette dans le comportement des gens.
Guan Zhong, Wang Chong, Lü Wen, Bai Juyi	Le droit est un dérivé des principes moraux et un moyen permettant l'accomplissement des règles morales et des rites. En revanche, ils estiment que le droit, indispensable qu'il soit, ferait plus de mal que de bien s'il est trop abondant. Ils prônent des lois simplifiées et des règles concises.
Guan Zhong et Xun Zi	Le droit est étroitement lié à son auteur. Il est à la fois le produit et la manifestation de sa nature humaine. Les monarques et les sages devraient être les créateurs des lois, car leur nature humaine est bonne et conforme à la justice naturelle. Ils sont l'exemple et le défenseur des principes moraux et de la justice dans le pays et sont capables d'élaborer un ensemble de rites et de lois détaillés selon ces principes.
Confucius	La nature humaine est le caractère moral de l'homme et son essence est la « bienveillance ». Le bienveillant aime les autres. En d'autres termes, les personnes au pouvoir doivent adopter une politique de gouvernance bienveillante et le droit est un moyen d'y parvenir par des mesures obligatoires.

Source : Yan Chunsheng, 法律的人性基础 [*La nature humaine comme fondement du droit*], China Legal Publishing House, 2016.

Bien que notre compréhension du monde varie selon les époques et les cultures, ces variations sont souvent seulement de l'ordre linguistique et le fond de nos pensées peut partager des similitudes impressionnantes. C'est le cas pour la question de la nature humaine en droit. Lorsqu'ils discutent de la composition des humains et de leurs interrelations, les penseurs, qu'ils soient chinois ou étrangers, divisent tous deux aspects de l'homme : sa rationalité et sa sensibilité. Plus précisément, l'aspect rationnel pousse l'homme à faire du bien, tandis que l'aspect sensible le pousse à faire du mal. Lorsqu'ils discutent de la nature humaine, ils la divisent tous en différentes catégories, à savoir les attributs naturels avec lesquels l'homme est né et les attributs sociaux que l'homme acquit au cours de sa vie. De même, leur compréhension du droit est fondamentalement la même : ils considèrent tous le droit comme un code de conduite et un outil de gouvernance de la société, malgré des divergences sur les questions de l'origine et de la nature fondamentale du droit. Toutes les tentatives, chinoises et étrangères, pour comprendre la nature humaine en droit sont pour nous des inspirations très précieuses. Nous devons les étudier en profondeur tout en gardant un esprit critique, afin de faire avancer l'étude de la question.

Tableau 1-4 Visions de la nature humaine en droit en Occident

Courant	Figures représentatives	Idée essentielle
Droit naturel	Aristote, Cicéron, Hugo Grotius, Thomas Aquinas, John Rawls, Thomas Hobbes	L'homme est la combinaison de la rationalité et de la sensibilité. La rationalité pousse l'homme à faire le bien, alors que la sensibilité le pousse à faire le mal. La rationalité et la nature sociale de l'homme le diffèrent des autres animaux. Elles constituent l'essence de la nature humaine, alors que le droit est un système social qui les incarne et favorise leur réalisation. Le droit naturel appartient à la sphère morale : le droit doit être moral.
Philosophie du droit	Emmanuel Kant, Georg Wilhelm Friedrich Hegel, Gustav Radbruch	Dans un premier temps, la philosophie du droit a poursuivi les traditions du droit naturel, en cherchant le fondement du droit à partir du sens moral de l'homme. Bien qu'ils aient continué à utiliser la notion du droit naturel, les philosophes du droit ne le considèrent plus comme une chose réelle, mais comme un droit idéal au sens philosophique, c'est-à-dire les principes du droit.

Tableau 1-4   Continued

Courant	Figures représentatives	Idée essentielle
		Plus tard, les philosophes du droit ont également relié le droit à la nature humaine, mais ont adopté la perspective du développement pour mener une analyse dynamique de la nature humaine. Ils estiment que la nature humaine est changeante et qu'il existe des natures humaines ou des prototypes humains différents à chaque époque. Fondé sur la nature humaine, le droit est donc différent d'une époque à une autre.
–	Adam Smith, David Hume	L'homme est par nature égoïste, mais son succès dépend de l'interaction et de la coopération avec les autres puisqu'il vit en société. Ce processus lui permet de lier des amitiés et de développer de l'empathie et de la compassion pour les autres, puis des vertus. Certaines de ces vertus sont supérieures à d'autres. Les vertus supérieures sont celles qui conduisent vers une nature humaine parfaite, tandis que les vertus inférieures désignent, entre autres, le sens de justice, qui est le fondement de l'ordre social et dont le maintien est indispensable. La meilleure façon de défendre la justice est de punir les auteurs de l'injustice et c'est justement la mission du droit. L'homme est ce qu'il ressent. Les sentiments de l'homme sont soit de l'ordre du plaisir, soit de l'ordre de la peine. Toute activité humaine a pour but d'éviter la peine et de rechercher le plaisir. Par conséquent, il est nécessaire de faire respecter certaines règles pour maintenir la stabilité et la prospérité de la société. Le pouvoir politique et le droit sont nés pour répondre à cette nécessité.

(*continued*)

Tableau 1-4 Continued

Courant	Figures représentatives	Idée essentielle
Utilitarisme et philosophie analytique	Jeremy Bentham, John Austin	Basé sur la compréhension de la nature humaine, le système juridique fait usage de la nature de l'homme consistant à « éviter la peine et rechercher le plaisir ». Il utilise ainsi des récompenses et des sanctions pour encourager les individus à agir conformément aux exigences morales pour « le plus grand bonheur du plus grand nombre ». Le droit prend racine dans la nature utilitariste de l'homme.
Réalisme sociologique	Roscoe Pound	Bien que le droit soit basé sur l'objectif utilitariste de l'homme et le serve, il ne se concentre pas sur les intérêts utilitaires individuels à un moment ou à un endroit précis, mais sur l'intégration des divers intérêts de la société. C'est selon ce principe que le droit évalue et régule les autres intérêts.
Analyse économique du droit	–	Les êtres humains sont par nature des « sujets rationnels qui cherchent à maximiser leur satisfaction » ou leur utilité. Le droit, fondé sur ce principe, utilise les avantages comme orientation de valeur et régule les actions de l'homme en augmentant ou en diminuant ses coûts de transaction, pour l'amener à agir de façon à profiter à la société.
Libéralisme politique	Friedrich August von Hayek	Le droit est fondamentalement un ensemble de règles sociales qui peut produire de l'ordre social. Du fait de la spontanéité de l'ordre social, le droit, en tant que règle sociale, se forme spontanément à travers l'interaction entre les individus, au lieu d'être formulé consciemment par des individus.

Tableau 1-4   Continued

Courant	Figures représentatives	Idée essentielle
–	Karl Marx, Friedrich Engels	L'homme est un animal social et pragmatique qui jouit d'une certaine liberté, et le droit est une règle des activités humaines adaptée à cette nature. Le droit est un code de conduite formulé pour les hommes par les dirigeants de la société sur la base de cette compréhension. Il incarne la volonté collective de la grande majorité de la société.

Source : Yan Chunsheng, 法律的人性基础 [*La nature humaine comme fondement du droit*], China Legal Publishing House, 2016.

Il est à souligner que pour comprendre l'essence d'un système juridique, il est indispensable de saisir clairement l'image de l'homme sur laquelle il se repose. De même, ce n'est qu'en replaçant de façon logique l'image de l'homme derrière chaque droit que nous pouvons comprendre pourquoi les images de l'homme sont différentes dans chaque juridiction. Dans l'étude du droit, nous attachons souvent plus d'importance à l'évaluation objective des phénomènes juridiques qu'à l'examen de l'image de l'homme ; nous préférons l'analyse technique des règles juridiques à l'étude de la concordance entre les règles et la nature humaine ; nous valorisons les grands systèmes juridiques plutôt que de mener une analyse minutieuse de l'unité entre le développement des systèmes et l'évolution de la nature humaine. Ces études du droit, qui se limitent à l'étude technique des règles et qui ne prennent pas en compte la nature humaine, peuvent difficilement devenir de la philosophie du droit, ou produire des principes de droit fondamentaux. Par conséquent, à mesure que l'étude théorique du droit des données s'approfondit, la question de la nature humaine revêt d'une importance ultime et doit être abordée. En tant que norme pour réguler nos comportements en lien avec les données, le système du droit des données doit se baser sur la nature humaine, en la considérant comme la prémisse et le fondement de son autorité, de son efficacité et de sa rationalité. La recherche juridique et le travail législatif établissent toujours un postulat de l'homme, objet de la réglementation, avant de créer des systèmes, normes et lois basés sur ce postulat. De même, la législation autour du droit des données doit également se reposer sur une théorie de l'homme qu'elle veut réglementer. L'absence d'un postulat de la nature humaine pourrait rendre le droit des données inutile ou mauvais.

1.2 Postulat de l'*homo numericus* et altruisme

Les données changent, redéfinissent, connectent et remodèlent notre monde. Bientôt, toutes les personnes et tous les objets existeront sous forme de données. Les données deviendront la nouvelle étiquette de notre personnalité à la place de nos actions dans le monde réel. Les relations de production à travers la société seront marquées par le pouvoir des données et les relations entre les données. « La numérisation n'est pas simplement une technologie ou la transformation du monde en bits et en octets. Elle signifie la réorganisation de la production et du mode de vie des humains. C'est un renouvellement du système social, et plus important encore, il renouvelle, voire reconstruit la vie sociale humaine (Qiu Zeqi 2016, p. 184). » En un sens, l'homme existe désormais sous deux formes, physique et numérique, et il possède deux types de technologies de la vie : la biotechnologie et la technologie des données. L'existence de l'homme physique est en train d'être transformée par la technologie génétique, qui est une technologie de la vie. L'existence de l'*homo numericus* en tant qu'être sociologique est basée sur des technologies et leurs relations. L'interaction sociale de l'*homo numericus* dépend des technologies, et sa technologie de communication de base est celle des données. En effet, nous avons déjà développé une dépendance importante aux données. Une révolution de la sociologie orientée vers les données et axée sur l'homme se prépare silencieusement. Cette révolution amènera la société humaine à une nouvelle ère, dans laquelle les pouvoirs et les droits seront restructurés, et la vie privée et le partage se feront concurrence tout en collaborant. L'image de l'homme sera profondément changée, tout comme sa signification et son extension. À l'avenir, la société humaine pourrait probablement être composée de personnes physiques, de robots et de clones humains. Ces trois types de « personne », dont l'existence sera numérisée, peuvent tous être appelés « *homo numericus* ».

1.2.1 Proposition du postulat de l'homo numericus

L'homme au sens juridique, c'est-à-dire la configuration de l'image de l'homme en droit, a toujours suscité un grand intérêt chez les chercheurs étrangers[1]. Ces dernières années, alors que la réalité juridique évolue, les chercheurs chinois ont aussi approfondi leur étude sur la vision de l'homme dans le système juridique et ont constaté des évolutions intéressantes : En droit constitutionnel, « l'homme de l'identité » évolue vers « l'homme de l'égalité et de la liberté » (Yu Zhong 2009). En droit civil, « l'homme abstrait » évolue vers « l'homme concret » (Xie Hongfei 2000). En droit de l'environnement, « l'homme économique » évolue vers « l'homme écologique » (He Xiaorong et Chen Quansheng 2009). En droit social, « l'homme atomisé » évolue vers « l'homme unifié » (Zhu Xiaozhe 2002). Enfin, en fondement juridique, « l'homme éthique » évolue vers « l'homme scientifique » (Shen Zhai 2011). Ces travaux ont exploré l'évolution de l'image de l'homme dans différentes branches du droit, sans pour autant révéler l'évolution commune de la vision de l'homme en droit. Ils ne suffisent donc pas pour répondre à certains problèmes de construction de l'État de droit. Nous estimons que dans le système juridique, l'homme est en train de passer d'*Homo economicus* à *Homo numericus*. Parallèlement, les droits de l'homme sont en train d'être remodelés par la numérisation. De ce fait, nous devons construire une nouvelle vision des droits de l'homme basée sur l'*homo numericus* et mettre en place des mécanismes de protection correspondants afin de lui fournir un soutien juridique (Ma Changshan 2019).

---

1   Par exemple, Gustav Radbruch (Allemagne) dans son discours sur le droit de 1926, Hoshino Echi (Japon) dans *Homme en droit privé* et Michel Foucault (France) dans *Surveiller et punir* ont tous fait des analyses détaillées sur les changements de l'image de l'homme en droit.

Les postulats de l'*homo economicus*, de l'*homo politicus*, de l'*homo moralis*, de l'*homo socialis* et de l'*homo culturalis* sont sans aucun doute basés sur une étude poussée de l'homme, mais ils ne révèlent pas encore la nature humaine profonde. L'homme a de multiples facettes et il est important d'en avoir une compréhension exhaustive et globale. Nous ne devons donc pas nous arrêter sur des compréhensions profondes mais partielles. En d'autres termes, il ne faut pas réfuter ces postulats de l'homme, ni les considérer comme des vérités éternelles. Il convient de considérer la question de la nature humaine comme un système ouvert en constante évolution et d'interpréter la rationalité et la nécessité des actions de l'homme dans une perspective plus large. En effet, « à l'ère des mégadonnées, le monde est constitué de données et toutes les relations sociales peuvent être représentées par des données. L'homme est la somme des données en lien avec lui (Li Guojie 2014) ». Toute relation sociale devient au final des relations de données étroitement liées à la protection de la confidentialité et au partage altruiste. Dans le passé, notre dépendance à l'égard des autres a été remplacée par celle à l'égard des objets[2]. Aujourd'hui, l'évolution de l'humanité, de la technologie et des données offre à l'homme une possibilité réelle d'être libéré de cette dépendance aux objets. Karl Marx a prédit que la société humaine prendrait successivement trois formes principales, caractérisées respectivement par la dépendance des individus vis-à-vis des

---

2   La question du développement humain est une partie importante de la théorie de l'homme dans la philosophie marxiste. Dans *Manuscrits de 1857–1858*, Karl Marx a divisé le processus du développement humain en trois stades : celui de la dépendance personnelle, celui de la dépendance matérielle et celui du développement libre et global. « Les relations de dépendance personnelle (au départ assez spontanées) sont la première forme de société dans laquelle la productivité humaine se développe, quoique faiblement et à des points isolés. L'indépendance personnelle fondée sur la dépendance matérielle est la deuxième grande forme : dans cette forme de société s'est développé pour la première fois un système d'échange social général, aboutissant à des relations universelles, des exigences variées et des capacités universelles. L'individualité libre, qui est fondée sur le développement universel des individus et la domination de leur productivité communautaire et sociale devenue leur pouvoir social, est le troisième stade. Le deuxième stade crée les conditions pour le troisième stade ».

autres, la dépendance des hommes à l'égard des objets, et enfin, le développement libre et global de chaque individu. Cependant, les technologies modernes représentées par la technologie des données sont en train de changer la trajectoire du développement de la société humaine. Alors que nous sommes encore dépendants vis-à-vis des autres et des objets, nous avons développé une nouvelle dépendance : celle vis-à-vis des données. Les données ont pénétré dans tous les recoins de la vie sociale. Silencieusement, elles restructurent, façonnent, voire modifient les formes sociales et les relations organisationnelles sur lesquelles repose l'existence humaine. Elles transforment le processus cognitif de l'homme, son comportement, la structure sociale et l'allocation des ressources pour amener l'humanité à l'ère de la civilisation numérique.

Aujourd'hui, nous « passons rapidement de 'pays sur roues' à 'pays du cyberespace'. Ce changement nécessite des changements de 'règles du jeu' dans la vie sociale ainsi que des réformes du droit (Laura E. Quarantiello 1999) ». À une époque où le droit et les algorithmes, l'éthique et la technologie, les règles et la moralité agissent ensemble pour former un nouvel ordre, les scénarios juridiques connaissent de profonds changements. Sur la question de la nature de l'*homo numericus*, nos connaissances, théories, cadres éthiques et juridiques existants ne suffisent manifestement pas pour l'interpréter et l'encadrer. À cet égard, il est impératif de reconstruire une dimension « bienveillante » du droit afin de surmonter le dilemme confronté par le principe de « la priorité des droits ». Il est important de revenir à une approche centrée sur les obligations pour résoudre la défaillance des droits causée par une approche centrée sur les droits. Dans ce contexte, la proposition du postulat de l'*homo numericus* fournit une prémisse théorique permettant de donner une dimension bienveillante au droit, car c'est un postulat plus rationnel de la nature humaine en droit à l'ère des mégadonnées.

L'*homo numericus* est une nouvelle manifestation de la nature humaine à l'ère des mégadonnées. L'histoire a montré que chaque évolution de la nature humaine avait apporté un impact sans précédent à notre vision de la législation et aux valeurs mises en avant dans la législation. À l'ère du droit privé, l'homme en droit était un *homo economicus*, puis le droit social est né dans la remise en question de l'égoïsme de l'*homo economicus*[3], après la découverte de la nature sociale et l'altruisme de l'homme. Il s'agit sans aucun doute d'un tournant majeur dans l'histoire du droit, mais ce n'est en aucun cas le dernier, car la nature humaine continue et continuera d'évoluer, de développer et de s'améliorer avec le temps. À l'heure actuelle, à mesure que les relations entre l'homme et la technologie, entre l'homme et l'économie, entre l'homme et la société s'intensifient, les tensions montent également et des crises mondiales de sécurité des données se produisent régulièrement. Une fois de plus, l'humanité constate que les postulats de la nature humaine existants, comme l'*homo socialis*, ne suffisent plus pour résoudre les conflits entre l'homme et les données et qu'il est nécessaire de les remettre en question pour aller au-delà des barrières et limites par des réflexions plus profondes. Le postulat de l'*homo numericus* constitue l'un des résultats de ces réflexions et représente la nouvelle manifestation de la nature humaine à l'ère des mégadonnées.

En proposant le postulat de l'*homo numericus*[4], nous allons au-delà des frontières classiques séparant le bien et le mal, nous brisons les chaînes

---

3   Les économistes réalisent de plus en plus que le postulat de l'*homo economicus*, qui représente un modèle de pensée défini, fait face à de rudes défis à notre époque de développement intelligent et d'informatisation, car il ne peut pas expliquer l'existence bien réelle de comportements altruistes, ce qui prouve directement l'insuffisance de ce postulat basé sur la recherche d'intérêt personnel. « Nous devons reconnaître, avec honnêteté, les limites et l'incapacité du postulat de l'*homo economicus* », toutefois, « nous n'avons pas à le rejeter mais simplement à le dépasser » (Yang Chunxue 2005). Du point de vue de la philosophie économique, la doctrine de l'intérêt personnel rationnel se trouve confrontée à un dilemme lorsqu'elle tente d'expliquer le comportement économique des hommes contemporains. Face aux déséquilibres, à l'asymétrie de l'information et aux incertitudes fréquentes de l'économie de marché au 20ᵉ siècle, le modèle de l'homme rationnel qui cherche à maximiser son utilité est remis en cause. De plus, si l'humanité a survécu, prospéré et créé des civilisations brillantes, c'est exactement parce que l'homme n'est pas complètement égoïste et éprouve des sentiments altruistes pour ses parents, ses amis et même des inconnus. Pour ainsi dire, l'humanité n'aurait pas atteint son niveau de développement actuel sans les comportements altruistes entre les individus.

4   L'émergence du postulat de l'*homo numericus* est à la fois nécessaire et inévitable et ce pour trois raisons. Premièrement, il permet de faire évoluer la structure de la nature humaine existante centrée sur l'homme économique ou sur l'homme social vers

traditionnelles qui restreignent le partage de données et mettons l'accent sur l'altruisme dans le comportement, les relations et les modes de vie de l'homme. L'*homo numericus* repose sur l'altruisme et le partage. Il poursuit, crée et réalise la valeur des données en suivant le principe fondamental de la maximisation de la valeur. Son essence réside dans l'équilibre entre la protection légale et l'utilisation raisonnable des données. Contrairement à l'*homo economicus*, l'*homo numericus* est un altruiste qui prône l'esprit de partage. Le postulat de l'*homo numericus* affirme la rationalité de la recherche de profit par les différentes parties prenantes, tout en soulignant la nécessité de la coopération et du partage. Il est conforme aux exigences du développement de la puissance numérique et de l'innovation des relations numériques. Par conséquent, nous préconisons d'adopter le postulat de l'*homo numericus* dans la « philosophie des données », car il incarne l'unité de la protection et de l'utilisation des données. L'*homo numericus* sera donc à la fois le point de départ de l'analyse théorique et la prémisse du raisonnement logique du droit des données.

Le point de départ du droit est l'individu, et les besoins et les attentes des individus à l'égard du droit sont en constante évolution. « De la même manière que chaque transformation sociale donne lieu à des besoins juridiques différents, nos attentes à l'égard du droit changent également d'une époque à une autre. Par conséquent, l'histoire du développement du droit est, dans une large mesure, l'histoire de l'image de l'homme en droit (Hu Yuhong 2008, p. 16) ». Les modèles de personne juridique sont des esquisses de l'homme en droit. Ils représentent des images de l'homme produites à partir de la modélisation et de la catégorisation (Wu Xianjing 2010). Dans le contexte actuel marqué par des risques de sécurité de données de plus en

---

une structure centrée sur l'*homo numericus* et poursuivant un équilibre dynamique. Deuxièmement, il nous aide à revoir le système juridique existant, à créer un système institutionnel adapté au développement de la société numérique et à construire un système de droit des données basé sur une nature humaine à multiples facettes, de manière à consolider les bases pour réguler le comportement de l'homme en matière de données et améliorer sa vie. Troisièmement, nous ne pourrons pas construire une théorie du droit des données comparable aux théories économiques sans la proposition et la théorie de l'*homo numericus*.

plus évidents, des litiges relatifs aux droits sur les données de plus en plus fréquents et la construction d'une civilisation numérique, il est nécessaire et inévitable de faire évoluer l'image de l'homme en droit vers le modèle de l'*homo numericus*. La scène juridique de l'*homo numericus* serait la montée en puissance du droit des données, un droit qui couvre la propriété des données, les droits sur les données, ainsi que l'utilisation et la protection des données. Son objectif serait de permettre une meilleure utilisation des données et de résoudre divers conflits et différends. L'émergence de problèmes liés à la sécurité des données et à la propriété des données est importante pour la naissance du droit des données, car elle fournit de nouveaux faits juridiques qui nécessitent l'intervention d'un nouveau droit. Dans le cadre juridique, le droit des données ne s'intéresse pas uniquement à la répartition des droits et intérêts relatifs aux données, mais également à la manière dont les individus utilisent et protègent les données. Les modèles de personne morale classiques ne peuvent pas couvrir ces deux types de relations. À un moment où les crises en matière de sécurité des données se répandent dans le monde et où le droit des données émerge comme il se doit, nous devons repenser notre vision de l'homme en droit. Concrètement, nous devons réfléchir à notre façon de construire les personnes morales et faire évoluer le modèle de la personne morale. La nature humaine étant le fondement philosophique du droit des données, nous devons chercher les réponses à ces questions dans la nature humaine. Dans ce contexte, notre intention initiale est d'expliquer le droit des données, nouveau phénomène historique dans le monde juridique, en nous appuyant sur le paradigme de recherche fondamentale formé par l'homme en droit et le modèle de personne morale. Aussi, nous exposerons l'esprit fondamental, les principes de base et le système de base du droit des données, en comparant sa vision de l'homme et celle dans d'autres droits.

Certes, l'utilisation de n'importe quel modèle risque de simplifier excessivement la question étudiée. De même, ni l'*homo economicus* ni l'*homo numericus* ne peut couvrir toutes les caractéristiques de l'homme en droit. En réalité, l'homme a déjà de multiples images dans le droit moderne. À l'avenir, l'*homo numericus* sera probablement la facette majeure de l'homme en droit, ajustée ou complétée par d'autres facettes. En passant de l'*homo economicus* à l'*homo numericus* comme postulat de la nature humaine, le droit obligera les gens à adopter une toute nouvelle façon de penser dans la vie. Puisque ce passage est un choix que nous faisons de notre propre initiative, il nous importe de mettre la théorie de l'*homo numericus* en pratique.

1.2.2 *Homo numericus et altruisme*

C'est au 19e siècle que le philosophe et éthicien français Auguste Comte forgea le mot « altruisme », révélant de manière abstraite la rationalité de l'altruisme chez l'homme à partir de ses instincts et de sa nature. « De la même manière que l'homme a des exigences rationnelles sur sa pensée, il a des exigences rationnelles sur son comportement et l'altruisme en fait partie (Thomas Nagel 1978, p. 3) ». L'altruisme est étudié dans divers domaines tels que la biologie, la sociologie, la psychologie et l'économie, et défini par chaque discipline respective. En tant qu'animal social, l'homme doit maintenir et renforcer sa coopération avec les autres. Il ne peut donc pas agir de manière entièrement égoïste. Toutes les époques ont besoin de l'esprit altruiste dans le développement social, culturel et institutionnel, et de considérer le comportement altruiste ou l'altruisme comme une qualité importante. L'altruisme en tant qu'école de pensée, a mûri dans l'Antiquité, occupé une place dominante au Moyen Âge et continué à être influent dans les temps modernes. Ses figures représentatives comprennent, entre autres, Confucius, Mozi, Jésus et Kant. Sur la question de la nature humaine, ils estiment que tout individu est capable d'agir de façon désintéressée et altruiste. De l'utopie de Platon à la théorie du contrat social de Rousseau en passant par la théorie de l'entraide de Pierre Kropotkine, toutes soulignent que l'humain est bon par nature, mais que la société le corrompt[5]. L'envie de devenir des hommes meilleurs résonne toujours dans nos âmes (Emmanuel Kant 2003, p. 33). La culture traditionnelle chinoise, en particulier le confucianisme, met également

---

5   Karl Marx et Friedrich Engels ont souligné à plusieurs reprises que le capitalisme et toutes les formes sociales antérieures étaient contre la nature humaine, ce qui indique que, selon eux, l'homme est bon et bienveillant par nature, mais la propriété privée et l'oppression de classe le dépravent. Le fait de comprendre la nature humaine comme bonne est donc conforme à leur intention initiale.

l'accent sur l'effet du groupe et l'altruisme. Selon Mencius, par exemple, tous sont nés avec l'esprit altruiste et chacun est capable d'agir pour le bien des autres.

Les comportements altruistes des êtres humains sont un résultat de l'évolution biologique et du développement social. La coopération est cruciale pour l'homme : dans une société civilisée, l'individu peut, à tout moment, avoir besoin de la coopération et de l'aide de la majorité, alors que de toute sa vie, il ne gagnera que l'amitié de quelques personnes (Adam Smith 1997, p. 13). La coopération touche tous les niveaux, tous les domaines et tous les horizons de la vie sociale et économique. Elle est présente tout au long du processus de développement de la société humaine (Huang Tao 2009). Dans la *Richesse des nations*, après avoir utilisé l'exemple de la fabrication d'épingles pour illustrer l'importance de la division du travail, Adam Smith a mis en évidence le rôle de la coopération dans la manufacture : « La veste de laine par exemple, qui couvre ce journalier, toute grossière qu'elle paraît, est le produit du travail réuni d'une innombrable multitude d'ouvriers. Le berger, celui qui a trié la laine, celui qui l'a peignée ou cardée, le teinturier, le fileur, le tisserand, le foulonnier, celui qui adoucit, chardonne et unit le drap, tous ont mis une portion de leur industrie à l'achèvement de cette œuvre grossière (Adam Smith 1997, p. 11) ». Herbert Simon définit l'esprit de coopération comme un ensemble de vertus, telles que l'indulgence sociale, l'empathie, la serviabilité, l'enthousiasme et le sens moral. Grâce à ces qualités, l'individu sacrifie sa valeur adaptative, mais son comportement altruiste améliore la capacité de survie moyenne de la société, qui encourage à son tour de tels comportements altruistes (Wang Dingding, 2005, p. 199). Dans une introduction à la recherche de l'économiste américain Herbert Gintis, Wang Dingding et d'autres chercheurs chinois soulignent que la coopération a toujours existé et est omniprésente chez l'homme. Selon eux, la coopération n'est pas contraire aux principes fondamentaux de la biologie et de l'économie, car pour chaque individu, la coopération est plus bénéfique que la non-coopération. Tout individu égoïste souhaite donc coopérer. La coopération représente la coexistence de l'égoïsme et de l'altruisme (Wang Dingding 2005, p. 204). La composition et l'existence de la société humaine se fondent sur la coopération. La division du travail et la coopération obligent l'homme à accomplir ses actions par et avec les autres. Il est donc juste de qualifier l'altruisme de moyen efficace d'atteindre les objectifs. La coopération crée une force commune, « il s'agit non seulement d'augmenter les forces productives individuelles, mais également de créer par le moyen de la coopération une force nouvelle ne fonctionnant que comme force collective (Bureau central de Compilation et de Traduction 1972, p. 362) ».

L'ère des mégadonnées nécessite une vision altruiste. Dans une société numérique, la structures des relations détermine que la décentralisation, le décloisonnement, la disparition des frontières sont le mécanisme interne de la société, que l'ouverture, le partage, la coopération et le bénéfice mutuel en sont l'esprit fondamental. Ces caractéristiques font que le développement de la société est axé sur les personnes et que l'altruisme est la valeur fondamentale de notre époque. Les énormes excédents apportés par la coopération engendrent un esprit altruiste, qui peut nous sortir du dilemme du prisonnier. L'égoïsme et l'altruisme forment une unité dialectique, car l'altruisme est la condition préalable à plus d'intérêts personnels[6]. Jack Ma a déclaré dans un discours que « l'humanité est en train de passer de l'ère IT [technologie de l'information] à l'ère DT [technologie de données] ». L'altruisme sera au cœur de cette nouvelle ère : il faut « être convaincus que les autres sont plus importants, plus intelligents et plus compétents que nous ; que nous ne pouvons réussir qu'avec les autres ». Il faut donc privilégier l'altruisme et le partage, plutôt que l'égoïsme et l'exclusivité, car l'altruisme est au cœur de l'avenir.

L'évolution de la nature humaine entraîne inévitablement des changements dans les valeurs prônées par le droit. En tant que nouvelle vision de la nature humaine à l'ère des mégadonnées, l'*homo numericus* représente l'intégration de l'homme et des données. Cela signifie que l'esprit altruiste ne sera pas seulement présent dans le monde réel, mais s'étendra également dans l'espace virtuel pour favoriser la mise en place d'un nouvel ordre. Contrairement à l'ordre traditionnel, qui est centralisé, hiérarchisé et exclusif, le nouvel ordre sera basé sur la décentralisation, l'horizontalisation et

---

6   L'économiste américain Milton Friedman, lauréat du prix Nobel d'économie, a un jour déclaré à juste titre que la *Richesse des Nations* lui avait appris ce qu'était l'égoïsme, tandis que la *Théorie des sentiments moraux* lui avait fait comprendre que l'altruisme était l'égoïsme en toute conscience.

l'ouverture. En d'autres termes, l'essence de l'*homo numericus* sera l'altruisme et le partage. À chaque époque, la nature humaine porte des caractéristiques propres à son temps et fait évoluer les valeurs du droit. L'évolution de la nature humaine à l'ère des mégadonnées, traduite par l'*homo numericus*, fera aussi évoluer les valeurs du droit, certainement en faveur de la sécurité, du partage et de l'altruisme.

1.2.3 Possibilité de l'altruisme

Dans la *Théorie des sentiments moraux*, Adam Smith a souligné dès le départ la nature altruiste de l'homme : « Aussi égoïste que l'homme puisse être supposé, il y a évidemment certains principes dans sa nature qui le conduisent à s'intéresser à la fortune des autres et qui lui rendent nécessaire leur bonheur, quoiqu'il n'en retire rien d'autre que le plaisir de les voir heureux (Adam Smith 2015, p. 5) ». « [...] en dépit de leur avidité et de leur égoïsme (quoiqu'ils ne cherchent que leur intérêt, quoiqu'ils ne songent qu'à satisfaire leurs vains et insatiables désirs en employant des milliers de bras), ils [les riches] partagent avec le dernier manœuvre le produit des travaux qu'ils font faire. Une main invisible semble les forcer à concourir à la même distribution des choses nécessaires à la vie qui aurait eu lieu si la terre eût été donnée en égale portion à chacun de ses habitants ; et ainsi, sans en avoir l'intention, sans même le savoir, le riche sert l'intérêt social et la multiplication de l'espèce humaine (Adam Smith 2015, p. 234) ». « Il y a, dans la nature de l'homme, une inclination et un penchant secrets vers l'amour des autres (Francis Bacon 1983, p. 36) ». L'altruisme n'est pas une illusion. Il est à la fois nécessaire et possible. Dans la société moderne, l'altruisme se manifeste par notre volonté de consacrer du temps, de l'énergie et de l'argent pour l'intérêt des autres. Il peut s'agir d'intérêts immédiatement visibles d'autrui, d'intérêts futurs d'autrui ou d'intérêts en réalité invalides d'autrui (Cheng Enfu 1997, pp. 151–161).

L'altruisme est propice au développement global de l'individu. Selon la théorie de la hiérarchie des besoins d'Abraham Maslow, les comportements d'un individu visant à satisfaire un besoin inférieur sont souvent égoïstes, tandis que les besoins supérieurs ne peuvent être satisfaits que par la coopération et le partage avec d'autres individus. Un certain degré d'altruisme est donc nécessaire à la satisfaction de tels besoins : « Plus celui-ci est supérieur dans la hiérarchie des besoins, plus il révélera une inclination naturelle au partage (Wang Tian'en 2018) ». En d'autres termes, plus le besoin est supérieur, plus il faudra de partage et d'altruisme pour le satisfaire. Les besoins inférieurs une fois satisfaits, l'individu cherchera à satisfaire les besoins de niveaux supérieurs, jusqu'à la réalisation de soi. Dans ce processus, il y a des opportunités et des possibilités de résoudre les conflits entre l'intérêt personnel et l'altruisme. Ainsi, lorsque l'individu tente de satisfaire uniquement ses besoins matériels les plus élémentaires, il est raisonnable qu'il recherche la maximisation des intérêts personnels. Cependant, une fois qu'il monte dans la hiérarchie des besoins, l'intérêt personnel et l'altruisme ne seront plus en concurrence l'un avec l'autre, mais semblent intégrés l'un à l'autre.

La société humaine a besoin de l'altruisme. Depuis l'Antiquité, les êtres humains sont dépendants les uns des autres pour survivre. Personne n'est une île. Comme le note Karl Marx, ce n'est que dans le collectif que l'individu peut acquérir les moyens de développer pleinement ses talents. Évoquant ses réalisations, Isaac Newton disait également : « Si j'ai vu si loin, c'est que j'étais monté sur des épaules de géants », ce qui sous-entend que l'altruisme entre les individus (camarades de classe, amis, collègues, etc.) est indispensable à la réussite. Alors que la division du travail s'affine et que les gens sont reliés plus étroitement que jamais dans la chaîne du travail, les intérêts de l'individu ne pourront se réaliser que par la satisfaction des besoins des autres, de la société et de la nation. Si chacun ne cherche qu'à maximiser ses intérêts personnels et ferme les yeux sur les intérêts des autres, nous nous retrouverons dans le « piège hobbesien ». Le préjudice mutuel qui se produit dans notre société est fondamentalement dû à une vue courte de l'intérêt personnel. Lorsque cette vue n'est pas corrigée par des règles, la société évolue vers un monde où chacun fait du mal aux autres. Au contraire, si chacun est prêt à abandonner une partie de ses propres intérêts au profit des autres, une société « Un pour tous, tous pour un » deviendra possible. À l'ère numérique, nous devons orienter les individus vers plus de comportements altruistes afin de réaliser un développement sain, ordonné, harmonieux et durable de la société.

Bien que les problèmes rencontrés par la gouvernance mondiale des données provoquent des crises et des défis sans précédent en matière de sécurité des données, ils révèlent en même temps que l'humanité doit et peut choisir une stratégie « altruiste et coopérative » pour surmonter ces difficultés. Martin Novak, biologiste à l'Université Harvard, estime que la coopération est la source de la créativité dans tout processus évolutif, que ce soit celui des cellules, des organismes multicellulaires, ou celui des fourmilières, des villages et des villes. Pour relever les nouveaux défis de la gouvernance mondiale, l'humanité doit trouver de nouveaux moyens de coopération basés sur l'altruisme. Ce n'est qu'en coopérant les uns avec les autres, en poursuivant le principe du transfert d'intérêts et en recherchant un équilibre entre les intérêts particuliers des différents pays et nations et la communauté de destin pour l'humanité, que les parties prenantes parviendront à tirer le maximum d'avantages des données. Bien entendu, en tant qu'acteurs d'activités internationales, ces parties prenantes seront, pendant un certain temps, semblables à des *homo economicus* en quête de la maximisation du profit relatif aux données. Elles ne parviendront pas toujours à coordonner ou à équilibrer leurs intérêts en matière de données et il ne sera pas rare de constater des actions contraires au principe de la coopération. Il est donc nécessaire de formuler un ensemble de règles internationales efficaces pour réguler ces actions afin de pérenniser la coopération internationale en matière de données.

Si la nature humaine était foncièrement mauvaise, les systèmes conçus par l'homme seraient inévitablement mauvais. Toutefois, l'homme est tout à fait capable de rejeter des éléments mauvais de sa nature et de se débarrasser de sa part d'animalité pour améliorer son côté bon, au moins pour s'abstenir des penchants mauvais. La nature sociale des êtres humains favorise le développement de l'altruisme, et le besoin de coopération est la force motrice directe de l'altruisme. « Une personne qui est passée par le processus de socialisation est non seulement motivée, de façon innée, à rechercher son intérêt personnel, mais développe aussi de l'altruisme suite à l'intériorisation des valeurs acquises. Cette motivation altruiste acquise va contraindre et remodeler la motivation innée à rechercher de l'intérêt personnel (Guo Jing

2005) ». L'histoire montre qu'avec le développement de la société civile, la part barbare, avide et égoïste des êtres humains diminue, tandis que la mentalité altruiste, l'écoute du cœur et l'idée de partage deviennent leurs valeurs essentielles. Les êtres humains se sont engagés dans une voie de développement dominée par l'altruisme. La société humaine idéale serait une société où chacun considère l'altruisme comme code de conduite. Lorsque les produits et les ressources de données seront suffisants pour être alloués en fonction des besoins, les principes de l'équité et du partage seront profondément ancrés dans notre esprit. Le travail dans le domaine des données sera un moyen de s'épanouir, l'altruisme s'accroîtra considérablement, et l'intérêt personnel et l'altruisme pourront être hautement unifiés. Avec l'évolution du temps et le développement de la société, la valeur de l'altruisme deviendra de plus en plus évidente et la civilisation altruiste s'épanouira.

Selon Thomas d'Aquin, le but de la loi est le bien commun. Lors de la conception du droit des données, nous devons voir la part d'altruisme présente dans la nature humaine, mobiliser et encourager le côté bon de la nature humaine, tout en réprimant la tendance au mal de l'homme. L'altruisme doit être le fondement du droit des données, ainsi que le point de départ et le point final de la préparation et de l'application des lois dans ce domaine. Le droit des données sera le système juridique pour ajuster la propriété des données, les droits sur les données, l'utilisation et la protection des données, ainsi que la norme de base pour réglementer les comportements en lien avec les données et maintenir l'ordre des données. Son défi consiste à parvenir à un équilibre entre la protection efficace des droits et une meilleure utilisation des données, et à préserver l'intérêt public et la sécurité publique tout en favorisant le libre partage des données personnelles. C'est pourquoi la cession de certains droits sur les données par les citoyens sera la clé pour réaliser l'équilibre entre la protection juridique et l'utilisation rationnelle. En d'autres termes, l'objectif législatif du droit des données devrait être de promouvoir la circulation et l'utilisation des données, plutôt que d'enfermer les données dans une boîte juridique étanche. Comme l'a dit un jour Gustav Radbruch, la préoccupation du système juridique n'est pas de forcer les gens à fixer les yeux à tout moment comme des gardes, mais de leur permettre de contempler occasionnellement et allègrement les étoiles brillantes, les arbres et fleurs en pleine floraison ainsi que la nécessité de la liberté et des vertus (Gustav Radbruch 2001, p. 9). Le fait d'utiliser l'altruisme comme la dimension humaine du droit des données signifie que celui-ci prend l'altruisme comme point de départ et exprime des exigences de l'altruisme. L'altruisme sera au cœur de ses contenus ; le partage, objectif ultime de l'altruisme, sera sa valeur suprême ; façonner et promouvoir l'altruisme chez l'homme sera son objectif principal. Bien entendu, cela ne signifie pas que le droit des données ne poursuivra pas d'autres objectifs, telles que la sécurité, l'efficacité, le rendement et l'ordre. Toutefois, ces objectifs ne peuvent pas se substituer à l'objectif de favoriser l'altruisme.

Au fur et à mesure que l'idée de partage pénètre dans note esprit, la part d'altruisme présente dans la nature humaine se réveillera petit à petit. En un sens, le droit des données jouera un rôle de « sage-femme » dans ce processus en favorisant le développement de l'esprit altruiste. « Les êtres humains peuvent cultiver un véritable esprit d'altruisme (Holmes Rolston 2000, p. 465) ». L'apparition du droit des données signifie que les humains ont une meilleure compréhension de leur relation avec les données. Ils se sont rendus compte qu'ils devraient faire tout leur possible pour améliorer le bien-être de la société dans le domaine des données selon le principe de cession qui favorise le plus l'intérêt général de la société. En ce qui concerne la société, c'est son devoir de créer des systèmes pour renforcer l'altruisme, réveiller l'esprit altruiste des personnes et promouvoir une relation plus harmonieuse entre les personnes et les données. Le postulat de l'*homo numericus* dans le droit des données peut se justifier par les raisons suivantes : d'une part, il permet de décrire la nouvelle vision de la nature humaine que manifesteraient les sujets concernés, déterminée par les propriétés fondamentales du droit des données comme la nature sociale, l'altruisme et le partage ; d'autre part, il pourra aider la construction scientifique et l'application du droit des données, par l'atténuation ou la solution du dilemme de la sécurité dans la gouvernance des données. Il s'agit à la fois d'une nécessité du développement social et d'une tendance du progrès humain.

1.3 Système et légalisation du droit des données

Le « remixage[7] », une force de transformation indéniable, a un impact sans précédent sur les règles juridiques, l'ordre des droits et les normes éthiques existants. Il met en évidence les lacunes du système juridique actuel, tout en bouleversant notre conception de la loi. Par conséquent, saisir la nature de la structure sociale, reconstruire le modèle des relations sociales et interpréter la nature humaine en tant que fondement du droit sont des conditions préalables à l'établissement de la jurisprudence, des règles institutionnelles et des normes éthiques à l'ère du remixage. Aujourd'hui, l'humanité entre dans une phase de reconstruction juridique pour réguler le monde virtuel et le mécanisme traditionnel de génération des lois n'est plus adapté. Nous sommes donc à une époque où le système de règles du monde virtuel et le système juridique du monde réel vont devoir s'adapter mutuellement, où diverses formes de lois seront créées et réformées. La civilisation numérique a donné une impulsion à l'innovation et à la mise en place d'un système de droit des données, tandis que le droit des données fournira une base pour l'amélioration de l'ordre de la civilisation numérique. Alors que la société humaine passe de la civilisation agricole à la civilisation industrielle puis à la civilisation numérique, le droit passe de celui des personnes à celui des objets, puis à celui des données.

1.3.1 Personnalité de l'homo numericus

Notre monde est entouré d'*homo numericus*. Lorsque ceux-ci sont intégrés dans la vie des hommes modernes, nous ne pouvons plus les ignorer.

---

7   Le remixage désigne « le réarrangement et la réutilisation des choses existantes » (Voir Kevin Kelly, *The Inevitable*, trad. par Zhou Feng *et al.*, Publishing House of Electronic Industry, 2016, p. 240). Le remixage est une restructuration interne et un processus de mouvement dans lequel le chaos et l'ordre coexistent, s'opposent et se transforment. Il ne s'agit pas d'un mélange rigide d'anciennes et de nouvelles méthodes, mais de l'intégration d'éléments constitutifs, avec un nouvel agencement.

Au 21ᵉ siècle, dans une société numérique interconnectée et intelligente, le pouvoir des données et les relations en lien avec les données exigent une jurisprudence et un système juridique différents de ceux qui régulaient le travail à la chaîne du 19ᵉ siècle et l'automatisation du 20ᵉ siècle. Le système juridique traditionnel, en particulier celui des sujets de droit traditionnels, a été ou est confronté à des défis sans précédent. Les progrès scientifiques et technologiques nous conduisent vers une nouvelle conception du droit et une reconstruction des règles juridiques. Ils forcent la société et la doctrine juridique à réexaminer le système de la personnalité[8] pour déterminer s'il est nécessaire d'accorder à l'*homo numericus* une personnalité juridique. Les droits juridiques doivent être fondés sur la personnalité, sinon ils entreraient en conflit avec le bien-être social (Robert Morrison MacIver 1946, p. 180). La question de la personnalité juridique de l'*homo numericus* est au cœur des ajustements du droit à l'avenir. Avec la socialisation croissante de l'*homo numericus*, il devient nécessaire d'étudier son statut juridique afin de combler le fossé entre le développement social et le droit[9]. Citant l'exemple des dommages corporels causés par un véhicule

---

8   La personnalité désigne en général une qualification du sujet qui distingue l'homme des autres espèces et formes d'existence. C'est au départ un concept philosophique. Dans la théorie du droit, la personnalité, après plusieurs évolutions et développements, est finalement définie comme l'intérêt personnel inhérent à l'homme tel que confirmé par la loi. Autrement dit, la personnalité est la qualification de l'homme pour jouir de ses droits, assumer ses obligations et obtenir la liberté de manière indépendante et avec dignité. Il engendre ainsi divers droits spécifiques de la personnalité et est la condition préalable pour que l'homme jouisse d'autres droits civils et accomplisse des actes de la vie civile.

9   Le « Plan de développement de l'IA de la nouvelle génération » publié par le Conseil des affaires d'État chinois souligne la nécessité d'étudier les questions juridiques pertinentes et d'établir un système de responsabilisation. Il définit clairement « l'établissement d'un système de lois, de règlements, de normes ethniques et de politique pour régir l'intelligence artificielle » comme un objectif stratégique, et propose de « formuler des lois, des règlements et des normes éthiques qui favorisent le développement de l'IA », de sorte à lui fournir une mesure de garantie. De plus, le plan souligne qu'il est nécessaire de participer activement à la gouvernance mondiale dans le domaine de l'IA et de renforcer la recherche sur les grands enjeux internationaux communs tels que l'aliénation des robots et la protection de la sécurité. Il appelle

sans conducteur, David C. Vladeck, professeur de droit au Law Center de la Georgetown University, a soulevé la question des robots en droit et des conséquences juridiques de leurs actions. Il estime que le statut juridique des robots est un problème auquel la législation doit faire face (David C. Vladeck 2014, p. 89). « Avec le développement de robots intelligents, nous devrons peut-être réviser ou réécrire notre Constitution et nos lois (Phil Mcnally 1988, p. 20) ».

À l'heure actuelle, les technologies se développent à un rythme exponentiel, de grandes incertitudes et risques planent toujours sur notre avenir et cela mérite notre attention. Dans *La question de la Technique*, Martin Heidegger souligne que la technique moderne n'est plus quelque chose de « neutre ». Elle contrôle et domine l'ensemble de la vie des hommes modernes en tant que « cadre » et est devenue en quelque sorte leur destin historique. Le développement de la biotechnologie et de la technologie intelligente modifie de manière substantielle l'existence humaine. Les êtres humains sont en train d'être complétés, transformés et réorganisés. La complémentarité homme-machine, l'interaction homme-machine, l'intégration homme-machine, la collaboration homme-machine et la symbiose homme-machine deviennent des tendances. Le futurologue américain Raymond Kurzweil affirme que « l'intelligence biologique se fusionnera inévitablement avec l'intelligence non biologique que nous créons (Raymond Kurzweil 2015) ». Les humains et les machines seront de plus en plus intégrés, mais la symbiose sera-t-elle plutôt un humain ou une machine ? Il n'y a peut-être pas de réponse définitive à cette question. Si l'*homo numericus* est un humain dans un certain sens, devrait-il jouir de droits fondamentaux de la personne humaine tels que les droits de l'homme ? Aurait-il de la

---

également à approfondir la coopération internationale dans les lois et règlements ainsi que dans les règles internationales sur l'IA, à répondre ensemble aux défis mondiaux et à optimiser l'allocation de ressources innovantes à l'échelle mondiale. Le plan précise qu'il faut participer aux dialogues mondiaux et s'aligner au niveau international en matière de spécifications, de normes et de méthodes réglementaires pour le développement de l'IA. Il indique également qu'il faut renforcer la recherche sur les lois et règlements concernant l'IA et clarifier les droits, obligations et responsabilités en lien avec l'IA, tout en se concentrant sur l'étude du statut juridique de l'IA.

personnalité et de la dignité comme une personne physique ? Devrait-il être considéré comme un sujet moral ou de droit et assumer les conséquences de ses actes ? Les questions de ce genre sont nombreuses, sans compter les nouvelles questions qui émergent constamment. « Nous devons commencer à débattre dès maintenant : quelle est notre identité par rapport à ces machines (John M. Jordan 2018, p. 162) ? » « Nous devons réétudier la définition de l'homme, la nature humaine et repenser les principes de valeur régissant la gestion des relations interpersonnelles et des relations homme-machine (Sun Weiping 2017) ». Kurzweil a même prédit que des robots dotés de la conscience de soi apparaîtraient en 2029 et deviendraient la norme dans les années 2030. Ces robots auraient différents types d'émotions subtiles semblables à celles de l'humain (Raymond Kurzweil 2014, p. 195). Il semblerait inapproprié de continuer à considérer ces *homo numericus* comme des machines. Étant donné que le débat sur la personnalité juridique des *homo numericus* présente un intérêt théorique et pratique important, le milieu universitaire a proposé diverses théories telles que la personnalité électronique, la personnalité virtuelle et la personnalité limitée. Néanmoins, il convient de rappeler qu'il faudrait « laisser un espace institutionnel nécessaire au développement des technologies émergentes (Wang Liming 2018) ».

Bien que tout cela reste des spéculations, les humains devraient probablement faire preuve d'anticipation et prendre au sérieux ce qui pourrait être la dernière question juridique majeure de l'humanité (Sun Weiping 2017). Dans une analyse de la signification de la personnalité juridique, le spécialiste japonais du droit civil Echi Hoshino a souligné : « même les êtres autres que l'être humain, seront reconnus s'ils sont aptes à agir en tant que sujets de droits et d'obligations en droit privé (Hoshino Echi 2004, p. 21) ». L'historien israélien Yuval Noah Harari estime que « les lois humaines en sont venues à reconnaître des entités d'intersubjectivité telles que les entreprises ou les pays, en les appelant des 'personnes morales'. Toyota ou l'Argentine n'ont ni corps ni esprit. Pourtant, tous deux sont liés par le droit international, peuvent posséder des terres et de l'argent et peuvent devenir plaignants ou défendeurs devant les tribunaux. Peut-être que dans un proche avenir, l'algorithme pourrait également obtenir un tel statut (Yuval Noah Harari 2017, p. 293) ». Alors qu'un vif débat se déroule dans le cercle universitaire, les législateurs entrent également en scène. En 2017, la Commission des affaires juridiques (JURI) du Parlement européen a proposé d'attribuer, dans la législation future, le statut de personne électronique aux robots intelligents les plus sophistiqués, de sorte qu'ils soient responsables des dommages qu'ils pourraient causer et puissent appliquer leur personnalité électronique aux cas où ils prennent des décisions autonomes ou interagissent avec des tiers de manière indépendante (Rapport, Parlement européen). La Russie a suivi de près : dans l'article 1er de la loi Grishin, elle a proposé de donner aux robots le statut juridique de « robot-agent ». L'article stipule qu'un robot-agent est censé posséder des biens indépendants et assumer la responsabilité de ses propres dettes vis-à-vis de ces biens, qu'il peut recevoir et exercer des droits civils et assumer des obligations civiles en son propre nom （Zhang Jianwen 2018）. Au niveau mondial, les pays reconnaissent l'*homo numericus* en tant que sujet juridique principalement de deux manières : par voie législative ou à travers des politiques de soutien. L'Arabie saoudite a, par exemple, accordé au robot Sophia la nationalité saoudienne par voie législative. Dans d'autres pays où aucune législation n'est mise en place à cet effet, des politiques sont mises en place pour soutenir le développement des robots et accorder aux robots le statut juridique correspondant. Jusqu'à présent, la Chine n'a encore accordé à l'*homo numericus* aucun statut juridique et les sujets des crimes, en principe, restent des personnes physiques ayant atteint l'âge de la responsabilité pénale et ayant la capacité pénale. Par exemple, l'article 2 des *Dispositions générales du Code civil* de la Chine stipule que « le droit civil réglemente les relations personnelles et patrimoniales entre les personnes physiques, les personnes morales et les organisations non constituées en société qui sont des sujets égaux[10] ».

La structure du système des droits n'est jamais figée. La complexité de l'évolution sociale vient justement des différences dans la personnalité juridique, le statut, l'identité, les droits, les qualifications et les responsabilités

---

10   Bien que les personnes morales et les organisations non constituées en société ne soient pas des personnes physiques, elles ont les attributs de personnes physiques du fait qu'elles ne sont pas indépendantes des entités « personnifiées » de personnes physiques.

qui sont conférés par le droit aux différents sujets. L'expansion des sujets de droit reflète les changements dynamiques des concepts et des valeurs juridiques. En ce qui concerne l'évolution du droit, il semble qu'il n'y ait aucune raison de douter que la portée des sujets de droit s'élargisse pour couvrir l'*homo numericus* ou toute autre nouvelle espèce dans le cyberespace, mais cela dépendra des besoins du système juridique et du système social. Dans le passé, l'émancipation des esclaves, la discrimination positive, le mouvement féministe, les organisations syndicales, le système de la personne morale, les débats juridiques concernant les embryons, les personnes en état végétatif et les bébés génétiquement modifiés, ainsi que les nouvelles revendications de droits déclenchées par des litiges d'intérêt public et des recours collectifs ont tous fait avancer les théories modernes sur les sujets de droit. Cela montre que le concept de personnalité juridique est un concept qui évolue avec le temps （Yu Chengfeng 2017）. En effet, les changements dans la conception des sujets de droit ont d'abord permis à l'humain d'être traité comme non-humain, et maintenant au non-humain d'être traité comme humain. Il s'agit d'un processus d'ouverture et d'inclusion[11]. Tout comme

---

11   Par exemple, la Cour fédérale américaine a jugé une affaire déposée au nom de la rivière Byram contre une société côtière pour pollution. La Sierra Club Law Protection Foundation et la Hawaii Audubon Society ont déposé une plainte au nom des quelques centaines d'oiseaux Parilla restants. Dans son article intitulé « Les arbres doivent-ils pouvoir plaider ? Vers la reconnaissance de droits juridiques aux objets naturels », le juge Williams Douglas a posé la question suivante : « Puisque la loi peut accorder un statut juridique aux pays, aux entreprises, aux nourrissons, aux personnes incapables, aux villes autonomes et aux universités, qui ne parlent pas et qui n'ont pas de conscience, et leur attribuer des protecteurs ou agents, pourquoi la loi ne peut-elle pas accorder un statut juridique aux objets naturels ? » En Italie, par voie de testament, une femme a légué 50% de son héritage, soit plus d'un million d'euros, à son chien, faisant de ce dernier le premier chien de l'histoire italienne valant plus d'un million d'euros. Des exemples similaires ne sont pas rares, comme le chien de berger Gunther IV avec une fortune de 224,6 millions de livres sterling, le chimpanzé Luka avec une fortune de 53 millions de livres sterling ou encore le chat Tomasino avec une fortune de 15,66 millions de dollars. Ces exemples illustrent que les sujets dans les relations civiles ne se limitent plus aux personnes physiques et que de nombreuses autres entités se sont progressivement vues attribuer des statuts de « personne » juridique en fonction des besoins des législateurs. Nous tendons de

la souris, les hérétiques religieux et les sorcières qui ont été au banc des accusés à certains moments de l'histoire, les *homo numericus* pourraient, à l'avenir, jouer un rôle dans l'établissement des nouvelles règles en tant que défendeurs, plaignants ou même juges, avocats et notaires. Pour certaines personnes, puisque les animaux jouissent de droits, l'*homo numericus* devrait aussi être respecté car il a une conscience et des émotions et qu'il est de plus en plus difficile de le différencier de l'homme naturel. Dans le *Discours sur l'origine et les fondements de l'inégalité parmi les hommes*, le philosophe des Lumières Jean-Jacques Rousseau a soutenu que les animaux devraient jouir des droits conférés par la nature et que les humains avaient l'obligation de leur maintenir ces droits. Jeremy Bentham, fondateur de l'utilitarisme, faisait aussi partie des défenseurs des droits des animaux. Dans un discours sur la nécessité d'étendre les droits légaux des animaux, il a indiqué : « Le jour viendra peut-être où le reste de la création animale acquerra ces droits qui n'auraient jamais pu être refusés à ses membres autrement que par la main de la tyrannie ». Ces revendications pour les droits des animaux peuvent peut-être nous aider à déduire la légitimité des droits pour l'*homo numericus*.

À l'avenir, la portée des sujets de droit pourrait continuer à s'élargir pour briser les limites de l'humain au sens biologique du terme, et l'appartenance à une espèce pourrait cesser d'être le principal obstacle à l'octroi de droits. Le système juridique devrait suivre cette logique de l'évolution, « rester ouvert sur l'éventualité de considérer les robots comme des sujets de droit et refuser que les différences d'espèces soient un problème technique pour l'octroi de droits juridiques (Zhang Yujie 2017) ». À l'avenir, l'ordre juridique pourrait créer de différents types de personnalités juridiques et mettre en place une nouvelle structure de personnalités pour la participation aux processus juridiques. Dès lors, l'*homo numericus* ainsi que d'autres types d'*homo* pourront tous devenir des nœuds distribués du réseau de relations juridiques dans les futures considérations législatives et pratiques judiciaires. « Malgré un éventuel impact majeur sur l'ancienne

---

plus en plus à considérer les non-humains comme des humains, ce qui fournit également un espace d'interprétation pour l'octroi d'un statut juridique en droit civil à un humanoïde comme l'*homo numericus*.

doctrine juridique, cela pourrait nous aider à nous adapter au développement social (Zhou Xiang 2019) ». Puisque le développement de l'*homo numericus* est inévitable, il est nécessaire de créer des réglementations légales correspondantes. Afin de garantir le développement raisonnable de l'*homo numericus*, ces réglementations doivent reposer sur des ajustements juridiques systémiques et des arrangements institutionnels. Tout cela indique qu'il est temps de réglementer de manière appropriée les droits en matière de données et l'*homo numericus*, tout en établissant l'ordre des lois et des ethniques correspondantes.

1.3.2 Système institutionnel du droit des données

Les êtres humains créent toujours ses systèmes en fonction de la demande. Le système institutionnel du droit des données sera une base importante et une référence fondamentale pour la protection des droits et des intérêts relatifs aux ressources de données, qui sont des droits et intérêts nouveaux. Il est donc urgent de le mettre en place. À l'heure actuelle, les théoriciens et les pragmatiques ne sont pas encore parvenus à proposer une théorie commune sur le système du droit des données en raison des divergences sur des questions spécifiques. Cependant, ils sont du même avis qu'il existe des problèmes dans les fondements théoriques, la structure et l'application pratique du système existant, et estiment que les « petites révisions et réparations » ne suffiront pas à compenser ces lacunes. En effet, alors que le monde a entamé un nouveau cycle de révolution technologique et de transformation industrielle, le système de protection des données extraterritoriales a déjà commencé de nouveau à revoir sa législation. Notre attention devrait être portée sur la conception globale du système du droit des données : l'analyse de droits spécifiques, minutieuse et détaillée soit-elle, ne produira finalement que des composants délicats impossibles à être assemblés. Dans cette perspective, il est urgent d'envisager la création d'un système de droit conforme à la tendance de développement de la société moderne. Concrètement, dans la société actuelle, le désordre et le manque de règles dans les relations de données nécessitent directement la mise en place d'un système institutionnel. La séparation entre la propriété et l'utilisation des données fournit la raison fondamentale pour laquelle ce système devrait comporter un régime de partage. Enfin, l'intérêt mutuel est la base réaliste pour l'existence autonome de ce régime de partage.

Les systèmes juridiques coordonnent les idéaux et les réalités d'une société. Ils appartiennent à la zone intermédiaire entre le monde standard et le monde réel. Cela est particulièrement vrai pour le système du droit des données. Son importance réside non seulement dans le maintien et la réalisation de la justice, mais aussi dans la création de l'ordre. Autrement dit, le système du droit des données devrait aider à minimiser les coûts de transaction de données et à améliorer l'efficacité de l'allocation des ressources de données grâce à des dispositions institutionnelles qui combinent les relations et les règles et qui permettent l'intégration, la régulation et la protection efficaces des relations de droits. La première partie de ce système institutionnel sera un système de légalisation. Il contiendra des dispositions et des descriptions juridiques concernant, entre autres, la signification, l'extension, la procédure de réalisation, le processus de perte et la réparation des droits relatifs aux données, pour offrir une base juridique à la réalisation du droit des données. La mise en place d'un système de légalisation pourra aider à transformer les droits théoriques en droits juridiques et réels. Pour s'élever au niveau des droits garantis par la loi, le droit des données, élément des droits fondamentaux pour la survie et le développement de l'homme, devrait représenter des revendications d'intérêts bien justifiées et se conformer aux exigences réalistes et aux valeurs des systèmes pertinents. La deuxième partie du système du droit des données sera un système de propriété des données. La propriété des données, qui confère un contrôle total sur les données, constituera le cœur de ce système. Elle comprend principalement quatre droits, à savoir les droits de contrôle, d'utilisation, au gain et de partage, qui peuvent être séparés l'un de l'autre sous certaines conditions. Le système de propriété des données définira les données comme appartenant à un certain propriétaire sur le plan institutionnel et placera les données sous le contrôle complet de ce propriétaire. Il brisera les limites de l'idée traditionnelle selon laquelle les propriétés sont forcément tangibles, tout en assouplissant la structure fermée et exclusive de la propriété traditionnelle et le principe d'une propriété unique pour un objet. Ainsi, il aidera non seulement à protéger les droits et les intérêts des sujets de droits, mais favorisera également le partage et l'utilisation des données dans la société. La troisième partie du système du droit des données sera un système d'usufruit sur les données. Créé dans le but de résoudre la contradiction entre la propriété des données et la demande de données, l'usufruit sur les données désigne le droit d'utiliser et de bénéficier des données détenues par d'autres sous certaines conditions. C'est une sorte de droit sur les données d'autrui ou de propriété restreinte des données. L'usufruit sur les données confère un contrôle sur la valeur d'usage des données et recouvre trois droits : le droit de contrôle, le droit d'utilisation et le droit au gain. Le système d'usufruit sur les données signifie que nous passons des droits centrés sur le contrôle à des droits centrés sur l'utilisation. Il aidera à mieux valoriser les droits relatifs aux données et constituera un moyen de concrétiser leur propriété. La quatrième partie du système du droit des données sera un système de droits d'intérêt général sur les données. Les droits d'intérêt général sur les données désignent les droits juridiques publics établis sur des données fournies ou gérées par des entités administratives dans le but de protéger et d'accroître le bien-être public. C'est une sorte d'usufruit sur des données publiques cédé à des entités administratives comme le gouvernement ou au grand public. Pour les entités administratives représentées par le gouvernement, les droits d'intérêt général sur les données comprennent, entre autres, le droit de collecter des données, le droit de planifier le développement des données et le droit d'autoriser l'utilisation des données ; pour le grand public, les droits d'intérêt général sur les données comprennent, entre autres, le droit au consentement éclairé sur les données, le droit à la modification des données et le droit à l'oubli des données. La cinquième partie du système du droit des données sera un système de partage. Le partage constitue l'essence du droit des données. Le système de partage vise à trouver l'équilibre entre les droits personnels et l'intérêt public en matière de données. Contrairement à notre vision ancienne des données qui met l'accent sur les intérêts privés et néglige l'intérêt public, le système de partage propose et prône une nouvelle approche qui recherche l'équilibre entre les deux camps. Dans le même temps, l'équilibre entre les droits personnels et l'intérêt public est la question fondamentale de l'innovation et de l'organisation du système du droit des données. Le système de partage, avec une répartition équitable des intérêts privés et publics comme principe fondamental, fournira une base pour résoudre les conflits entre les différentes parties prenantes. Les cinq systèmes que nous venons d'évoquer représentent les différentes dimensions d'un système de protection des données personnelles établi sur des objectifs de valeur tels que l'utilisation optimale et la sécurité des données. Cependant, la protection des données personnelles ne devrait pas uniquement prendre en compte la protection des droits privés. Elle devrait aller au-delà du consentement ou du consentement éclairé pour adopter une attitude ouverte, inclusive et amicale qui favorise à la fois le développement industriel et la justice sociale. Il faudrait maintenir la flexibilité des règles pertinentes et faire un meilleur usage (c'est-à-dire viser la qualité plutôt que la quantité) du mécanisme d'élaboration de règles ascendant et distribué, afin de mettre en place des dispositifs d'appui en ligne avec des objectifs de valeur spécifiques et former un système de protection des données plus adapté aux besoins réels.

Aujourd'hui, les questions relatives au droit des données se déclinent principalement en deux volets : la propriété et l'utilisation des données. Par conséquent, le système du droit des données peut être essentiellement composé de deux parties, chacune traitant un des deux volets. En revanche, il ne s'agit pas simplement d'unifier le système juridique sur l'utilisation des données, mais plutôt d'une réforme des valeurs traditionnelles. En suivant la ligne logique que nous avons envisagée, nous parviendrons certainement à une nouvelle approche du droit des données et à une nouvelle éthique des données et produirons de nouveaux mécanismes de fonctionnement autour de ce droit. « Selon le principe fondamental de la construction d'un système juridique, la combinaison de normes juridiques est toujours soumise à des concepts de système spécifiques. Les différentes normes juridiques doivent être cohérentes et complémentaires, sans présenter de conflit ni de contradiction (Xia Xiaoxiong 2019) ». C'est un point important dans la construction du système institutionnel du droit des données. Pour les législateurs, les concepts fonctionnels, les principes généraux et les structures typiques sont d'une grande importance dans la structuration du système du droit des données. Par conséquent, nous devons, sur la base d'une transformation systématique, appliquer efficacement les concepts fonctionnels, les normes de principe, la distinction basée sur les types ainsi que d'autres instruments pertinents pour construire et organiser correctement le système du droit des données et optimiser la logique interne et la corrélation des réglementations relatives au droit des données.

Bien que la recherche actuelle n'ait pas encore atteint le stade de la publication d'un plan précis pour construire un système du droit des données mature, elle est très prometteuse et pourra conduire à la mise en place d'un tel système. Dans un monde où des litiges relatifs au droit des données surviennent fréquemment et en grand nombre, il est nécessaire de clarifier, entre autres, la nature, le statut et la portée de la propriété des données[12], des droits sur les données[13], de l'utilisation des données[14] et de la protection

---

12   La validation des droits de propriété des données est le point de départ logique de la protection du droit des données et une condition préalable à l'établissement de règles relatives aux données. La propriété est différente pour les données de différents types ou à différentes étapes de leur cycle de vie. La législation devrait définir des limites claires pour chaque propriété, y compris celle du libre accès aux données publiques, la limite de l'utilisation commerciale des données d'entreprise et la limite de la confidentialité des données personnelles.

13   Les droits sur les données, partie importante de la législation autour du droit des données, sont essentiels pour que le grand public s'intéresse aux lois relatives aux données. La législation devrait accorder à la personne concernée des droits correspondants, tels que le droit d'accès, le droit de rectification, le droit à l'oubli, le droit à la portabilité des données, le droit à l'utilisation des données, le *jus fruendi* des données et le droit à réparation, etc. Elle devrait prévoir non seulement des dispositions sur les droits du propriétaire de données relatifs au contrôle, à l'utilisation et à la jouissance des données, mais aussi des dispositions sur les droits d'autrui en matière d'utilisation des données, tels que le droit d'intérêt général sur les données, l'usufruit sur les données et le droit de partage.

14   La valeur des données réside dans leur utilisation. Pour une meilleure exploitation des données, il est important de développer en même temps leur utilisation commerciale, administrative et civile et générer un modèle d'utilisation qui intègre trois chaînes : l'ensemble de la chaîne industrielle, l'ensemble de la chaîne de gouvernance et l'ensemble de la chaîne de services. Le but de la réglementation du droit des données est de sauvegarder l'intérêt public et la sécurité publique tout en promouvant le libre partage des données à caractère personnel. À cette fin, les citoyens doivent céder une partie de leurs droits sur les données. La législation devrait donc s'efforcer de réaliser un équilibre entre la protection des droits et l'utilisation rationnelle des données via l'établissement de normes.

des données[15]. Parallèlement, ces litiges fournissent des matériaux réels pour mener des analyses, de la recherche et des réflexions pertinentes. En Chine, des discussions approfondies sur le système du droit des données ont été menées sous différents angles et à différents niveaux par des acteurs de différents milieux. Au niveau législatif, des dispositions pertinentes ont été intégrées dans des lois sectorielles, mais il n'existe encore aucune loi dédiée spécifiquement à la protection des données. Si les données sont devenues une ressource stratégique de base du pays, le système de droit en la matière manque encore de considération globale et de conception stratégique globale. La modernisation du système juridique du droit des données ne devrait pas être une optimisation partielle d'un système ou d'un secteur spécifique. Elle nécessite des ajustements fondamentaux et globaux du système, de sorte que ses divers composants et liens produisent des effets synergiques et forment un tout logique qui répondrait aux besoins pratiques externes. Il faudrait également s'inspirer des fruits du développement de la civilisation juridique de l'humanité et faire bon usage de l'expérience, des éléments et des mécanismes utiles des systèmes étrangers du droit des données, de sorte que le système du droit des données devienne une partie importante du système juridique chinois dans les nouvelles conditions historiques.

1.3.3 Modération du numerus clausus en droit des données

Le principe du *numerus clausus* est considéré comme « l'un des piliers de la structure des droits réels (Xie Zaiquan 1999, p. 40) ». Comme dans le droit réel, le droit des données doit suivre certains principes

---

[15] La responsabilité de protection est un élément indispensable des lois, règlements et règles. Si une loi ne comporte aucune disposition sur la responsabilité de protection, les droits et obligations qu'elle stipule seront illusoires. En ce qui concerne le droit des données, la gouvernance de la sécurité doit être renforcée pour la collecte, le stockage, la transmission, l'utilisation des données et d'autres opérations afin de prévenir les attaques, ainsi que les fuites, le vol, la falsification et l'utilisation illégale des données. De plus, les données peuvent mettre en jeu la sécurité de l'État et les intérêts nationaux. Il est donc nécessaire de protéger la souveraineté des données au niveau national.

fondamentaux[16]. Même s'ils ne sont probablement pas explicitement mentionnés dans la future législation sur les droits sur les données, « ces principes sont la base de la législation et affectent l'adaptation et l'interprétation de la loi (Hu Xuyu 2006) ». En droit des données, le principe du *numerus clausus* joue un rôle irremplaçable dans plusieurs aspects, notamment la confirmation des droits sur les données et l'ajustement de l'utilisation des données. Le *numerus clausus* est donc au centre de la structure du système du droit des données. En plus de suivre ce principe, nous devons combiner les efforts théoriques et pratiques. En clarifiant les principes fondamentaux et les objectifs, les théories fournissent l'orientation idéologique et les valeurs directrices pour la construction du système du droit des données. Sans les théories, le système du droit des données perdra son âme et sera désorienté. Dans le même temps, en tant que projet complexe, la construction du système du droit des données nécessite également des mécanismes opérationnels pour lui fournir un cadre opérationnel et des éléments concrets. Enfin, tout en déterminant les théories et les mécanismes opérationnels, nous devrions améliorer nos méthodes de travail spécifiques dans la construction pratique du système et institutionnaliser en temps opportun les expériences éprouvées, afin de former une offre institutionnelle efficace et de soutenir la législation des droits relatifs aux données avec une méthodologie solide.

La clé de la réalisation du droit des données réside dans la transformation des droits théoriques vers les droits légaux, puis les droits réels. Le principe du *numerus clausus* signifie que les types et le contenu des droits relatifs aux données doivent être prescrits par la loi au lieu de tout autre document normatif. En d'autres termes, tous les droits seront limitativement énumérés par la loi, et les parties concernées ne seront pas autorisées à établir des droits autres que ceux prescrits par la loi, ni à modifier, par le biais des accords, les droits prescrits par la loi. Cela a pour objectif de déterminer, par la loi, quels sont les types de droits qui relèvent du droit des

---

16   Le principe du *numerus clausus* signifie que les contenus stipulés par la loi doivent être limitativement énumérés. En droit pénal, ce principe se traduit notamment par le principe de légalité des délits et des peines ; en droit civil, il se traduit notamment par le principe du *numerus clausus* des droits réels.

données (Long Rongyuan et Yang Guanhua 2018). Le *numerus clausus* du droit des données comprend deux sens : d'une part, le contenu des droits sera prescrit par la loi et les parties concernées ne seront pas autorisées à définir d'autres droits que ceux énumérés par la loi ; d'autre part, les parties ne seront pas autorisées à prendre des dispositions non conformes aux dispositions impératives. Par ailleurs, en même temps que nous établissons des normes impératives et des dispositions directes en ce qui concerne les types, le contenu, le processus d'acquisition et d'autres aspects des droits relatifs aux données, nous devrions également respecter certaines valeurs et idées fondamentales lors de la conception du système du droit des données.

Séparation des droits de propriété et d'usage. Avec l'avènement de l'ère numérique, interconnectée et intelligente, le régime de propriété[17] fait face à des défis sans précédent. Dans l'économie industrielle, le droit d'user et de disposer des choses fait partie intégrante du droit de propriété (Jiang Qiping 2012). Comme l'a rappelé Mathew Ingram dans un de ses articles, la numérisation de la musique et de la vidéo a facilité notre vie. Avec sa bibliothèque de prêt, Amazon a introduit cette tendance dans l'industrie du livre, mais ce changement n'aura pas que de bons côtés. D'une part, les supports

---

17 Une anecdote racontée par *Le livre du Prince Shang* (« Shangjun shu ») peut nous aider à comprendre l'importance de la propriété en droit. Il s'agit d'une analyse par le prince Shang Yang au seigneur de l'État de Qin : « Si un lapin court et des centaines de personnes le pourchassent, ce n'est pas parce que le lapin peut être divisé en centaines, mais parce que son maître n'est pas déterminé. S'il y a beaucoup de lapins sur le marché mais personne n'ose en prendre, c'est parce que leur maître est déterminé ». Le prince Shang Yang invite ainsi le seigneur de Qin à penser pourquoi un lapin sauvage serait poursuivi par des centaines de personnes alors que personne n'oserait toucher des lapins enfermés dans une cage. Il explique la raison par la différence dans la propriété des lapins : la propriété des lapins sauvages est indéterminée tandis que celle des lapins en cage est déjà définitive. Quiconque prendrait le lapin d'un autre sans l'accord de celui-ci porterait atteinte aux droits de ce dernier. Cet exemple illustre la fonction fondamentale de la propriété dans la formation de l'ordre social. D'une manière globale, l'ordre des biens, garanti par le droit de propriété, est le fondement de l'ordre social et la gouvernance d'un pays devrait commencer par l'établissement d'un droit de propriété clair. Voir Sun Xianzhong, « 民营经济所有权研究的六个问题 » [Six questions de l'étude de la propriété en économie privée], *Journal of Law and Economics*, 2019, n° 5.

physiques disparaîtront progressivement ; d'autre part, la relation entre les utilisateurs et le contenu qu'ils achètent sera modifiée : nous n'achetons plus la propriété du contenu, mais le droit de l'utiliser pendant un certain temps. Il soulève ainsi un phénomène important : à l'ère numérique, la propriété (en réalité seulement le droit de disposer) et le droit d'usage sont en train d'être séparés[18]. À l'heure actuelle, cette séparation est déjà pratiquée dans de nombreux cas concrets. Alors que nous cherchons encore à déterminer la structure juridique de la propriété des données, les faits indiquent que la possession est un élément bien moins important que *l'usus* et le *fructus* des données. « L'économie mondiale tout entière est en train de basculer du matériel vers des éléments intangibles. Elle s'éloigne de la propriété pour se diriger vers le droit d'usage, de la valeur des copies pour se diriger vers la valeur des réseaux. Elle avance vers un monde inévitable marqué par le remixage constant et croissant (Kevin Kelly 2016, p. 242) ».

La propriété des données est un droit complet et plein sur les données, tandis que les autres droits sur les données sont incomplets et insuffisants, car ils découlent de certains pouvoirs et fonctions démembrés de la propriété. Attribuer de la valeur aux droits permet de transformer la disposition des données par la personne concernée en disposition de valeur. Cela pourrait diversifier nos façons d'utiliser les données et améliorer l'efficacité de leur usage. Clarifier la propriété des données ne devrait pas être une fin en soi mais un moyen de faciliter l'utilisation des données de manière institutionnelle, afin de stimuler les initiatives des utilisateurs pour créer de la valeur. Aujourd'hui, la séparation de pouvoirs et fonctions « basée

---

18   Dès 2000, dans son ouvrage *L'âge de l'accès*, Jeremy Rifkin a indiqué que « l'idée même de laisser les marchés et la propriété derrière – de faire avancer un changement conceptuel dans la structuration des relations humaines loin de la propriété et vers l'accès – est aussi inconcevable pour beaucoup de gens aujourd'hui que le mouvement des enclosures et la privatisation de la terre et du travail dans une relation de propriété ont dû l'être il y a cinq cents ans. [Cependant], il est probable que pour un nombre croissant d'entreprises et de consommateurs, l'idée même de propriété semblera limitée, voire démodée, dans vingt-cinq ans ». Extrait cité par Jeremy Rifkin, *La nouvelle société du coût marginal zéro : L'internet des objets, l'émergence des communaux collaboratifs et l'éclipse du capitalisme*, traduit en chinois par le Groupe d'expert du CCID Research Institute, CITIC Press, 2017, p. 241.

sur l'utilisation » est de plus en plus courante. Cette tendance ne manquera pas d'ébranler la position centrale de la propriété dans le système du droit des données pour accorder plus d'importance aux droits sur les données d'autrui. Ainsi, le cœur du système du droit des données tend à passer de la possession à l'utilisation des données, du droit de propriété au droit d'usage. Le caractère absolu de la propriété sera de plus en plus restreint par l'intérêt général et le droit public. Quant à la relation entre les droits sur les données d'autrui et la propriété des données, les premiers auront sûrement une certaine priorité sur le second et le statut juridique des utilisateurs sera renforcé afin de favoriser le transfert du droit d'usage vers ceux qui peuvent faire une meilleure utilisation des données. Le système du droit des données est un facteur institutionnel important dans le développement de l'économie numérique et a un impact majeur sur la relation entre possession et usage ainsi que sur l'équilibre entre efficacité et équité. De toute évidence, si le système met trop l'accent sur la propriété des données, l'usage des données et son efficacité pourraient être entravés ; s'il accorde trop d'importance à l'efficacité de l'utilisation des données, les droits de propriété et l'équité pourraient se trouver menacés. De même, si le système accorde une importance excessive aux droits sur ses propres données, le développement des droits sur les données d'autrui pourrait être impacté ; si le système met en avant les droits sur les données d'autrui, le développement des droits sur ses propres données pourrait être freiné. Par conséquent, la clé du *numerus clausus* en droit des données consiste à trouver un équilibre entre possession et usage, entre efficacité et équité, entre droits sur ses propres données et droits sur les données d'autrui, afin de créer un nouvel ordre dans le domaine des données.

Selon le juriste britannique Henry Maine, il existe trois moyens d'harmoniser le droit avec la société, à savoir la « fiction juridique », « l'équité » et « la législation » (Henry Sumner Maine 1995, p. 15). Le dépassement du *numerus clausus* traduit également ces trois moyens[19]. Pour le droit des

---

19   La fiction juridique vise principalement à harmoniser le droit et la société par l'interprétation des dispositions de la loi. La méthode de l'équité se traduit par le rôle directeur des principes généraux sur des dispositions spécifiques. L'application de ces principes en tant que dispositions générales du droit civil a pour effet de

données, qui est un droit nouveau, « la meilleure approche consiste à légiférer le plus tôt possible » pour révéler les véritables caractéristiques des droits sur les données et unifier les exigences essentielles des relations de données avec les réglementations. Le *numerus clausus* est un principe important du droit des données, mais appliqué de manière rigide, il ne pourrait pas répondre aux besoins du développement. En effet, il est impossible de prévoir les besoins du développement social de l'avenir au moment de la législation pour créer un système du droit des données exhaustif. Le strict respect du *numerus clausus* rendra inévitablement le système déconnecté de la société. En particulier, les contraintes du *numerus clausus* pourraient empêcher certaines nouvelles formes d'utilisation des données d'être incorporées dans le droit des données alors qu'elles seront en réalité déjà pratiquées. Dans ce cas, les litiges qui en résultent seront difficiles à résoudre, ce qui peut facilement provoquer des troubles et des désordres sociaux. Les relations en lien avec les données étant de plus en plus complexes, le système du droit des données ne sera pas en mesure de prévoir des dispositions détaillées pour tous les droits. Par conséquent, nous ne pouvons pas nous fier entièrement à la législation pour la reconnaissance et l'établissement des droits sur les données. En d'autres termes, lorsque nous appliquons le principe du *numerus clausus* en droit des données, nous devons, d'une part, déclarer expressément son utilisation et d'autre part, tenir compte du caractère contraignant et de l'ouverture du principe, de manière à lui donner une certaine flexibilité pour s'adapter à l'évolution du monde réel. Aucun système n'est fermé ni parfait et le système du droit des données ne fait pas exception.

---

surmonter les limites du droit statutaire. La législation concerne surtout les nouveaux types de droits : lorsqu'ils apparaissent au cours du développement social, une reconnaissance législative rapide permet d'éviter que le régime du *numerus clausus* ne devienne rigide. Voir Yang Yuxi, « 论物权法定主义 » [Sur le *numerus clausus*], *Journal of Comparative Law*, 2002, n° 1.

Bibliographie

Adam Smith, *Recherches sur la nature et les causes de la richesse des nations* (Volume 1), trad. Guo Dali et Wang Yanan, The Commercial Press, 1997.
Adam Smith, *Théorie des sentiments moraux*, trad. Jiang Ziqiang *et al.*, The Commercial Press, 2015.
Bernard Schwartz, *Le Droit aux États-Unis*, trad. Su Yanxin, China University of Political Science and Law Press, 1989.
Bureau central de Compilation et de Traduction, 马克思恩格斯文集 [*Œuvres choisies Marx/Engels*], (Volume 1), People's Publishing House, 2009.
Bureau central de Compilation et de Traduction, 马克思恩格斯文集 [*Œuvres choisies Marx/Engels*], (Volume 23), People's Publishing House, 1972.
Chen Zhonglin, « 自由・人权・法治——人性的解读 » [Liberté, droits de l'homme, état de droit : interprétation de la nature humaine], *Modern Law Science*, 2001, n° 3.
Cheng Enfu, 西方产权理论评析 [*Analyse de théories occidentales sur le droit de propriété*], Contemporary China Publishing House, 1997.
David C. Vladeck, « Machines without Principles : Liability Rules and Artificial Intelligence », *Washington Law Review*, 2014 (89).
David Hume, *Traité de la nature humaine*, trad. Guan Wenyun, The Commercial Press, 1996.
Emmanuel Kant, *La religion dans les limites de la simple raison*, trad. par Li Qiuling, China Renmin University Press, 2003, p. 33.
Francis Bacon, *Essais*, trad. Shui Tiantong, The Commercial Press, 1983.
Gao Chengjun, « 从人性预设看中西法律文化差异 » [Une étude des différences entre les cultures juridiques chinoises et occidentales sous l'angle du postulat de la nature humaine], *Journal of Gansu Political Science and Law Institute*, 2014, n° 4.
Guo Jing, « 互惠利他博弈的人学价值 » [La valeur humaine du jeu altruiste réciproque], *Journal of Dialectics of Nature*, 2005, n° 11.
Gustav Radbruch, *Aphorismen zur Rechtsweisheit* [*Aphorismes sur la sagesse juridique*], trad. Shu Guoying, China Legal Publishing House, 2001.
Han Dongping, « 破解人之谜——人的定义的解构与重构 » [Le Mystère de l'homme : décomposition et reconstruction de la définition de l'homme], *Journal of Wuhan University* (éditions sciences humaines), 2016, n° 6.
He Xiaorong et Chen Quansheng, « 从"生态人"视角探析环境权理论 » [Analyse de la théorie des droits environnementaux sous l'angle de 'l'homme écologique'], *Journal of Fuzhou University* (Édition Philosophie et sciences sociales), 2009, n° 1.

Henry Sumner Maine, *Ancient Law*, trad. Shen Jingyi, The Commercial Press, 1995, p. 15.

Holmes Rolston, *Environmental Ethics : Duties to and Values in the Natural World*, trad. Yang Tongjin, China Social Science, 2000.

Hoshino Echi, 私法中的人——以民法财产法为中心 [*Personne en droit privé : Focus sur le droit civil et le droit de la propriété*], trad. Wang Chuan, China Legal Publishing House, 2004.

Hu Xuyu, « 物权法定主义价值演进与合理性分析——我国物权法的制定是否应当坚持物权法定原则 » [Une analyse de l'évolution et de la rationalité du *numerus clausus* des droits réels : le droit réel chinois devrait-il suivre le principe du *numerus clausus* ?], *Legal Forum*, 2006, n° 2.

Hu Yuhong, "个人"的法哲学叙述 [*Un récit de la philosophie du droit sur « l'individu »*], Shandong People's Publishing House, 2008.

Hu Yuhong, 法学方法论导论 [*Introduction à la méthodologie juridique*], Shandong People's Publishing House, 2002.

Huang Tao, « 从经济人假定到合作人假定 » [De l'hypothèse de l'*homo economicus* à l'hypothèse du coopérateur], *Reform of Economic System*, 2009, n° 2.

Jeremy Rifkin, *The Zero Marginal Cost Society*, trad. Groupe expert du CCID Research Institute, CITIC Press, 2017.

Jiang Qiping, « 数字所有权要求支配权与使用权分离 » [La propriété numérique nécessite la séparation de *l'abusus* et de *l'usus*], *China Internet Weekly*, 2012, n° 5.

John M. Jordan, *Robots*, trad. Liu Yuchi, China Renmin University, 2018.

Karl Marx, *Manuscrits de 1844*, dans Bureau central de Compilation et de Traduction, 马克思恩格斯全集 [*Œuvres complètes Marx & Engels*] (Volume 46), People's Publishing House, 1979, p. 22.

Kevin Kelly, *The Inevitable*, trad. Zhou Feng *et al.*, Publishing House of Electronic Industry, 2016.

Laura E. Quarantiello, *Cyber Crime : How to Protect Yourself from Computer Criminals*, trad. Wang Yong, Jiangxi Education Press, 1999.

Li Guojie, « 数据共享：大数据时代国家治理体系现代化的前提 » [Partage de données : une condition préalable à la modernisation de la gouvernance nationale à l'ère des mégadonnées], *China Information Weekly* du 25 août 2014.

Long Rongyuan et Yang Guanhua, « 数权、数权制度与数权法研究 » [Les droits en matière de données, le système du droit des données et le droit des données], *Journal of Law and Technology*, 2018, n° 5.

Ludwig Feuerbach, *Anthologie philosophique de Feuerbach* (Volume 1), trad. Rong Zhenhua *et al.*, The Commercial Press, 1984.

Ma Changshan, « 智慧社会背景下的"第四代人权"及其保障 » ['Quatrième génération de droits de l'homme' et sa protection dans le contexte d'une société intelligente], *China Legal Science*, 2019, n° 5.

Phil Mcnally & Sohail Inayatullah, « The Rights of Robots », *Futures*, 1988(20).

Qiu Zeqi, « 迈向数据化社会 » [Vers une société de données], publié dans 未来已来：*"*互联网 +*"*的重构与创新 [*L'avenir au présent : la reconstruction et l'innovation de « l'Internet + »*], Shanghai Yuandong Publishing House, 2016.

Raymond Kurzweil, *How to Create a Mind*, trad. Sheng Yangyan, Zhejiang People's Publishing House, 2014.

Raymond Kurzweil, *The Singularity is Near*, trad. Li Qingcheng *et al.*, China Machine Press, 2015.

Robert Morrison MacIver, *The Modern State*, trad. Chen Qitian, Zhonghua Book Company, 1946.

Shen Zhai, « 从"伦理人"到"科学人"——以民法为例看近现代中国法律上的"人"的变迁 » [De l'homme éthique' à l'homme scientifique' : une étude de l'évolution de 'l'homme' en droit chinois moderne avec l'exemple du droit civil], *Pacific Journal*, 2011, n° 8.

Sun Weiping, « 关于人工智能的价值反思 » [Réflexions sur la valeur de l'intelligence artificielle], *Philosophical Researches*, 2017, n° 10.

Sun Xianzhong, « 民营经济所有权研究的六个问题 » [Six questions de l'étude de la propriété en économie privée], *Journal of Law and Economics*, 2019, n° 5.

Thomas Nagel, *The Possibility of Altruism*, Princeton University Press, 1978, p.3.

Wang Dingding, 制度分析基础讲义 [*Fondamentaux de l'analyse institutionnelle*], Shanghai Century Publishing Group, Shanghai People's House, 2005.

Wang Liming, « 人工智能时代对民法学的新挑战 » [Les nouveaux défis du droit civil à l'ère de l'intelligence artificielle], *Oriental Law*, 2018, n° 3.

Wang Tianen, « 重新理解"发展"的信息文明"钥匙" » [Re-interpréter la 'clé du développement' de la civilisation de l'information], *Social Sciences in China*, 2018, n° 6.

Wu Xianjing, « 生态人的理论蕴涵及其对环境法的意义 » [L'implication théorique de l'homme écologique et son importance pour le droit de l'environnement], *Law Review*, 2010, n° 4.

Xia Xiaoxiong, « 公司法现代化：制度改革、体系再造与精神重塑 » [Modernisation du droit des sociétés : réforme institutionnelle, reconstruction du système et remodelage de l'esprit], *Northern Legal Science*, 2019, n° 4.

Xie Hongfei, « 现代民法中的"人" » ['L'homme' en droit civil moderne], *Beijing University Law Review*, 2000, n° 2.

Xie Zaiquan, 民法物权论 [*Le droit réel en droit civil*], China University of Political and Law Press, 1999.

Yan Chunsheng, 法律的人性基础 [*La nature humaine comme fondement du droit*], China Legal Publishing House, 2016.

Yan Cunsheng, « 道德性：法律的人性之维——兼论法与道德的关系 » [Sens moral : dimension humaine du droit – sur la relation entre le droit et la moralité], *Science of Law* (Journal de l'Université de politique et de droit du Nord-ouest), 2007, n° 1.

Yang Chunxue, « 经济人的"再生"：对一种新综合的探讨与辩护 » [La 'Renaissance' de l'*homo economicus* : discussion et défense d'une nouvelle synthèse], *Economic Research Journal*, 2005, n°11.

Yang Lan, « 马克思怎样界定人的本质 » [Comment Marx définit l'essence de l'homme], *People's Tribune,* 2018, n° 8.

Yi Jun, « 个人主义方法论与私法 » [Méthodologie individualiste et droit privé], *Chinese Journal of Law*, 2006, n° 1.

Yu Chengfeng, « 从老鼠审判到人工智能之法 » [Du procès d'un rat à la loi sur l'intelligence artificielle], *Dushu*, 2017, n° 7.

Yu Zhong, « 变迁与比较：宪法文本描绘的人 » [Évolution et comparaison : représentation de l'homme dans les textes constitutionnels], *Studies in Law and Business*, 2009, n° 5.

Yuval Noah Harari, *Homo Deus : Une brève histoire de l'avenir*, trad. Lin Junhong, CITIC Press, 2017.

Zhang Jianwen, « 格里申法案的贡献与局限——俄罗斯首部机器人法草案述评 » [Les contributions et les limites de la loi Grishin : Commentaire sur le premier projet de loi russe relatif aux robots], *Journal of East China University of Political Science and Law*, 2018, n° 2.

Zhang Yujie, « 论人工智能时代的机器人权利及其风险规制 » [Sur les droits des robots et la régulation des risques à l'ère de l'intelligence artificielle], *Oriental Law*, 2017, n° 6.

Zhou Xiang, « 智能机器人"权利主体论"之提倡 » [Robots intelligents en tant que sujets de droits], *Law Science*, 2019, n° 10.

Zhu Xiaozhe, 社会法上的人——兼谈现代社会与法律人格的变迁 » [L'homme en droit social : sur l'évolution de la personnalité juridique dans la société moderne], *Law Science*, 2002, n°8.

Zhuo Zeyuan, 法的价值总论 [*La valeur du droit*], People's Publishing House, 2001.

Pour le célèbre physicien Stephen Hawking, « réussir à créer une intelligence artificielle serait le plus grand événement dans l'histoire de l'homme. Mais ce pourrait aussi être le dernier ». « L'intelligence artificielle intégrale pourrait signifier la fin de la race humaine ». Voir Sun Weiping, « 关于人工智能的价值反思 » [Réflexions sur la valeur de l'intelligence artificielle], *Philosophical Researches*, 2017, n°10.

Voir le Rapport contenant des recommandations à la Commission concernant des règles de droit civil sur la robotique 2015/2103 (INL), de la Commission des affaires juridiques du Parlement européen, http://www.europarl.europa.eu/sides/getDoc.do?pubRef=-//EP//NONSGML+REPORT+A8-2017-0005+0+DOC+PDF+V0//EN.

CHAPITRE 2

Droits sur les données

Les progrès de la science et de la technologie nous poussent continuellement à explorer la portée des droits. Cette exploration conduira non seulement à une prise de conscience plus forte des droits, mais également à une réforme des droits traditionnels. Aujourd4hui, une nouvelle chose commence à entrer dans le champ des relations juridiques : les données. Les données peuvent non seulement être réglementées par la loi, mais aussi donner lieu à une nouvelle forme de droits. Le problème actuel est de savoir quel méta-concept choisir pour la validation des droits relatifs aux données. La proposition de droits relatifs aux données nous permet précisément de sortir d'un système de propriété de données basé sur des théories classiques telles que la personnalité juridique et les droits de propriété. Elle occupera une place unique dans l'ensemble du système des droits et comprendra le droit sur les données, le droit de partage et la souveraineté des données. Les droits relatifs aux données partagent des caractéristiques avec le droit privé, le droit public et la souveraineté, car ils impliquent les droits sur les données, la puissance des données et la souveraineté des données. Les droits sur les données et la puissance des données sont souvent en confrontation et se contrebalancent. Étant donné que les droits relatifs aux données peuvent être divisés en droit sur les données personnelles, droit sur les données d'entreprise et droit sur les données du gouvernement, il est nécessaire de définir clairement les différents types de données, d'explorer des modalités raisonnables relatives à la propriété des données et d'étudier le système de protection juridique des données correspondant, afin de trouver un équilibre.

2.1 Droits sur les données et pouvoir des données

Les droits appartiennent au champ du droit tandis que la puissance est un concept du milieu politique. L'introduction du paradigme « droits-puissance » peut aider les disciplines de droit à trouver un consensus sur les concepts de base impliqués dans l'étude des questions juridiques relatives aux données, de manière à utiliser des systèmes conceptuels, des perspectives d'observation et des méthodes de recherche appropriées pour expliquer et résoudre les problèmes juridiques liés aux données (Wen Yuheng 2019). Alors que la société humaine entre dans une nouvelle phase où les données sont devenues une force productive, l'homme commence à reconsidérer sa relation avec les données et à étudier la question des droits et de la puissance relatifs aux données. En effet, les données offrent non seulement une nouvelle conception de droits, mais impliquent également des relations de pouvoirs. Elles représentent un nouveau facteur de production, une nouvelle ressource novatrice, une nouvelle méthode d'organisation, un nouveau type de droits et une nouvelle incarnation du pouvoir. L'utilisation des données est devenue un moyen important de croître notre richesse, tandis que la protection des droits sur les données et la limitation de la puissance des données sont devenues des caractéristiques de la civilisation numérique.

2.1.1 Du nombre aux droits

1. Tout est nombre.

Les nombres sont une notion que les êtres humains ont développée avant même qu'ils n'étudient le monde objectif. Elle a commencé à germer à mesure que l'homme comparait de différents types de choses dans ses activités de production, telles que la cueillette et la chasse. « [Les humains] réalisent peu à peu que certaines choses partagent des points communs et forment des unités. En même temps, ils réalisent que les choses de différentes unités peuvent aussi trouver des caractéristiques communes, telles que la même quantité. La nature abstraite de la quantité commune partagée par des choses de types différents est le nombre (Liu Hong et Hu Xinhe 2013) ». Le philosophe Bertrand Russell a résumé cette nature abstraite ainsi : « Ce n'est qu'à un stade élevé de civilisation que nous pourrions prendre cette série (série de nombres naturels) comme point de départ (Bertrand Russell 1982, p. 8) ». Dès l'Égypte ancienne, la Rome antique et la Chine ancienne, les humains ont commencé à utiliser des nombres pour interpréter les lois et les relations du monde. Progressivement, ils ont utilisé des nombres pour le commerce, les statistiques ou encore le comptage.

« La notion de nombre dans le cerveau humain représente la première tentative des êtres humains de s'interroger et de réfléchir sur l'origine du monde (Gao Jianping et Qi Zhiyuan 2019) » : telle est la source philosophique de l'école pythagoricienne selon laquelle « tout est nombre ». Pythagore a élevé le statut du nombre pour lui donner la position de l'origine de toutes choses en termes ontologiques. Il considérait le nombre non comme une règle qualitative, mais comme un attribut pénétrant toutes les matières et comme le trait commun de toutes choses. La matière des choses disparaîtra, mais le nombre n'a ni début ni fin ; il peut être utilisé pour tout interpréter, tout transporter et tout contrôler. Dans la conception « tout est nombre », le nombre ne représente pas uniquement un moyen de calcul, mais aussi un chemin qui conduit l'humanité à comprendre l'univers. Le nombre, en tant qu'attribut commun de toutes choses, permet à l'homme de réintégrer l'univers tout entier dans son cerveau, de comprendre le monde, de faire des plans de manière proportionnelle et de construire un monde en harmonie. Pour Pythagore, le nombre n'est pas seulement l'origine du monde réel, mais aussi l'origine du monde virtuel créé par la technologie moderne, ou l'origine du monde spirituel humain. En d'autres termes, le nombre est l'origine de notre univers entier.

Dans le processus de construction d'un monde virtuel, chaque étape semble refléter l'idée de « tout est nombre ». Le nombre parcourt toutes les étapes du processus, du comptage de base à la communication, en passant par le calcul, la modélisation, la présentation et le stockage ; et toutes les choses impliquées ont leurs propres informations numériques. « Tout le reste montre que le monde virtuel est, par nature, une imitation de nombres (Ru Xin 2005, p. 39) ». Les éléments du monde virtuel sont stockés sous forme d'informations numériques afin de pouvoir être lus facilement. Cela semble démontrer mécaniquement, sur l'ordinateur, la théorie de Pythagore selon laquelle « tout est nombre », tout en réalisant la vision idéale dans laquelle les nombres servent de règles.

2. Des données aux mégadonnées

Les données représentent la compréhension de l'homme de la causalité dans le monde objectif. Elles sont, en un sens, l'extension et le développement du concept du nombre, et sont un produit inévitable du développement des sciences sociales humaines à un certain stade. « Les technologies de l'information, notamment la microélectronique, la communication électronique et l'informatique ont déclenché un nouveau cycle de révolution technologique et ont progressivement amené l'humanité dans la société de l'information (Zhang Xinbao 2015) ». Ainsi, la pensée moderne centrée sur les données a vu le jour et les données sont devenues une nouvelle méthode de comprendre le monde. Le mot « données » vient du latin « datum », apparu pour la première fois au 13ᵉ siècle, signifiant « don, cadeau ». D'un point de vue philosophique, « les données sont un produit d'activités cognitives humaines, une expression subjective de choses objectives et un langage logique pour représenter les choses et les phénomènes (Liu Hong, Hu Xinhe 2013) ». Dans le domaine de l'informatique, les données désignent généralement tout élément pouvant être traité par un ordinateur, mots, nombres ou encore graphiques. Les données proviennent donc de notre besoin de garder une trace du monde objectif. Utilisées comme un outil dans les activités humaines, les données vont au-delà de la caractérisation d'attributs spécifiques et des limites temporelles ou spatiales. Elles sont devenues notre base pour déduire les lois de mouvement et de changement de l'univers et établir la civilisation moderne.

Les mégadonnées représentent la compréhension de l'homme de l'ensemble des relations dans le monde objectif. « Les mégadonnées sont un ensemble de données caractérisé par une grande quantité, des types multiples, un accès rapide et une utilité élevée. Elles se développent rapidement pour devenir une technologie de l'information et un modèle de services de nouvelle génération couvrant la collecte, le stockage, la connexion et l'analyse de données massives provenant de sources dispersées et dans divers formats. Son objectif sera de découvrir de nouvelles connaissances, de créer de la valeur et de faire ressortir de nouvelles compétences Le Conseil des affaires d'État de la République populaire de Chine, 2015) ». Les mégadonnées représentent une nouvelle étape de l'informatisation. Ce n'est plus un simple nouveau concept, mais le symbole d'une nouvelle ère. Les mégadonnées constituent une variable infinie multidimensionnelle qui favorise l'évolution de notre façon de comprendre le monde. Il nous aide à adopter une méthodologie axée sur les corrélations, plutôt que sur la causalité, de sorte à « examiner le monde objectif avec une approche systématique et en nous basant sur les relations entre les différentes parties, entre les parties et l'ensemble, ainsi qu'entre nos systèmes et l'environnement. Les données, en tant qu'outil permettant aux êtres humains d'examiner le monde, décrivent seulement la partie subjective du monde, et non sa totalité. En revanche, les mégadonnées peuvent aider à élargir la portée des capacités cognitives des humains sur le plan temporel et spatial et à étendre leurs connaissances sur l'ensemble du monde (Gao Jianping et Qi Zhiyuan 2019) ».

Lors de la 4ᵉ session plénière du 19ᵉ Comité central du Parti communiste chinois (PCC), le gouvernement chinois a souligné qu'il était nécessaire d'améliorer le mécanisme dans lequel le travail, le capital, la terre, les connaissances, la technologie, la gestion, les données et d'autres facteurs de production sont évalués par le marché et dans lequel la rémunération est déterminée par la contribution. Ce fut la première fois que le gouvernement central chinois considère les données comme un facteur de production devant être réparti en fonction de la contribution. D'une part, les données, en tant que ressource, peuvent favoriser la croissance économique mondiale et le développement social dans les différents pays, à l'instar de la terre, de la main-d'œuvre, du capital et d'autres facteurs de production. D'autre part, en tant que force constructive des relations sociales, les données sont au cœur de notre époque : avec la matière et l'énergie, elles forment les trois éléments essentiels indispensables aux activités humaines dans le monde naturel. Les données sont passées d'un symbole décrivant les choses à l'un des attributs essentiels de toutes choses. Les mégadonnées sont un ensemble de données, et bien plus encore. Elles sont devenues une force importante dans la reconstruction de l'ordre social contemporain et conduisent l'humanité à l'ère de la civilisation numérique. Le caractère inclusif des mégadonnées permettra de briser les frontières classiques qui séparent les pays, les gouvernements, les organisations et les publics. Son influence la plus importante est d'avoir « créé un monde commun pour tous, un monde destiné à être partagé (Beck, Deng Zhenglai et Shen Guolin 2010) ». À l'ère des mégadonnées, la concurrence entre les pays portera notamment sur les données, plutôt que sur le capital, la terre, la main-d'œuvre et les ressources. Les pays seront divisés en groupes en fonction de leur puissance en matière de données et un changement radical se produira dans le paysage mondial.

3. Proposition de droits sur les données

À mesure que les données évoluent vers une sorte de ressource, d'actif et de capital et que l'humanité entre dans la civilisation numérique, la création de droits sur les données est une tendance inévitable. Notre époque nécessite que les données soient reconnues comme porteuses de droits et de pouvoirs et que cette reconnaissance soit institutionnalisée. À l'avenir, l'ordre des données sera le premier ordre de la société. Les droits relatifs aux données représenteront quatre nouveautés : ils impliqueront un nouvel objet de droits, un nouveau type de droits, une nouvelle nature de droits et de nouvelles fonctions de droits (voir le tableau 2-1). La proposition de droits est une condition préalable à l'établissement de règles sur les données et une pierre angulaire essentielle pour saisir les opportunités de développement numérique, de la société interconnectée et intelligente, et relever les défis du développement des mégadonnées en termes de droit, de sécurité et d'administration gouvernementale.

Tableau 2-1 Caractéristiques des droits sur les données

Caractéristique	Description
Objet de droits	Les données ne sont pas une chose au sens du droit civil (c'est-à-dire qu'elles ne sont pas un objet de droits réels). Elles ne sont ni un bien matériel ni un bien immatériel tel que décrit dans le domaine des droits de propriété intellectuelle. Les données sont une existence objective indépendante et forment un monde numérique à part entière, à l'instar du monde physique et du monde spirituel. Les sujets des droits sur les données sont des titulaires de droits spécifiques, y compris les cibles spécifiques sur lesquels portent les données et ceux qui collectent, stockent, transmettent et traitent les données (incluant les personnes physiques, les personnes morales et les organisations non constituées en société). L'étendue des droits varie également selon les sujets. Les objets des droits relatifs aux données, quant à eux, sont des ensembles de données spécifiques. En effet, les données sont un remixage de chiffres, de codes, d'images et de textes et leur valeur vient de la combinaison, du regroupement et de l'intégration. De ce fait, les objets des droits relatifs aux données doivent être des ensembles de données spécifiques avec des règles et de la valeur.
Type de droits	Selon l'interprétation juridique classique, les droits des personnes sont classés en deux types : les droits de la personnalité et les droits de propriété. À l'ère numérique, les êtres humains laissent des empreintes numériques à des degrés divers dans toutes sortes d'écosystèmes numériques. D'une part, ces empreintes numériques sont des fragments de comportements humains et un moyen important pour les individus de participer à des activités sociales et d'étendre leur personnalité. Par conséquent, il est nécessaire de préserver la dignité de la personne concernée et de garantir ses libertés, son honneur, sa vie privée et la sécurité de ses informations. D'autre part, ces empreintes numériques sont également des ressources importantes de la société. Les données ont de la valeur et peuvent apporter des bénéfices économiques aux personnes concernées, il est donc nécessaire d'octroyer des droits de propriété sur les données. Tout cela fait que les droits sur les données sont un type de droits complet qui intègre les droits de la personnalité et les droits de propriété.

(continued)

Tableau 2-1   Continued

Caractéristique	Description
Nature de droits	Les droits sur les données sont une combinaison de droits publics et privés. Ils incluent à la fois la souveraineté des données axée sur l'État et reflétant la dignité nationale, et les droits sur les données axés sur l'individu et mettant en avant le bien-être personnel. Par conséquent, la nature juridique des droits sur les données doit non seulement être analysée sous l'angle du droit privé (comme des droits de la personne), mais aussi du point de vue du droit public (par exemple, dans la perspective de la sécurité nationale). En d'autres termes, les droits sur les données nécessitent à la fois l'autorégulation du droit privé et l'intervention du droit public.
Fonctions de droits	Le droit réel de propriété est exclusif : il ne peut jamais y avoir deux propriétés sur une même chose et chacun a l'obligation de ne pas porter préjudice au droit du propriétaire de jouir et de disposer de la chose. Au contraire, les droits sur les données ne sont pas exclusifs à partager. Cela se traduit généralement par la multipropriété des données, qui est le cœur et l'essence des droits sur les données. La proposition de l'idée selon laquelle les droits sur les données sont, par nature, destinés au partage sera un jalon pour la réécriture des règles de la civilisation humaine.

Il convient de souligner que les droits relatifs aux données partagent des caractéristiques avec le droit privé, le droit public et la souveraineté. Sous l'angle du droit privé, les droits sur les données peuvent être divisés en droits sur les données personnelles et droits sur les données d'entreprise selon le sujet du contrôle des données. Dans ce cas, les ressources de données personnelles ou de données d'entreprise sont considérées comme des objets de droits. Dans la perspective du droit public, les droits sur les données revêtent d'une importance publique et collective distincte. Ils constituent un pouvoir collectif mis en œuvre par l'État et le gouvernement, avec la maximisation des intérêts publics comme orientation normative. Il vise à maintenir vigoureusement l'ordre de la participation aux affaires publiques et est caractérisé par sa capacité d'extension. Enfin, la souveraineté des données est un élément important de la souveraineté nationale. Elle complète la souveraineté nationale, enrichit et développe son contenu et sa portée classiques. La souveraineté des données est indispensable pour adapter la souverainement nationale à la gouvernance moderne de l'espace virtuel et pour sauvegarder l'indépendance souveraine.

« L'émergence ou non de nouveaux droits et pouvoirs dépend, en fin de compte, de la capacité des activités de production à générer une augmentation significative de la richesse, permettant ainsi d'avoir de nouvelles entités d'intérêt et de réaliser des intérêts (Dong Zhiwei 2001, p. 297) ». Les données donnent des droits. L'*homo numericus* donnera naissance à des droits et des relations juridiques correspondants, tels que les droits sur les données, les droits de partage et la souveraineté des données. Dans un premier temps, ils ne forment pas encore un système de droits indépendant, mais une sorte de droits envisagés du fait que les législations actuelles ne sont pas en mesure de réglementer entièrement l'espace numérique. Ces droits envisagés dépassent le système de protection des droits existants et les litiges qui en résultent seront difficiles à traiter en raison de l'absence des dispositions juridiques compatibles avec les nouveaux comportements de traitement des données. Lorsqu'un nouveau type de relations de droits émergera, le système ancien de relations juridiques se heurtera à des obstacles insurmontables lui empêchant de réguler les nouvelles relations. C'est pour cette raison qu'il est nécessaire de construire un système efficace de normalisation et de gouvernance des données.

2.1.2 Droits sur les données

1. Les droits sur les données sont un nouveau type de droit.

Nés avec la production de données, les droits sur les données commencent à s'imposer avec le développement des mégadonnées. Ils relèvent à la fois du droit constitutionnel et du droit civil et possèdent des attributs aussi bien des droits de la personnalité que des droits de propriété. Ce sont un nouveau type de droit. Les sujets des droits sur les données sont des cibles spécifiques sur lesquels portent les données et ceux qui collectent, stockent, transmettent et traitent les données. L'étendue des droits varie également selon les sujets. Les objets des droits sur les données sont des ensembles de données spécifiques avec des règles et de la valeur, notamment les données personnelles. Parmi les droits sur les données, le plus fondamental est le droit sur les données personnelles. Dans les pays appliquant les droits de tradition civiliste, le droit sur les données personnelles est largement accepté et est considéré comme un droit fondamental dans la législation. Le droit sur les données personnelles est aussi à caractère constitutionnel : en Chine, l'article 38 de la Constitution fournit une base constitutionnelle pour le considérer comme un droit fondamental[1]. Parallèlement, le droit sur les données personnelles met l'accent sur l'indépendance personnelle et la liberté de conduite, ce qui est conforme aux valeurs fondamentales du droit privé qui défend les intérêts personnels et la liberté de conduite de l'individu. Il est donc aussi un droit civil. En tant que capital, les données ont la particularité d'être universelles, externes et inépuisables. De ce fait, l'idéal serait que les droits sur les données puissent être divisés en plusieurs faisceaux de droits en fonction des conditions d'application, tels que les droits de possession, les droits d'utilisation, les droits sur le produit, les droits de partage et les droits de transmission transfrontalière. Les détenteurs de droits pourraient avoir un seul ou plusieurs faisceaux de droits en même temps, et la valeur des données varierait en fonction des faisceaux (voir Figure 2-1).

---

[1] Selon le professeur Lin Laifan, l'article 38 de la Constitution chinoise comporte deux parties : la première partie stipulant que « la dignité personnelle des citoyens de la République populaire de Chine est inviolable » exprime une valeur constitutionnelle fondamentale similaire à la dignité de l'être humain présente dans la loi allemande ; la seconde partie stipulant « qu'il est interdit d'outrager, de diffamer les citoyens ou de porter de fausses accusations contre eux par quelque moyen que ce soit » exprime la protection d'un droit à caractère individuel, qui s'approche du droit à la protection de la personnalité dans la constitution. Voir Lin Laifan et Luo Zhengyan, « 宪法上的人格权 » [Les droits de la personnalité dans la Constitution], The Jurist, 2008, n° 5.

Droits sur les données

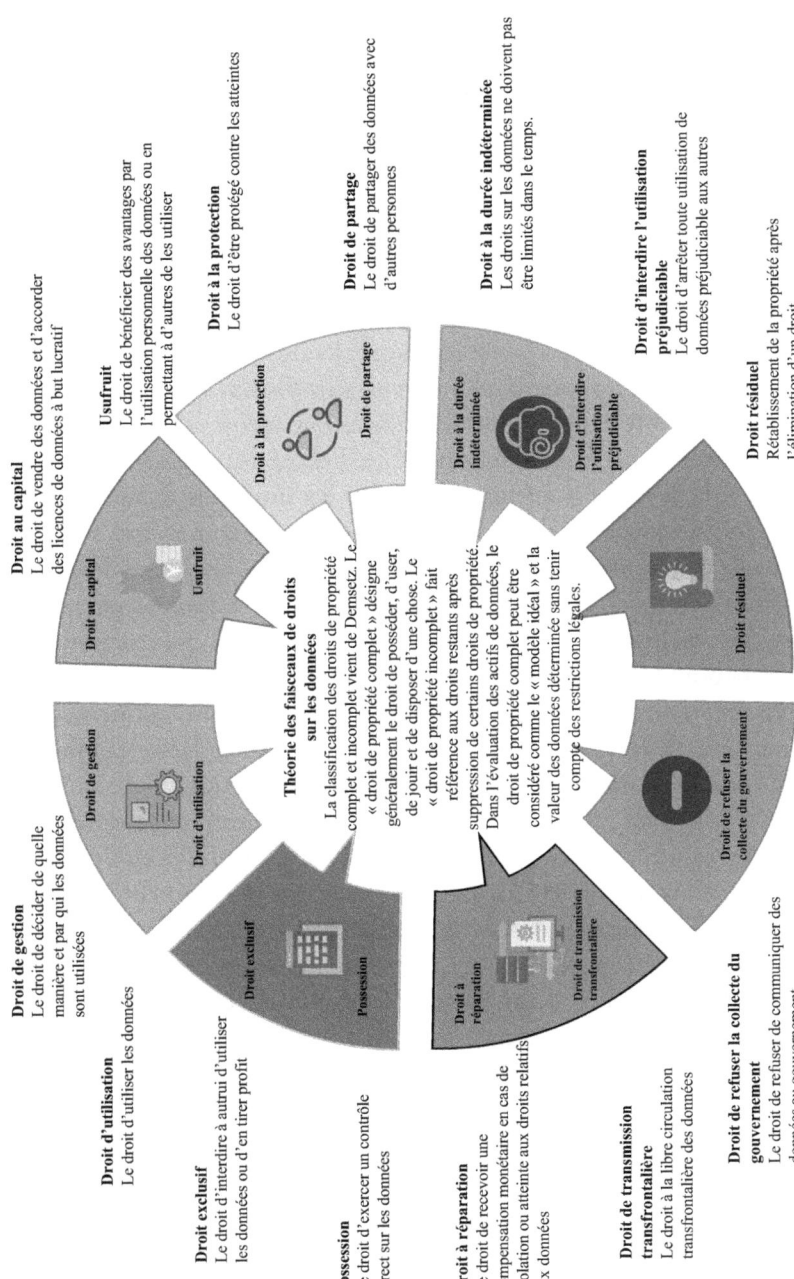

Figure 2-1 Théorie des faisceaux de droits sur les données. Source : Deloitte, AliResearch, 数据资产化之路——数据资产的估值与行业实践 [*Les données comme un actif : évaluation de la valeur des données et pratiques du secteur*], publié le 29 octobre 2019.

2. Détermination des intérêts protégés par les droits sur les données

« Les droits sont une force intentionnelle accordée par les normes juridiques à une personne pour satisfaire ses intérêts personnels, c'est-à-dire une force juridique pour que la personne jouisse d'intérêts spécifiques (Hans Brocks et Wolff Dietrich Walker 2019, p. 276) ». Les droits sont la partie la plus mature du système juridique. Ils révèlent la relation interne entre les droits et les intérêts factuels (Lü Zhixiang et Zhang Qiang 2019). Aujourd'hui, le changement du statut des droits montre que la relation entre l'État et les individus évolue vers une direction dominée par les droits. La théorie occidentale classique du droit soutient que, dans un sens abstrait, les droits sont liés à la liberté, aux intérêts et à la justice. Elle estime même que les droits privés sont directement liberté, intérêt et justice. Les droits privés désignent les droits individuels visant à satisfaire les besoins des individus. Ils mettent l'accent sur l'expression et la sauvegarde des intérêts personnels qui sont essentiellement de nature privée. Par conséquent, « sous l'angle des droits privés, les droits sur les données sont les droits de propriété détenus par les entreprises, les organisations et les citoyens sur les données qui leur sont attachées et les données qu'ils ont acquises (Lü Tingjun 2017) ».

Depuis près d'un demi-siècle, la législation relative à la protection des données personnelles est devenue l'un des mouvements législatifs les plus suivis du monde. De nombreux pays ont adopté un modèle de gouvernance à deux volets (à savoir la régulation du droit public et l'autonomisation du droit privé) en ce qui concerne la protection et l'utilisation des données personnelles (Cheng Xiao 2018). La loi sur la protection des données adoptée par le Land de Hesse en Allemagne fédérale en 1970 a été la première loi dédiée à la protection des données personnelles au monde. Dans le cadre de cette loi, un comité de protection des données a été mis en place pour superviser le stockage et la transmission des documents officiels du gouvernement de la Hesse, afin d'empêcher toute acquisition, révision et destruction illégales. En 1973, en vue de protéger les données personnelles, la Suède a adopté la première loi au monde qui restreignait clairement le transfert transfrontalier de données à caractère personnel : la loi sur la protection des données. En 1974, face à d'importants abus de données personnelles, le Congrès américain a commencé à envisager la protection des données personnelles et a adopté le Privacy Act. S'agissant de la coopération régionale ou mondiale, dès 1980, l'Organisation de coopération et de développement économiques (OCDE) a commencé à coordonner ou unifier les législations nationales de divers pays sur la protection des données, et a publié les Lignes directrices sur la protection de la vie privée et les flux transfrontaliers de données de caractère personnel, donnant des recommandations pour la protection de la vie privée et la liberté des données personnelles. Dans les années 1970, l'Union européenne a commencé à appeler ses pays membres à mettre en œuvre la législation en matière de données. À mesure que la technologie et la société évoluent, l'UE a continuellement fait avancer les travaux législatifs sur la protection des données à caractère personnel. En particulier, le Règlement général sur la protection des données (RGPD) mis en œuvre par l'UE depuis 2018 redéfinit l'autorisation des données personnelles et accorde aux personnes concernées le droit à l'oubli et le droit de supprimer leurs propres données.

Le système des droits sur les données personnelles est une réponse théorique à des demandes pratiques. Il devra donc inévitablement passer des droits dus aux droits juridiques, puis aux droits réels (Shi Pengpeng 2013). « Ce passage repose sur la prise de conscience des individus spécifiques de leurs droits, grâce à la sensibilisation des droits dus. Cette prise de conscience peut évoluer vers une revendication de droits commune de la grande majorité. La revendication devrait ensuite être affirmée à travers la législation, et les droits confirmés par des dispositions institutionnelles correspondantes (Wen Yu 2019) ». En Chine, avec l'avancement du processus de datalisation, des règles relatives à la protection des données personnelles ont été incorporées *via* amendement ou révision, dans des lois fondamentales et majeures telles que le Droit pénal, la Loi sur la protection des droits et intérêts des consommateurs ou encore la Loi sur la cybersécurité. L'article 111 des *Dispositions générales du Code civil* de la Chine a établi pour la première fois le droit des personnes physiques à la protection des informations personnelles dans une loi générale. L'article souligne le principe selon lequel les informations personnelles doivent être acquises et utilisées dans le respect de la loi, ce qui revêt d'une grande importance.

3. Contexte social des droits sur les données

Pour comprendre les droits relatifs aux données, nous devons d'abord appréhender de façon exacte les conditions sociales nationales et étrangères. Depuis quelques années, les internautes du monde entier sont engagés dans un « pacte faustien » avec de grandes entreprises technologiques[2] en soumettent leurs données personnelles en échange de services. Pendant longtemps, la plupart des utilisateurs ne réalisent que la signification superficielle du pacte, c'est-à-dire l'accès gratuit aux services. Ils ignorent le revers de la médaille, à savoir le libre accès et l'utilisation gratuite de leurs données par les entreprises technologiques. Ces données personnelles ne sont pas seulement utilisées consciemment à des fins commerciales, mais aussi souvent divulguées, vendues et utilisées de façon abusive (Xi Po 2018). Ces situations se produisent aussi bien à l'étranger qu'en Chine. Dans les pays étrangers, nous pouvons citer l'affaire d'atteintes à la vie privée de Google Street View en 2007, le piratage du PlayStation Network en 2011, le scandale PRISM en 2013, le vol massif de données bancaires en Corée du Sud en 2014, le vol des données personnelles de 80 millions de clients de l'assureur américain Anthem en 2015, la fuite massive de données personnelles en Turquie en 2016, la vente de comptes Gmail et Yahoo en 2017, le scandale Facebook-Cambridge Analytica en 2018 ou encore la vente des données de 159 millions d'utilisateurs de LinkedIn en 2019 (voir tableau 2-2). En Chine, il y a également eu plusieurs cas de fuite de données chez les plates-formes de commerce électronique, les sites Web de portail et les plates-formes de financement sur Internet, y compris la fuite de comptes de messagerie et de mots de passe, et même d'informations sur les cartes bancaires. Dans ce contexte, les utilisateurs se montrent de plus en plus préoccupés par les fuites, le trafic et l'utilisation abusive de leurs données.

---

2   Le pacte faustien décrit une sorte de trouble psychique : la personne qui en souffre est tellement obsédée par quelque chose qui semble précieuse qu'il perd la raison ou l'occasion de comprendre d'autres choses précieuses dans la vie, matérielles ou spirituelles.

Tableau 2-2 Quelques incidents typiques de sécurité des données à l'étranger

Année	Affaire	Description
2007	Atteinte à la vie privée de Google Street View	Google a fait l'objet de plusieurs poursuites pour atteinte à la vie privée, après avoir illégalement utilisé des voitures et des camions pour collecter des informations personnelles telles que des e-mails et des mots de passe à partir de réseaux sans fil privés non cryptés. Pendant plusieurs années, le procès a été considéré comme le plus important du genre de l'histoire américaine et a coûté plusieurs milliards de dollars de pertes à Google.
2011	Piratage du PlayStation Network	Le PlayStation Network (PSN) de l'entreprise japonaise Sony a été piraté et les données de ses 77 millions d'utilisateurs ont été volées, notamment les noms des utilisateurs, les adresses résidentielles, les adresses e-mail, les dates de naissance, les mots de passe, les questions de rappel de mot de passe et d'autres informations importantes. Il s'agit du piratage de données le plus grave de l'époque.
2013	Scandale PRISM	Edward Snowden, ancien employé de la National Security Agency (NSA) des États-Unis, a divulgué des fichiers secrets du programme de surveillance PRISM au journal britannique *The Guardian*. Il a été révélé que la NSA surveillait les appels de millions d'utilisateurs. Le programme PRISM lancé en 2007 aurait permis à la NSA d'accéder directement aux serveurs centraux des sociétés Internet pour rechercher des données et recueillir des renseignements. Neuf géants internationaux de l'Internet, dont Microsoft, Yahoo, Google et Apple, auraient participé au programme.

Tableau 2-2   Continued

Année	Affaire	Description
2014	Vol massif de données bancaires en Corée du Sud	Lors du développement d'un programme informatique commandé par des sociétés bancaires, M. Park et d'autres employés d'une société de notation de crédit ont illégalement collecté et divulgué 104 millions pièces d'informations personnelles des utilisateurs de cartes de crédit KB, Lotte et NH. Dans la quantité gigantesque d'informations divulguées, il y avait des informations personnelles telles que le nom, le numéro de téléphone, l'adresse et le nom de l'entreprise, mais également 5.391 pièces d'informations bancaires sensibles telles que le numéro de carte d'identité, les détails des transactions de prêt et les certificats d'exonération fiscale et d'approbation de carte de crédit, lesquelles représentaient la moitié des informations divulguées. Il s'agit du plus grand vol d'informations bancaires de l'histoire de la Corée du Sud.
2015	Vol des données personnelles de 80 millions de clients d'Anthem	L'assureur américain Anthem a été victime d'un piratage qui a volé des données personnelles de 80 millions de clients, y compris leur nom, date de naissance, informations de leurs cartes médicales, numéro de sécurité sociale, adresse de domicile, adresse e-mail et informations sur leur emploi (y compris le revenu). Aux États-Unis, il s'agit du vol d'informations le plus important jamais subi par un établissement de santé.
2016	Fuite massive de données personnelles en Turquie	Près de 50 millions de citoyens turcs étaient concernés par cette fuite. Leurs informations sensibles, telles que les noms, les numéros de carte d'identité ou encore les noms et adresses des parents, ont été empaquetées par des hackers et placées sous une adresse IP en Finlande. N'importe qui pouvait télécharger des données qui les intéressaient via des réseaux P2P.

(continued)

Tableau 2-2   Continued

Année	Affaire	Description
2017	Vente de comptes Gmail et Yahoo	Un grand nombre de comptes Gmail, Yahoo et PlayStation Network, avec leurs mots de passe, ont été vendus publiquement sur le Dark Web par un fournisseur du nom « suntzu583 ». Au total, 4.928.888 comptes Gmail ont été vendus en trois lots, chacun contenant des informations sur 2.262.444 comptes, y compris les adresses e-mail et les mots de passe.
2018	Scandale Facebook-Cambridge Analytica	Cambridge Analysis, société d'analyse de données ayant fourni des services à Donald Trump lors de la campagne présidentielle de 2016, et sa filiale Strategic Communications Lab ont volé et conservé les données de 50 millions d'utilisateurs de Facebook qu'ils ont utilisées pour manipuler l'élection présidentielle.
2019	Vente des données de 159 millions d'utilisateurs de LinkedIn	Andrew, un hacker, a mis en vente les données sensibles de 159 millions d'utilisateurs de LinkedIn sur Pastebin. Pour prouver l'authenticité de ces données, le hacker a également publié les identifiants de connexion de 100 utilisateurs, y compris ceux de certains PDG bien connus.

« À l'ère numérique, les données personnelles ne sont pas seulement considérées comme un facteur de production important, mais aussi comme 'une monnaie du marché numérique'[3] ». Nous entrons dans une nouvelle ère du droit d'usage basée sur l'idée de partage. Comme l'a remarqué Kevin Kelly, spécialiste des questions technologiques, « je peux les payer (biens ou services), mais je ne les posséderai pas… Dans une certaine mesure, le droit d'usage est devenu le droit de propriété (Kevin Kelly 2012, p. 111) ». Il en va de même pour les données, mais l'utilisation sans restriction des

---

[3] Lors de la Conférence Digital Life Design de 2012, Viviane Reding, Commissaire européenne à la justice, aux droits fondamentaux et à la citoyenneté, a déclaré que « les données personnelles sont devenues 'une monnaie du marché numérique actuel' ».

données détruira l'ordre de la vie sociale humaine. Plus précisément, dans la société moderne caractérisée par l'application de la technologie des mégadonnées, les risques d'origine humaine ont progressivement remplacé les risques naturels pour devenir les principaux risques menaçant la survie humaine. Comment maîtriser ces risques et garantir la sécurité est devenu une préoccupation commune pour le développement de la société moderne. Nous devons de toute urgence construire un mécanisme pour équilibrer les intérêts et créer un nouvel ordre social, tout en luttant contre les troubles causés par la négligence des droits des personnes concernées.

Étant donné que chaque individu vit dans des situations sociales différentes, les revendications d'intérêt peuvent différer de manière importante d'une personne concernée à une autre. Cette divergence des intérêts se manifeste dans le fait que les personnes concernées ont des attentes différentes vis-à-vis de leurs données personnelles : certaines s'attendent à obtenir des droits de propriété, d'autres des intérêts personnels ou le droit à la vie privé, et d'autres encore espèrent restreindre le pouvoir public de l'État par le biais du droit sur les données personnelles. Cependant, la réalisation des intérêts individuels nécessite des ressources sociales, et les droits individuels ne peuvent être réalisés que par la sauvegarde des intérêts de la société. En d'autres termes, la réalisation des droits relatifs aux données personnelles dépend généralement de la réalisation des intérêts de la société. Par conséquent, dans le processus de formulation des lois et réglementations relatives à la protection des données à caractère personnel, la priorité devrait être accordée à ces derniers. Dans le même temps, il convient de différencier les intérêts de la société pour leur accorder des niveaux de priorité adaptés. Lorsqu'il est nécessaire de restreindre des droits relatifs aux données personnelles pour sauvegarder les intérêts de la société, ces restrictions devraient être appropriées et respecter certains principes fondamentaux (Wang Xiuxiu 2018, pp. 143–172).

2.1.3 *Pouvoir des données*

1. Transfert du pouvoir

Le pouvoir est par nature public. Il représente une sorte de relation sociale entre les personnes et existe sous une forme dynamique (Jiao Shiwen

2009). Il est toujours « le représentant officiel de la société tout entière et de sa performance collective dans une organisation tangible (Bureau central de Compilation et de Traduction 1963, p. 242) ». Le pouvoir public est aussi, de nature, un type particulier de droits. Le pouvoir de l'État est la manifestation des droits de l'État. En tant que principal symbole de l'État, il est la condition fondamentale de toutes ses fonctions et activités. Le pouvoir public a trois caractéristiques fondamentales. Premièrement, son sujet est le grand public et non les individus. Son caractère public étant fondamental, le pouvoir public est de nature commune et à partager. Deuxièmement, son objet est les affaires publiques. Le pouvoir public ne devrait pas intervenir dans les affaires relevant du droit privé. Autrement, cela constituerait une violation des droits privés. Troisièmement, sa source et son fondement sont l'intérêt public. Le pouvoir public a pour rôle d'assumer des responsabilités publiques et de servir l'intérêt public. À défaut, il risquerait d'être privatisé ou de devenir du droit privé (Hao Jiming 2008).

Un rapport publié par les Nations Unies note que les données visent à rationaliser l'existence sociale et à réaliser la « production rationnelle » du système d'idées et de sens. De ce fait, elles sont devenues une ressource stratégique essentielle pour le présent et l'avenir. Cette ressource stratégique réside par essence dans le pouvoir des données : un pouvoir moderne à caractère dualiste qui domine la raison tout en étant régi par celle-ci. Du point de vue de la science politique, le pouvoir des données suit la logique du pouvoir et répond à la logique de la capacité et de la structure. Il produit, remodèle et domine en permanence de nouvelles relations politiques, économiques et sociales. En termes de logique de la capacité, le pouvoir des données joue des rôles, a des cibles et une dimension technique. En termes de logique de la structure, il implique des relations, des règles et des modèles. Ces deux logiques sont dotées de forces endogènes positives, mais peuvent également entraîner un déséquilibre des risques et des conflits entre les sphères publique et privée en raison de leur impact sur le système de pouvoir social. Par conséquent, nous devons forger un consensus et des principes de gouvernance rationnels et prudents sur le pouvoir des données.

Tout comme la connaissance, les données sont l'une des sources de pouvoir les plus démocratiques. Avec le développement du pouvoir des données, la configuration traditionnelle du pouvoir connaît également des transformations. Premièrement, le centre du pouvoir mondial est en train de se déplacer. Poussés par la technologie numérique, les pays émergents tels que la Chine et l'Inde se sont développés rapidement. Leur force nationale, leur influence internationale ainsi que leur représentation se sont continuellement élevées, alors que les États-Unis et l'Union européenne sont en déclin relatif. Le centre de pouvoir mondial se déplace ainsi vers l'Est. Deuxièmement, le pouvoir tend à circuler de façon descendante pour se propager progressivement aux mains de la majorité. Dans les entreprises à forte intensité de savoir, les cadres, les experts techniques et les ouvriers ont acquis plus de pouvoir, ce qui confirme que la connaissance est la source de pouvoir la plus démocratique. Troisièmement, la qualité du pouvoir s'améliore. À l'ère de l'économie numérique, les données sont la première source de pouvoir. Contrairement à la violence et à la richesse, elles peuvent changer le monde et la société. Quatrièmement, un nouveau centre de pouvoir basé sur les données est en train de prendre forme. Il sera constitué de ceux qui disposent de l'information, du renseignement, des dernières technologies et des ressources de données clés[4].

2. Expansion du pouvoir des données

Les données sont pouvoir et le pouvoir peut aussi être transformé en données. Le pouvoir des données est devenu indispensable à quiconque veut devenir puissant. En un sens, celui qui possède les données contrôlera le

---

4   En 1990, Alvin Toffler souligne dans *Les Nouveaux pouvoirs (Powershift)* que le pouvoir, en tant que force pour dominer les autres, a toujours été réalisé par la violence, la richesse ou la connaissance depuis les temps anciens. Il note que dans la troisième vague de civilisation, la connaissance deviendra le symbole du pouvoir. Quiconque possède la connaissance aura le pouvoir. Cependant, la connaissance est différente de la violence et de la richesse en ce que ces deux dernières sont exclusives. Lorsqu'une personne ou un groupe détient une violence ou une richesse, d'autres personnes ou groupes ne peuvent pas la posséder, tandis que la connaissance n'est pas exclusive. La même connaissance peut être possédée par différentes personnes en même temps. C'est pour cette raison que la connaissance est la source de pouvoir la plus démocratique. Quiconque détient le droit de contrôle et de diffusion du savoir aura l'initiative en matière de pouvoir. À l'ère des mégadonnées, chaque « centre de données » est en quelque sorte un « centre de droits et de pouvoir » et pourra faire entendre sa voix.

pouvoir. Un nouveau mécanisme de pouvoir – la puissance des données – est en train d'émerger. Le pouvoir des données a changé la relation d'opposition traditionnelle entre l'État et la société en formant un nouveau modèle de concurrence complexe entre le pouvoir public et les droits privés. En effet, le pouvoir public et les droits privés en matière de données forment une unité dialectique. Dans certaines conditions, le pouvoir public de l'État et les droits privés de la société forment une coalition de gouvernance afin d'empêcher l'expansion des droits privés. De même, les droits privés ont tendance à coopérer sur la base des revendications des droits concernés pour limiter conjointement l'expansion et l'abus du pouvoir public.

À l'ère des mégadonnées, le champ d'application du pouvoir s'est étendu des domaines politiques et juridiques à tous les aspects de la vie sociale, tels que le commerce, la santé, l'éducation et la culture. En conséquence, les détenteurs du pouvoir des données ont plus d'espace pour exercer leur pouvoir et il est devenu plus difficile de détecter les abus de pouvoir et de restreindre le pouvoir. « Les comptes, en tant que jonction entre les entités du cyberespace et les entités du monde réel, accumulent des données de manière régulière au fur et à mesure que se déroulent nos activités en ligne. L'évaluation de nos comportements basée sur ces données, à son tour, affecte de manière importante nos activités futures (Hu Ling 2018) ». Dans ce processus, nous ne pouvons pas réellement participer et influencer la collecte et l'utilisation de nos données par d'autres personnes. Fondamentalement, l'utilisation de nos données personnelles est hors de notre contrôle dès le départ. Même si nous n'avons pas de secret à cacher, même si personne ne nous surveille, notre vie privée en matière de données sera violée. Cela est encore plus inquiétant que l'atteinte directe à nos droits.

En outre, la tendance descendante et la décentralisation du pouvoir a permis à plus de personnes de comprendre et de participer au pouvoir, ce qui pose également de nouveaux problèmes de restriction du pouvoir. Dans le processus de transfert du pouvoir, le pouvoir du gouvernement évolue et une démocratie décentralisée et diversifiée se dessine, ce qui a une influence importante sur la prévention d'une concentration excessive du pouvoir et de la corruption au sein de la gouvernance. Dans ce contexte, « une forme de pouvoir pourrait être détruite et remplacée par une autre (Lawrence Lessig 2009, p. 87) ». En d'autres termes, le glissement structurel vers une gouvernance pluraliste à l'ère des mégadonnées déclenchera de profonds changements dans les relations juridiques. Il est donc nécessaire de renforcer la législation dans les domaines où un abus de pouvoir des données est susceptible de se produire.

3. Structure du pouvoir des données

« Les pouvoirs viennent de la structure sociale et chaque pouvoir spécifique vient d'un emplacement spécifique de la structure sociale (Kang Xiaoguang 1999, p. 51) ». La structure sociale est la base de l'existence d'une structure de pouvoir. Chaque structure sociale a sa structure de pouvoir correspondante. La logique structurelle du pouvoir des données est un produit de notre engagement envers le développement personnel et la maintenance du système de civilisation moderne (Lin Qifu et He Jingchao 2016). La structure politique et sociale du pouvoir des données revêt d'un intérêt public, car elle explique quel genre d'ordre public le pouvoir des données façonnera. Son rôle se manifeste essentiellement dans les pratiques politiques et sociales aux niveaux micro et macro. Ces pratiques sont une sorte d'actions de l'État construites par les entités ayant un pouvoir de données à travers les processus de contrôle, de mobilisation, de persuasion, d'absorption et même de production de symboles dans la société, au moyen de diverses ressources. Sous l'angle économique, l'évolution de la structure du pouvoir des données suit un processus cyclique : germination – formation – maturité – stagnation – récession – fission – germination. Ce cycle représente l'évolution des modèles et des lois socio-économiques. L'émergence du pouvoir des données lui offre à la fois des possibilités et des incertitudes. Le pouvoir des données remettra en question la structure du marché existante, exercera une influence sur la concurrence pour les capitaux et induira une redistribution des droits de micro-propriété dans la société. La structure conceptuelle de vie créée par le pouvoir des données sera le cadre global du système de signification et du système culturel de l'humanité, tout en étant plus diversifiée et complexe que ces deux systèmes. Les données ne sont plus en dehors de la structure du pouvoir, mais participent à l'intégration et à la réorganisation de notre vie en tant que pouvoir. À l'avenir, l'identité des personnes ne sera peut-être plus fondée sur les liens du sang, les groupes ethniques, les noms ou les lieux d'origine. Au lieu de cela, nous nous identifierions les uns aux autres par nos identités numériques, notre appartenance aux communautés IoT ou encore nos emplacements de réseau.

2.2 Classification des droits sur les données

La confirmation des droits sur les données n'est pas seulement la base de leur usage et de leur protection, mais aussi un moyen important de protéger les intérêts pertinents. « Les entités d'intérêts relatives aux données peuvent être des particuliers, des entreprises, des organisations ou des pays. Les droits et intérêts dont jouit chaque catégorie d'entités peuvent varier en termes de portée et de nature (Li Xiaoyu 2019) ». Le développement de l'industrie des mégadonnées a engendré de nouveaux types de parties prenantes telles que les personnes concernées, les personnes ayant le contrôle des données et les utilisateurs de données. Du point de vue des personnes concernées, les droits sur les données comprennent les droits sur les données personnelles, les droits sur les données d'entreprise et les droits sur les données du gouvernement. « Une fois qu'un droit est confirmé, la première mission consiste à concevoir sa structure de pouvoirs et de fonctions. L'établissement des revendications du droit indiquera que cette structure prend effet (Chen Zhentao 2017) ». Poussés par des intérêts, les différents sujets d'intérêts formuleront certainement de nouvelles revendications en matière de protection de leurs droits et de système juridique. Par conséquent, il est primordial d'étudier en profondeur les droits sur les données sur le plan théorique et appréhender l'établissement des fonctions des droits pour parvenir à une protection complète des données.

2.2.1 Droits sur les données personnelles

1. Données personnelles

À l'ère des mégadonnées, les données et leurs dérivés changent de manière permanente notre mode de vie. Parallèlement, les informations sur tous les aspects de chacun de nous sont collectées, triées et utilisées sous forme de données (Shi Lindong 2019). Ces données personnelles massives contiennent une valeur économique et une valeur stratégique considérables. D'un côté, elles sont utilisées pour améliorer en permanence la technologie et les fonctions des produits de données, ce qui permet aux utilisateurs de profiter des avantages et de la commodité. De l'autre côté, chacun de nous est devenu une source de données : si les données personnelles ne peuvent pas être pleinement protégées, de nombreux problèmes tels que la collecte, la vente et l'utilisation illégales des données personnelles, la violation des droits personnels et des droits de propriété, peuvent survenir facilement. Lorsque les données personnelles sont utilisées à des fins commerciales, leur valeur commerciale est indirectement activée en raison des intérêts relatifs à la personnalité qu'elles transportent. Il semble bien que les droits relatifs aux données personnelles jouent un rôle déterminant dans la circulation et le partage des données ainsi que dans le développement de l'industrie des données.

Les données personnelles sont également appelées informations personnelles ou données à caractère personnel[5]. Par exemple, en Union Européenne, le RGPD définit les données à caractère personnel comme « toute information se rapportant à une personne physique identifiée ou identifiable. Est réputée être une 'personne physique identifiable' une personne physique qui peut être identifiée, directement ou indirectement, notamment par référence à un identifiant, tel qu'un nom, un numéro d'identification, des données de localisation, un identifiant en ligne, ou à un ou plusieurs éléments spécifiques propres à son identité physique, physiologique, génétique, psychique, économique, culturelle ou sociale[6] ». Au Japon, la Loi sur la protection des informations personnelles définit les informations personnelles comme des informations sur une personne vivante qui permettent d'identifier un individu spécifique par son nom

---

5   Les différences d'appellation sont principalement dues à des traditions juridiques et à des habitudes d'utilisation différentes. Il n'y a pas de différence fondamentale. Étant donné que l'information existe principalement sous forme de données dans le contexte des mégadonnées, nous utiliserons le terme « données personnelles » dans le présent ouvrage.
6   Voir l'article 4, paragraphe 1 du RGPD de l'UE.

ou toute autre description contenue dans ces informations, y compris des informations permettant de se référer facilement à d'autres informations et permettent ainsi l'identification de l'individu spécifique (Wen Yu 2018). En Chine, la Loi sur la cybersécurité définit les informations personnelles comme « toute information, enregistrée électroniquement ou par d'autres moyens, qui, seule ou en combinaison avec d'autres informations, permettent d'identifier une personne physique, incluant sans toutefois s'y limiter les noms complets, les dates de naissance, les numéros d'identification, les informations biométriques personnelles, les adresses, les numéros de téléphone, etc.[7] ». La communauté universitaire estime généralement que le critère fondamental des données personnelles réside dans l'identifiabilité. « Les données personnelles se rapportent à une personne spécifique, et leur traitement affectera, voire nuira à la vie de la personne physique à laquelle elles sont liées. C'est pourquoi les données personnelles doivent être protégées (Wen Yu 2019) ».

« Les droits sur les données personnelles impliquent une coordination entre la protection des droits civils des personnes physiques et la liberté des entreprises de mener des activités liées aux données (Cheng Xiao 2018) ». « Les droits sur les données personnelles sont le droit de la personne concernée de décider par qui et comment ses données personnelles seront collectées, traitées et analysées. C'est le droit d'exercer un contrôle sur ses propres données (Xiang Liling et Gao Qianyun 2018) ». Les revendications des individus concernant leurs données personnelles sont représentées par leur demande exigeant que leurs droits personnels et leurs droits de propriété en lien avec les données personnelles ne soient pas atteints sur le plan juridique. Plus précisément, ils exigent de nouveaux types de droits : en plus du droit à la vie privée reconnu par la législation existante, les internautes revendiquent également le droit à l'autodétermination, le droit à la portabilité, le droit à l'oubli, le droit au transfert et le droit d'accès exclusif aux les données personnelles (voir tableau 2-3). Il semble bien que « les droits sur les données ne soient plus un seul type de droits, mais un faisceau de droits formé par de différents droits (Li Xiaoyu 2019) ».

---

7   Voir l'article 76 de la Loi sur la cybersécurité de la République populaire de Chine.

Tableau 2-3 Système des droits sur les données personnelles

Droits	Description
Droit à la vie privée ou droit à la confidentialité	La confidentialité des données concerne non seulement l'identification d'une personne, mais également des informations connexes sur la personne, telles que son comportement, ses activités, ses tendances de consommation et ses habitudes. Au niveau international, le droit à la confidentialité des données désigne généralement que les informations privées ne doivent pas être divulguées illégalement. Dans ce sens, il ne fait pas référence au droit des individus d'exercer un contrôle sur leurs données ou de disposer de leurs données.
Droit sur les informations	Le droit sur les informations, aussi appelé droit à l'autodétermination, désigne le droit de limiter le traitement de ses données. Il met l'accent sur le contrôle de l'individu sur ses propres données, incluant non seulement la mise à jour et la suppression des informations, mais également l'utilisation des informations, notamment par qui et à quelles fins elles sont utilisées.
Droit à l'information	Il désigne le droit de l'individu d'être informé de la manière dont ses données sont collectées et traitées.
Droit d'accès	Il désigne le droit d'accéder à ses données personnelles. Le RGPD de l'UE stipule que les responsables du traitement devraient fournir aux utilisateurs les procédures correspondantes pour exercer ce droit. Un responsable du traitement ne peut facturer la fourniture de ce service, à moins que la demande de la personne concernée ne semble excessive.
Droit d'opposition	Le droit d'opposition désigne le droit de la personne concernée de s'opposer, à tout moment, à un traitement de ses données personnelles sur la base de ses droits et intérêts légitimes, ainsi que le droit de s'opposer, à tout moment, au traitement de ses données personnelles à des fins de prospection.
Droit à la portabilité	Les utilisateurs ont le droit de transmettre leurs données personnelles d'un responsable du traitement à un autre responsable du traitement sans être interféré.
Droit de rectification	La personne concernée a le droit d'obtenir la rectification des données à caractère personnel la concernant qui sont inexactes.

Tableau 2-3   Continued

Droits	Description
Droit à l'effacement (« droit à l'oubli »)	L'utilisateur a le droit d'obtenir du responsable du traitement l'effacement de données personnelles le concernant lorsqu'il retire le consentement sur lequel est fondé le traitement ou lorsqu'il n'existe plus de fondement juridique au traitement.

Source : Sun Wei, « 数据开放中的数据权、开放机制和元数据标准——全球范围内的经验 » [Droits sur les données, mécanismes d'ouverture et normes de métadonnées dans l'ouverture des données : expérience globale], publié dans 创新驱动与智慧发展论——*2018* 年中国城市交通规划年会论文集 [*Développement par l'innovation et l'intelligence – Actes de la conférence annuelle 2018 sur la planification des transports urbains en Chine*] par le Comité académique de planification des transports urbains de la Urban Planning Society of China, China Architecture & Building Press, 2018.

2. Droits sur les données personnelles comme droits de la personnalité

Les données contiennent des informations sur les habitudes d'utilisation, les conditions de vie, les communications de l'utilisateur ainsi que d'autres informations qui permettent de l'identifier. Elles impliquent donc la protection des noms, le droit à l'image et d'autres protections qui relèvent des droits de la personnalité. Étant donné que les droits sur ces données reposent essentiellement sur l'identification de la personne concernée, il ne fait aucun doute qu'ils incluent des droits de la personnalité (Yan Lidong 2019). En même temps, les données personnelles anonymisées ou peu sensibles, telles que les historiques de navigation sur le Web et les habitudes de consommation personnelles, ne sont pas nécessairement liées à la personnalité ou à l'identité de la personne concernée. En raison de l'absence de la confidentialité, les droits relatifs à ces données ne relèvent pas des droits de la personnalité. De plus, du point de vue de la réparation des droits, en raison de la confidentialité de la collecte et de l'utilisation des données, il est impossible de prouver le lien de causalité entre le fait de collecter et d'utiliser des données et l'atteinte aux droits, ce qui pose de grandes difficultés à l'identification du contrevenant et à la justification de l'atteinte.

Les données étant une nouvelle ressource sociale, il est nécessaire de créer un nouveau type de droit de la personnalité pour réglementer et protéger leur collecte et utilisation. D'une part, les droits sur les données personnelles ont un contenu spécifique : ils protègent les intérêts personnels et octroient aux personnes concernées le droit d'exercer un contrôle sur ses propres données. D'autre part, leur objet de droits, c'est-à-dire les données à caractère personnel, comprend généralement des informations personnelles, des données sur la vie privée et des données sensibles, dont certaines (telles que le nom, l'image et la vie privée) relèvent déjà des droits spécifiques de la personnalité. De plus, du point de vue de l'efficacité de la protection, si les droits sur les données personnelles sont définis comme des droits de propriété, la protection aura des limites.

Au contraire, si les droits sur les données personnelles sont considérés comme un nouveau type de droit de la personnalité, les différences d'identités personnelles n'auront pas de conséquence sur le calcul des droits, ce qui permet de garantir la dignité égale de tous. « L'établissement de nouveaux droits permet de visualiser les relations juridiques. Les utilisateurs de règles pourront ainsi vérifier les règles en ayant clairement à l'esprit l'objet des droits (Zhang Suhua et Li Yanan 2018) ». Comme l'a souligné le professeur Wang Liming, « les données personnelles doivent être protégées par le droit privé en tant qu'objet des droits de la personnalité dans le cadre d'une loi dédiée à leur protection (Wang Liming 2013) ». À l'ère de la civilisation numérique, les droits sur les données personnelles devraient être établis comme un type à part entière de droit de la personnalité, dont le but serait de protéger les intérêts des personnes concernées contre toute atteinte et d'empêcher l'abus et la diffusion injustifiée de leurs données à caractère personnel. À l'heure actuelle, les droits de la personnalité impliqués dans les droits relatifs aux données sont déjà largement reconnus par les théoriciens et les praticiens du droit. De même, le Code civil chinois[8]

---

8   Lors de la 12e réunion du 13e Comité permanent de l'Assemblée populaire nationale tenue à Pékin le 22 août 2019, le projet de droits de la personnalité du Code civil a été révisé pour la troisième fois et les dispositions relatives à la protection des informations personnelles ont été améliorées. Notamment, la disposition suivante a été ajoutée : les droits de la personnalité sont les droits à la vie, au corps, à la santé, au nom, à la nomenclature, à l'image, à la réputation, à l'honneur et à la vie privée dont jouissent les sujets civils. La vie privée a été redéfinie en « espaces, activités et

a consacré un chapitre distinct aux droits de la personnalité et y a inclut la protection des informations personnelles. Cela répond à la préoccupation largement répandue dans la société à l'égard du développement des nouvelles technologies.

3. Droits sur les données personnelles en tant que droits de propriété

« La valeur économique potentielle des données personnelles nous oblige à ne pas ignorer leur nature de propriété, et les droits relatifs à ces données ne peuvent pas être protégés simplement en tant que droits de la personnalité[9] ». Autrement, cela empêcherait le flux de données sur Internet et le développement de l'industrie des mégadonnées. De plus, avec l'utilisation et la diffusion généralisées des données personnelles, de plus en plus de litiges économiques sont apparus, mettant en évidence la nature de propriété des données personnelles. De tels litiges ne relèvent plus des droits de la personnalité. En particulier, dans le contexte de l'économie numérique, la valeur économique des données personnelles est encore plus visible. Si les données sont considérées uniquement comme un objet de droits de la personnalité (c'est-à-dire en lien avec la dignité de la personne), leur circulation ainsi que le développement industriel pourraient être limités dans une certaine mesure. Au contraire, si la nature de droit de propriété des droits relatifs aux données personnelles est déterminée, les transactions de données pourront être mieux régulées. Cela permettra de créer un environnement ordonné fondé sur des lois pour les comportements du marché des données, tout en offrant une meilleure protection des droits sur les données personnelles.

---

informations privées d'une personne physique qu'elle ne souhaite pas être connues des autres ». Enfin, il a été ajouté qu'aucune organisation ou personne n'est autorisée à fouiller, à pénétrer, à espionner, à filmer ou à photographier des espaces privés d'autres personnes telles que leurs chambres d'hôtel.

9   Les éléments de personnalité véhiculés par les données à caractère personnel impliquent à la fois des intérêts de la personnalité et des intérêts économiques. Les intérêts de la personnalité peuvent être protégés en invoquant les droits de la personnalité tandis que les intérêts économiques peuvent pleinement être considérés comme de la propriété. Concernant les éléments de personnalité des données sous l'angle de la propriété, voir Wen Yuheng, 数据产权的私法构造 [*La structure du droit privé dans les droits de propriété sur les données*], thèse de doctorat (2018), Université Xiangtan.

La protection des données est différente de celle des droits de la personnalité, des secrets commerciaux et des droits de propriété intellectuelle. Elle devrait faire l'objet d'un droit indépendant qui peut être appelé droit de propriété des données. Ce droit serait une propriété incomplète. Son titulaire ou le responsable du traitement ne pourra pas disposer arbitrairement des données qu'il détient ou qu'il contrôle, ni porter atteinte aux droits et intérêts légitimes des titulaires de droits concernés. Il sera donc nécessaire de construire un système de droits correspondants basé sur les formes d'existence de l'information (Deng Ganghong 2018). Sur cette base, les droits sur les données personnelles deviennent un droit de propriété indépendant de la personne concernée à l'ère numérique. Son détenteur a le droit de disposer directement de propriétés de données spécifiques et d'exclure toute interférence. Il s'agit d'une nouvelle forme de droit de propriété née à l'ère des mégadonnées. Le droit de propriété des données octroie au propriétaire les droits de posséder, d'utiliser, de bénéficier et de disposer des données de sa propriété (Qi Aimin et Pan Jia 2015). Par conséquent, il ne s'agit pas d'un droit statique à sens unique, mais d'un ensemble de droits fondé sur la propriété.

Cette perspective offre de nouvelles possibilités. Premièrement, les données personnelles, en tant que propriété privée des personnes concernées, auront la nature d'une propriété matérielle. Leur valeur peut ainsi être transformée en avantages matériels tels que de l'argent obtenu par le propriétaire ou le possesseur des données. Deuxièmement, les droits sur les données personnelles seront transférables. Leur propriétaire ou possesseur pourra transférer des droits à d'autres dans le cadre autorisé par la loi, pour tirer pleinement parti des données. Troisièmement, les droits sur les données personnelles seront réparables. En cas de violation des droits d'une personne concernée, celle-ci peut restaurer le contrôle de ses droits sur les données personnelles ou demander une indemnisation pour les pertes causées conformément aux lois applicables. Par conséquent, en considérant les droits sur les données personnelles comme un droit de propriété à part entière, nous pouvons garantir non seulement le fonctionnement de l'industrie des données dans le respect de la loi, mais assurer également la réalisation des intérêts des personnes concernées et des responsables du traitement.

2.2.2 Droits sur les données d'entreprise

1. Données d'entreprise

À l'ère de l'économie numérique, les données ont pénétré tous les secteurs, devenant un facteur de production important et un atout majeur des entreprises. Elles permettent aux entreprises d'améliorer considérablement leur prise de décision ainsi que leurs capacités d'innovation et de gestion. Cependant, tout en créant une énorme richesse pour les entreprises, le développement des mégadonnées constitue également une menace sérieuse pour la sécurité des données et la protection de la vie privée. Parallèlement, bien qu'elles ne semblent pas être une ressource épuisable, les données sont devenues rares, parce qu'elles sont collectées et stockées par les entreprises dans des ensembles de données avec des mesures techniques spéciales, en raison de leur valeur économique. En conséquence, la concurrence pour les données devient de plus en plus féroce entre les entreprises (Wen Yuheng 2019). Nous pouvons citer la bataille entre SF Express et Cainiao pour les données logistiques, celle entre Weibo et Maimai pour les données de microblog, ou encore celle entre Huawei et Tencent pour les données WeChat. Ces exemples mettent en évidence l'urgence d'établir des droits sur les données dans le domaine commercial. « Les données d'entreprise sont des données dérivées produites par une entreprise grâce à un développement en profondeur et à une intégration systématique des données, après avoir modélisé la relation entre des données brutes massives et complexes à l'aide d'outils d'intelligence artificielle, de technologies mathématiques et statistiques et de technologies d'exploration de données. Tout cela repose sur un investissement conséquent de l'entreprise dans des ressources matérielles, humaines et financières (Li Xiaoyu 2019) ». Les données d'entreprise comprennent des données qui reflètent la situation de base de l'entreprise, notamment ses données financières, ses données d'exploitation (R&D, achats, production, ventes, etc.) et ses données sur les ressources humaines. Elles incluent également des ensembles de données personnelles directement ou indirectement collectées par l'entreprise via autorisation contractuelle (Shi Dan 2018). Les données d'entreprise contiennent une valeur d'utilisation colossale, mais elles ne doivent pas être utilisées sans limite. Par exemple, lorsqu'une entreprise collecte des données, elle doit clairement indiquer le but, la méthode et l'étendue de sa collecte et de son utilisation des données, et obtenir le consentement des utilisateurs concernés. Lorsque l'entreprise utilise des données, elle ne doit pas dépasser la portée de l'autorisation des utilisateurs, ni aller au-delà des fins qu'elle a déclarées lors de la collecte des données. Elle ne doit pas non plus porter atteinte à la liberté d'utilisation des données, à la sécurité publique et aux intérêts publics.

2. Configuration des droits relatifs aux données d'entreprise

Les intérêts juridiques personnels impliqués dans les données d'entreprise peuvent être appréhendés sous deux angles. D'une part, en termes de collecte, une partie considérable des données obtenues par les entreprises provient des personnes concernées. D'autre part, en termes de circulation et d'utilisation, les entreprises ne sont pas uniquement des collecteurs de données ; elles les traitent et les utilisent également. En effet, alors que les données d'entreprise sont devenues une sorte de bien ou de marchandise, c'est devenu la normalité pour les entreprises de collecter, de stocker, d'analyser et de vendre des données. La collecte et le traitement de données massives font désormais partie du cœur de la compétitivité des entreprises Internet, qui considèrent souvent les données collectées comme un atout essentiel. Dans ce contexte, les entreprises mettent en avant leur liberté d'utilisation des données, tout en empêchant les autres d'utiliser les données collectées et triées par elles sans leur consentement. « En tant que personne concernée, l'entreprise revendique la propriété absolue des données relatives à sa production et à son exploitation ainsi que des droits de propriété sur les données qu'elle collecte et trie[10] ».

---

10   Ces droits de propriété désignent notamment le droit de l'entreprise de contrôler, de disposer et de jouir des données pertinentes, y compris le droit de contrôle, les droits à la rémunération, à la modification, à l'intégrité et le droit de demander une réparation judiciaire, etc. Voir Wang Yuan, Huang Daoli et Yang Songru, « 数据权的权利性质及其归属研究 » [Une étude de la nature et de l'appartenance des droits sur les données], *Scientific Management Research*, 2017, n° 5.

Certains chercheurs affirment que dans le contexte de la capitalisation des données, nous devrions reconnaître le droit des entreprises de données à l'exploitation et à la propriété des données pour répondre aux besoins de l'exploitation et de la quête d'intérêts. En particulier, le droit à l'exploitation des données devrait être de nature exclusive : il concernerait des matières spécifiques et devrait être établi par une autorisation légale ou une licence administrative. Le droit à la propriété des données serait un droit absolu octroyé aux opérateurs par la loi sur les intérêts d'exploitation des données en tant qu'actifs (Long Weiqiu 2017). Cependant, « les intérêts en matière de données d'entreprise sont essentiellement une sorte de droit d'exercer un contrôle sur les données, qui, avec effet exclusif, est plus faible que la propriété mais plus fort que les droits relatifs (Li Xiaoyu 2019) ». Le droit des entreprises d'exercer un contrôle sur les données contient à la fois des revendications actives et des limitations. Les revendications actives permettent aux entreprises, en tant que titulaire du droit, de traiter, de collecter, d'utiliser et d'échanger directement leurs données sans l'intervention d'autrui. Les limitations, avec un effet *erga omnes*, permettent aux entreprises d'exclure l'ingérence indue d'autrui.

Dans les litiges relatifs aux droits sur les données, les verdicts de justice ont souvent établi une distinction entre les droits et les intérêts. Par exemple, dans le litige entre Taobao et Meijing concernant certains produits de mégadonnées[11], Taobao réclame son droit de propriété sur « des données dérivées formées après l'anonymisation, la désensibilisation, le filtrage, le raffinement et l'intégration de données à l'aide d'algorithmes ». Il affirme que la plateforme d'entraide Gugu développée par Meijing a obtenu des données dérivées appartenant à Taobao et les a utilisées à des fins commerciales. Taobao estime donc que les actions de Meijing constituent une concurrence déloyale et portent atteinte à ses droits de propriété sur les données. Dans cette affaire, d'un côté, le tribunal a reconnu que Taobao jouissait d'intérêts concurrentiels sur les données dérivées qu'il avait formées par la collecte, la désensibilisation, le raffinage et l'intégration de données brutes. De l'autre côté, il a démenti que Taobao jouissent de droits

---

11   Voir le jugement n° 4034 (2017, Affaires civiles, premier ressort, Zhejiang 8601) du Tribunal de transport ferroviaire de Hangzhou.

de propriété sur les données brutes et les données dérivées, sans expliquer explicitement les « intérêts concurrentiels sur les données dérivées » qu'il a accordés à Taobao.

3. Protection des droits sur les données d'entreprise

En Chine, les décisions judiciaires existantes examinent principalement la protection des données d'entreprises en vertu des dispositions de la Loi sur la répression de la concurrence déloyale. Cependant, la protection des données d'entreprise est en train de devenir une toute nouvelle question qui nécessite un cadre juridique spécifique. « Du point de vue du droit privé, il est inévitable que nous passions de l'application des lois traditionnelles à la création de nouveaux mécanismes juridiques pour la protection des droits de propriété relatifs aux données (Long Weiqiu 2018) ». Dans le même temps, pour certains chercheurs, « du point de vue de leur nature juridique, les droits et intérêts relatifs aux données d'entreprise ne sont ni des droits réels, ni simplement des droits de propriété intellectuelle ou des droits de propriété. Il s'agit d'un ensemble de droits, comprenant des droits statutaires et des intérêts protégés par la loi (Li Yang et Li Xiaoyu 2019) ». Avec l'apparition de nouvelles technologies à l'ère des mégadonnées, les lois relatives aux données d'entreprise doivent porter plus d'attention au flux et à l'utilisation raisonnables des données et à la prévention d'abus de pouvoir de données, tout en continuant à s'intéresser à la contrôlabilité des données. Ainsi, il est évident que les normes du droit pénal traditionnelles, fondées sur la perspective des secrets (y compris les secrets d'État et les secrets commerciaux) ou sur la propriété intellectuelle, devraient être élargies (Tang Jiyao 2019). Par conséquent, en attendant que les données d'entreprise soient protégées par des droits statuaires, explorer leur protection sous l'angle des intérêts pourrait être une méthode transitoire raisonnable. Certains chercheurs proposent également de « considérer le droit des entreprises d'exercer le contrôle sur leurs données comme un nouveau type de droit pour protéger les intérêts relatifs aux données d'entreprise (Li Xiaoyu 2019) ». Étant donné que les entreprises ne peuvent pas posséder leurs données comme un bien matériel, leurs droits exclusifs relatifs aux données doivent nécessairement être octroyés par la loi. En termes d'efficacité de possession, en raison des contraintes liées aux droits sur les données personnelles, les entreprises n'ont pas un contrôle complet sur les données qu'elles collectent et possèdent, et les individus ont le droit de supprimer, de rectifier et de retirer leurs données. En termes de système juridique et de règlementations, il est nécessaire de restreindre et de réglementer les droits des entreprises sur les données, en particulier en ce qui concerne la collecte, le traitement et l'utilisation des données par les entreprises concernées. Dans la pratique, l'application de la technologie des données ainsi que les moyens de concurrence sur les réseaux évoluent et se développent constamment. De ce fait, la répartition des intérêts entre les opérateurs de données, les utilisateurs du réseau et le grand public est également un processus dynamique marqué par la recherche d'équilibre et le rééquilibrage.

2.2.3 Droits sur les données du gouvernement

1. Données du gouvernement ou publiques

En tant qu'atout important du gouvernement, les données sont un moyen majeur de sa gouvernance, ainsi que la manifestation de ses résultats de gouvernance. L'agglomération des données sur le bloc peut former des corrélations internes et révéler un large éventail de besoins publics et de préoccupations publiques. Elles ont donc de la valeur et un potentiel considérables. Ces données changent de manière profonde la philosophie, le paradigme, le contenu et les méthodes de gouvernance, et transforment le modèle de gouvernance traditionnel où l'autorité est maintenue par le contrôle et le monopole de l'information. Elles conduisent à la mise en place d'un nouveau mécanisme où les données sont utilisées pour se justifier, prendre des décisions, administrer et innover, promouvant ainsi la construction d'un gouvernement numérique.

D'une manière générale, les données publiques font référence à toutes ressources de données produites ou obtenues par le gouvernement et ses institutions administratives dans le cadre de l'exercice de leurs fonctions conformément à la loi, et enregistrées et conservées sous une certaine forme

(Shi Dan 2018). Plus précisément, chaque service du gouvernement détient une grande quantité de données brutes qui constituent le fondement de notre société, y compris des données météorologiques, des données sur le trafic routier, des données sur l'énergie, des données judiciaires, des données douanières, des données d'entrée et de sortie du territoire, etc. Les données publiques ne sont que l'une des nombreuses ressources de mégadonnées. Elles sont notamment accumulées par les services gouvernementaux au cours des collectes de données, de la construction de systèmes informatiques et des procédures administratives. Les données publiques sont étroitement liées à l'économie nationale et à la vie de la population. Leur exploitation peut aider à développer des applications innovantes, à fournir de meilleurs services, à créer plus de valeur et à favoriser la croissance économique et même la transformation du modèle de développement économique.

Lors de la 4ᵉ session plénière du 19ᵉ Comité central du PCC, le gouvernement chinois a proposé de « mettre en place et améliorer des systèmes et les règles d'administration qui font bon usage d'Internet, de mégadonnées, d'intelligence artificielle et d'autres moyens technologiques ». La réunion a également appelé à « promouvoir la construction d'un gouvernement numérique, à renforcer le partage ordonné des données et à protéger les informations personnelles conformément à la loi ». Contrairement aux données personnelles et aux données d'entreprise, les données du gouvernement devraient rester un bien public, puisqu'elles sont détenues par des pouvoirs publics et non des entités du marché. En effet, à l'exception des données qui doivent rester confidentielles conformément aux lois et réglementations pertinentes, les données publiques doivent être partagées avec le grand public et traitées comme des données ouvertes et accessibles aux professionnels des données. À l'heure actuelle, le Conseil des affaires d'État chinois est en train de mettre en place un centre national de mégadonnées pour promouvoir l'intégration des technologies, des activités et des données, afin de parvenir à une gestion et des services collaboratifs inter-systèmes, inter-régions, inter-services et inter-activités. Les gouvernements locaux s'efforcent également de mettre en commun et de partager les données publiques, et nombre d'entre eux ont explicitement exprimé leur soutien à l'achat de données auprès des acteurs de la société.

2. Construction d'un système de droits sur les données publiques

Le gouvernement est l'administrateur des données publiques, ou même le premier à obtenir ces données dans une certaine mesure. Il est donc le sujet le plus important des données publiques. Les données publiques peuvent non seulement servir de base aux institutions administratives pour prendre des décisions éclairées, mais aussi être utilisées comme une ressource qui peut être copiée et diffusée à répétition. Contrairement au concept global de « données » qui est abstrait et difficile à définir, les données publiques ont une portée réduite car il y a une personne concernée spécifique, et la nature des droits sur ces données peut être déduite en fonction des situations où ces données sont partagées. Le libre accès et le partage des données publiques sont une base importante pour le développement des mégadonnées et une tendance générale de notre époque. Cependant, il est nécessaire de mettre en place un cadre juridique pour les réglementer.

Si les institutions administratives sont les fournisseurs de données publiques, elles ont au moins un certain contrôle sur les données qu'elles fournissent, c'est-à-dire un droit de propriété et un droit d'usage. En tant qu'utilisateurs de données publiques, les institutions administratives ont, d'une part, le droit d'exploiter pleinement les données qu'elles fournissent et, d'autre part, le droit d'utiliser les données fournies par d'autres services gouvernementaux avec des restrictions supplémentaires. Ces restrictions concernent essentiellement le traitement, l'utilisation, le transfert et le partage de données publiques qui appartiennent à un autre service. Premièrement, ces actions doivent se limiter à l'exécution de tâches administratives, avec l'interdiction de tout échange de données à des fins commerciales. Deuxièmement, elles doivent se limiter aux services spécifiques ayant adopté le partage mutuel de données (Zhang Yanan 2019). Compte tenu de cette particularité, il est possible d'invoquer « la propriété » et « le droit d'usage » qui découlent des droits réels existants pour réduire, dans une certaine mesure, les contraintes imposées au partage des données publiques.

Toutefois, en tant que nouveau type de droits, les droits sur les données publiques ne se limitent pas aux droits de propriété et d'usage. Certains chercheurs affirment que « le gouvernement exerce la gestion des mégadonnées au nom de l'État. Cette gestion se manifeste par son droit d'accès aux données, son droit d'exercer le contrôle sur les données, son droit de planifier le développement des données et son droit d'accorder des licences (Lü Tingjun 2017) ». Pour assurer la sécurité de l'État et les intérêts publics de la société, le gouvernement a le droit d'obtenir des données politiques, économiques, culturelles, sociales et écologiques par des moyens techniques. Cet accès gratuit ou payant aux ressources de données fait partie du pouvoir d'administration du gouvernement, lequel est régi par le droit administratif[12]. Par conséquent, en réponse au développement des ressources et de la technologie des mégadonnées, nous devrions établir, de toute urgence, un nouveau système juridique centré sur les droits sur les données et englobant les pouvoirs et droits multiples.

3. Libre accès aux données publiques et sa gouvernance

Bien que le débat mondial concernant les droits sur les données reste ouvert, il est indéniable que les données constituent une ressource de valeur. Étant donné que les données publiques qui circulent entre les services gouvernementaux sont partagées par des autorités administratives dans le cadre de l'exécution de leurs fonctions conformément à la loi, le partage des données publiques est faisable (Zhang Yanan 2019). Les données publiques sont la partie la plus massive, la plus importante et la plus essentielle des ressources de données sur la société, et elles présentent

---

12   Le droit d'exercer un contrôle sur les données est un droit régulier dans la gestion des données. Il désigne le contrôle et la gestion quotidienne du gouvernement sur les mégadonnées obtenues, tels que la classification, le tri, le stockage et la protection des données selon les procédures. Le droit de planifier le développement des données fait référence aux dispositions générales du gouvernement en matière du développement des mégadonnées, telles que l'élaboration des politiques et des plans de développement par étapes et la coordination des entités de développement. Le droit d'accorder des licences est l'un des principaux pouvoirs du gouvernement dans la gestion des données. En effet, les licences d'exploitation de mégadonnées touchent non seulement la sécurité de l'État et les intérêts publics, mais aussi les droits des entreprises, des organisations sociales et des citoyens. Elles sont donc devenues un centre d'attention de la société et un contenu central du nouveau système juridique. Voir Lü Tingjun, « 数据权体系及其法治意义 » [Le système des droits sur les données et son importance pour l'état de droit], *Journal de l'École centrale du Parti du Comité central du PCC*, 2017, n° 5.

un fort potentiel de valeur ajoutée. Cependant, en raison de la réticence ou de la difficulté du gouvernement à ouvrir ces données à la société, de grandes quantités de données de valeur élevée ne sont pas utilisées efficacement. « Du point de vue de la relation entre les droits publics et privés, le droit aux données est un droit fondamental des citoyens. Les citoyens ont le droit d'être informés du contrôle du gouvernement sur les données et le gouvernement a l'obligation de leur ouvrir les données publiques (Lü Tingjun 2017) ».

L'ouverture des données publiques fait partie des efforts en matière de données ouvertes. Cela signifie que le gouvernement accorde l'accès aux données d'appartenance légitime produites, collectées et détenues par lui, après avoir obtenu l'autorisation pour le partage des connaissances, et autorise le partage, la diffusion et la modification, voire l'utilisation commerciale de ces données (Chen Shanglong 2019). Depuis quelques années, de nombreux pays formulent activement des politiques pour le gouvernement ouvert, mettent en place et améliorent progressivement les systèmes juridiques pertinents, tout en orientant et en réglementant les activités liées aux données publiques ouvertes. L'ouverture des données publiques est une exigence objective de l'ère des mégadonnées, car le besoin du public en matière de ces données est passé du besoin d'être informé au besoin d'utilisation. Cependant, pour faciliter l'utilisation des données et créer de la valeur, il est nécessaire de reconstruire la relation entre le gouvernement et la société, de prendre pleinement en compte la propriété des données et la répartition des bénéfices générés par les données, et d'améliorer constamment les mécanismes de droits de propriété, de droit d'usage d'usufruit des données. Il faudrait également renforcer le contrôle des coûts de la gouvernance des données publiques et prendre pleinement en considération la durabilité de la gouvernance.

Dans le contexte du déploiement de la stratégie nationale de mégadonnées, il est nécessaire de mettre en place un système de politiques et de réglementations solide pour accompagner l'ouverture et le partage des données publiques. Plus précisément, « ce système devrait composer trois niveaux dédiés à l'infrastructure, à la gestion des données et à la gouvernance respectivement (Huang Ruhua, Wen Fangfang et Huang Wen 2018) ». Plus précisément, il faudrait réfléchir davantage à la manière de réduire les inégalités de pouvoir dans le développement et l'utilisation des données entre les différentes parties prenantes telles que le gouvernement, les entreprises, la société et les hackers, en définissant clairement les fonctions, les activités et les tâches de chaque partie, pour trouver un équilibre entre la maximisation de la valeur économique et sociale des données publiques et la maximisation de l'intérêt individuel (Xia Yikun 2018). Parallèlement, nous devons renforcer la planification globale et la conception de haut niveau de la gouvernance des données publiques dans une perspective mondiale ; établir des mécanismes de partage de données interrégionaux, intersectoriels et intersystème, et former un nouveau modèle de gouvernance des données pluraliste, avec des interactions entre le gouvernement et la société. Il ne suffira pas de souligner que les données publiques sont des atouts. Nous devons également reconstruire le système de valeur des données publiques et explorer les moyens théoriques, institutionnels et méthodologiques de parvenir à une bonne gouvernance de ces données.

2.3 Confrontation entre les droits sur les données

À l'ère des mégadonnées, les significations et les dimensions du droit et du pouvoir ont radicalement changé. Dans le cyberespace, le pouvoir public et les droits privés relatifs aux données sont souvent en confrontation et se contrebalancent. En termes de contenu des droits, les individus et les entreprises ont différents types de revendications en fonction de leurs intérêts respectifs. Dans un sens plus profond, il s'agit d'un jeu d'intérêts entre les droits sur les données personnelles et l'utilisation des données des entreprises, entre les individus et le gouvernement, ou encore entre les entreprises. La cession de droits sur les données et le déclin du pouvoir des données sont des tendances inévitables du développement des droits relatifs aux données, comme l'exigent à la fois les différences entre les individus et le partage entre les groupes. Par conséquent, pour tirer le meilleur parti des mégadonnées, nous devons nécessairement développer et ajuster la structure des droits existante en élargissant la liste des droits relatifs aux données, et équilibrer les droits et intérêts en matière de données entre les individus, les entreprises et le gouvernement.

2.3.1 Cession de droits privés sur les données

1. Droit privé sur les données

Les données personnelles provenant de comportements personnels, les droits sur ces données appartiennent donc à l'individu qui les fournit et qui les détient. Cette possession personnelle est la condition préalable et le fondement de la légitimité des droits privés correspondants. En effet, les droits privés sont des droits personnels détenus par des individus et liés à leurs intérêts privés. Certaines données sont la propriété exclusive d'individus, ce qui signifie qu'elles contiennent, par nature, des droits privés. De plus, ces droits privés ont une identité plurielle : ils relèvent à la fois de la personnalité et de la propriété. Les droits sur les données sont donc une combinaison de droits de la personnalité et de droits de propriété. Ces deux volets coexistent et sont indissociables, ce qui en fait un nouveau type de droits civils impossible à être réglementé par les lois classiques. Il est donc nécessaire de mettre en place un nouveau système juridique pour protéger ces droits. Les droits de la personnalité et les droits de propriété relatifs aux données ont tous deux de la valeur économique. Par conséquent, leur analyse consiste essentiellement à savoir s'il est préférable de protéger les droits sur les données en tant que droits de la personnalité ou en tant que droits de propriété.

2. Prolifération des droits relatifs aux données

Bien que les droits sur les données n'aient été proposés qu'à l'ère des mégadonnées, l'idée existe depuis plus longtemps. En effet, les données au sens traditionnel, telles que les informations personnelles, la vie privée, les modèles de connaissances et les secrets commerciaux, ont été incorporées dans le champ d'application des droits civils dans de nombreux pays. La proposition de droits sur les données représente non seulement un développement de ces droits civils classiques, mais signifie également la construction d'un nouveau type de droits. En effet, la portée des objets de droits est maintenant beaucoup plus large. Elle couvre non seulement des informations personnelles et des modèles de connaissances spécifiques, mais également d'innombrables autres types de données apparemment sans rapport. L'utilisation et l'exploration de ces données à l'aide des techniques correspondantes est au cœur de l'ère des mégadonnées et les droits qui en découlent dépassent déjà le cadre des droits civils traditionnels. Au fur et à mesure que nous sommes de plus en plus sensibilisés à la protection des données, les droits en la matière se développent à toute vitesse. Cependant, contrairement au développement des droits privés dans le passé, les droits relatifs aux données montrent une tendance évidente à la prolifération. Tout d'abord, les objets de droits sont de plus en plus nombreux. Au départ, les droits relatifs aux données portaient seulement sur certaines données tels que les connaissances, les secrets et la vie privée. Aujourd'hui, ils portent sur toutes les données qui connaissent elles-mêmes une prolifération de formats, passant de l'enregistrement électronique traditionnel à toutes formes d'enregistrement, ce qui rend les droits relatifs aux données omniprésents. Ensuite, les sujets de droits prolifèrent, que ce soit en termes de quantité ou de catégorie. En termes de catégories, les sujets des droits relatifs aux données, qui étaient simplement les personnes physiques, englobent maintenant les personnes morales et les organisations non constituées en société telles que les associations, les entreprises et les gouvernements. En termes de quantité, tous les propriétaires de données ont leurs revendications de droits. Avec le développement en profondeur des mégadonnées, les sujets de droits seront inévitablement de plus en plus nombreux. Enfin, les exercices de droits relatifs aux données se multiplient. Avec la croissance rapide du volume total de données et la clarification de leur statut de ressource, l'exercice de droits relatifs aux données sera de plus en plus fréquent, avec une portée de plus en plus large.

3. Partage des droits relatifs aux données

Les individus sont les producteurs de données, le gouvernement le premier détenteur de données et les entreprises la pierre angulaire du développement et de l'application des données. Motivées par des intérêts commerciaux, les entreprises investissent de grandes quantités de capital et de ressources humaines pour développer et améliorer la technologie des données, innover continuellement les méthodes de production, de collecte et d'analyse, améliorer les différentes activités en lien avec les données et rationaliser les relations de données, de manière à atteindre la prospérité et l'efficacité économique en matière de données. Cependant, de la protection traditionnelle des informations à l'adoption du RGPD, la protection des droits privés sur les données a été élevée à un niveau beaucoup plus haut. Une telle protection n'est pas propice au développement des mégadonnées. Elle entraînerait probablement un déséquilibre entre les droits relatifs aux données. Afin de retrouver l'équilibre, en plus de limiter le pouvoir public sur les données, il est important de permettre une cession appropriée de droits privés sur les données. En effet, une protection excessive, stricte et sans distinction des données personnelles peut avoir deux conséquences. D'une part, elle pourrait entraver de manière importante le développement des mégadonnées, car ce dernier a besoin d'un environnement global propice dans lequel les données circulent de façon fluide et active. Une protection excessive des données à caractère personnel empêcherait les données de circuler et le développement des mégadonnées deviendrait difficile. Par exemple, le RGPD, en tant que règlement sur la protection des données la plus stricte à ce jour, risque d'entraîner d'énormes pertes de PIB[13]. D'autre part, étant donné que les mégadonnées contiennent une grande valeur, une protection excessive pourrait augmenter les risques de délits liés aux données. En d'autres termes, la protection des données personnelles tomberait dans un cycle vicieux où il faudrait toujours plus de protection.

Les données ont la particularité d'être non-exclusives, durables et reproductibles. Nous ne devrions pas en faire une ressource rare par la protection. Au contraire, elles devraient rester une « ressource utilitaire » universelle, quotidienne et pratique[14]. La cession de droits privés sur les données a

---

13   Le RGPD prévoit des dispositions très strictes en ce qui concerne la protection des données à caractère personnel. Pour le secteur de la technologie et de la finance, la mise en œuvre du RGPD augmentera encore les difficultés pour les particuliers d'obtenir du crédit. Selon l'estimation du cabinet Deloitte, le règlement réduirait le crédit à la consommation dans l'UE de 19%, causerait une perte annuelle de 83 milliards d'euros au PIB et entraînerait la perte de 1,4 millions d'emplois.

14   Une « ressource utilitaire », telle que les données, la technologie et les connaissances, signifie que son utilisation n'entraînerait pas d'épuisement, mais contribuerait à l'accroître.

essentiellement pour objectif d'éliminer autant que possible les obstacles au flux de données, de promouvoir une circulation fluide des données et de maximiser ainsi la valeur des données. Le partage de droits se situe entre la cession et la restriction de droits. À l'ère des mégadonnées, le partage des données étant une valeur fondamentale, le partage de droits relatifs aux données est non seulement nécessaire pour le développement des données, mais aussi un moyen important d'atteindre un équilibre entre les droits.

Les données, en tant que « ressource utilitaire » typique, demandent que leur utilisation soit optimale. Le partage est le meilleur moyen d'y parvenir. Du point de vue des droits, le partage est la différence essentielle entre les droits sur les données et les droits réels, lesquels se caractérisent par la possession. En droit réel, lorsque le droit d'usage d'une chose est cédé, le droit de possession continue de protéger les intérêts de son propriétaire, garantissant qu'il a toujours le contrôle sur la chose. La situation est différente en droits relatifs aux données : une fois que le droit d'usage des données est cédé, son acquéreur possédera complètement les données et les données échapperont au contrôle de l'initial titulaire du droit. À ce stade, le doit de possession sur les données n'a plus aucun sens. Ainsi, en matière de données, les droits brisent deux limites de la propriété classique : « une chose a un seul propriétaire », « la possession est constituée d'un élément matériel ». Par conséquent, le droit de partage est aussi important pour les données que la possession l'est pour les droits réels. Il est nécessaire de mettre l'accent sur ce droit si nous voulons tirer le meilleur parti des données (Laboratoire clé de la stratégie des mégadonnées 2019).

2.3.2 Restriction du pouvoir public sur les données

1. Pouvoir public sur les données

Le pouvoir des données est par nature un pouvoir public. Du point de vue des résultats, le monde virtuel, en tant que miroir du monde réel, offre un nouvel espace et une nouvelle forme de réalisation au pouvoir public. De son côté, le public, tout en profitant de la commodité qu'apportent Internet et la technologie, doit faire face aux risques d'attaques malveillantes, à l'influence du pouvoir obscur et à la peur d'être transparent dans le monde virtuel. Hautement intégrés, le cyberespace et le monde physique ont formé un modèle dans lequel les deux sont mutuellement indépendants et mutuellement influents. L'exercice du pouvoir des données affectera les intérêts publics protégés par la loi. D'un point de vue économique, les mégadonnées constituent un « bien quasi public ». Au premier abord, il semble appartenir au champ du droit privé. Toutefois, comme l'exercice des droits relatifs aux données peut affecter l'intérêt public, les mégadonnées impliquent aussi le pouvoir public. Les droits privés relatifs aux données doivent être réglementés par la loi, pour ne pas laisser les individus monopoliser les données ou protéger leurs données personnelles au détriment de l'intérêt public. En l'absence d'équilibre entre les intérêts privés et publics, la société sera tournée vers la quête d'intérêts personnels et le système de droits sur les données deviendra un obstacle au développement de l'industrie des mégadonnées. Dans le système juridique socialiste chinois, les droits publics et privés sont tous deux régis et protégés par la loi. La protection des droits sur les données personnelles est seulement l'un des objectifs du système juridique, qui cible surtout la protection de l'intérêt public et la maximisation de la valeur des données[15]. « La proposition de droits sur les données est conforme aux principes déontologiques, c'est-à-dire que les citoyens revendiquent leurs droits sur les données comme une sorte de réparation, de précaution ou de protection contre d'éventuelles atteintes à leurs droits privés de la part des pouvoirs publics et d'autre responsables du traitement des données (Liu Jiangang 2016) ».

---

15 Dans son analyse du *Handbook of Internet Economic Gouvernance* [*Manuel de gouvernance économique de l'Internet*], l'économiste professeur Xue Zhaofeng soutient que les règles de gouvernance évolueront vers un point d'équilibre qui est la maximisation de la valeur des données. En d'autres termes, quiconque peut faire bon usage des données sera plus susceptible de posséder les données. Les règles de gouvernance qui permettent de maximiser la valeur potentielle des données, les principes de définition des droits de propriété qui permettent de garantir une efficacité maximale de l'utilisation des données seront des règles bonnes, stables, durables et respectées de tous.

2. Expansion du pouvoir des données

Le pouvoir public étant par nature contraignant et expansif, il est nécessaire de le restreindre. À l'ère des mégadonnées, l'absence d'un système de droits numériques et l'auto-expansion du pouvoir public peuvent conduire à des abus du pouvoir des données et à des atteintes aux droits privés sur les données. Ces abus et atteintes se manifestent principalement par deux phénomènes.

Le premier phénomène est l'utilisation abusive du pouvoir public à des fins privées. À cause du flou des frontières entre les droits des différentes parties engagées dans la gouvernance, le pouvoir public et les droits privés pourraient s'immiscer mutuellement dans une certaine mesure. En général, les citoyens ne peuvent jouir de la liberté d'exercer leurs droits privés relatifs aux données qu'à condition de se soumettre à la réglementation du pouvoir public. Cependant, en réalité, le pouvoir public des données est souvent exercé de manière abusive à des fins privées, ce qui affecte la sécurité de nos droits privés sur les données. Il existe deux formes de cet exercice abusif. La première est l'usage abusif du pouvoir public en violation des procédures et des règles établies, qui porte atteinte à la liberté des citoyens d'exercer leurs droits sur les données. La seconde est la recherche de rente par l'intermédiaire des plateformes, qui porte directement atteinte aux droits privés des citoyens sur leurs données.

Le second phénomène est le déplacement du centre de pouvoir. Dans le monde physique, le pouvoir public est toujours plus fort que les droits privés. En raison de sa nature expansive, le pouvoir public tend souvent à éroder l'espace des droits privés. Ce conflit se poursuit dans le cyberespace. D'abord, les détenteurs du pouvoir des données ont tendance à bénéficier d'avantages comparatifs en termes de ressources, dont la plupart sont des mégadonnées ou des ressources en lien avec les mégadonnées. Ensuite, les données remodèlent la structure du pouvoir moderne et changent l'utilisation du capital, et l'exercice du pouvoir des données modifie la position des entités de pouvoir classiques sur le marché. Les possesseurs de mégadonnées faibles ont tendance à être privés de leur pouvoir alors que de nouveaux sujets de pouvoir capitalistiques voient le jour. Enfin, la croissance du pouvoir des données augmentera la capacité des détenteurs de pouvoir de contrôler et de monopoliser le marché (Tong Linjie et Guo Chengcheng 2019). Parallèlement, le développement des technologies modernes de l'information a accru les asymétries de l'information entre le gouvernement, les entreprises et le grand public, faisant sérieusement pencher la balance en faveur de ceux qui détiennent le pouvoir public (Zheng Ge 2016).

La frontière entre le pouvoir public et les droits privés est en train d'être redéfinie. Face à la force du pouvoir public, l'espace des droits privés est de plus en plus réduit. Le pouvoir des données étant de nature virtuelle, son exercice s'accompagne d'angles morts et de risques liés aux données, ce qui pourrait provoquer une anomie sociale et un désordre politique dans la gestion de la relation d'intérêt entre les différentes parties (Lin Qifu et He Jingchao 2016). L'expansion appropriée du pouvoir des données est importante pour le développement rapide des mégadonnées à un stade précoce, mais une expansion sans restriction conduira inévitablement à la diminution ou à la violation des droits sur les données. Ce n'est qu'en assurant un équilibre général entre les droits et le pouvoir des données que nous pourrons renforcer la confiance mutuelle et favoriser le développement durable des mégadonnées (He Dingding 2018).

3. Déclin du pouvoir des données

Le pouvoir des données et les droits relatifs aux données sont nés ensemble. Dans le cadre juridique traditionnel qui utilise les droits pour contrebalancer le pouvoir, le contrôle de nos informations personnelles permet d'empêcher l'abus du pouvoir par le gouvernement et l'atteinte à notre vie privée (Wang Xiuzhe 2018). Parallèlement à la croissance rapide des droits sur les données, le pouvoir des données se forme également à toute vitesse. D'une part, les revendications croissantes de droits sur les données apportées par le développement des mégadonnées nécessitent la mise en place d'un pouvoir de données pour servir de base juridique et de garantie pratique, car les droits sur les données ne pourront pas exister sans le pouvoir de l'État. D'autre part, les mégadonnées étant une nouveauté, la priorité du gouvernant est d'éviter que son développement ne devienne hors de contrôle. Pour cela, il doit formuler des restrictions et réglementations sur le pouvoir des données, tout en maintenant l'exercice des droits relatifs aux données dans des limites et moyens raisonnables.

Dans le développement des mégadonnées, si le pouvoir des données n'est pas réglementé, des situations néfastes telles que l'inaction, le désordre et l'intervention excessive se produiront. L'exercice correct du pouvoir des données sera sérieusement entravé et la protection des droits relatifs aux données sera impossible, ce qui nuira à la fois au développement des mégadonnées et à la stabilité de la société. Ce n'est qu'en réglementant le pouvoir public en matière de données et en empêchant les abus du pouvoir que nous pourrons protéger efficacement les droits des individus sur les données. Cependant, cela ne signifie pas qu'il faut affaiblir l'autorité des pouvoirs publics, mais réglementer leur exercice au moyen de règles et de procédures pertinentes, de manière à ce qu'ils jouent mieux leur rôle.

À long terme, le pouvoir des données sera dans un premier temps renforcé avant de s'affaiblir. La valeur des données ne réside pas dans leur grande quantité mais dans leur utilisation. Aujourd'hui, les activités de données étant très intenses, le pouvoir des données se développe rapidement, mais après un certain stade, il se diminuera inévitablement. En effet, au stade précoce du développement des mégadonnées, un pouvoir fort des données est nécessaire en tant qu'appui administratif et juridique pour stimuler le développement rapide des mégadonnées. En revanche, à mesure que l'industrie des mégadonnées mûrit, certains pouvoirs se transformeront en obstacle au développement approfondi des mégadonnées. Parallèlement, les revendications de droits sur les données nécessiteront également le retrait de pouvoirs publics. Le pouvoir des données sera alors en déclin. Toutefois, ce déclin ne signifie pas la disparition du pouvoir public sur les données. Il s'agira en réalité d'un transfert de pouvoir fondé sur les principes fondamentaux de la sécurité des données, tels que la sécurité nationale et la protection de la vie privée. Ce transfert de pouvoir est déterminé par la tendance à la libre circulation des données et sera à la base de la valorisation maximale des données. Il jouera un rôle extrêmement important dans le développement futur de notre société.

2.3.3 Intervention du pouvoir public dans le domaine du droit privé des données

1. Intervention du pouvoir public dans le domaine du droit privé des données

Les juristes de la Rome antique furent les premiers à diviser le droit en droit public et droit privé. Selon Domitius Ulpianus (Ulpien)[16], le droit public est celui qui vise à protéger les intérêts de l'État et l'intérêt public, tandis que le droit privé est celui qui vise à protéger les intérêts de chacun. À l'heure actuelle, les juristes des pays ayant un système de droits de tradition civiliste sont généralement d'accord avec la division basée sur les relations régies par le droit. Selon cette division, « le droit privé est celui qui régit les relations de la vie civile entre sujets égaux, tandis que le droit public est celui qui régit les relations de la vie politique, entre les organes de l'État et entre l'État et ses citoyens. Suivant cette logique, un droit qui régit des relations civiles entre l'État et ses citoyens appartient également à la catégorie du droit privé. En Chine, le droit public le plus typique est le droit pénal et le droit administratif, tandis que le droit civil entre dans la catégorie du droit privé. Dans le principe de division basée sur les relations régies par le droit, il y a une frontière claire entre le droit public et le droit privé (Chen Hongzhi 2018) ».

L'intervention du droit public dans le domaine du droit privé signifie que le pouvoir public intervient, pour une raison quelconque, dans des

---

16 Ulpien fut le pionnier du système de « droit public » et de « droit privé ». Il préconisait la protection de la propriété privée des propriétaires d'esclaves et eut plus tard une influence majeure sur le droit du monde de la bourgeoisie. Ses écrits les plus connus sont, entre autres, *Ad edictum* de longs commentaires de l'Édit du préteur, *Ad Sabinum* sur Massurius Sabinus (traitant du droit civil) et *Les Institutes*.

relations entre sujets égaux qui appartiennent normalement au domaine du droit privé. Il intervient ainsi, dans une certaine mesure, dans l'autonomie de l'exercice des droits privés (Wang Chunye 2008). Avec l'avancement du processus de numérisation, les conflits liés aux droits sur les données personnelles sont de plus en plus nombreux et l'intervention du pouvoir public devient également de plus en plus fréquente. D'une part, en raison de la facture numérique, du monopole des données et d'autres facteurs, les sujets de droit privé dans le domaine des données ne sont pas égaux. Ainsi, lorsque l'autonomie du droit privé entraîne une extrême injustice, le droit public peut récupérer certains éléments qui appartiennent à l'origine au droit privé, pour permettre l'intervention du pouvoir public, protéger les droits des groupes défavorisés et freiner l'abus du pouvoir de monopole par les quelques entités puissantes. D'autre part, les droits privés relatifs aux données étant en quelque sorte du droit de propriété, lorsque l'atteinte à ces droits porte également préjudice à l'intérêt public, celui-ci peut être incorporé dans le champ des droits civils privés. Dans le domaine des droits civils, les sujets sont égaux même si les organes de l'État en deviennent un, et leur volonté doit être pleinement respectée dans la disposition des droits civils, y compris des droits relatifs aux données.

Les droits sur les données à caractère personnel sont un nouveau type de droits civils. La législation en la matière tend donc plutôt à protéger les intérêts contre les atteintes par d'autres sujets et à permettre à l'exercice direct des droits dans le champ juridique. Par conséquent, la reconnaissance des droits relatifs aux données dans le domaine du droit privé devrait être étroitement liée aux réparations des atteintes. Ces droits doivent être protégés conjointement par le droit privé et le droit public (Lü Zhixiang et Zhang Qiang 2019). Lorsque le pouvoir public intervient dans les droits privés sur les données, le principe d'autonomie du droit privé est compromis, mais cela ne change pas la nature du droit civil et des droits privés. En effet, dans de tels cas, l'accent est mis à la fois sur l'intervention de l'État dans le système des droits et sur la mise en place d'un mécanisme pour équilibrer l'intérêt personnel et l'intérêt général de la société. Ces opérations ne modifieront pas les attributs essentiels des droits sur les données pour les transformer en mélange de droits privés et publics.

2. Tendance de l'intervention du pouvoir public dans le domaine du droit privé des données

Aujourd'hui, alors que l'intervention du pouvoir public dans la protection des droits relatifs aux données se multiplie, les abus qui en découlent portent non seulement atteinte aux droits des sujets, affaiblissent la dynamique des entreprises, mais causent également préjudice à l'intérêt général de la société. La protection des droits relatifs aux données devrait être fondée sur l'individu : il s'agit de protéger les droits des citoyens sur les données personnelles et à leur traitement. Pour y parvenir, la stipulation des droits seule ne suffira pas. Il faut encore les mettre en œuvre. Par ailleurs, les grands écarts de capacité de traitement entre les parties impliquées dans les données personnelles produiront des avantages concurrentiels déséquilibrés, qui seront utilisés par certaines entités pour s'emparer des intérêts appartenant à d'autres entités. Par conséquent, le gouvernement en tant qu'autorité publique est celui qui équilibrera la relation entre la protection des données personnelles et le développement de l'industrie des mégadonnées. Tout en garantissant la sécurité des données, il stimulera le développement des données, favorisera en permanence le développement sain de l'économie numérique et œuvrera pour que l'exploitation des données profite à la population.

« Le droit civil ne suffira pas à lui seul pour nous protéger contre les menaces de l'État sur nos droits relatifs aux données personnelles. Il est urgent de réglementer le pouvoir public sur la base des principes de réserve juridique, de procédure régulière et de proportionnalité (Zhang Xinbao 2018) ». Par exemple, la Loi relative au passeport chinois et la Loi relative aux cartes d'identité des résidents chinois exigent toutes deux la protection des informations personnelles collectées. Toutefois, jusqu'à présent, la Chine n'a pas encore de loi dédiée à la protection des données personnelles. Bien que des dispositions pertinentes soient présentes dans plus de 70 lois, elles offrent toutes des réparations *ex post* et ne prévoient aucune protection *ex ante*. Les données personnelles sont généralement protégées de manière indirecte, à travers la protection de la vie privée, de la dignité humaine et d'autres aspects liés aux données personnelles.

Dans ce contexte, la pénétration mutuelle et l'intégration du droit public et du droit privé sont devenues une tendance importante dans le développement de la protection des droits relatifs aux données. D'une part, « le domaine des droits privés est constamment envahi par le droit public qui vient lui combler les lacunes de la réglementation classique (Wang Chunye 2008) ». D'autre part, l'État, tout en utilisant des méthodes traditionnelles de droit public, s'inspire et incorpore de nombreux systèmes et concepts de droit privé afin de mieux réaliser la finalité du droit public. D'une manière générale, les données personnelles devraient être réglementées en tant que biens publics et leur utilisation devrait être gouvernée par des organismes gouvernementaux dédiés. La gouvernance, en elle-même, devrait relever du droit public plutôt que du droit privé. Le but de la gouvernance sera de promouvoir le libre partage des données personnelles dans l'intérêt public et la sécurité publique (Wu Weiguang 2016).

3. Importance de l'intervention du pouvoir public dans le domaine du droit privé des données

En droit civil, les droits qui font l'objet de la protection doivent avoir un caractère personnel ou patrimonial. En tant qu'empreinte de nos comportements, les données ont sans aucun doute un caractère personnel. C'est la raison pour laquelle les droits relatifs aux données sont traditionnellement protégés comme du droit à la vie privée[17]. Parallèlement, le caractère patrimonial des données personnelles devient de plus en plus évident à l'ère des mégadonnées. Face aux dangers qui menacent les intérêts des personnes concernées, il est indispensable de mettre en place des mécanismes de réparation solides pour parvenir à une protection efficace.

---

17 En Chine, la Loi sur la responsabilité délictuelle inclut le droit à la vie privée dans les droits civils qu'elle protège. La Décision du Comité permanent de l'Assemblée populaire nationale relative au renforcement de la protection de l'information sur les réseaux stipule qu'aucune organisation, aucun individu ne peut voler ou obtenir par des moyens illégaux des informations numériques personnelles sur des citoyens, ni vendre ou fournir des informations numériques personnelles sur des citoyens à des tiers de manière illicite.

Lorsqu'une personne concernée estime que ses droits et intérêts légitimes ont été atteints, ou qu'une institution administrative a agi en violation de la loi, elle a le droit de déposer une demande de réexamen ou d'introduire un recours administratif auprès des organes compétents. Les actions illégales ou inappropriées des institutions administratives devraient être révoquées ou reconnues comme des infractions à la loi. Lorsque ces actions ont porté atteinte aux droits et intérêts légitimes des citoyens, une réparation devrait être accordée. Ainsi, en tant que principale méthode de règlement des litiges administratifs, le recours administratif jouera un rôle majeur à l'avenir. Toutefois, dans la pratique judiciaire en Chine, les atteintes aux droits sur les données personnelles ne relèvent pas du champ d'application du droit administratif. Face aux besoins réels, il est nécessaire d'élargir le champ de compétences du droit administratif pour couvrir ces atteintes, de manière à mieux résoudre les litiges administratifs en lien avec les données et à protéger les intérêts légitimes des citoyens. Enfin, il convient de noter que si l'intervention du pouvoir public dans le domaine du droit privé des données contribue à protéger les groupes défavorisés et à sauvegarder l'intérêt public, elle est également une source importante de l'abus de pouvoir public. Par conséquent, afin de réduire son impact négatif, il est nécessaire de restreindre le pouvoir public et d'empêcher les abus de pouvoir.

2.4 Protection des droits sur les données

En théorie, l'allocation des ressources de données et les problèmes sociaux qui en résultent devraient être traités en premier lieu par la technologie, mais la technologie existante semble incapable d'apporter des solutions efficaces. Dans ce cas, nous devons nous tourner vers le système juridique (Wen Yuheng 2019). Cependant, le manque de spécificité et d'indépendance des données ainsi que la diversité et la répartition dispersée des personnes concernées compliquent la justification des droits sur les données. À cela s'ajoutent le coût élevé de la définition des droits et les nombreuses difficultés qui peuvent se manifester une fois que les droits sur les données sont définis. L'établissement des droits sur les données sera donc un processus très difficile. Parallèlement, les litiges réels et complexes en matière de droits numériques nécessitent une adaptation juridique urgente et les intérêts relatifs aux données doivent être institutionnalisés de toute urgence pour bénéficier d'une protection régulière. Pour toutes ces raisons, à l'heure actuelle, la meilleure solution consiste à nous concentrer sur la gouvernance des technologies, tout en améliorant et renforçant continuellement les normes éthiques et les garanties législatives.

2.4.1 *Gouvernance technologique des droits relatifs aux données*

1. Gouvernance technologique des droits relatifs aux données

La technologie est un moyen efficace de protéger la sécurité des données. Son rôle peut être renforcé de deux manières. D'une part, l'État et les entreprises devraient augmenter leurs investissements dans la R&D et l'innovation technologique pour améliorer continuellement les performances de sécurité des équipements et systèmes de réseau et assurer la sécurité des données au niveau technique. D'autre part, il est nécessaire de s'inspirer des méthodes et des modèles d'autres domaines pour passer en douceur du modèle de protection classique à un modèle de protection moderne. Étant donné que les données sont contrôlées par des codes ou des règles techniques, qu'elles existent et sont transférées *via* des terminaux informatiques ou des supports de stockage, il est nécessaire d'empêcher leur vol par des moyens techniques[18]. Certains chercheurs vont même plus loin. Pour eux, « les données ne constituent pas un objet de

---

18   Par exemple, dans l'affaire de concurrence déloyale impliquant Beijing Baidu Netcom Science & Technology (« Baidu ») et Shanghai Jietu Software Technology, le défenseur Baidu a obtenu des données de commentaires des utilisateurs du réseau exploité par le demandeur Shanghai Hantao Information Consulting *via* la technologie du robot d'indexation. Il les a ensuite utilisées sur ses services Web tels que Baidu Map et Baidu Know [zhidao.baidu.com]. Voir le jugement n° 242 (2016, Affaires civiles, ressort final, Shanghai 73) du Tribunal de la propriété intellectuelle de Shanghai.

droits civils. Puisqu'elles sont soumises uniquement à des règles de code, leur protection doit être assurée par des moyens techniques plutôt que juridiques (Mei Xiaying 2016) ».

La sécurité du stockage de données massives est la condition préalable à la réalisation de la valeur d'usage des mégadonnées. Lorsque les données sont stockées dans un terminal utilisateur, il est nécessaire de passer d'une protection passive traditionnelle à une contre-attaque active pour garantir leur sécurité. Traditionnellement, les droits sont octroyés sur la présentation d'un certificat de propriété ou sur l'examen de spécialistes. S'agissant des données, ces méthodes manquent de fiabilité technique et comportent des facteurs potentiellement incontrôlables tels que la falsification. Face à ces problèmes, il est urgent de mettre en place un système de confirmation de droits hautement opérationnel. Nous pouvons nous inspirer du système de défense balistique dans le domaine militaire moderne pour prévenir les risques tels que les fuites de données et les abus. En d'autres termes, nous devons effectuer en temps opportun des analyses de sécurité sur les événements suspects et les intercepter lorsqu'ils sont jugés dangereux, afin de réaliser une protection progressive des données. La gouvernance technologique est différente de la gouvernance basée sur le droit et centrée sur l'État. Elle peut même imposer des contraintes à ladite gouvernance dans certaines occasions.

La technologie de la chaîne de blocs offre une nouvelle solution pour la protection des droits relatifs aux données. Une chaîne de blocs, également appelée registre distribué, est une chaîne de blocs de données associés par cryptographie. Il s'agit d'une nouvelle application des technologies informatiques comme le stockage de données distribué, la transmission point à point, le mécanisme de consensus et l'algorithme de chiffrement (He Pu, Yu Ge, Zhang Yanfeng et Bao Yubin 2017). Premièrement, le centre d'audit et le centre de filigrane sont introduits pour séparer la responsabilité de l'audit d'intégrité et la responsabilité de la génération de tatouage dans les mégadonnées. Deuxièmement, un audit léger de l'intégrité des données est réalisé à l'aide de la preuve de possession de données (PDP) et de l'échantillonnage. Troisièmement, le tatouage numérique est utilisé pour confirmer l'origine des données. Enfin, en ce qui concerne l'exhaustivité et la durabilité des preuves impliquées dans l'ensemble du processus de confirmation, les caractéristiques originales de la chaîne de blocs sont utilisées pour obtenir une forte cohérence entre le résultat de la confirmation et les preuves pertinentes. Par conséquent, la chaîne de blocs peut être utilisée pour répondre aux différentes exigences de sécurité telles que l'intégrité, la restrictabilité et l'auditabilité des données, tout en solutionnant le problème de confiance, problème fondamental dans le partage de données.

2. Réglementation par technologie du code informatique

À l'ère des mégadonnées, la réglementation juridique devrait s'écarter de la méthode traditionnelle d'intervention forcée et adopter davantage de stratégies et de mesures fondées sur la technologie pour évoluer vers une réglementation juridique-technologique. Avec l'intégration, la matérialisation et le développement intelligent de l'Internet, les logiciels et le matériel qui créent le cyberespace contrôlent et régulent plus substantiellement cet espace dans lequel « le code est la loi (Lawrence Lessig 2009, p. 6) ». Dans les domaines du droit de propriété intellectuelle, de la vie privée et de la liberté d'expression, l'établissement de normes et l'écriture de codes sont devenues de nouvelles formes de réglementation et de contrôle. En ce qui concerne les données, leur génération, leur traduction, leur transmission et leur stockage dépendent tous du code. Les données sont naturellement contrôlées par des codes et n'obéissent à aucune intervention humaine en dehors du code. Les codes peuvent créer un ensemble de règles techniques sur réseau et peuvent être utilisés pour contrôler les comportements humains (Zheng Zhihang 2018). Par conséquent, il est possible de concevoir la structure des droits ou la répartition des avantages liés à l'ordre des données à l'aide de codes appropriés. Dans le cyberespace, la loi ne peut pas interférer directement dans le fonctionnement des données elles-mêmes, et les dispositions explicites de contrats sont bien moins efficaces que l'ajustement automatique de la structure du code. « Dans un contexte macroéconomique où les données et les algorithmes sont devenus des facteurs de production importants, de nombreuses relations de production et de vie sociale seront créées et maintenues par le code informatique (Ma Changshan 2018) ». En particulier, il est nécessaire de respecter les nouvelles revendications de droits et d'intérêts qui émergent dans le processus de réformes juridiques, car elles reflètent des habitudes comportementales et de nouvelles relations juridiques d'une époque dominée par l'intégration des mondes virtuel et réel, la collaboration homme-machine et les algorithmes. Nous devons incorporer des éléments technologiques dans nos concepts et mécanismes juridiques, et explorer des moyens institutionnels pour passer d'un système de réglementation binaire à un système de normes intégré, afin de façonner un nouvel ordre juridique à l'ère de la civilisation numérique. Bien entendu, il ne s'agit nullement d'abandonner ou de remplacer le droit moderne, mais d'en hériter et de le développer. En réalité, le code n'est pas complètement incontrôlable. Son écriture et sa modification sont réalisées par des actions humaines, lesquelles sont régies la loi. Ainsi, les données et le droit sont reliés indirectement et s'influencent mutuellement à travers la chaîne « loi – comportements humains – code – données » (Zhang Yang 2016). Par conséquent, face à des litiges causés par les données elles-mêmes (telles que des différences dans les chemins de transmission des données, une mauvaise confidentialité des données, des difficultés de traduction de codes), il est nécessaire de respecter les règles techniques des données et d'utiliser en premier lieu le code pour normaliser l'ordre des données. Lorsque le problème vient du code, nous pouvons alors faire appel au droit pour ajuster le comportement humain du codage et résoudre les litiges.

3. Régulation du pouvoir de l'algorithme

Les données sont porteuses d'informations et d'intérêts sociaux. Étant donné que la puissance de calcul requise pour traiter les données massives va bien au-delà de ce que l'homme peut faire manuellement, nous sommes obligés de faire appel aux algorithmes pour l'allocation des ressources de données. Notre système juridique traditionnel a tendance à accorder plus d'attention à la protection des données, mais à ignorer la réglementation des algorithmes. Cependant, à l'ère de l'intelligence artificielle, nous sommes confrontés à des méthodes de production et de circulation de données complètement différentes. L'utilisation des données, tout en créant de la valeur, s'accompagne de risques considérables.

« Le pouvoir est un concept important en sociologie et en philosophie. Quiconque possède suffisamment de ressources pour dominer ou exercer une influence sur les autres peut être considéré comme ayant du pouvoir (Jurgen Habermas 1999, p. 76) ». En tant que force pour conquérir et transformer la nature, la technologie n'a pas d'orientation de valeur ni de pouvoir en soi (Liu Yongmou 2012).

Toutefois, « si la technologie peut exercer une influence ou un contrôle direct sur les intérêts humains, elle perdra sa pureté et deviendra pouvoir (Mei Xiaying et Yang Xiaona 2017) ». Ainsi, l'algorithme, en raison de sa capacité en matière d'allocation des ressources, est un pouvoir technologique *de facto*, que nous pouvons appeler « pouvoir algorithmique[19] ». Ce pouvoir peut mobiliser des données, affecter les comportements humains et allouer des ressources de pouvoir public, ce qui le rend totalement différent de toute autre forme de pouvoir. « Les plates-formes commerciales et le secteur public utilisent tous deux la puissance des algorithmes pour étendre leurs pouvoirs respectifs, ce qui aboutit à de nouveaux modèles de production de connaissances et de gouvernance. Dans ce contexte, l'approche traditionnelle de la protection des données ne fonctionne plus, le principe du consentement éclairé pour la protection des données personnelles devenant fondamentalement inefficace, et la norme de classification des données personnelles sensibles est rendue presque dénuée de sens par les algorithmes (Zhang Linghan 2019) ». Par conséquent, en même temps que nous utilisons l'algorithme sur les données pour produire des connaissances, générer des profits et contrôler les comportements humains, nous encourons également le risque d'aliénation du pouvoir de l'algorithme.

Le pouvoir algorithmique est ancré dans le fonctionnement du pouvoir public à de différents niveaux, et devient même un décideur indépendant qui remplace le pouvoir public dans certains domaines. « Du point de vue du contrôle du pouvoir, le droit à l'explication de l'algorithme incarne fondamentalement la logique du pouvoir restreint par les droits (Zhang Endian 2019) ». Le RGPD de l'UE réglemente par exemple le pouvoir algorithmique en accordant un droit à l'explication pour accroître la transparence

---

19 Le pouvoir algorithmique fait référence à un nouveau type de pouvoir acquis par certains organismes commerciaux et services publics *via* des algorithmes de mégadonnées.

Droits sur les données

des algorithmes et ainsi renforcer la responsabilité de la prise de décision basée sur l'algorithme. En raison de son caractère transversal et autonome, le pouvoir algorithmique peut avoir un impact majeur dans nos domaines économique et politique, tout en échappant aux contraintes du système juridique existant sous la « voile » de la technologie, qui le consolide indirectement. Par conséquent, nous devons ajuster en temps opportun notre approche traditionnelle de la réglementation juridique et restreindre le pouvoir algorithmique, en limitant le champ d'application des algorithmes, en établissant des procédures régulières et des mécanismes de responsabilité et en accordant des droits sur les données personnelles et des mesures de réparation pour contrer les atteintes du pouvoir algorithmique.

2.4.2 Réglementation éthique des droits sur les données

1. Culture éthique et protection de la vie privée

De manière générale, la vie privée fait référence à un domaine privé qui n'a rien à voir avec l'intérêt public et dans lequel l'ingérence d'autrui est indésirable ou inacceptable[20]. Confucius dit « de ce qui est contraire à

20   Selon l'organisation Privacy International (PI), le concept de vie privée est associé à la protection des données, c'est-à-dire à la gestion des informations personnelles. « De toutes les catégories de droits de l'homme, la vie privée est probablement la plus difficile à définir. Sa définition varie de manière importante selon les contextes et les environnements différents. Le droit à la vie privée peut être divisé en quatre catégories indépendantes mais interdépendantes : la confidentialité des informations, la confidentialité physique, la confidentialité de la correspondance et la confidentialité géographique. Parmi elles, la confidentialité des informations couvre les systèmes qui réglementent la collecte et la disposition des données personnelles, telles que les informations de crédit et les informations médicales. En tant qu'administrateur et fournisseur de services de la société, le gouvernement est le plus grand consommateur d'informations personnelles des citoyens. Il ne fait aucun doute que les citoyens ont des droits absolus sur leurs informations personnelles. Les services gouvernementaux n'ont pas le droit de disposer de ces informations simplement parce qu'ils les détiennent. Ils sont soumis à des restrictions et au contrôle des citoyens. Les informations personnelles et le droit à la vie privée incarnent en fin de compte la protection des droits de l'homme. Ils ont donc un statut juridique inébranlable, leur protection législative est à la fois légitime et inévitable ».

la bienséance, ne pas regarder, ne pas écouter, ne pas le dire, ne pas le faire ». La bienséance signifie ici les étiquettes et les rites : il faut s'abstenir de faire ce qui est contraire à la bienséance et de s'enquérir délibérément des secrets d'autrui. Le respect de la vie privée des autres est donc un concept traditionnel dans le confucianisme. En réalité, la bienséance est au cœur de la culture traditionnelle chinoise et traverse toute la société chinoise ancienne. Son intégration dans le droit a donné à la culture juridique traditionnelle chinoise un fort caractère éthique. En effet, dans la Chine ancienne, les principes confucéens étaient le fondement théorique du système juridique, ce qui a donné naissance à une culture juridique propre à la Chine ancienne, caractérisée par « un droit éthique qui combine étroitement la loi et la moralité (Zhang Jinfan 2009, pp. 113–129) ». En d'autres termes, la base juridique de la Chine ancienne est « l'éthique et la moralité » préconisées par le confucianisme. De manière générale, tout pays doit tenir compte de ses propres valeurs, de l'histoire de son système juridique et de l'évolution de ses idées juridiques lorsqu'il élabore ses lois, y compris celles sur la protection de la vie privée. Au 20ᵉ siècle, avec le développement rapide de la science et de la technologie, la société humaine est entrée dans une ère de l'information et les méthodes de communication des humains ont beaucoup changé, ce qui a généré de nouvelles préoccupations, comme la sécurité de l'information et la protection de la vie privée. « L'un des fondements éthiques de la protection des données personnelles consiste à protéger la dignité humaine et à prévenir la réification des individus due à l'informatisation de leurs données personnelles (Guo Yu 2012, pp. 83–84) ». L'émergence et l'évolution des droits de la personnalité sont étroitement liées aux concepts éthiques et culturels. Chacun a la dignité et le droit à la vie privée est fondé sur le maintien de la dignité humaine, de la liberté et de l'indépendance personnelle. En Chine, la culture éthique a non seulement une influence majeure sur le système de protection des droits relatifs aux données, mais joue également un rôle important dans le domaine judiciaire. Dans la pratique judiciaire chinoise, les normes éthiques sont souvent utilisées pour combler des vides juridiques ou interpréter des conflits de lois, afin de rendre les jugements plus conformes aux normes morales de la société. Dans le contexte actuel marqué par le développement des mégadonnées, le gouvernement devrait mettre en place un système juridique solide pour la protection de la vie privée, afin de fournir des lois à suivre. En tant que collecteurs de données, les entreprises devraient utiliser les données conformément à la loi, tout en améliorant leur capacité à assurer la sécurité des données. Les citoyens, quant à eux, devraient former une vision juste de la vie privée.

2. Autoréglementation morale de l'industrie

« La moralité d'une personne est l'état d'esprit habituel, stable, permanent et global qu'elle manifeste dans ses comportements à long terme (Wang Haiming 2009, p. 373) ». Les bonnes moralités sont bénéfiques au développement de la société humaine, tandis que les « mauvaises moralités » peuvent lui nuire d'une façon considérable. La formation d'une bonne moralité est un processus de longue haleine. À l'ère des mégadonnées, il est urgent de renforcer le développement d'une bonne moralité chez les acteurs de données. Sur les réseaux, la réglementation éthique est relativement faible et la technologie des mégadonnées est plus susceptible d'être appliquée à grande échelle. Si l'autoréglementation morale des acteurs des données n'est pas renforcée, l'aliénation technologique pourrait devenir incontrôlable et les conséquences seraient désastreuses et inimaginables. Cela pourrait même donner l'illusion que les « mauvaises moralités » sont la norme à l'ère des mégadonnées : si les acteurs des données forment une mauvaise moralité constante, les bonnes moralités pourraient être considérées comme anormales et il y aura alors un risque énorme d'aliénation de la technologie des mégadonnées.

Le chercheur américain Richard A. Spinello a un jour souligné que « la technologie a tendance à se développer plus rapidement que l'éthique, et ce décalage nous cause souvent un préjudice considérable ». Il a donc proposé trois principes pour la réglementation ethnique sur les réseaux[21].

21 Le premier principe est l'autonomie. L'autonomie signifie que les individus sont capables de décider de leur propre mode de vie. Appliquée dans le domaine des données personnelles, elle signifie que les propriétaires de données ont le droit de décider à quelles fins et pour quelle valeur leurs données personnelles peuvent être utilisées. Le deuxième principe est l'innocuité. En d'autres termes, lorsque les données personnelles sont traitées par la technologie moderne pour créer de la valeur, aucun préjudice ne doit être causé au propriétaire des données. Il s'agit d'un des

« Par rapport aux dispositions légales, l'autoréglementation peut établir un 'mécanisme endogène' et réduire efficacement le coût de la réglementation de l'État (Lu Li 2003, pp. 190–193) ». Le RGPD de l'UE adopte par exemple la vision d'une réglementation dirigée par l'industrie, avec une restriction modérée du gouvernement. Plus précisément, le gouvernement réglemente et formule le cadre et les principes de base de la protection des données personnelles au niveau macro, tandis que le marché joue le rôle fondamental d'autorégulation au niveau micro. Contrairement à l'UE qui a adopté une législation globale, les États-Unis s'appuient sur l'autodiscipline des industries pour protéger les données personnelles dans le secteur privé. Aux États-Unis, à part dans des domaines particuliers où il existe des législations spécifiques fédérales, d'État ou du droit commun, les règles industrielles édictées par des institutions privées et les règlements internes des sociétés constituent une partie importante des normes de protection des données personnelles (Qi Aimin 2015, p. 89).

À l'heure actuelle, la Chine n'a pas encore de loi spécifique dédiée à la protection des données personnelles. Les données à caractère personnel sont essentiellement protégées par des lois sectorielles. L'autoréglementation de l'industrie n'en est qu'au stade initial et les règles d'autodiscipline pour la protection des données à caractère personnel sont encore rares (Zhang Jihong 2018). Par conséquent, nous devons, sur la base de l'élaboration d'instruments juridiques, donner plus d'espace aux associations professionnelles pour qu'elles puissent jouer leur rôle d'autorégulation et encourager activement toutes les associations professionnelles à participer activement à la formulation et à la mise en œuvre des codes de conduite en matière de protection des données, de manière à former un mécanisme d'autorégulation « ascendant » basé sur les besoins objectifs de l'industrie. Ce mécanisme peut être complété par des orientations gouvernementales. De cette manière, nous parviendrons à combiner une supervision gouvernementale

---

moyens de protéger les données personnelles. Le troisième principe est le consentement éclairé. Le consentement est l'expression de la volonté subjective d'une personne. Il exige que la personne concernée comprenne clairement la manière et la finalité du traitement de ses données, c'est-à-dire qu'il est basé sur son droit à l'information. Voir Richard A. Spinello, *Ethical Aspects of Information Technology*, trad. Liu Gang, Central Compilation &Translation Press, 1998.

appropriée et une autorégulation industrielle et amélioreront progressivement l'efficacité de la protection des données.

3. Réglementation du système éthique

« La justice est la valeur première du système social (John Rawls 1988, p. 11) ». Cependant, notre système éthique actuel n'est pas entièrement juste : un système éthique adapté au passé ne convient pas nécessairement à l'ère des mégadonnées. Nous devons prêter attention à la méta-éthique de la justice et à sa réalisation dans le système éthique de la société moderne. Pour cela, nous devons, d'une part, améliorer les systèmes éthiques pertinents pour aider à éliminer les conséquences négatives causées par l'aliénation de la technologie des mégadonnées et nous efforcer de garantir la justice au sein des systèmes éthiques, c'est-à-dire que lors de leur conception, nous devons nous concentrer sur la manière d'éliminer la déshumanisation, le non-humanisme et la non-libéralisation à l'ère des mégadonnées. D'autre part, il nous faut formuler des normes éthiques spécifiques pour les acteurs de données afin de rendre les systèmes éthiques justes. Cela nécessite que nous formulions des normes éthiques concrètes pour de différents groupes d'acteurs en vue de favoriser un développement sain des mégadonnées dans la société (Chen Shiwei 2016).

La sécurité des données n'est pas seulement une question technique, mais plutôt une question d'équilibre entre les intérêts, les valeurs et l'éthique. Selon le Plan de création du Comité national d'éthique scientifique et technologique examiné et adopté par la Commission centrale d'approfondissement global des réformes, « nous devons redoubler d'efforts pour améliorer les normes institutionnelles et les mécanismes de gouvernance, renforcer le contrôle éthique, affiner les lois, les réglementations et les règles d'examen éthique pertinentes, et normaliser les diverses activités de recherche scientifique ». La 4e session plénière du 19e Comité central du Parti communiste chinois a également mis en avant la nécessité « d'améliorer le système de gouvernance éthique des sciences et technologies ». « La vie privée ne doit pas être comprise comme simplement garder des secrets, mais comme un ensemble de règles sur l'éthique de la collecte et de la divulgation d'informations personnelles (Wu Weiguang 2016) ». Du point de vue de l'éthique institutionnelle, la gouvernance éthique de la protection des données à l'ère de la civilisation numérique consiste à adhérer à des normes éthiques. Par conséquent, dans la gouvernance sociale basée sur la coopération du droit privé et public, les organisations du pouvoir public doivent jouer un rôle de contrôle pour façonner un nouvel ordre et une nouvelle éthique de la concurrence. Parallèlement, il faudra prêter attention à l'éducation et à la formation des professionnels aux normes éthiques et aux responsabilités morales liées aux données.

La communauté universitaire estime généralement que des principes éthiques devraient être établis pour résoudre les problèmes éthiques causés par la technologie des mégadonnées. Ces principes comprennent notamment l'innocuité, l'unité du pouvoir et des responsabilités et le respect de l'autonomie. Le principe de l'innocuité signifie que le développement des mégadonnées doit être centré sur l'être humain, servir le développement sain de la société humaine et améliorer la qualité de vie des populations. L'unité du pouvoir et des responsabilités signifie que quiconque collecte ou utilise des données en sera responsable. Le principe du respect de l'autonomie signifie qu'il faudrait accorder aux producteurs de données les droits de stocker, de supprimer, d'utiliser les données ainsi que le droit à l'information (Yang Weidong 2018). Pour des raisons historiques, la Chine n'a pas encore suffisamment d'entreprises hautement auto-disciplinées et les normes éthiques ne se sont pas encore formées dans le pays, nous ne pouvons donc pas nous fier autant à l'autorégulation industrielle qu'aux États-Unis. Cela signifie que notre gouvernement doit agir pour façonner ces systèmes et mécanismes de réglementation.

2.4.3 *Protection législative des droits sur les données*

1. Nécessité de la protection législative

« Les lois ne sont pas des règles mécaniques abstraites. Elles portent certaines valeurs de la société et reflètent nos habitudes de comportements et nos expériences de vie (Ma Changshan 2018) ». Par conséquent, leur construction ne peut pas ignorer la réalité sociale et les ajustements de la législation doivent être fondés sur les besoins réels de la société. Pour que la fonction des normes juridiques soit efficace, nous devons construire un système de protection des droits relatifs aux données adapté au développement social. Aujourd'hui, les revendications des personnes concernées en matière de droits sur les données sont de plus en plus nombreuses et diversifiées. Elles tiennent à caractériser les nouvelles revendications comme un nouveau type de droit et appellent même à une protection explicite de leurs revendications par la législation. Les individus (utilisateurs) et les entreprises ont des revendications de droits différentes en fonction de leurs propres intérêts. Dans un sens plus profond, il s'agit d'un jeu d'intérêts entre les droits sur les données personnelles et l'utilisation des données par les entreprises, ou encore de la concurrence entre les entreprises pour le droit de contrôle des données. Ces revendications représenteront également une percée et une révision du système de droits existant, une fois que la liste des droits relatifs aux données sera élargie et affinée. Étant donné que les personnes concernées sont dans des situations sociales différentes, les revendications d'intérêt peuvent varier de manière importante d'une personne concernée à une autre. De ce fait, équilibrer et coordonner les droits et les intérêts des individus, des entreprises et du grand public en matière de données n'est pas seulement un nouveau défi du pouvoir judiciaire, mais également une épreuve pour les législateurs (Li Xiaoyu 2019). Depuis le 21ᵉ siècle, les travaux en vue d'une législation sur les données battent leur plein dans de nombreux pays. La Chine a également accéléré la législation autour de la protection des données personnelles[22]. En revanche, à ce jour, elle ne semble pas avoir adopté de dispositions législatives spécifiques sur les droits relatifs aux données d'entreprise, lesquels ne sont protégés et réglementés que par la Loi sur la répression de la concurrence déloyale. Dans le même temps, l'administration et l'ouverture des données gouvernementales

---

22   Dans le programme législatif du Comité permanent de la 13ᵉ Assemblée populaire nationale publié en septembre 2018, le 61ᵉ projet de loi porte sur la protection des données personnelles.

nécessitent la mise en place d'un système institutionnel efficace, avec des normes et réglementations techniques correspondantes. Nous devons étudier de manière approfondie la tendance législative internationale liée à la protection des données, prendre des mesures efficaces pour protéger les droits aux données et construire un système juridique raisonnable à cette fin.

2. Difficultés de la légalisation des droits sur les données

L'établissement des droits sur les données nécessite d'être justifié par une logique prudente. En fait, que nous utilisions la déduction ou l'abduction, nous rencontrerons de nombreux obstacles sur le chemin vers la légalisation des droits sur les données (Zhang Yang 2016). Les entreprises d'Internet peuvent porter atteinte aux droits des utilisateurs dans tout le processus de collecte et d'utilisation des données, mais il est très difficile de les réglementer avec la responsabilité délictuelle, car les utilisateurs ne savent pas de quelle façon leurs données sont collectées et analysées. En d'autres termes, même si un utilisateur soupçonne que ses droits ont été atteints, il ne saura probablement pas contre qui il devrait porter plainte, ou bien il lui manquerait des preuves nécessaires pour tenir quiconque responsable et réclamer une réparation. En outre, le système des droits de propriété des données est un produit de la réglementation gouvernementale du flux de données. Il doit être ajusté en fonction de l'efficacité sociale pour assurer l'équilibre des intérêts entre les utilisateurs de données, les responsables du traitement et le grand public, de sorte à construire un mécanisme de répartition des intérêts équilibré et gagnant-gagnant, fournissant ainsi des garanties pour l'utilisation ordonnée des données par tous les acteurs. Cependant, en Chine, la protection juridique des droits relatifs aux données présente encore de nombreuses lacunes. Premièrement, la recherche jurisprudentielle est insuffisante. Bien que des mesures de protection des données soient mentionnées dans les *Dispositions générales du Code civil* ainsi que dans d'autres lois pertinentes, en substance, il n'y a aucune disposition spécifique portant sur la définition des droits relatifs aux données, ou encore la nature et la composition de ces droits, ce qui ne répond pas aux revendications des citoyens en matière de droits sur les données personnelles. Deuxièmement, la protection manque de soutien constitutionnel. La Constitution chinoise ne traite pas les droits relatifs aux données personnelles comme un type de droits explicitement protégés par elle. Troisièmement, la Chine ne dispose pas de loi dédiée à la protection des données personnelles et la protection des droits sur les données personnelles est fragmentée et floue. En outre, pour les spécialistes du droit civil, l'accent doit être mis sur les droits des personnes concernées, tels que le droit de savoir, le droit d'accès, le droit de rectification, le droit à la portabilité des données et le droit à l'oubli des données. Même avec un consentement personnel explicite, les entreprises ne doivent pas avoir le contrôle absolu des données personnelles et doivent garantir les droits fondamentaux des personnes concernées lors de la collecte et du traitement de leurs données personnelles (Shi Dan 2019). Dans le même temps, les entreprises et les gouvernements devraient améliorer la transparence des applications de mégadonnées, encourager l'ouverture et le partage des données d'entreprise et des données publiques, et promouvoir le développement et l'utilisation de produits de données. La clé pour équilibrer les droits sur les données et le développement de l'industrie des données est de clarifier les droits des entreprises en matière d'utilisation et de traitement des données. Cependant, les réglementations chinoises n'abordent pas la question de façon précise et ne protègent pas « les droits sur les données » comme une catégorie de droits à part entière.

3. Construction d'un système pour la protection des droits sur les données

Sur la question de la protection des droits relatifs aux données, nous ne devons pas nous concentrer uniquement sur la protection des droits et intérêts de certains types de personnes concernées, mais plutôt chercher à ajuster les relations de données entre les individus, les entreprises et les gouvernements dans une perspective d'équilibrage des intérêts. De la même manière que les lois fournissent des normes de conduite ajustant les relations sociales, un système de protection des droits sur les données peut aider à prévenir des conflits dans une société aux relations de données complexes. Par conséquent, lors de la construction d'un tel système, il faudrait clarifier juridiquement le rôle du gouvernement, des entreprises et des individus dans la relation de propriété des données, définir le contenu et les limites des droits sur les données, configurer raisonnablement les droits et obligations des titulaires de droits et des utilisateurs de données et concevoir une protection basée sur les types de données, afin de formuler des lois et un système de confirmation des droits qui sont à la fois conformes aux conditions nationales et aux pratiques internationales (Zhu Lei 2019).

Premièrement, les droits sur les données personnelles doivent être protégés comme des droits fondamentaux. L'article 8 de la Charte des droits fondamentaux de l'Union européenne[23] stipule que « toute personne a droit à la protection des données à caractère personnel la concernant », et que « ces données doivent être traitées loyalement, à des fins déterminées et sur la base du consentement de la personne concernée ou en vertu d'un autre fondement légitime prévu par la loi ». Ces dispositions montrent que l'Union européenne a élevé la protection des données à caractère personnel au niveau de la catégorie des droits les plus protégés dans son système juridique. La Chine devrait avancer dans le même sens, accélérer la législation autour de la protection des droits relatifs aux données et offrir une protection directe des droits sur les données personnelles en les reconnaissant comme un type de droit indépendant et fondamental des citoyens.

Deuxièmement, il faudrait construire un système de base pour la protection des droits et des intérêts relatifs aux données en s'inspirant de la protection des autres droits. En plus du caractère ouvert et partagé des intérêts relatifs aux données, les droits sur les données comportent à la

---

23   La Charte des droits fondamentaux de l'Union européenne est différente des documents juridiques classiques relatifs aux droits de l'homme tels que la Convention européenne des droits de l'homme. Il ne s'agit pas d'une loi universellement applicable et indépendante : elle n'est applicable que lorsque les institutions et les États membres de l'UE mettent en œuvre les lois de l'UE. Les lois de l'UE et de ses États membres doivent être fondées sur la Charte des droits fondamentaux et la considèrent comme une exigence minimale. Les dispositions en conflit avec la Charte des droits fondamentaux ne seront pas applicables. Voir Menno Mostert, Annelien L., Bredenoord, Bartvander Sloot, Johannes J. M. van Delden, « From Privacy to Data Protection in the EU : Implications for Big Data Health Research », *European Journal of Health Law*, 2017(25).

fois des caractéristiques du droit de propriété, du droit de propriété intellectuelle et du droit de la personnalité. Du fait de cette superposition de caractéristiques, nous ne pouvons pas construire le système de protection des droits relatifs aux données en nous appuyant uniquement sur un type particulier de droits de notre système existant (Deng Ganghong 2018). S'agissant de la définition de la propriété des données, nous devons nous aligner sur les systèmes de protection juridiques existants, tout en nous inspirant des divers systèmes de droits de propriété.

Dernièrement, il faudrait gérer correctement les nouvelles relations complexes à l'ère des mégadonnées. Tout d'abord, il est nécessaire de clarifier la relation entre la collecte de données par les services gouvernementaux et la protection des données personnelles. Pour garantir la sécurité et les intérêts de l'État, les individus devront céder une partie de leurs droits sur les données personnelles. En même temps, le gouvernement doit respecter strictement les procédures légales lors de la collecte de données personnelles et clarifier les objectifs et finalités de la collecte. Ensuite, il faudrait tracer une frontière claire entre les droits sur les données d'entreprise et la protection des données personnelles, car les mégadonnées détenues par les entreprises proviennent essentiellement de données personnelles. D'une part, les intérêts personnels tels que la vie privée devraient être protégés. D'autre part, les droits des entreprises sur les données devraient également être garantis, en particulier en ce qui concerne les données formées après anonymisation et désensibilisation (Song Jianbao 2019). Enfin, il est nécessaire de prévoir des mesures de réparation correspondantes pour tout type d'atteinte aux droits des citoyens sur leurs données personnelles, que ce soit par le gouvernement, par des entreprises ou encore par des individus.

Bibliographie

Bertrand Russell, *Introduction à la philosophie mathématique*, trad. Yan Chengshu, The Commercial Press, 1982, p. 8.
Bureau central de Compilation et de Traduction, 马克思恩格斯文集 [*Œuvres choisies Marx/Engels*], (Volume 19), People's Publishing House, 1963.

Chen Hongzhi, « 公法私法化问题初探 » [Une étude préliminaire sur les questions de droit public et de droit privé], *Legal System and Society*, 2018, n° 2.

Chen Shanglong, « 大数据时代政府数据开放的立法研究 » [Étude législative sur l'ouverture des données publiques à l'ère des mégadonnées], *Local Legislation Journal*, 2019, n° 2.

Chen Shiwei, « 大数据技术异化的伦理治理 » [La gouvernance éthique de l'aliénation des technologies de mégadonnées], *Studies in Dialectics of Nature*, 2016, n° 1.

Chen Zhentao, « 个人信息权的权能构造及权项分析 » [Droit sur les données personnelles : une analyse de ses fonctions et de ses revendications »], *Fujian Law Science*, 2017, n° 1.

Cheng Xiao, « 论大数据时代的个人数据权利 » [Les droits sur les données personnelles à l'ère des mégadonnées »], *Social Sciences in China*, 2018, n° 3.

Deloitte, AliResearch, 数据资产化之路——数据资产的估值与行业实践 [Les données comme un actif : évaluation de la valeur des données et pratiques du secteur], <https://www2.deloitte.com/cn/zh/pages/finance/articles/data-asset-report.html>, publié le 29 octobre 2019.

Deng Ganghong, « 大数据权利属性的法律逻辑分析——兼论个人数据权的保护路径 » [Analyse de la logique juridique des droits relatifs aux mégadonnées, ou sur la voie de protection des droits relatifs aux données personnelles], *Jianghai Academic Journal*, 2018, n° 6.

Dong Zhiwei, 法权与宪政 [*Droits juridiques et constitutionnalisme*], Shandong People's Publishing House, 2001.

Gao Jianping et Qi Zhiyuan, « 大数据与当代社会秩序重建 » [Les mégadonnées et la reconstruction de l'ordre social contemporain], *Studies in Dialectics of Nature*, 2019, n° 5.

Guo Yu, 个人数据保护法研究 [*Une étude des lois relatives à la protection des données personnelles*], Peking University Press, 2012.

Hans Brox et Wolf Dietrich Walker, *Allgemeiner Teil des BGB* [*Introduction générale au droit civil allemand*] (édition 41), trad. Zhang Yan, China Renmin University Press, 2019.

Hao Jiming, « 公权力的异化及其控制 » [L'aliénation et le contrôle du pouvoir public], *Sheke Zongheng*, 2008, n° 7.

He Dingding, « 数据权力如何尊重用户权利 » [Comment le pouvoir des données respect-t-il les droits des utilisateurs], *Quotidien du Peuple* du 23 mars 2018.

He Pu, Yu Ge, Zhang Yanfeng et Bao Yubin, « 区块链技术与应用前瞻综述 » [Un aperçu de la technologie de chaîne de blocs et des perspectives d'application], *Computer Science*, 2017, n° 4.

Hu Ling, « 超越代码：从赛博空间到物理世界的控制 / 生产机制 » [Au-delà des codes : les mécanismes de contrôle et de production du cyberespace au monde physique], *ECUPAL Journal*, 2018, n° 1.

Huang Ruhua, Wen Fangfang et Huang Wen, « 我国政府数据开放共享政策体系构建 » [La construction du système de politiques pour l'ouverture et le partage de données publiques en Chine], *Library and Information Service*, 2018, n° 9.

Jiao Shiwen, 中国权力结构转型的哲学研究 [Une étude philosophique sur la transformation de la structure du pouvoir en Chine], Thèse de doctorat, École du Parti du Comité central du PCC, 2009.

John Rawls, *A Theory of Justice*, trad. He Huaihong *et al.*, China Social Science Press, 1988.

Jurgen Habermas, 作为"意识形态"的技术和科学 [*La technique et la science comme « Idéologie »*], trad. Li Li et Guo Guan, Xuelin Press, 1999.

Kalin Hristov, « Artificial Intelligence and Copyright Dilemma », *IDEA : The IP Law Review,* 2017 (57).

Kang Xiaoguang, 权力的转移——转型时期中国权力格局的变迁 [Le transfert du pouvoir : changements de la structure du pouvoir en Chine pendant la période de transition], Zhejiang People's Publishing House, 1999.

Kevin Kelly, *The Technium*, trad. Zhang Xingzhou *et al.*, Publishing House of Electronic Industry, 2012.

Laboratoire clé de la stratégie des mégadonnées, 块数据 *5.0*：数据社会学的理论与方法 [*Données en blocs 5.0 : Théories et méthodes de sociologie des données*], CITIC Press, 2019.

Lawrence Lessig, *Code : Version 2.0*, trad. Li Xu et Shen Weiwei, Tsinghua University Press, 2009.

Li Xiaoyu, « 权利与利益区分视点下数据权益的类型化保护 » [La protection des droits et intérêts relatifs aux données basée sur leur catégorie, dans la perspective de la différenciation des droits et des intérêts], *Intellectual Property*, 2019, n° 3.

Li Yang et Li Xiaoyu, « 大数据时代企业数据权益的性质界定及其保护模式建构 » [La nature des droits et intérêts des entreprises en matière de données à l'ère des mégadonnées et la construction de son modèle de protection], *Xuehai*, 2019, n° 4.

Lin Qifu et He Jingchao, « 大数据权力：一种现代权力逻辑及其经验反思 » [Pouvoir des mégadonnées : une logique de pouvoir moderne], *Journal of Northeastern University* (Édition Sciences Sociales), 2016, n° 6.

Liu Hong, Hu Xinhe, « 数据革命：从数到大数据的历史考察 » [Révolution des données : une étude historique du nombre aux mégadonnées], *Journal of Dialectics of Nature*, 2013, n° 6.

Liu Yongmou, « 机器与统治——马克思科学技术论的权力之维 » [Machine et domination : la dimension du pouvoir dans la théorie de la science et de la technologie de Marx], *Studies in Philosophy of Science and Technology*, 2012, n° 1.

Long Weiqiu, « 数据新型财产权构建及其体系研究 » [Sur la construction et le système des nouveaux types de droits de propriété relatifs aux données], *Tribune of Political Science and Law*, 2017, n° 4.

Long Weiqiu, « 再论企业数据保护的财产权化路径 » [Nouvelle étude de la protection des données d'entreprise comme droits de propriété], *Oriental Law*, 2018, n° 3.

Lu Li, 行业协会经济自治权研究 [*Autonomie économique des associations professionnelles*], Law Press China, 2003.

Lü Tingjun, « 数据权体系及其法治意义 » [Le système des droits sur les données et son importance pour l'état de droit], *Journal de l'École centrale du Parti du Comité central du PCC*, 2017, n° 5.

Lü Zhixiang et Zhang Qiang, « 大数据背景下数据权利的法理分析 » [Analyse de la jurisprudence des droits sur les données dans le contexte des mégadonnées], *Journal of Kunming University of Science and Technology* (édition des sciences sociales), 2019, n° 1.

Ma Changshan, « 智能互联网时代的法律变革 » [La réforme juridique à l'ère de l'Internet intelligent], *Chinese Journal of Law*, 2018, n° 4.

Mei Xiaying et Yang Xiaona, « 自媒体平台网络权力的形成及规范路径——基于对网络言论自由影响的分析 » [Naissance et régulation du pouvoir des self-media : une analyse de leur impact sur la liberté d'expression sur Internet], *Hebei Law Science*, 2017, n° 1.

Mei Xiaying, « 数据的法律属性及其民法定位 » [Nature juridique des données et leur place en droit civil], *Social Sciences in China*, 2016, n° 9.

Qi Aimin et Pan Jia, « 数据权、数据主权的确立与大数据保护的基本原则 » [L'établissement des droits sur les données, de la souveraineté des données et les principes fondamentaux de la protection des mégadonnées], *Journal of Soochow University* (Edition Philosophie & Sciences sociales), 2015, n° 1.

Qi Aimin, 大数据时代个人信息保护法国际比较研究 [*Étude comparative des lois relatives à la protection des données personnelles à l'ère des mégadonnées*], Law Press China, 2015.

Ru Xin, 西方美学史 [*Histoire de l'esthétique occidentale*], China Social Science Press, 2005, p. 39.

Shi Dan, « 大数据时代数据权属及其保护路径研究 » [Une étude de la propriété des données et de sa protection à l'ère des mégadonnées], *Journal of Xi'an Jiaotong University* (Édition Sciences sociales) 2018, n° 3.

Shi Dan, « 企业数据财产权利的法律保护与制度构建 » [Protection juridique et construction institutionnelle des droits de propriété des données d'entreprise], *Electronics Intellectual Property*, 2019, n° 6.

Shi Lindong, « 浅析个人数据权利的保护 » [Une analyse de la protection des droits sur les données personnelles], *Journal of Fuzhou Party School*, 2019, n° 2.

Shi Pengpeng, «基本权利谱系与法国刑事诉讼的新发展———以〈欧洲人权公约〉及欧洲人权法院判例对法国刑事诉讼的影响为中心 » [La généalogie des droits fondamentaux et le nouveau développement de la procédure pénale française : focus sur l'impact de la Convention européenne des droits de l'homme et de la Cour européenne des droits de l'homme sur la procédure pénale française], *Journal of Jinan University* (Édition Philosophie et sciences sociales), 2013, n° 7.

Song Jianbao, « 加强大数据司法保护 保障国家大数据战略实施 » [Renforcer la protection judiciaire des mégadonnées et assurer la mise en œuvre de la stratégie nationale en matière de développement des mégadonnées], *People's Court Daily* du 22 juillet 2019.

Tang Jiyao, « 大数据时代中国刑法对企业数据权的保护与规制论纲 » [Aperçu de la protection et de la réglementation des droits relatifs aux données d'entreprise par le droit pénal chinois à l'ère des mégadonnées], *Journal of Shandong Police College*, 2019, n° 3.

Tong Linjie et Guo Chengcheng, « 大数据权力扩张、异化及规制路径 » [Expansion du pouvoir des mégadonnées : aliénation et voie réglementaire], *Journal of Commercial Economics*, 2019, n° 4.

Ulrich Beck, Deng Zhenglai et Shen Guolin, « 风险社会与中国-与德国社会学家乌尔里希•贝克的对话 » [La société du risque et la Chine : un dialogue avec le sociologue allemand Ulrich Beck], *Sociological Studies*, 2010, n° 5.

Wang Chunye, « 公权私法化、私权公法化及行政法学内容的完善 » [Intervention du droit public dans le droit privé, du droit privé dans le droit public et perfectionnement du contenu du droit administratif], *Inner Mongolia Social Sciences*, 2008, n° 1.

Wang Haiming, 伦理学原理 [*Principes d'éthique*], Peking University Press, 2009.

Wang Liming, « 论个人信息权的法律保护——以个人信息权与隐私权的界分为中心 » [La protection juridique des droits sur les données personnelles : une étude centrée sur la distinction entre les droits relatifs aux données personnelles et les droits à la vie privée], *Modern Law Science*, 2013, n° 4.

Wang Xiuxiu, 大数据背景下个人数据保护立法理论 [*La législation sur la protection des données personnelles dans le contexte des mégadonnées*], Zhejiang University Press, 2018.

Wang Xiuzhe, « 大数据时代个人信息法律保护制度之重构 » [Reconstruction du système de protection juridique des informations personnelles à l'ère des mégadonnées], *Legal Forum*, 2018, n° 6.

Wang Yuan, Huang Daoli et Yang Songru, « 数据权的权利性质及其归属研究 » [Une étude de la nature et de l'appartenance des droits sur les données], *Scientific Management Research*, 2017, n° 5.

Wen Yu, « 大数据的法律属性及分类意义 » [Les attributs juridiques des mégadonnées et l'importance de leur classification], *Gansu Social Sciences*, 2018, n° 6.

Wen Yu, « 个人数据权利体系论纲——兼论〈芝麻服务协议的权利空白〉 » [Un aperçu du système de droits sur les données personnelles et une étude de l'absence des droits dans l'accord de service d'Alipay], *Journal of Gansu Political Science and Law Institute*, 2019, n° 2.

Wen Yuheng, « 数据确权的范式嬗变、概念选择与归属主体 » [L'évolution du paradigme, la sélection du concept et le sujet de l'octroi du droit des donnée], *Journal of Northeast Normal University* (Philosophy and Social Sciences Edition), 2019, n° 5.

Wen Yuheng, 数据产权的私法构造 [La structure du droit privé dans les droits de propriété sur les données], thèse de doctorat (2008), Université Xiangtan, 2018.

Wu Weiguang, « 大数据技术下个人数据信息私权保护论批判 » [Une critique de la protection des droits privés relatifs aux données personnelles sous la technologie des mégadonnées], *Political Science and Law*, 2016, n° 7.

Xi Po, « 沉默的数据权利正在觉醒 » [Les droits sur les données se réveillent], *Renmin Zhengxie Bao* [Journal de la CCPPC] du 25 avril 2018.

Xiang Liling et Gao Qianyun, « 大数据时代个人数据权的 特征、基本属性与内容探析 » [Une analyse des caractéristiques, des attributs de base et du contenu des droits sur les données personnelles à l'ère des mégadonnées], *Information Studies : Theory & Application*, 2018, n° 9.

Yan Lidong, « 以"权利束"视角探究数据权利 » [Une étude des faisceaux de droits sur les données], *Oriental Law*, 2019, n° 2.

Yang Weidong, « 有效应对大数据技术的伦理问题 » [Abordons efficacement les problèmes éthiques de la technologie des mégadonnées], *Quotidien du Peuple* du 23 mars 2018.

Zhang Endian, « 大数据时代的算法解释权：背景、逻辑与构造 » [Le droit à l'explication des algorithmes à l'ère des mégadonnées : contexte, logique et structure], *Legal Forum*, 2019, n° 4.

Zhang Jihong, « 大数据时代个人信息保护行业自律的困境与出路 » [Autorégulation de l'industrie en matière de protection des données personnelles à l'ère des mégadonnées : dilemme et solution], *Law and Economy*, 2018, n° 6.

Zhang Jinfan, 中国法律的传统与近代转型 [*Traditions et transformation moderne du droit chinois*], Law Press China, 2009.

Zhang Linghan, « 算法权力的兴起、异化及法律规制 » [L'émergence, l'aliénation et la réglementation juridique du pouvoir algorithmique], *Studies in Law and Business*, 2019, n° 4.

Zhang Suhua et Li Yanan, « 数据保护的路径选择 » [La protection des données : quelle voie choisir], *Academics*, 2018, n° 7.

Zhang Xinbao, « 我国个人信息保护法立法主要矛盾研讨 » [Étude des principales contradictions de la législation chinoise sur la protection des informations personnelles], *Jilin University Journal Social Sciences Edition*, 2018, n° 5.

Zhang Yanan, « 政府数据共享：内在要义、法治壁垒及其破解之道 » [Partage de données publiques : signification, obstacles et solutions], *Theoretical Exploration*, 2019, n° 5.

Zhang Yang, « 数据的权利化困境与契约式规制 » [Dilemme de l'établissement des droits et réglementation contractuelle des données], *Science-Technology and Law*, 2016, n° 6.

Zheng Ge, « 在鼓励创新与保护人权之间——法律如何回应大数据技术革新的挑战 » [Entre encouragement à l'innovation et protection des droits de l'homme : Comment les lois répondent aux défis de l'innovation technologique des mégadonnées], *Exploration and Free Views*, 2016, n° 7.

Zheng Zhihang, « 网络社会法律治理与技术治理的二元共治 » [Approche dualiste : gouvernance juridique et gouvernance technologique de la société de réseaux], *China Legal Science*, 2018, n°2.

Zhu Lei, « 通过立法明确数据权属关系 » [Clarification de la propriété des données par la législation], *Economic Daily* du 21 mai 2019.

Le Conseil des affaires d'État de la République populaire de Chine, 促进大数据发展行动纲要 [*Plan d'action pour la promotion du développement des mégadonnées*], publié le 31 août 2015.

CHAPITRE 3

Droit de partage

Les données sont devenues une ressource nationale stratégique de base. À l'instar des autres ressources de la planète, elles sont en quantité restreinte. Cependant, les données se multiplient lorsqu'elles sont partagées et leur valeur augmente. Le partage, pour ainsi dire, est un moyen important pour l'humanité de s'attaquer au problème de la rareté des données et d'accroître la valeur des données. C'est également une tendance inévitable et une nécessité pour le développement de la civilisation humaine. Afin de promouvoir le développement et le partage ordonnés des données, nous proposons de défendre la valeur-partage par le « droit de partage ». Fondé sur l'altruisme, le droit de partage sera l'essence même des droits sur les données. Sa création remodèlera certainement les principes juridiques, l'ordre social et les fondements économiques du monde humain.

3.1 Justification du droit de partage

L'émergence de l'économie du partage nous a amenés à réexaminer la question du partage. En réalité, en observant l'histoire du développement de la civilisation humaine, nous constatons que le partage est depuis longtemps un mode élémentaire et normal d'utiliser des choses et des nombres. Les prêts, les échanges ou encore l'ouverture sont tous des formes de partage courantes. La valeur du partage est depuis longtemps profondément ancrée dans notre esprit en tant qu'une des valeurs fondamentales de l'humanité. Pour défendre la valeur du partage comme une valeur fondamentale du développement des données, nous proposons le concept de « droit de partage », qui serait, comme le droit à la liberté et le droit à l'égalité, l'un des droits fondamentaux des êtres humains.

3.1.1 Du partage des choses au partage des données

Depuis l'Antiquité, le partage a toujours été profondément intégré dans la production et la vie des humains. La location et la transaction de biens, les échanges entre les personnes et la coopération gagnant-gagnant entre entreprises peuvent tous être considérés comme des activités de partage. Avec l'avènement de l'ère des mégadonnées et l'essor de l'économie du partage, l'ouverture des données publiques, les transactions de données commerciales et le partage de données personnelles jouent un rôle de plus en plus important dans les activités économiques et sociales, tout en devenant des moyens majeurs d'exploiter la valeur des données.

1. Développement du sens du partage

Le partage est l'un des symboles de la civilisation humaine. En langage moderne, partager signifie rendre les choses publiques et disponibles pour les autres. En chinois, le mot est apparu pour la première fois dans la *Chronique des Zhou orientaux* (« Dong Zhou lieguozhi ») : « Le duc Jing de l'État de Qi ne jouit pas seul du bonheur et est disposé à partager ». Le *Livre des rites,* qui proposait de voir « le monde comme une communauté », expliqua pour la première fois la conception d'une société idéale de la « grande unité ». Ce concept reflétait le sens du partage des êtres humains. L'idée de partage était également présente dans la Grèce antique. Le concept de communauté politique englobait par exemple des objectifs communs, des intérêts communs et des valeurs communes pour les citoyens de la cité-état. Cependant, avec l'essor de la production industrielle à grande échelle et de la rationalité moderne, le paradigme du partage a progressivement changé. Il est allé au-delà des valeurs morales telles que l'amour universel, l'harmonie et l'équité pour mettre davantage l'accent sur le contrat social et la valeur de la rationalité, devenant ainsi une norme rationnelle pour ajuster les relations personnelles et sociales

(Liu Ling 2019). Toutefois, avant l'émergence de l'économie du partage, la valeur du partage fut longtemps ignorée. L'économie du partage est née de la « consommation collaborative », terme inventé par deux professeurs de sociologie américains, Marcus Felson et Joel Spaeth, en 1978. Ils utilisaient la « consommation collaborative » pour désigner « les événements dans lesquels une ou plusieurs personnes consomment des biens ou des services économiques dans un processus qui consiste à se livrer à des activités communes ». Puis, en 1984, Martin L. Weitzman a évoqué le concept de « l'économie du partage » dans *L'Économie de partage : Vaincre la stagflation*, un ouvrage qui portait principalement sur le partage des bénéfices des entreprises entre les travailleurs et les capitalistes. Martin L. Weitzman insistait particulièrement sur la distribution des bénéfices au niveau micro et préconisait la mise en place d'un nouveau système de partage des bénéfices et de nouvelles politiques fiscales pour s'attaquer au problème de la stagflation dans le développement économique occidental. Enfin, en 2010, l'économie du partage, ou économie collaborative, a été définie et interprétée pour la première fois par Rachel Botsman et Roo Rogers dans *What's Mine Is Yours : The Rise of Collaborative Consumption*. Selon eux, « c'est un nouveau mode de consommation et de vie ». À mesure que les entreprises basées sur le concept de partage comme Uber, Airbnb et DiDi se développent rapidement et pénètrent dans tous les aspects de notre production et de notre vie, nous avons commencé à reconsidérer la valeur du partage. À présent, le partage ne se limite plus au sein d'une même entreprise, mais couvre la société dans son ensemble. Il s'est libéré de la contrainte de propriété pour que les ressources puissent toutes être partagées.

2. Types de partage

Le sens du partage a donné lieu à de différents types de partage : la division du travail et la collaboration, les langues, les écritures, l'échange de biens ou encore le partage de données. Ces formes courantes de partage sont une force motrice importante pour le développement de la civilisation humaine. Du point de vue de l'objet partagé, nous pouvons distinguer deux types de partage : le partage de choses et le partage de données. Les choses sont visibles, tangibles et appartiennent au monde physique ; tandis que les données sont invisibles, intangibles et appartiennent au monde virtuel. Le partage de langues, de systèmes d'écriture, de données et d'informations peut être considéré comme du partage de données.

Dans l'Antiquité, pour relever les défis de la nature, les humains devaient s'unir et partager leurs capacités les uns avec les autres. Certains fabriquaient de la poterie et des filets, d'autres cueillaient des fruits sauvages, d'autres encore chassaient. La mise en commun des capacités améliora considérablement leur productivité et leur vie. C'est ainsi que la survie humaine fut assurée : des tribus primitives vivant en groupes commencèrent à se former, jetant une base solide pour que l'humanité devienne le maître de la terre. Il est donc juste de dire que la division du travail et la collaboration, en tant que forme du partage pratiquée par les humains, étaient à la fois un choix de la nature et une exigence du développement humain. Les langues sont des outils de communication et la communication est un type de partage. L'origine des langues est une énigme qui diverge la communauté académique. Nous considérons la langue comme un produit de la lutte humaine contre la nature. Dans leur travail collaboratif, les humains avaient besoin de se communiquer et les gestes étaient loin d'être suffisants face à des conditions naturelles difficiles. Le langage parlé était donc nécessaire pour améliorer l'efficacité de la collaboration et de la communication. Grâce au langage, les gens peuvent partager leurs pensées et leurs opinions avec les autres, communiquer d'une manière différente et améliorer considérablement leur productivité. Aujourd'hui, les langues sont toujours le principal moyen de communication entre les humains. Aucun autre moyen ne peut encore le remplacer complètement. L'écriture, née de la peinture murale ancienne, est un autre outil de partage est propre aux êtres humains. Dans les temps anciens, les humains sculptaient souvent des motifs sur les murs des grottes pour garder une trace des actes de leurs héros, mais cette méthode complexe était insuffisante pour répondre aux besoins du développement humain. Finalement, les peintures rupestres évoluèrent vers des systèmes d'écriture ressemblant à des images, tels que les hiéroglyphes et les cunéiformes. Ces écritures continuèrent d'évoluer pour enfin devenir les différents types d'écritures d'aujourd'hui. L'émergence des systèmes d'écriture est un événement majeur dans l'histoire de la civilisation humaine. Grâce aux écritures, les expériences de survie, les résultats de développement et les connaissances des humains sont partagés et transmis, ce qui fait avancer la civilisation humaine. Le langage et l'écriture sont tous deux des médias de partage, avec chacun ses préférences : les langues sont plutôt utilisées pour le partage d'informations, tandis que les écritures sont utilisées pour à la fois le partage d'informations et de connaissances. L'échange d'informations et la transmission de connaissances font partie des premières activités de partage de l'histoire humaine. Ils ont contribué de façon fondamentale et révolutionnaire au développement humain, puisqu'ils ont aidé l'humanité à se démarquer dans la compétition et l'évolution des espaces pour finalement devenir le maître de la terre (Laboratoire clé de la stratégie des mégadonnées 2019, p. 188).

L'échange de biens, l'une des activités caractéristiques de la société moderne, est également un type de partage important. Du troc à l'émergence des monnaies, puis à la formation de théories économiques, l'échange de biens n'a cessé de croître et est devenu une activité sociale et économique indispensable dans la société humaine. Le partage peut être divisé en partage payant et partage gratuit. Les échanges de biens appartiennent généralement à la première catégorie : par le biais de l'échange, nous partageons avec d'autres des biens que nous possédons en échange d'une certaine récompense. Ce mécanisme permet de motiver les gens à partager et de créer une situation gagnant-gagnant pour les deux côtés de la transaction, tout en remédiant au problème de la pénurie des biens. Avec l'avènement de l'ère des mégadonnées, les données, en tant que moyen de production important de la société humaine, sont entrées dans le champ du partage. Cependant, en raison de l'inertie historique et d'un manque de planification au plus haut niveau, de nombreux « silos de données » se sont formés et les ressources de données ne sont pas utilisées efficacement. Les données étant relationnelles par nature, ce n'est qu'en brisant les silos de données et en améliorant la corrélation des données que leur valeur peut être pleinement exploitée. Le partage est justement un moyen important de casser les silos de données. Il existe principalement deux méthodes de partage de données : l'ouverture et la transaction. À l'heure actuelle, elles sont toutes deux à un stade primaire de développement et de nombreux problèmes restent à résoudre. Ceci dit, en tant que moteur le plus important du développement des mégadonnées, le partage de données a un potentiel considérable.

3. Valeur du partage

Dans l'histoire de l'humanité, chaque saut de productivité a fait avancer la civilisation humaine d'un grand pas. Le partage favorise la maximisation de l'intérêt public, promeut des changements profonds dans nos modes de production et de vie, améliore considérablement notre productivité et notre niveau de vie, et donne naissance à de nouveaux paradigmes qui font avancer la civilisation humaine. En regardant de plus près, nous constatons que le partage a des dimensions différentes selon le sujet, l'objet et le contenu du partage, ce qui lui donne un rôle unique pour répondre aux besoins de notre développement économique et social. Du point de vue du sujet, le partage couvre un large éventail d'acteurs et peut dépasser toutes les différences et discriminations, qu'elles soient formelles ou conceptuelles : tout le monde peut prendre l'initiative de partager. Du point de vue de l'objet, toutes les réalisations de la civilisation humaine peuvent être partagées. En termes de contenu du partage, les progrès de la civilisation humaine dans tous les domaines peuvent être inclus. Grâce à ces caractéristiques, le partage offre une voie pratique pour le développement économique et social humain. En même temps, il se révèle conforme aux exigences essentielles de notre développement économique et social et offre des attentes positives pour que l'humanité poursuive une vie meilleure et progresse dans la civilisation. Le partage est une force motrice importante pour la survie et le développement de l'humanité et ce pour plusieurs raisons : le partage peut renforcer la force collective des personnes pour mieux utiliser et transformer efficacement la nature ; il facilite la communication et rend la collaboration plus efficace ; il aide à transmettre la sagesse aux générations futures pour faire avancer l'humanité ; il peut promouvoir les activités commerciales pour résoudre le problème de la rareté des ressources ; enfin, il permet de créer un espace numérique pour amener l'humanité dans une nouvelle ère de civilisation numérique. Le partage a été, est et sera toujours d'une importance inestimable pour la vie commune de l'humanité.

3.1.2 De la plus-value à la valeur-partage

Selon le marxisme, la contradiction entre les forces productives et les relations de production, ainsi qu'entre la base économique et la superstructure, est la force motrice fondamentale qui pousse la société humaine à avancer d'un stade inférieur vers un stade supérieur. Le monde capitaliste, depuis son inauguration, a créé des forces productives plus grandes que jamais et a ainsi favorisé les progrès de la société humaine. Cependant, sous la logique du capital, les révolutions technologiques, les transformations industrielles, les réformes politiques et les révolutions philosophiques travaillent toutes pour l'augmentation de la valeur du capital. En conséquence, les capitalistes cherchent toujours à exploiter davantage de plus-value et les individus sont de plus en plus marginalisés (Hu Shouyong 2018). La théorie de la plus-value perd alors progressivement son fondement et la théorie de la valeur-partage émerge.

1. Évolution de la théorie de la valeur

Théorie importante en économie, la théorie de la valeur remonte à l'apparition des marchandises. En effet, pour qu'un bien devienne une marchandise, il doit avoir de la valeur. Un bien sans valeur peut difficilement devenir une marchandise. Sur la base des pensées de ses prédécesseurs, en particulier de Socrate et de Platon, Aristote a proposé un ensemble de pensées relativement complet autour de la valeur, qui constitue l'embryon de la théorie de la valeur. Toutefois, au cours des 2 000 années qui ont suivi, la pensée d'Aristote a manqué de terrain de pratique et aucune théorie de la valeur n'a pu prendre forme.

Plus tard, dans les *Recherches sur la nature et les causes de la richesse des nations*, Adam Smith a proposé une théorie générale sur les systèmes d'économie politique. Selon lui, la valeur d'une marchandise est déterminée par la quantité de travail nécessaire à la produire. En d'autres termes, la valeur d'une marchandise est égale à la quantité de travail qu'elle permet de commander. Le travail est donc la seule mesure réelle de la valeur échangeable de toute marchandise. Adam Smith divise d'ailleurs le prix naturel de la marchandise en trois revenus : le salaire, le profit et la rente (Guan Dehua et

Kong Xiaohong 2013, p. 8). Les recherches d'Adam Smith ont jeté des bases solides pour les futures études sur la valeur. Toutefois, sa théorie présente des lacunes : elle ne traite pas suffisamment la main-d'œuvre ni les prix à la production et confond la création de valeur et la distribution de la valeur, ce qui a fait évoluer la théorie de la valeur dans trois courants différents.

Le premier courant est l'approche théorique de la valeur-travail développée notamment par David Ricardo puis Karl Marx. Ce courant analyse la valeur des biens sous l'angle de l'offre. David Ricardo a développé l'argument d'Adam Smith selon lequel une marchandise sans valeur d'usage possède également de la valeur d'échange et a affirmé que la valeur d'un bien est déterminée par le travail qu'il a consommé plutôt que par le travail qu'il peut commander, achevant ainsi le concept de valeur-travail. Cependant, avec l'augmentation de la productivité, un excédent de l'offre de biens est apparu et la valeur de nombreuses marchandises n'était plus réalisée sur le marché, ce qui a rendu l'approche théorique de Ricardo inadéquate. Karl Marx a donc repris la théorie de Ricardo et a proposé de diviser le travail en travail concret (le travail produisant de la valeur d'usage) et travail abstrait (le travail produisant de la valeur d'échange). Il a également développé la notion de la plus-value et réalisé ainsi la conversion de la valeur en prix à la production (Meng Kui 2013). La théorie de la valeur de Marx reflète les relations humaines profondes qui se cachent derrière l'échange de marchandises, ce qui représente la différence fondamentale entre son travail et celui de Richardo.

Le deuxième courant est le marginalisme développé notamment par Carl Menger, William Jevons, Leon Walras et John Bates Clark. Ce courant repose sur l'idée que la valeur économique résulte de « l'utilité marginale », qui est de l'évaluation subjective[1]. L'école marginaliste définit l'utilité marginale comme la variation d'utilité qui résulte d'une modification d'une unité de la quantité consommée d'un bien. Elle réfute l'objectivité des entités de valeur de l'approche de la valeur-travail et propose le concept

---

1   L'utilité marginale désigne la satisfaction supplémentaire apportée par la consommation d'une unité supplémentaire d'un bien. La marge signifie ici incrément, c'est-à-dire l'augmentation d'une variable dépendante causée par l'augmentation d'une variable indépendante. Dans l'utilité marginale, la variable indépendante est l'unité de consommation du bien et la variable dépendante est la satisfaction ou l'utilité.

de la productivité marginale. La théorie de l'utilité marginale s'intéresse notamment à la consommation et à la distribution des biens. Elle illustre de façon systémique l'équilibre du consommateur (équilibre d'échange) et l'équilibre du producteur (équilibre des intrants du travail et du capital). Elle ramène donc la consommation, domaine peu étudié en économie, au centre de la recherche, jetant ainsi les bases pour la microéconomie et l'économie occidentale moderne (Guan Dehua et Kong Xiaohong 2013, pp. 99-102).

Le troisième courant est l'école de l'équilibre représentée par Alfred Marshall et Paul Samuelson. Pour cette école, le prix d'un bien dépend à la fois des facteurs de l'offre et de la demande, et il ne faut pas privilégier une approche plutôt qu'une autre. En d'autres termes, la valeur est déterminée par les forces du marché, soit par l'équilibre de l'offre et de la demande, et non par la production ou la consommation à elle seule. Nous pouvons donc constater que l'équilibre est un concept global basé sur la théorie de la valeur-travail et la théorie de l'utilité marginale. Il reflète la relation entre un bien et les besoins de l'ensemble de la société, ou plus largement, la relation entre l'homme et la nature. L'école de l'équilibre utilise le calcul des bénéfices[2] pour refléter la relation entre les besoins des consommateurs et la rareté des biens ou la difficulté d'obtenir des biens. Cette méthode permet d'expliquer de nombreux phénomènes économiques, même ceux de nos jours (Meng Kui 2013). C'est pourquoi la théorie de l'équilibre a toujours occupé la position dominante dans l'économie occidentale depuis qu'elle a été proposée par Alfred Marshall.

En même temps, il n'y a eu aucune véritable percée de la théorie de l'équilibre depuis Marshall. En particulier, depuis la naissance d'Internet, les tendances à la mondialisation, à l'interconnexion, à l'informatisation et à la virtualisation sont devenues de plus en plus évidentes. Aucune de ces trois théories de la valeur n'est capable de donner une explication convaincante des phénomènes économiques actuels ou de guider le fonctionnement de l'économie moderne. De nombreuses branches émergentes de l'économie, telles que l'économie de l'information, l'économie publique, la théorie des jeux, la nouvelle économie institutionnelle et l'économie psychologique,

---

2   Les bénéfices se réfèrent ici à la différence entre l'utilité apportée par la satisfaction des besoins de la société et le coût nécessaire pour répondre à ces besoins.

ont proposé leurs propres théories de la valeur, mais celles-ci demeurent de simples développements des trois courants majeurs que nous venons d'exposer et ne sont ni systématiques, ni universellement applicables. Par conséquent, nous avons besoin d'une nouvelle théorie de la valeur pour expliquer le développement économique et social actuel.

2. De la plus-value à la valeur-partage

Du point de vue des formes économiques et sociales, le monde d'aujourd'hui est divisé en capitalisme et socialisme. La théorie de la plus-value proposée par Karl Marx et Friedrich Engels est une théorie qui analyse le processus de production capitaliste. Selon cette théorie, « la plus-value est la différence entre la valeur de la marchandise et la valeur des facteurs dépensés pour la produire, c'est-à-dire la valeur des moyens de production et du travail (Bureau central de Compilation et de Traduction 1972, p. 235) ». Marx considère le processus de production capitaliste comme un processus de production de la plus-value. Produite sous forme de marchandises, la plus-value se réalise par la vente de marchandises. Ainsi, une réelle contradiction se pose : d'un côté, le producteur va chercher autant de plus-value que possible dans la production des marchandises afin de faire plus de profits ; de l'autre côté, l'augmentation du taux de plus-value empêchera la réalisation de la plus-value en circulation, ce qui pourrait provoquer une crise économique (Meng Kui 2013). La théorie de la plus-value de Max et Engels a révélé les lois fondamentales de l'économie capitaliste, la source économique de l'antagonisme entre la bourgeoisie et le prolétariat ainsi que la raison fondamentale pour laquelle le capitalisme est destiné à disparaître. Toutefois, comme les autres théories de la valeur, elle ne permet pas d'expliquer la nature de l'économie socialiste. Dans ce contexte, avec l'essor de l'économie collaborative, la valeur du partage attire de nouveau l'attention et la théorie de la valeur-partage se démarque pour fournir une nouvelle interprétation de l'économie socialiste et même de toute la société socialiste.

Comme son nom l'indique, la théorie de la valeur-partage s'intéresse à la valeur générée par les comportements de partage. Aussi rares que soient les ressources sur terre, elles sont toutes utiles et devraient être pleinement utilisées. En même temps, nous partageons une terre et chacun a le droit d'utiliser ses ressources (Laboratoire clé de la stratégie des mégadonnées 2019, p. 194). Cela nous oblige à améliorer l'efficacité de l'utilisation des ressources par le partage : le partage est donc une nécessité. Dans le processus de formation de la valeur, les fournisseurs des facteurs de production (le travail, le capital et la terre) jouent tous un rôle de partage, directement ou indirectement. Ils participent donc naturellement à la distribution de la valeur. Le partage peut ainsi générer de la valeur. Comme la théorie de la plus-value, la théorie de la valeur-partage est fondée sur la théorie de la valeur-travail. Elle préconise que les travailleurs doivent pouvoir jouir de la valeur qu'ils créent, que ce soit dans une société capitaliste ou socialiste. Elle intègre de façon cohérente la répartition selon le travail et la répartition en fonction des facteurs de production, jetant ainsi les bases théoriques de la redistribution des revenus. Selon cette théorie, la valeur-partage permet de transformer l'ensemble de la société en une communauté d'intérêts et de mobiliser l'enthousiasme de toutes les parties à la production, libérant et renforçant davantage la productivité.

3. Création de la valeur-partage

Avec le temps, les comportements du partage se multiplient à travers le monde et la valeur-partage augmente également. Premièrement, l'émergence des technologies de l'information de nouvelle génération telles qu'Internet, les mégadonnées et l'intelligence artificielle a réduit le coût du partage. Les plates-formes de partage permettent de faire correspondre l'offre et la demande beaucoup plus facilement, ce qui supprime pratiquement les coûts marginaux du partage et élargit l'ampleur du partage. Deuxièmement, à mesure que les ressources matérielles et culturelles croissent dans l'ensemble, la base du partage est de plus en plus solide. D'une part, la possession n'est plus considérée comme l'objectif ultime et les gens sont plus disposés à partager leurs propres biens avec les autres, fournissant ainsi une base de ressources pour créer de la valeur-partage. D'autre part, les différences de pouvoir de consommation entre les couches sociales créent des conditions favorables à la circulation verticale des ressources. Troisièmement, notre mentalité a évolué en ce qui concerne la production et le mode de vie. La société, dans son ensemble, a une meilleure compréhension de l'économie du partage et les gens sont prêts à reconfigurer l'allocation des ressources *via* le partage. Ils améliorent ainsi considérablement l'efficacité de l'utilisation des ressources, diminuent la surproduction de marchandises, la surexploitation de ressources et la dépendance externe, créant ainsi de la valeur-partage (Liu Genrong 2017).

Le partage est à la fois un modèle économique et un modèle social, et sa valeur se traduit principalement dans trois aspects. Premièrement, il offre plus d'initiative, de sécurité et de transparence aux consommateurs. Dans les modèles économiques traditionnels, le marché manque de transparence, la qualité des biens et services est très incertaine et les consommateurs n'ont pas le contrôle. L'économie du partage offre aux consommateurs un meilleur accès à l'information pour plus de transparence des biens et des services. Les consommateurs sont mieux placés pour choisir, ce qui garantit une consommation sûre. Deuxièmement, le partage apporte une solution à la crise de confiance entre les différentes parties. Qu'il s'agisse d'échanges de marchandises ou de données, l'asymétrie de l'information entre les parties peut créer une méfiance réciproque naturelle, qui constitue un obstacle aux transactions. Le partage permet de renforcer la confiance mutuelle entre les deux parties et cette confiance favorise à son tour la multiplication des comportements de partage. Troisièmement, le partage est bénéfique pour les deux parties. Les fournisseurs obtiennent des bénéfices en partageant des produits ou des services, tandis que les consommateurs peuvent bénéficier d'un prix plus intéressant grâce au partage.

En examinant le mécanisme de création de la valeur, nous constatons que les éléments suivants sont indispensables pour générer de la valeur-partage. Premièrement, il faut des comportements de partage actifs. Seuls les comportements de partage peuvent créer de la valeur-partage. Dans l'économie du partage, quiconque possède des ressources peut partager. Toute personne ou organisation peut prendre l'initiative de partager, et tous les biens et services, qu'ils soient matériels ou immatériels, peuvent être partagés tant qu'ils ont de la valeur ou sont recherchés. Deuxièmement, il faut une plate-forme de partage. Les comportements de partage ont besoin d'une plate-forme pour se réaliser. La plate-forme est donc la base logistique pour créer de la valeur-partage. Au cours du processus de partage, elle sert principalement d'intermédiaire pour fournir des informations sur l'offre et la demande et les mettre en concordance. Les ressources à partager étant éparpillées dans la société, il est nécessaire d'avoir des plates-formes pour les rassembler, les intégrer, les exposer, les relier avant de réaliser des transactions. Les plates-formes permettent de réunir les fournisseurs et les demandeurs potentiels pour que les ressources puissent être partagées malgré les contraintes d'espace ou de temps. Troisièmement, le droit d'usage des ressources doit être partagé : c'est un point central dans la création de la valeur-partage. Dans les modèles économiques traditionnels, pour utiliser un bien, il faut d'abord acquérir sa propriété. En conséquence, un grand nombre de ressources ne peuvent pas être utilisées de façon optimale. En séparant le droit d'usage de la propriété, l'économie du partage a formé un nouveau modèle dans lequel les gens ne cherchent pas à posséder les biens mais seulement à les utiliser. Ce qui est partagé, c'est le droit d'usage. Quatrièmement, il faut un mécanisme de renforcement de la confiance pour servir de lien. Comme les comportements de partage se produisent principalement entre les inconnus, il est nécessaire de mettre en place un mécanisme de confiance solide et fiable pour fournir une garantie au partage. Cinquièmement, il faut un système de partage ouvert afin que toutes les parties concernées puissent rester actives dans la création de valeur-partage. L'accès au système de partage devrait être facile pour permettre à plus de personnes de le rejoindre. Autrement, l'ampleur du partage sera réduite en raison de la quantité insuffisante des sujets de partage et des ressources à partager. Dans ce cas, le partage perdra son élan. Seule l'ouverture permettra au partage de s'agrandir rapidement et de créer davantage de valeur par des moyens à faible coût (Liu Genrong 2017).

3.1.3 Droit à la liberté, droit à l'égalité et droit de partage

Le partage peut-il être un droit ? C'est une question qui mérite d'être explorée. Né en Allemagne, le concept du droit de partage s'est développé pour devenir une théorie relativement mature après plusieurs évolutions majeures.

1. Droit de partage comme substitut du droit à la liberté

Il s'agit de laisser le droit de partage occuper la place centrale dans le système des droits, à la place du droit à la liberté : ce concept fut proposé par le juriste allemand en droit public Ernst Forsthoff. Son fameux article *Die Verwaltung als Leistungsträger*[3] (*Administration en tant que prestataire de services*), publié en 1938, est à l'origine de la théorie du droit de partage et a une influence considérable. Dans la troisième partie de cet article, Forsthoff développa l'idée que le droit de partage, en tant que substitut au droit à la liberté, provenait du changement du mode de vie des gens et représentait une rupture avec l'idée d'un État de droit libre. Selon lui, dans un État de droit libre, le droit administratif met l'accent sur la protection du droit à la liberté des individus. Cependant, à mesure que le *Daseinsvorsorge* (« le service publics ») prend le pas sur les autres tâches de l'État, l'importance de la liberté individuelle diminue progressivement. Par conséquent, il est nécessaire d'instaurer un ordre social équitable et de veiller à ce que les individus puissent partager cet ordre. C'est la raison principale pour laquelle Forsthoff reprit les principes du droit administratif. Il affirma que pour instaurer un ordre social juste, il faudrait mettre de côté le droit à la liberté et se tourner vers le droit de partage : le droit traditionnel à la liberté n'est pas nécessairement économique, tandis que son substitut, le droit de partage, est de caractère économique, équitable et public. En introduisant les concepts du service public et du droit de partage, Forsthoff avait considérablement élargi le champ d'application du droit administratif et de la jurisprudence administrative et fut honoré comme le fondateur de la théorie de « l'administration prestatrice ». Sa recherche sur le droit de partage comme substitut du droit à la liberté eut une influence considérable. Il avait changé le statut central du droit à la

---

3   Le chercheur taïwanais Chen Xinmin a traduit la partie principale de l'article en chinois et l'a publié dans son ouvrage 公法学札记 [*Essais sur le droit public*], sous le chapitre 3 « Origine des concepts de 'l'administration des services' et du 'service public' : Discussion sur l'idée de 'l'administration en tant que prestataire de services' chez Forsthoff ». Pour une introduction à la théorie du droit de partage de Forsthoff, voir Chen Xinmin, 公法学札记 [*Essais sur le droit public*], Law Press • China, 2010, pp. 39–80.

liberté et donné lieu à des discussions sur le droit de partage qui durèrent jusqu'à aujourd'hui. De plus, il avait établi des liens organiques entre l'administration des services et le droit de partage, tout en excluant la participation aux affaires publiques et l'assistance sociale du champ du droit de partage. Ces points de vue demeurent valables aujourd'hui. Cependant, en proposant le droit de partage en remplacement du droit à la liberté, Forsthoff avait exagéré les lacunes du droit à la liberté et de l'État de droit au lendemain de la révolution industrielle. Il avait négligé ce qui était fondamental et garantissait la stabilité, surestimé les aspects positifs du droit de partage et sous-estimé son côté négatif. En raison de ces défauts, sa proposition ne pouvait être soutenue que pendant une courte durée. En effet, ce fut sur le droit à la liberté que la Loi fondamentale de la République fédérale d'Allemagne, promulguée après la Seconde Guerre mondiale, mettait l'accent.

2. Droit de partage en parallèle avec le droit à la liberté

Dans son ouvrage traitant les questions juridiques de l'administration des services publié en 1959, Ernst Forsthoff renonça à l'idée de remplacer le droit à la liberté par le droit de partage en clarifiant le rôle de chacun. Il considérait le droit à la liberté comme principe directeur de l'administration intervenante et le droit de partage comme celui de l'administration prestatrice. Il s'agit d'un changement majeur dans la vision de Forsthoff sur le droit de partage, lequel fut désormais mis en parallèle avec le droit à la liberté. Dans ce livre, Forsthoff développa également une théorie de « service public auxiliaire ». Selon cette théorie, les besoins primaires des membres de la société devraient être pris en charge par la société ; ce n'est que lorsque la société ne parvient pas à répondre à ces besoins que l'État jouerait sa « fonction supplémentaire ». Avec la notion de « fonction supplémentaire », le service public fut doté d'un caractère passif, tandis que le pouvoir des individus et de la société, auparavant dévalorisé par Forsthoff, fut réaffirmé, réduisant la dépendance de l'individu à l'égard de l'État et du droit de partage (Luo Ying 2014). Si l'idée de substituer le droit à la liberté au droit de partage reflétait un mépris de Forsthoff vis-à-vis du droit à la liberté et une pensée « révolutionnaire », la mise en parallèle des deux droits témoignait son respect pour le droit à la liberté et une pensée « réformiste ». Avec le développement de la société, les conditions de vie, le mode de vie et les besoins des humains ont évolué et les intérêts que ceux-ci poursuivent sont de plus en plus diversifiés. Notre système juridique sur les droits de l'homme doit répondre à ces changements. Les droits de l'homme ne devraient pas être un concept rigide et fermé, ni se résumer en droit à la liberté. Le droit de partage, né après la révolution industrielle, devrait avoir une place dans le système des droits de l'homme. Ce fut en constatant l'émergence et le développement de l'administration des services que Forsthoff avait mis en parallèle le droit de partage et le droit à la liberté, en proposant de les considérer respectivement comme principe directeur de l'administration des services et de l'administration intervenante. Sa proposition améliora la théorie de l'administration des services et eut une influence majeure sur le droit administratif moderne. En revanche, cette influence était essentiellement de l'ordre macro-théorique plutôt que de l'ordre micro-normatif. En conclusion, l'idée de Forsthoff de mettre le droit de partage en parallèle du droit à la liberté n'était pas un concept entièrement autonome et défini, doté d'une cohérence interne et d'une extension claire (Luo Ying 2014).

3. Droit de partage en tant que dérivé du droit à l'égalité

Qu'il considère le droit de partage comme un substitut ou une parallèle du droit à la liberté, l'approche de Forsthoff était sous l'angle du droit public et de l'administration plutôt que du point de vue des droits de l'homme et de la constitution. Son étude du droit de partage est axée sur la notion du service public qui n'est qu'une partie de sa théorie de l'administration des services. Aujourd'hui, le courant de pensée dominant sur le droit de partage en Allemagne est celui basé sur la Loi fondamentale qui souligne que le droit de partage est un dérivé du droit à l'égalité. Selon ce courant, lorsque l'État a fourni des services mais que la distribution est injuste, ceux qui n'ont pas accès aux services pourraient revendiquer leur partage en s'appuyant sur le droit à l'égalité. Le droit de partage est donc un droit dérivé de revendiquer des services, découlant du principe de l'État-providence et du droit à l'égalité stipulés par la Loi fondamentale.

En effet, la Loi fondamentale énonce le principe de l'État-providence et met l'accent sur les obligations sociales que l'État devrait assumer, ce qui laisse de la place au droit de partage. Toutefois, cette place est restreinte en raison de l'attitude prudente de la Loi fondamentale à l'égard des droits fondamentaux. Le droit de partage comme un dérivé du droit à l'égalité est un concept largement pratiqué et reconnu dans le milieu universitaire. Étant donné que dans ce concept, le droit de partage repose sur l'existence d'une prestation de services, ses frontières sont clairement définies. Par ailleurs, la Cour fédérale allemande a précisé les conditions et la portée du droit de partage. Elle estime que le non-accès à certains services fournis par l'État ne constitue pas une condition suffisante pour revendiquer le droit de partage : pour que celui-ci s'applique, l'État doit avoir négligé de façon arbitraire certaines personnes dans la fourniture des services ou avoir enfreint des distinctions constitutionnelles spécifiques (Zhao Hong 2010).

3.1.4 Fondement de la légitimité du droit de partage

Le système juridique traditionnel du droit réel est basé sur la propriété privée des choses et recherche la jouissance exclusive de la propriété. Dans ce modèle, la propriété privée ou exclusive des choses constitue un mécanisme d'incitation utile qui stimule la créativité des gens et favorise l'utilisation efficace des choses. Toutefois, il n'a toujours pas permis d'atteindre l'objectif de « tirer le meilleur parti des choses ». Parallèlement, le libre accès et l'économie du partage ont changé la façon dont nous utilisons les choses et nous ont incités à réfléchir à la manière de mieux les utiliser. Dans le droit réel traditionnel, en raison du caractère exclusif des droits et du principe d'une seule propriété pour une chose, le partage n'a pas reçu une attention suffisante. Néanmoins, en examinant attentivement l'histoire et l'évolution actuelle du droit des biens, nous pouvons constater que le partage est présent depuis longtemps dans notre utilisation des choses et constitue même un mode d'utilisation basique et courant (Laboratoire clé de la stratégie des mégadonnées 2018, p. 223).

Avec le développement continu de la société, certains moyens de production se multiplient, tandis que d'autres sont de plus en plus rares. Pour ces derniers, le partage est très nécessaire, car il nous permet d'utiliser de façon plus efficace les moyens de production et de faire bénéficier plus de personnes, tout en apaisant le désir grandissant des gens face à la rareté des ressources. En ce qui concerne les moyens de production abondants, leur coût va continuer de diminuer, voire s'approcher de zéro. À ce moment-là, il ne sera plus important d'avoir leur utilisation exclusive et le partage deviendra un choix évident. Les données sont un moyen de production rare, mais peuvent devenir abondantes grâce au partage et générer des bénéfices infinis sans que leur contenu ne soit endommagé. De plus, le coût de reproduction et de partage des données est tellement faible qu'il est presque négligeable (Laboratoire clé de la stratégie des mégadonnées 2018, p. 223). Par conséquent, pour les données, le partage est le moyen le plus important d'en réaliser une utilisation efficace.

Dans le même temps, avec le développement technologique, les machines et la chimie ne sont plus au centre du paysage technique et l'équilibre des intérêts a été rompu, ce qui a également un impact majeur sur le système de droits existant. D'une part, le système de droits existant n'est pas adéquat pour traiter efficacement les problèmes réels de sécurité des données et les atteintes en matière de données dont sont victimes les gens. D'autre part, il fait obstacle à la transmission réglementée des données et restreint l'accès et la libre expression en matière de données des individus. L'utilisation des données est peu efficace et leur valeur n'est pas pleinement exploitée. Ainsi, l'applicabilité et la rationalité du système de droits existant ont été remises en cause et certains problèmes ont été résolus par des moyens techniques. Toutefois, pour les problèmes de droits relatifs aux données, la technologie n'est qu'une cause externe : la cause interne réside dans le système de droits lui-même. En effet, le système de droits traditionnel axé sur la possession n'est plus adapté au développement de la civilisation numérique. Il est urgent de mettre en place un nouveau système axé sur le droit de partage afin de permettre la circulation libre, sûre et équitable des données.

Du point de vue de la valeur, la valeur la plus importante des données est la valeur-partage. Cependant, à l'heure actuelle, la valeur-partage des données n'est pas distribuée de façon scientifique et rationnelle, et le phénomène de l'exploitation des données est assez inquiétant, ce qui entrave la libéralisation et le développement équitable des données. Face à ces problèmes, l'efficacité des moyens techniques est limitée. Ce n'est qu'en définissant le partage des données comme un droit que nous pourrons mettre fin à la répartition inégale des intérêts relatifs aux données. En réalité, le droit de partage est déjà largement reconnu par la communauté universitaire comme un droit fondamental de l'homme et devient progressivement un consensus de toute l'humanité. Il est donc justifié et légitime de proposer le concept de « droit de partage » afin de protéger la valeur-partage comme une valeur fondamentale des données et de faire de l'accès à cette valeur un droit.

Lorsque les données, en tant que moyen de production, auront restructuré les relations de production et les relations sociales, les transactions marchandes ne seront plus nécessaires pour réaliser la division sociale du travail et partager des ressources et de la main-d'œuvre rares. Dès lors, la propriété des données perdra sa valeur et la société humaine entrera dans un nouvel ordre social reposant sur le droit de partage. En séparant le droit d'usage de la propriété, le droit de partage permet de former un modèle de développement partagé dans lequel les gens ne cherchent pas à posséder les données mais seulement à les utiliser. De plus, étant donné que les données sont par nature intangibles et peuvent impliquer plusieurs titulaires de droits, le partage est la condition préalable à une utilisation efficace. Par conséquent, le droit de partage est une nécessité à l'ère de la civilisation numérique.

3.2 Proposition du droit de partage

Le droit de partage est au cœur des droits relatifs aux données. Il permet de former un ensemble complet et indépendant de droits sur les mêmes données, de sorte que celles-ci soient contrôlées et utilisées par plusieurs entités en même temps pour créer plus de valeur. Traditionnellement, les droits sont établis dans le but de protéger les intérêts personnels, mais le droit de partage repose sur l'altruisme et vise à protéger la valeur-partage des données. Grâce à un coût de reproduction extrêmement faible, les données peuvent générer une valeur-partage infinie qui est bien supérieure que leur valeur initiale. Il est donc plus intéressant de protéger leur valeur-partage plutôt que leur valeur initiale. En même temps, comme le droit de partage et le droit à la vie privée sont par essence en contradiction, il est indispensable de trouver un équilibre entre les deux pour pouvoir exploiter pleinement la valeur des ressources de données.

3.2.1 *Droit de partage : essence des droits sur les données*

Si les lois sont créées pour protéger les droits, ceux-ci protègent à leur tour les valeurs. Ainsi, l'établissement des droits sur les données a pour but de protéger la valeur des données. Les données ont une valeur initiale et une valeur-partage, mais leur valeur-partage est infinie et bien supérieure que leur valeur initiale. Pour cette raison, le droit des données devrait mettre l'accent sur la protection de la valeur-partage des données. Il doit également promouvoir le développement continu et sain de l'industrie des données par l'augmentation de la valeur des données. Pour augmenter la valeur initiale des données, il faut produire plus de données, tandis que pour augmenter leur valeur-partage, il suffit de favoriser le partage continu : le second moyen représente un coût bien inférieur que le premier. De ce fait, la clé de l'augmentation de la valeur des données réside dans l'augmentation de leur valeur-partage. Le droit de partage, en tant que moteur principal pour augmenter la valeur-partage, est donc au cœur des droits sur les données.

1. Partage et possession

Le partage est ce qui diffère les droits sur les données des droits réels qui se caractérisent par la possession. Les droits réels comprennent le droit de posséder, d'user, de jouir et de disposer d'une chose. Parmi ceux-ci, le droit de posséder (la possession) est le droit d'avoir la maîtrise sur la chose. Cette maîtrise est le fondement du droit de propriété. Sans la possession, l'exercice des trois autres droits sera affecté. Ce n'est que lorsqu'une personne a réellement la possession d'une chose qu'elle peut mieux exercer son droit d'user, de jouir et de disposer de la chose. Les régimes de la propriété privée et de la propriété individuelle sont toutes deux axées sur la possession. Toutefois, avec l'essor de l'économie du partage, la possession est devenue un objectif moins important et l'utilisation des choses par autrui augmente. L'essence du partage consiste à partager le droit d'user et le droit de jouir d'une chose afin d'obtenir des bénéfices (He Zhe 2017). Dans ce processus, l'aliénation du droit d'usage permet une meilleure utilisation des ressources non exploitées. Toutefois, cette aliénation n'est possible que si le titulaire du bien a la volonté de céder son droit d'usage : la clé réside toujours dans la possession. L'essence des droits réels étant la possession et l'exclusivité, une chose ne peut pas avoir plusieurs titulaires de droits en même temps. La possession devient ainsi le seul moyen de jouir des droits réels.

En droit réel, lorsque le droit d'usage d'une chose est aliéné, la possession continue de protéger les intérêts de son propriétaire, garantissant qu'il a toujours le contrôle sur la chose. À la différence de cela, les données peuvent avoir plusieurs titulaires de droits en même temps, car elles peuvent être reproduites à l'infini à un coût extrêmement faible et sans aucune perte. Ainsi, la possession n'a plus aucune incidence sur la maîtrise et l'utilisation des données, et les gens peuvent exercer le droit d'user, de jouir et de disposer des données sans les posséder. En effet, une fois que le droit d'usage des données est aliéné, l'aliénataire détiendra complètement les données et celles-ci échapperont au contrôle de l'aliénateur. À ce stade, le droit de possession sur les données n'a plus aucun sens. Toutefois, le partage des données est indispensable pour générer de la valeur ou maximiser la valeur des données. Par conséquent, le droit de partage est aussi important pour les données que la possession l'est pour les droits réels. Il est nécessaire de mettre l'accent sur ce droit si nous voulons tirer le meilleur parti des données. Par ailleurs, la véritable valeur des données réside dans leur reproduction à l'infini à faible coût. Cette particularité des données est la base du développement de la civilisation numérique. Elle est la raison pour laquelle le partage est une exigence essentielle à l'ère des mégadonnées et que le droit de partage devrait être au cœur des droits sur les données. Si nous nous écartons de ce principe fondamental et transposons de force la propriété du droit réel au droit des données, l'application et le développement des données seront fortement restreints. Nous irons alors à l'encontre de notre intention initiale qui est de protéger les données tout en promouvant leur développement (Laboratoire clé de la stratégie des mégadonnées 2018, p. 159).

2. Exclusivité de la propriété des biens et multipropriété des données

L'exclusivité de la propriété est la caractérisation essentielle du droit réel. Toutefois, avec les progrès de la science et de la technologie, les formes des choses sont de plus en plus variées et de nouveaux types de droits réels ne cessent de naître. Alors que notre utilisation des choses continue d'évoluer, il est de plus en plus difficile d'identifier les fonctions du droit de propriété. Dans la pratique judiciaire, la propriété exclusive se heurte de plus en plus à la multipropriété et à la pluralité des titulaires de droit. Ces dernières ont été, dans une certaine mesure, acceptées de manière indirecte et vague par le droit. S'agissant des données, leur caractère immatériel et reproductible rend possible la coexistence de plusieurs types d'intérêts. La création d'un droit de partage permet aux données d'avoir plusieurs titulaires de droits, chacun avec des droits distincts et entiers, formant ainsi un modèle dans lequel les gens ne cherchent pas à posséder mais à utiliser les données.

Les données étant reproductibles, non consomptibles et facilement partageables, elles devraient avoir plusieurs titulaires de droits. Cela signifie que conférer à tout sujet un contrôle absolu sur les données va à l'encontre du principe de développement partagé. En réalité, lorsque le coût d'une chose est suffisamment faible, voire nul, grâce aux progrès technologiques, il est inutile de la posséder. Cela est particulièrement vrai pour les ressources de données, car elles sont abondantes et leur coût marginal est à zéro. Le partage des droits sur les données sera donc une tendance inévitable. À long terme, grâce au partage, de nombreuses ressources rares, au sens traditionnel du terme, deviendront abondantes. « Vu sous l'angle de la technologie, peu de ressources sont vraiment rares ; elles sont principalement inaccessibles (Peter H. Diamandis et Steven Kotler, Abundance 2014, p. 8) ».

3. Connotation du droit de partage

Le droit de partage offre une approche permettant d'équilibrer l'intérêt public et les intérêts privés en matière des données. Il aide à libérer la créativité du public de sorte que celui-ci contribue au développement de la civilisation numérique. L'équilibre des intérêts est au cœur du droit au partage. En effet, une relation déséquilibrée entre intérêts public et privé, quel que soit le côté où penche la balance, serait contraire aux principes fondamentaux de liberté et d'égalité. Tout déséquilibre aura un impact fondamental sur l'enthousiasme et l'initiative des gens à l'égard de l'exploitation de la valeur des données. En créant le droit de partage, nous corrigeons notre vision ancienne des données qui met l'accent sur les intérêts privés et néglige l'intérêt public, et préconisons une approche du droit des données axée sur l'équilibre des deux camps. Le droit de partage est la condition préalable à l'utilisation des données : il s'agit d'une exigence fondamentale de la civilisation numérique et la clé de la construction d'un nouvel ordre social (Long Rongyuan et Yang Guanhua 2018).

Fondé sur l'altruisme, le droit de partage est une composante essentielle du système de base de la civilisation numérique. Du point de vue de l'équité sociale, la répartition des intérêts publics et privés en matière de données est un problème central de la civilisation numérique. Dans ce contexte, le droit de partage permettrait tout d'abord une répartition équilibrée des intérêts entre les sphères publique et privée. Il traduit ainsi le principe de l'équité et aide à entretenir une relation ordonnée entre les deux secteurs. Ensuite, il permettrait de s'assurer que la répartition des intérêts entre le public et le privé est absolue, objective et universelle. En effet, toute interprétation subjective, relative ou excessive sur la répartition des intérêts, serait contraire au principe de l'équité. Il est donc important que personne ne puisse imposer sa volonté subjective. Par conséquent, le droit de partage revêt d'une grande importance pratique pour l'édification d'un nouvel ordre à l'ère de la civilisation numérique (Laboratoire clé de la stratégie des mégadonnées 2018, p. 225).

En fournissant une base pour la résolution des conflits d'intérêts, le droit de partage peut aider à coordonner la relation entre les différentes entités impliquées dans les données. En préconisant l'équilibre entre l'intérêt privé et l'intérêt général, il offre une orientation de valeur de base pour le développement de la civilisation numérique et fait de l'équité une valeur prioritaire. Sur la base du principe de l'équilibre entre l'intérêt privé et l'intérêt public, nous pourrons établir des normes juridiques pour résoudre les conflits entre les personnes concernées, améliorer le mécanisme de coordination des intérêts, ouvrir des canaux permettant aux personnes concernées d'exprimer leurs revendications en matière de données et désamorcer les crises sociales causées par des conflits d'intérêts liés aux données, permettant ainsi à chaque entité d'obtenir ce qu'elle désire au moyen de ses capacités. Parallèlement, le droit de partage peut contribuer à résoudre des problèmes dus au monopole des données, tels que l'allocation inégale des ressources, l'inégalité des chances et l'injustice sociale, favorisant ainsi l'équité et la justice sociales. Il peut également aider à réaliser une allocation optimale des ressources de données à un coût marginal nul, augmenter la richesse des données et promouvoir un développement économique et social coordonné à l'ère de la civilisation numérique.

3.2.2 *Point de départ logique du droit de partage*

Le droit de partage est un droit qui s'oppose à la possession. La possession protège les intérêts de la personne concernée et est fondé sur l'intérêt personnel. Dans une certaine mesure, elle est le moteur fondamental de la production de données. Cela étant, les êtres humains ne pourront pas produire sans limite des données et la possession entraînera inévitablement un énorme gaspillage de ressources. En d'autres termes, le droit de possession ne peut pas répondre aux besoins du développement des données. Le développement des données a besoin de l'altruisme, d'autant plus que les données sont objectivement parlant une ressource rare. Grâce à un coût de reproduction extrêmement faible, les données peuvent être facilement partagées. À terme, le droit de partage remplacera la possession pour devenir le moteur principal du développement de la civilisation numérique. Le droit de partage est un droit basé sur l'altruisme. Il façonne notre sens du partage en matière de données et nous encourage à partager nos données avec les autres, afin de créer de la valeur-partage. En ce sens, l'altruisme est le point de départ logique du droit de partage.

L'altruisme des droits sur les données. L'altruisme a toujours été considéré comme une caractéristique typique des comportements moraux et est très peu mis en avant dans le domaine du droit, à l'exception de « l'assistance aux personnes en danger ». En général, l'altruisme est préconisé par les principes moraux, tandis que les lois privilégient l'intérêt personnel. Cependant, l'*homo numericus* n'est pas de nature égoïste, car il peut aider les humains à mieux travailler et à vivre mieux. Cette valeur instrumentale a déterminé sa nature altruiste. L'altruisme de l'*homo numericus* est très bénéfique à l'humanité : les humains, dans la poursuite de leurs intérêts, choisiront d'interagir avec l'*homo numericus*, ce qui donnera naissance à plus de comportements altruistes. Si l'*homo numericus* obtient la base juridique nécessaire à l'octroi de ses droits, ses comportements altruistes auront une profonde influence sur le droit des données. Certains chercheurs pensent que les espèces à tendance altruiste sont désavantagées dans la compétition et que l'altruisme réduira leur aptitude sociale (Li Jianhui et Xiang Xiaole 2009). Cependant, des études interdisciplinaires sur la théorie des jeux et l'évolution montrent que par rapport aux espèces égoïstes, les espèces à l'esprit altruiste ont plus d'avantages évolutifs dans la compétition (Liu Heling 2005). De ce point de vue, le caractère altruiste des droits sur les données ne serait pas nécessairement un désavantage dans la concurrence des droits. Au contraire, il pourrait favoriser le développement humain. De plus, il pourrait promouvoir les interactions entre l'homme et l'*homo numericus*. En effet, lorsque l'*homo numericus* adopte un comportement altruiste, il envoie en même temps un signal d'interaction pour plus d'actions et de coopérations. Dans un premier temps, seul un petit nombre de personnes en bénéficieront. À mesure que de plus en plus de personnes y participent, les comportements altruistes ne seront plus occasionnels, mais deviendront des relations juridiques spécifiques, afin de garantir que les humains puissent en tirer des avantages continus. Par conséquent, pour améliorer le bien-être de la société par les données et promouvoir le progrès humain, l'État doit mettre en place un mécanisme de protection des comportements altruistes, c'est-à-dire établir des droits altruistes. L'octroi de ces droits à l'*homo numericus* sera non seulement nécessaire pour répondre aux besoins de développement de l'humanité, mais caractérisera également la fonction altruiste de l'*homo numericus* sur le plan juridique (Zhang Yujie 2017).

L'altruisme et le partage des droits sur les données. À l'ère des mégadonnées, le partage de données en tant que comportement extra-rôle typique joue un rôle positif important dans le développement des équipes et des organisations. Cependant, lorsque des individus au sein d'une même organisation sont en concurrence, le partage de données peut porter atteinte aux intérêts individuels. C'est la raison pour laquelle nous préférons généralement ne pas partager nos données. Dans ce contexte, le partage de données par les individus est principalement motivé par l'altruisme et peut se manifester sous quatre formes. Premièrement, les individus peuvent avoir tendance à aider les autres, ou plus précisément, la volonté de partager des données avec d'autrui sans demander de retour. Deuxièmement, il peut s'agir de l'altruisme réciproque, tel que les comportements prosociaux (coopération, entraide) manifestés par les individus dans une société de relations humaines. Troisièmement, les individus peuvent se comporter de façon altruiste pour envoyer une bonne image d'eux-mêmes. Par exemple, le désir d'être « une bonne personne » peut conduire les gens à des comportements altruistes dans le but de maintenir leur réputation ou de répondre aux attentes et aux valeurs de la société. Quatrièmement, le partage altruiste peut être impératif, comme le partage de données sur instructions de la hiérarchie. De ces quatre formes, nous pouvons constater que l'altruisme favorise de manière significative les comportements prosociaux (coopération, actions d'intérêt mutuel ou encore aide aux autres) (Zheng Jianjun et Fu Xiaojie 2019). Le partage de données présente des caractéristiques distinctes de comportement prosocial : c'est un comportement extra-rôle propice au développement des organisations et une composante importante des comportements de citoyenneté organisationnelle. En d'autres termes, le droit de partage est de même nature que les comportements pro-sociaux, d'aide, de coopération et de dévouement de l'individu. Par conséquent, l'altruisme a une influence positive considérable sur la volonté des humains à partager leurs données. Il est l'essence même du partage et fournit la base nécessaire à la réalisation du droit de partage. L'altruisme, ou la tendance à agir pour le bénéfice des autres, est un besoin spirituel intériorisé et une action consciente extériorisée des humains. À l'ère des mégadonnées, il pourrait devenir un dénominateur commun qui promeut l'intégration entre les droits sur les données et l'utilisation, la protection et la valeur des données, puisqu'il peut augmenter la volonté des individus de transférer et de partager leurs droits sur les données, faciliter l'établissement du droit de partage et promouvoir la normalisation des comportements de transfert et de partage de données.

*Le droit de partage de l'*homo numericus. Traditionnellement, les droits fondamentaux sont considérés comme la composante la plus fondamentale et essentielle de la citoyenneté. Leur existence repose principalement sur les valeurs fondamentales et l'universalité des droits. En ce sens, le droit de partage, en tant que droit fondamental de l'*homo numericus*, fournit une garantie indispensable à son postulat. Le premier droit fondamental de l'*homo numericus* devrait être le droit de partage, mais à l'heure actuelle, il existe un conflit clair entre le droit de partage et la protection d'autres droits. D'un côté, du fait que les ressources de données ont une valeur commerciale et contiennent des informations sur la vie privée et même sur la sécurité nationale, les individus, les entreprises et les organisations vont naturellement chercher à défendre leurs propres droits et revendiquer des droits (tels que le droit à l'oubli, les droits de propriété). Cela réduit la portée du partage de données et entrave la réalisation du droit de partage. De l'autre côté, l'*homo numericus* dépend fortement de l'analyse des données et sans le droit de partage, ses droits risquent d'être atteints. La loi devrait-elle protéger les droits des citoyens ou soutenir les besoins de partage de l'*homo numericus* ? Quel que soit le choix, le camp « défavorisé » lancera une contre-attaque virulente. À l'heure actuelle, la vie privée est protégée dans une certaine mesure, mais les changements sociaux qu'apporterait le droit de partage représenteront une valeur bien supérieure que celle de la protection des données. De plus, la protection des droits privés sur les données n'a connu qu'un succès minime dans la sphère publique. Seul l'exercice du droit de partage pourra être la tendance du développement de la civilisation numérique. Par conséquent, en ce qui concerne les lois, des efforts devraient être menés dans deux volets : d'une part, il faudrait établir une politique claire de classification et d'ouverture des données afin de protéger la vie privée des citoyens et les secrets commerciaux des organisations professionnelles. D'autre part, les lois devraient promouvoir activement le partage de diverses ressources de données, affirmer le droit de partage de l'*homo numericus* et réduire les conflits de droits.

3.2.3 Équilibre entre le droit de partage et le droit à la vie privée

La circulation et le partage des données sont un choix inévitable pour la modernisation industrielle, l'innovation technologique et le renforcement des capacités de gouvernance à l'ère de la civilisation numérique. Toutefois, il existe un conflit d'intérêts naturel et une tension croissante entre le partage des données et la protection de la vie privée. Ce conflit vient de l'opposition entre intérêt public et intérêt personnel et de la divergence entre intérêts de la propriété et intérêts de la personnalité. Par conséquent, pour exploiter pleinement la valeur des ressources de données, il est indispensable de trouver un équilibre entre le droit de partage et le droit à la vie privée.

L'opposition entre intérêt public et intérêt personnel. Le conflit entre le droit de partage et le droit à la vie privée peut se résumer, dans une certaine mesure, au jeu concurrent entre les intérêts publics et personnels relatifs aux données. D'un côté, le droit de partage est orienté de manière évidente vers l'intérêt public en termes d'objectif et de fonctions. Son but est de promouvoir le partage des ressources de données, de permettre leur exploitation et de réaliser la libre circulation et le partage des données entre les gouvernements, les entreprises et le public. Les données ont une énorme valeur économique et sociale. Leur libre circulation et leur partage peuvent aider à accélérer la transformation des fonctions du gouvernement, à améliorer ses capacités de gouvernance et à augmenter la qualité du service public. De plus, le partage de données peut fournir une base suffisante pour le développement industriel, permettre aux utilisateurs de profiter de services plus rapides et plus précis, économiser leur temps et leur énergie, favoriser l'allocation optimale des ressources de la société et augmenter le rendement des ressources de données. De l'autre côté, dès sa création, le droit à la vie privée met l'accent sur le principe de non-ingérence d'autrui. Il vise à protéger l'espace privé des individus contre l'ingérence d'autrui et traduit de façon évidente le principe de l'autonomie des parties dans le droit privé. Avec le développement social et le progrès technologique, la portée du droit à la vie privée s'est progressivement étendue pour couvrir de nouveaux domaines, tels que l'autodétermination, la confidentialité spatiale et la confidentialité des informations. Ainsi, « toute donnée relative à la vie privée qu'une personne ne souhaite pas divulguer devrait être protégée par le droit à la vie privée tant qu'elle n'appartient pas à la sphère publique et que la personne concernée ne souhaite pas la partager, que la divulgation de cette donnée ait un impact positif ou négatif sur le titulaire du droit (Zhang Xinbao 1998, p. 21) ». Le droit à la vie privée accorde toujours la primauté à la dignité et à l'autonomie de l'individu, de sorte que celui-ci puisse garder certaines informations pour lui et résister ainsi aux pressions extérieures et sauvegarder ses propres intérêts. Comme l'a noté le professeur Wang Liming, le droit à la vie privée a un caractère antisocial par nature : il sépare la sphère privée de la sphère publique afin que les individus puissent profiter seuls de leur vie sans être dérangés. Cela va à l'encontre des besoins de la société dans une certaine mesure (Wang Liming 2005, p. 604). Par conséquent, le conflit entre le droit de partage (un droit propice au développement industriel et social) et le droit à la vie privée (un droit visant à défendre les intérêts légitimes des individus) est essentiellement dû au jeu concurrent entre intérêt public et intérêt privé dans le processus de partage comprenant la collecte, l'utilisation et la circulation des données.

La divergence entre intérêts de la propriété et intérêts de la personnalité. Une autre raison du conflit entre le droit de partage et le droit à la vie privée réside dans la divergence entre les intérêts de la propriété et les intérêts de la personnalité qu'impliquent les données. D'un côté, les intérêts patrimoniaux contenus dans les données sont de plus en plus évidents et l'utilisation des données à des fins commerciales augmente de jour en jour. Il ne suffit donc plus de tenir uniquement en compte la valeur personnelle des données. Les données impliquent à la fois des intérêts de la propriété et de la personnalité et sont déjà devenues une sorte de propriété immatérielle qui génère du profit. Nous devons être pleinement conscients que les données peuvent être considérées comme des biens et jouer un rôle de moteur dans la croissance économique. De l'autre côté, le droit à la vie privée met l'accent sur la protection des données en fonction de la valeur personnelle qu'elles contiennent. Les intérêts de la personnalité qu'impliquent les données sont aussi importants que leurs intérêts patrimoniaux. Nous générons en permanence des données. Rassemblées par le partage, ces données peuvent donner un profil précis de notre vie quotidienne et même de nos actions futures, lequel est souvent plus exact que notre jugement subjectif. Par conséquent, le partage de données contribue à « espionner » la vie des gens et même leur état mental et à placer chacun sous surveillance, dans un panoptique de données. Il pourrait ainsi porter atteinte à la liberté des citoyens de choisir leur mode de vie, à leur libre arbitre dans les affaires quotidiennes personnelles, à la confidentialité et à la tranquillité de leur espace privé et à leur maîtrise de leurs propres données. Les citoyens pourraient même avoir du mal à savoir si leurs décisions sont faites par eux-mêmes ou par les données. Les données impliquent donc deux types d'intérêts : le partage des données met l'accent sur la protection des intérêts patrimoniaux, tandis que la protection de la vie privée s'intéresse davantage aux intérêts de la personnalité. C'est cette différence qui a conduit à un conflit entre le droit de partage et le droit à la vie privée (Wang Yan et Ye Ming 2019).

Vers l'équilibre entre droit de partage et droit à la vie privée. Le règlement des différends est l'une des fonctions fondamentales du droit. La réalisation de cette fonction consiste à atteindre un équilibre des différents intérêts. Le droit de partage met l'accent sur la libre circulation et le partage des données et représente l'intérêt public et les intérêts de la propriété, tandis que le droit à la vie privée représente l'intérêt privé et les intérêts de la personnalité. Le conflit entre ces deux droits est donc inévitable. Néanmoins, ils ne sont pas totalement incompatibles. En effet, l'intérêt public et l'intérêt privé sont cohérents dans une certaine mesure, car l'intérêt public est un ensemble d'intérêts privés universel. De même, la protection des intérêts patrimoniaux des titulaires de droits n'exclut pas celle de leurs intérêts de la personnalité. Par conséquent, pour résoudre le conflit entre le droit de partage et le droit à la vie privée, nous ne pouvons pas donner simplement la priorité à l'un ou l'autre droit, mais devons trouver un équilibre entre intérêts publics et intérêts privés, ainsi qu'entre intérêts de la propriété et intérêts de la personnalité. En d'autres termes, le droit des données doit non seulement protéger la personnalité et la dignité des individus, mais également prendre en compte l'exercice effectif du droit de partage en imposant certaines restrictions au droit à la vie privée. Le droit de partage et le droit à la vie privée sont les deux faces de la même médaille. Afin de garantir l'intérêt public et de promouvoir le développement économique, il est nécessaire d'assurer la libre circulation et le partage des données entre les gouvernements, les entreprises et le public. Pour cela, le droit à la vie privée devra être limité, de sorte que des intérêts non essentiels soient transférés au droit de partage pour garantir la réalisation des intérêts fondamentaux. Dans le même temps, le droit de partage ne devrait pas se développer sans restriction et devrait être limité par le droit à la vie privée. Cependant, en examinant les systèmes juridiques actuels de divers pays, il est à constater que la législation sur les données est largement en retard par rapport aux besoins réels du développement de l'industrie des données. Par conséquent, pour répondre aux besoins du développement et garantir à la fois l'utilisation et la protection des données, nous devons élaborer rapidement un droit des données et résoudre le conflit entre le droit de partage et le droit à la vie privée par la législation. Plus précisément, il faudra réglementer les questions de base concernant ces deux droits, définir leur portée et leurs limites, fixer des règles strictes pour la réalisation du droit de partage, renforcer la surveillance de son exercice et améliorer les mécanismes de responsabilités et de réparation régissant les atteintes à la vie privée par le droit de partage.

3.3 Contenu du droit de partage

Selon la nature des données concernées, nous pouvons diviser le droit de partage en trois catégories : droit au partage de données publiques, droit au partage de données commerciales et droit au partage de données personnelles. Leur réglementation permettra de réaliser le développement libre et ordonné du partage de données et augmenter la valeur-partage des données. Parallèlement, en nous inspirant des fonctions du droit de propriété, nous pouvons diviser le droit de partage en quatre droits fonctionnels : le droit d'accéder aux données partagées, le droit d'utiliser les données partagées (l'usus), le droit de jouir des données partagées (le fructus) et le droit de disposer des données partagées (l'abusus). Ces quatre droits fournissent la base de l'exercice du droit de partage. En même temps, les données peuvent être divisées en données publiques et non publiques. Afin de tirer le meilleur parti de ces deux types de données, nous pouvons diviser le droit de partage en droits d'intérêt général sur les données et usufruit sur les données, qui sont les moyens de base pour réaliser le droit de partage.

3.3.1 Composition du droit de partage

Pour les données publiques, l'établissement d'un droit de partage permettrait de supprimer les « silos de données » du secteur public par le partage et de libérer des dividendes sociaux par l'ouverture des données. Les données commerciales représentent, quant à elles, une proportion relativement faible par rapport aux données publiques et aux données personnelles, mais ces deux dernières peuvent être transformées en données commerciales dans certaines conditions. Les données commerciales en lien direct avec les activités économiques du marché sont donc le type de données le plus prometteur. L'établissement d'un droit de partage sur ces données peut favoriser leur exploitation, augmenter le volume des transactions et accroître la valeur d'usage des données. Enfin, les données personnelles contiennent également une valeur considérable. L'établissement d'un droit de partage en la matière permettrait aux utilisateurs de partager les avantages résultant de l'utilisation des données, les motivant ainsi à produire et à partager plus de données.

1. Droit au partage des données publiques

Le droit au partage des données publiques désigne le droit de partager des données publiques. Les données publiques, dans la jurisprudence, font référence à des ressources de données étroitement liées à l'intérêt public. Elles sont en grande partie constituées de données de l'administration publique collectées par le gouvernement dans l'exercice de ses fonctions publiques. Selon les statistiques, le gouvernement dispose de 80% des données publiques. Toutefois, ces données sont largement dispersées entre les différents services et de nombreux « silos de données » se forment. En raison des intérêts sectoriels, les données ne sont pas partagées de manière spontanée et le manque d'intégration des données entraîne au final un immense gâchis des ressources. Dans le même temps, l'évolution des données sous l'effet Matthieu tend à créer une fracture numérique aux dépens du public. Celui-ci, généralement marginalisé, ne pourra pas profiter pleinement des bénéfices apportés par les données et se sentira de plus en plus exploité. Les données publiques étant par essence un bien public appartenant à tout le peuple, l'État devrait les restituer à la population sous réserve que la vie privée, les secrets commerciaux et la sécurité nationale soient protégés. En ce sens, la mise en place d'un droit de partage sur les données publiques est un mouvement de revendication par lequel le peuple obtient des droits sur les données publiques auprès des pouvoirs publics. L'établissement d'un tel droit est d'autant plus urgent qu'il y a une prise de conscience collective des droits sur les données.

Le droit au partage des données publiques est un droit civil fondamental qui permettra au grand public de maîtriser et d'utiliser les ressources de données publiques. Il découle d'une part de l'obligation des personnes d'accepter et d'appuyer la collecte de données, et d'autre part du fait que les données publiques sont par essence un bien public appartenant à tout le peuple. Normalement, le public devrait avoir le droit de connaître, d'utiliser et de partager toutes les données publiques, à l'exception des données sensibles impliquant la vie privée, les secrets commerciaux et la sécurité nationale. Par conséquent, le droit au partage des données publiques comprend deux volets. Le premier concerne le partage des données au sein du secteur public. Il peut favoriser la libre circulation des données entre les services, réduire la fragmentation des institutions publiques et multiplier les ressources disponibles. Le second volet concerne l'ouverture des données publiques à l'ensemble de la société. Il implique une quantité de données moins importante, car certaines données confidentielles ne pourront pas être divulguées au public.

Le droit au partage des données publiques met l'accent sur la connaissance des données par la population, mais il ne s'agit pas d'une copie ou d'une simple mise à niveau du droit à l'information dans le domaine des données publiques. En effet, le droit à l'information signifie que les citoyens ont le droit d'exiger la publication de certaines informations par les institutions publiques conformément à la loi. Il se concentre sur l'acquisition et la connaissance des informations concernant l'administration et vise à aider la construction d'un gouvernement transparent. Le droit de partage, quant à lui, met l'accent sur le partage et l'utilisation des données publiques. D'une part, la demande des citoyens en matière de données publiques est depuis longtemps au-delà d'une meilleure transparence des activités du gouvernement : ils veulent désormais créer des valeurs sociale et économique à travers l'utilisation et à l'exploitation des données publiques. D'autre part, le droit de partage obligera les services publics à partager de manière proactive leurs données, au lieu d'une simple publication à la demande, ce qui représente une avancée du service public. En théorie juridique, bien qu'il n'y ait pas encore d'expression directe ou explicite du droit au partage des données publiques, cela ne l'empêche pas d'être un droit fondamental des citoyens. Du point de vue de sa couverture, il est un ensemble de droits et ses intérêts découlent de la valeur ajoutée générée par le partage des données. Dans cette perspective, le droit au partage des données publiques en tant que droit des citoyens au partage des résultats du développement des données publiques est un mélange de droits par nature. Il peut se manifester comme un droit au développement basé sur le partage des avantages, un droit de supervision dans le cadre de la numérisation de l'administration, ou encore, un droit de participation visant à réduire l'asymétrie de l'information (Cheng Tongshun et Shi Meng 2018).

2. Droit au partage des données commerciales

Au cours de leur processus de production et d'exploitation, les entreprises collectent une grande quantité de données commerciales qui peuvent être divisées en deux parties. La première partie concerne les données commerciales liées à l'identité et aux caractéristiques comportementales des consommateurs. Ces données appartiennent aux personnes concernées et les entreprises ne peuvent ni les vendre ni les transférer à des tiers. La seconde partie concerne les données de consommation détenues par chaque entreprise. Après la désensibilisation et la déclassification, ces données sont considérées comme appartenant à l'entreprise qui peut donc en disposer ou vendre. Cette distinction permet aux entreprises d'échanger des données commerciales de manière ordonnée. Grâce au droit de partage, la valeur potentielle des données commerciales pourra être pleinement exploitée.

La valeur des données réside dans leur utilisation, analyse et exploitation. En raison de leur caractère non-consomptible, plus les données sont utilisées, plus les avantages qu'elles apportent seront importants, mais en même temps, le risque de fuite de secrets commerciaux augmente également. Alors que leur valeur potentielle continue d'être découverte, les données commerciales intéressent de plus en plus les entreprises qui se mettent à en acheter dans le but d'en tirer profit. Ces entreprises ont tendance à considérer les données qu'elles ont acquises comme leur propriété et estiment que ces données sont déjà détachées de leur fournisseur et sont devenues leurs propres actifs, ce qui déclenche souvent des conflits de droits (Du Zhenhua et Cha Hongwang 2016).

Les entreprises basées sur des données commerciales peuvent souvent collecter de grandes quantités de données, mais elles n'ont pas nécessairement la capacité d'exploiter leur valeur ou de catalyser des idées innovantes. Les ressources de données commerciales peuvent être exploitées et appliquées sous différents angles, à différents niveaux et à maintes reprises. Il est donc particulièrement important de permettre leur circulation fluide. E même temps, pour garantir l'ordre des transactions de données, il faut s'assurer que la propriété des données circulant sur le marché est clairement définie. Par conséquent, il est nécessaire de créer un droit au partage des données commerciales, afin d'équilibrer les intérêts des différentes parties impliquées, protéger leurs intérêts de chacun et permettre une large utilisation des données en vue de maximiser leur valeur.

Le droit au partage des données commerciales désigne le droit de partager des données commerciales. Ce partage étant synonyme de transaction, le droit au partage des données commerciales peut aussi être considéré comme le droit d'effectuer des transactions de données commerciales. À l'heure actuelle, le volume des données commerciales est relativement faible, mais il peut être augmenté grâce à l'ouverture des données publiques et au partage des données personnelles. La valeur des données ne peut être libérée au maximum qu'à travers leur commercialisation. Par conséquent, la commercialisation des données est la tendance générale et le droit au partage des données commerciales constitue la partie la plus prometteuse du droit de partage. Il pourra faciliter la libre circulation des données commerciales dans l'ensemble de la société et donner à plus de personnes la possibilité d'utiliser les données, augmentant ainsi leur valeur-partage.

3. Droit au partage des données personnelles

Les personnes sont la source initiale des données et la recherche sur les données devrait revenir au paradigme de l'analyse axé sur les personnes. Dans une certaine mesure, toutes les données sont des données personnelles. Les informations personnelles contenues dans les données peuvent se rapporter à une personne physique spécifique et même impliquer des informations personnelles sensibles et la confidentialité fondamentale. Si ces données ne sont pas totalement désensibilisées, d'autres personnes peuvent obtenir des informations privées sur la personne concernée, portant ainsi atteinte aux droits de celle-ci. Parallèlement, avec le développement technologique, la collecte et la transmission des données personnelles sont devenues plus faciles et plus efficaces. Dans une certaine mesure, le partage est un moyen de collecter et de transmettre des données personnelles ainsi que de les réutiliser. Vu que les données partagées peuvent contenir une grande quantité d'informations personnelles, le droit au partage des données personnelles devrait être fondé sur un traitement licite des données.

Le partage des données implique des informations à caractère personnel, mais aujourd'hui, il y a un manque de protection solide de ces informations dans la chaîne de partage. D'une part, la protection des données personnelles est faible lors de la collecte initiale. Cela se traduit principalement par des abus d'autorisation : la personne concernée perd souvent le contrôle de ses données personnelles dès lors qu'elle a donné une première autorisation et il est difficile de s'assurer que l'utilisation des données répond à leurs attentes. D'autre part, l'absence d'un mécanisme d'autorisation efficace amènera aussi la partie donnant l'autorisation à remettre en question la légitimité de l'utilisation de ses données personnelles, affectant ainsi l'efficacité du partage des données. Il est donc nécessaire d'établir le droit de partage pour parvenir à une protection et à une répartition scientifique et rationnelle des intérêts relatifs aux données personnelles. Le droit au partage des données personnelles peut rendre les individus plus disposés à coopérer avec les collecteurs de données pour produire plus de données, fournissant ainsi à la société un flux constant de ressources de données. En ce sens, il constitue la partie la plus importante du droit de partage des données.

Le partage des données personnelles signifie essentiellement la collecte et l'utilisation des données personnelles par autrui. Le droit au partage des données personnelles a donc deux dimensions. Premièrement, du point de vue du collecteur de données, ce droit lui permet de transférer les données personnelles qu'il collecte à des destinataires spécifiés ou non spécifiés. Deuxièmement, pour ces destinataires qui reçoivent des données personnelles partagées, ce droit leur permet non seulement de réutiliser les données, mais également de les traiter et de les exploiter, voire de les partager de nouveau. Par conséquent, les détenteurs de données ne devraient pas être autorisés à partager librement les données. De même, ceux qui reçoivent des données partagées ne devraient pas être autorisés à les partager librement ni à permettre à d'autres d'utiliser les données qu'ils ont obtenues (Wang Liming 2019). Le droit au partage des données personnelles devrait garantir le contrôle de l'individu sur ses données, l'autonomie du droit privé ainsi que la dignité personnelle. En d'autres termes, il devrait promouvoir le partage ouvert des données personnelles sous réserve de protéger les droits fondamentaux relatifs aux données personnelles.

3.3.2 *Fonctions du droit de partage*

Le droit de partage peut être appréhendé sous deux angles. Au sens strict du terme, il désigne le droit de partager des données avec autrui ; au sens large, c'est un droit qui concerne les comportements de partage tout au long de la durée de vie des données. Dans cette partie, le terme est utilisé au sens large et comprend principalement le droit d'accéder aux données partagées, le droit d'utiliser les données partagées (l'usus), le droit de jouir des données partagées (le fructus) et le droit de disposer des données partagées (l'abusus). Ils forment les fonctions du droit de partage. Dans cette partie, les données incluent à la fois les données partagées et les données brutes.

1. Droit d'accéder aux données partagées

L'accès aux données partagées est une activité de base en matière de données : ce n'est qu'en ayant accès à des données que nous pouvons ensuite les maîtriser et les partager. Pour garantir la légitimité et l'équité de l'accès des personnes aux données partagées, il est nécessaire d'établir un droit d'accès, c'est-à-dire, un droit les permettant d'obtenir des données partagées conformément aux lois et règlements. En même temps, l'exercice de ce droit devrait être soumis à des restrictions et reposer sur la volonté de la personne censée de partager les données. Personne ne peut être autorisé à obtenir des données à son gré, autrement la sécurité des données serait gravement compromise.

Le sujet du droit d'accéder aux données partagées peut être tout demandeur de données partagées, tel que les personnes physiques, les personnes morales et les institutions publiques. Le droit d'accéder aux données partagées, au sens large, est à la fois un droit fondamental des citoyens dans le domaine du droit public et un droit civil important dans le domaine du droit privé. Du point de vue du droit public, le libre accès aux données est une condition préalable à la participation des citoyens aux affaires politiques. Sans lui, les droits fondamentaux des citoyens ne seront pas garantis. En tant que sujet de droits publics, l'État devrait également jouir du droit d'accéder aux données partagées. Si l'État n'a pas un plein accès aux données, le développement politique, économique et culturel du pays manquera de base solide. Du point de vue du droit privé, le droit d'accéder aux données partagées est un droit fondamental permettant aux entités civiles de mener à bien leurs activités. En effet, ce n'est que lorsque les consommateurs ont un accès suffisant aux données des produits que les transactions peuvent être équitables et justes. Sans la protection du droit d'accéder aux données partagées, la réalisation des intérêts des entités civiles sera illusoire. Le droit d'accéder aux données partagées est un droit *erga omnes*. Toute organisation ou tout individu devrait en garantir la réalisation (Zhou Shuyun 2014).

L'objet du droit d'accéder aux données partagées est naturellement les données partagées et c'est là que résident les intérêts des personnes concernées. Les données partagées sont très diverses avec des caractéristiques variées. Elles peuvent être classées en différents types sous l'angle de leur accès. Au sens large, l'objet du droit d'accéder aux données partagées comprend les ressources, technologies, canaux et services de données partagés. Au sens strict, il couvre seulement les données partagées. Leur caractère public, renouvelable et temporel, ainsi que leur valeur et leur rareté, sont à la base de l'établissement de ce droit. Ce n'est qu'en garantissant le droit d'accéder aux données partagées que nous parviendrons à satisfaire la demande du public en données partagées et à maximiser la valeur-partage des données (Zhou Shuyun et Wang Haoyun 2015).

L'accès aux données partagées est un processus complexe. Le contenu de ce droit correspond aux intérêts du public attachés à des éléments essentiels tels que les ressources de données, les technologies de données, les canaux de données et les services de données. Par conséquent, le droit d'accéder aux données partagées comprend quatre éléments fondamentaux, à savoir le droit de sélectionner le contenu des données partagées, le droit de connaître les technologies des données partagées, le droit d'accéder aux canaux de diffusion des données partagées et le droit à une qualité garantie des services de données partagées. En d'autres termes, le sujet du droit est libre de sélectionner le contenu des données partagées. Il a le droit de maîtriser la technologie d'acquisition associée pour obtenir des données partagées, le droit d'accéder au support de données afin d'obtenir des données partagées et le droit d'exiger des services, des produits et du contenu efficaces, équitables et de qualité auprès des fournisseurs de services de données partagées (Zhou Shuyun et Luo Xueying 2014).

2. Droit d'utiliser les données partagées

L'utilisation des données partagées est un moyen d'exploiter la valeur des données. Le droit qui autorise cette utilisation est appelé droit d'utiliser les données partagées. Le but du droit de partage ne consiste pas seulement à donner l'accès aux données partagées, mais surtout à permettre l'usage des données. Il devrait permettre aux gens de satisfaire les besoins des titulaires de droits à travers le partage de données et d'obtenir les avantages correspondants. Étant donné que les données partagées ont une valeur d'usage, il est nécessaire d'établir un droit permettant leur utilisation. Dans le même temps, le droit d'utiliser les données partagées peut être séparé du droit de partage pour avoir une fonction indépendante et servir de base pour l'établissement de l'usufruit sur les données et des droits d'intérêt général sur les données. Contrairement au droit d'usage classique, le droit d'utiliser les données partagées doit être exercé en accord avec la volonté de la personne qui les partage. Il s'agit donc en quelque sorte d'une version restreinte du droit d'usage. C'est le droit de rechercher la valeur d'usage des données et d'obtenir des avantages grâce à l'utilisation des données, notamment le traitement et la reproduction des données. En tant que moyen de base d'utiliser les données partagées, le traitement permet d'explorer et d'augmenter la valeur des données. Le droit de traitement est donc une partie importante du droit d'utiliser les données partagées. Le droit de traitement peut également être partagé, mais généralement, le bénéficiaire peut seulement traiter les données de la manière convenue. Toutefois, pour augmenter la valeur des données partagées, il est nécessaire d'élargir la dimension du partage de sorte que plus de personnes puissent les utiliser. La reproduction, en raison de son coût extrêmement faible, est alors un moyen important d'y parvenir. Par conséquent, le droit de reproduction occupe lui aussi une place importante dans le droit d'utiliser les données partagées. En fournissant une garantie pour la reproduction intégrale des informations, il permet une meilleure utilisation des données (Laboratoire clé de la stratégie des mégadonnées 2018, p. 195).

3. Droit de jouir des données partagées

Le droit de jouir des données partagées désigne le droit de percevoir les revenus que procurent les données partagées. En d'autres termes, après avoir obtenu accès aux données partagées, en plus de les utiliser, les gens peuvent également en tirer des revenus. Étant donné que ces revenus proviennent des données partagées sans altération de leur substance, la jouissance des données partagées est également appelée le droit de percevoir des fruits naturels et des fruits civils des données partagées. Dans la société moderne, les droits tendent à passer de la domination abstraite à l'utilisation concrète. L'établissement d'un droit de jouissance sur les données partagées s'inscrit dans cette tendance et permet de démembrer le droit de partage. Toutefois, la jouissance devrait être soumise à des restrictions qui découlent de l'objet du droit. Puisque les transactions de données ont pour but d'apporter des revenus, le droit de jouissance joue un rôle important dans l'augmentation du volume et l'établissement de l'ordre des transactions de données. En tant que processus d'obtenir des revenus, la capitalisation des données partagées est un moyen de réaliser le droit de jouissance en termes économiques. Le droit de jouissance, indispensable pour réaliser la valeur des données partagées, présente trois caractéristiques majeures. Il a de l'externalité, s'inscrit dans la durée et implique des parties variées. L'externalité résulte du rapport entre les revenus obtenus grâce à l'utilisation et au partage des données et le coût payé. Elle détermine le caractère non absolu des données partagées. C'est la raison pour laquelle des restrictions devraient être imposées à la jouissance des données partagées afin de parvenir à un équilibre entre intérêt privé et intérêt général. La jouissance des données partagées s'inscrit dans la durée, car la valeur des données ne peut pas être pleinement exploitée par une seule utilisation ou consommation. Lorsque de nouvelles données sont ajoutées et associées aux données existantes, la valeur des données augmente et il sera possible d'obtenir de nouveaux revenus. De plus, les données étant non consomptibles, elles peuvent être partagées et utilisées à maintes reprises et générer des retours sur une longue période. La valeur des données partagées n'atteindra jamais son maximum : elle s'accumule et augmente au fil du temps. Enfin, la jouissance des données partagées montre une sorte de diversité. Comme les données ne peuvent pas être complètement transférées comme un bien matériel, il est possible que plusieurs entités bénéficient du droit de jouissance sur les mêmes données (Laboratoire clé de la stratégie des mégadonnées 2018, p. 196).

4. Droit de disposer des données partagées

La disposition représente le contrôle ultime des données. Le droit de disposition désigne le droit des personnes de disposer des données partagées. Dans une perspective différente, la disposition peut être considérée comme l'utilisation finale des données. Le droit de disposition est alors le droit de consommer et de partager les données partagées. Il devient ainsi la manifestation ultime du droit de partage. Le droit de disposition ne fera pas perdre le contrôle des données à la personne initiant le partage. Il s'agit plutôt de former des droits de partage indépendants par la reproduction de données, permettant ainsi à plusieurs titulaires de droits de détenir et d'utiliser les mêmes données simultanément. Le droit de disposition n'éliminera pas la valeur initiale des données partagées, au contraire, il augmentera leur valeur-partage. Pour un bien tangible, la disposition conduit à l'élimination absolue ou relative de sa propriété : le droit de disposition détermine ainsi la propriété du bien (Lu Xiaohua 2009, p. 373). En revanche, pour les données, le droit de disposition classique n'est plus adapté, car la possession n'est pas une tendance de développement des données. Puisque la valeur des données réside dans leur partage, l'établissement du droit de partage ne devrait pas avoir pour but de limiter le flux des données par la propriété. Pour résoudre le problème de la rareté des données et en tirer pleinement parti, la seule solution consiste à augmenter l'échelle de partage, de sorte que plus de personnes aient la possibilité d'utiliser les données. Par conséquent, le droit de disposer des données partagées s'intéresse surtout à l'utilisation des données. Il considère celle-ci comme un moyen de rechercher la valeur des données et la place à une position aussi importante que la propriété des données partagées.

3.3.3 Usufruit sur les données et droits d'intérêt général sur les données

En permettant le partage des données entre différentes parties, l'établissement du droit de partage entraînera inévitablement un conflit entre la propriété et l'utilisation des données. Afin d'éliminer ce conflit, nous proposons les notions de « l'usufruit sur les données » et de « droits d'intérêt général sur les données », qui sont toutes deux des formes restreintes du droit de partage et des choix réalistes pour réaliser le droit de partage. Leur création permettra de séparer la propriété et le droit d'usage des données. Par « l'usufruit sur les données », nous entendons le droit d'utiliser des données d'autres personnes sous certaines conditions et d'en percevoir des revenus. Il constitue un moyen important de réaliser le droit de partage. Par les « droits d'intérêt général sur les données », nous entendons une sorte d'usufruit aliéné : ils désignent le droit des entités administratives (représentées par le gouvernement), des institutions publiques et des organisations d'utilité publique d'obtenir, de gérer, d'utiliser et de partager des données dans l'intérêt public.

1. Usufruit sur les données

L'usufruit sur les données fait référence au droit d'utiliser des données partagées et d'en tirer des revenus. C'est un droit accordé par le propriétaire des données à des tiers. Créé dans le but de résoudre la contradiction entre la propriété et l'utilisation des données, l'usufruit représente le droit d'utiliser des données partagées sous certaines conditions et d'en percevoir les revenus. Son établissement sera le résultat de notre passage des droits sur les données centrés sur le contrôle à des droits centrés sur l'utilisation. Il permettra de réaliser le droit de partage. L'usufruit sur les données vient d'un démembrement des pouvoirs du droit de partage. En d'autres termes, le titulaire du droit de partage sépare et partage avec d'autres personnes une partie des pouvoirs conférés par le droit de partage. Pour le bénéficiaire, cette partie de pouvoirs devient des droits sur les données d'autrui. De ce fait, l'usufruit sur les données est fondé sur le droit de partage et le restreint. La création d'un droit d'usufruit repose généralement sur la volonté du titulaire des droits sur les données. Lorsque le titulaire des droits n'est pas en mesure d'utiliser pleinement ou mettre en valeur ses données, il peut les partager avec d'autres personnes pour que celles-ci les utilisent et en perçoivent des revenus, réalisant ainsi une meilleure exploitation des données. Avec l'avènement de l'ère de la civilisation numérique, l'ampleur des ressources de données ne cesse de croître et l'importance de l'usufruit sur les données devient de plus en plus évidente.

Étant donné que l'usufruit sur les données repose sur des données partagées, il est similaire aux droits sur des biens d'autrui et peut être qualifié de droits sur des données d'autrui. En même temps, puisqu'il permet seulement de disposer des données selon les conditions convenues, l'usufruit est aussi une sorte de droit restreint sur les données. Le titulaire de l'usufruit est toujours un sujet autre que le propriétaire des données. Ce sujet peut être des personnes physiques, des personnes morales ou autres organisations ayant des droits sur les données partagées. Les données partagées, objet de l'usufruit, ont la particularité d'être non-matérielles et reproductibles et ne peuvent être transférées de façon complète comme un bien tangible. De plus, avec la diversification de l'utilisation des données notamment grâce aux progrès technologiques et à l'innovation des mécanismes institutionnels, la valeur des données partagées continuera d'augmenter. Par conséquent, la création de l'usufruit est nécessaire pour une utilisation plus efficace des données partagées et est conforme à la tendance de développement du droit des données.

L'usufruit est le droit de disposer de la valeur d'usage des données partagées. D'un point de vue juridique, l'usufruit comprend l'utilisation des données et la perception de leurs fruits. De ce fait, il donne un droit d'accès, un droit d'usage et un droit de jouissance sur les données partagées. Premièrement, pour utiliser les données partagées et en percevoir des revenus, il est nécessaire d'y avoir accès. Sans le droit d'accès, le sujet de l'usufruit ne pourra pas utiliser réellement les données partagées. Pour jouir de l'usufruit et tirer la valeur d'usage des données, le titulaire de l'usufruit doit nécessairement pouvoir accéder aux données cibles. La plupart des conflits en matière d'usufruit concernera le droit d'accès, car l'accès est la condition préalable à l'utilisation des données et à la perception de revenus. Deuxièmement, l'usufruit a pour but de permettre l'utilisation des données partagées et d'en percevoir des fruits. Le droit d'usage fait référence au droit d'utiliser les données selon leur nature et leur finalité et conformément aux lois ou accords pertinents. Il est donc indispensable pour la réalisation de l'objectif de l'usufruit, qui est de permettre l'exploitation de la valeur d'usage des données partagées. Enfin, le droit de jouissance désigne le droit de recevoir des fruits naturels et civils grâce à l'utilisation de données partagées. La jouissance et l'utilisation vont généralement de pair, puisque c'est seulement en utilisant les données que nous pourrons en obtenir des revenus. Par conséquent, l'usufruit sur les données devrait inclure à la fois le droit d'usage et le droit de jouissance. En effet, en droit, la signification immédiate de l'usufruit est le droit d'usage. En même temps, l'usufruit permet à l'entité usufruitière d'exploiter la valeur d'usage des données pour répondre à ses besoins et intérêts. En ce sens, il comprend également le droit de jouissance sur les données partagées (Laboratoire clé de la stratégie des mégadonnées 2018, p. 203).

2. Droits d'intérêt général sur les données

L'usufruit sur les données met principalement l'accent sur l'usage et la jouissance des données sous l'angle des droits privés. À l'opposé, les droits d'intérêt général sur les données désignent les droits des entités administratives (représentées par le gouvernement), des institutions publiques et des organisations d'utilité publique d'obtenir, de gérer, d'utiliser et de disposer des données dans l'intérêt public. De par sa nature juridique, les droits d'intérêt général sur les données sont une sorte d'usufruit aliéné et de droits fondamentaux des citoyens. Il s'agit d'une nouvelle proposition de droits sur les données à but non lucratif et à destination de l'utilité publique, du service public et de l'administration publique. Les droits d'intérêt général sur les données appartiennent à tout le peuple. Les entités administratives, les institutions publiques et les organisations d'utilité publique sont seulement chargées d'en disposer dans l'intérêt public. La sauvegarde de l'intérêt public est l'objectif fondamental de ces droits et un moyen efficace pour restreindre les droits privés (Laboratoire clé de la stratégie des mégadonnées 2018, p. 212).

Pour réaliser leur objectif de sauvegarder l'intérêt public, les droits d'intérêt général sur les données devraient comprendre le droit d'accès, le droit de gestion, le droit d'utilisation et le droit de disposition des données. Bien que le public puisse obtenir des revenus en utilisant des données d'intérêt public, les droits d'intérêt général sur les données n'incluent pas le pouvoir de jouissance. En effet, lorsque le public utilise des données d'intérêt public, il exerce un droit d'usufruit sur les données, mais pas un droit d'intérêt général. Seules les entités administratives, les institutions publiques et les organisations d'utilité publique, qui sont des représentants du public, peuvent exercer des droits d'intérêt général sur les données. De plus, lors de l'exercice de ces droits, elles ne sont pas autorisées à percevoir des revenus à partir des données d'intérêt public. Par conséquent, les droits d'intérêt général sur les données n'octroient pas le pouvoir de jouissance.

Parmi les droits d'intérêt général sur les données, le droit d'accès désigne le droit des entités administratives, des institutions publiques et des organisations d'utilité publique (représentées par le gouvernement) d'accéder à toutes sortes de données d'intérêt public nécessaires, de manière opportune, précise et complète, par certains canaux et méthodes, conformément aux lois et règlements pertinents. Bien entendu, l'exercice du droit d'accès doit être soumis à des restrictions pour éviter une expansion sans limite des droits publics sur les données. Le droit de gestion désigne, quant à lui, le droit des entités administratives, des institutions publiques et des organisations d'utilité publique (représentées par le gouvernement) d'administrer les données d'intérêt public, dans le but de les utiliser à des fins publiques. De par sa nature juridique, le droit de gestion est une obligation légale car il s'agit d'un pouvoir administratif exercé par les entités administratives, les institutions publiques et les organisations d'utilité publique pour garantir et promouvoir les intérêts publics et exécuter des obligations administratives. De ce fait, les droits d'intérêt général sur les données représentent aussi des pouvoirs administratifs et ont force obligatoire en droit public. Parallèlement, le droit de gestion contribue à garantir le droit des citoyens d'utiliser les données d'intérêt public et à restreindre les comportements arbitraires des organes administratifs. De son côté, le droit d'usage est l'élément central des droits d'intérêt général sur les données. Il permet d'utiliser les données à des fins publiques pour protéger et promouvoir les intérêts publics. Il désigne donc le droit des entités administratives, des institutions publiques et des organisations d'utilité publique (représentées par le gouvernement) d'utiliser les données d'intérêt public conformément à la loi. Enfin, le droit de disposition fait référence au droit des organismes de gestion de données de partager avec des tiers les données d'intérêt public qu'ils administrent. Ce partage a deux sens. Au sens strict, il désigne le partage de données d'intérêt public entre les organes administratifs. Les données restent des données d'intérêt public après le partage. L'administration bénéficiaire reçoit en même temps des droits d'intérêt général sur ces données et peuvent utiliser et administrer ces données. Au sens large, le partage désigne l'ouverture des données. Dans ce cas, le droit de disposition fait référence au droit des organismes de gestion de données d'ouvrir les données d'intérêt public qu'ils gèrent aux entreprises et aux particuliers. Une fois que les entreprises et les particuliers ont obtenu le contrôle de ces données, ils peuvent jouir de l'usufruit sur les données, c'est-à-dire les utiliser et en percevoir des revenus.

3.4 Importance du droit de partage

Du point de vue de la justice, le droit de partage est un droit public fondé sur l'altruisme. Il entrera inévitablement en conflit avec les droits individuels existants fondés sur l'intérêt personnel et favorisera ainsi l'amélioration continue du système des droits. Du point de vue de l'ordre, le droit de partage permettra certainement de remodeler les règles de partage et d'ouverture des données. Il favorisera le flux libre et ordonné des ressources de données ainsi que la construction d'un nouvel ordre dans une société de partage. D'un point de vue économique, la notion de la valeur-partage est une découverte majeure en économie et apportera certainement des changements fondamentaux dans la théorie de la valeur. La proposition du droit de partage pourra insuffler un nouvel élan au développement économique et fournir une pierre angulaire à l'établissement des règles de l'économie numérique.

3.4.1 Importance du droit de partage pour la justice

Les droits individuels et les droits publics sont par nature contradictoires. Les premiers revendiquent la suprématie des droits de l'individu et considèrent que nul ne peut être utilisé comme moyen pour autrui d'obtenir des avantages et que les droits individuels sont supérieurs aux intérêts généraux de la société. Tandis que les seconds considèrent les individus comme moyen d'atteindre des objectifs et préconisent d'évaluer tout comportement, toute loi et toute politique selon le critère de l'intérêt public maximal. Depuis le mouvement des Lumières, le courant des droits individuels occupe une place dominante dans la société occidentale. Selon ce courant, la société et le gouvernement devraient servir à protéger les droits individuels et que la poursuite des intérêts publics ne peut se faire au détriment des droits de l'individu. En même temps, le courant des droits publics a également une influence considérable. Il défend les intérêts de la majorité plutôt que de la minorité. En d'autres termes, il estime qu'une société juste doit permettre à la majorité d'obtenir de plus grands avantages et promouvoir l'augmentation du « solde net maximal » des intérêts, même si cela devrait se faire au détriment de la minorité et la mettre dans une situation désavantageuse. Il existe donc un conflit naturel entre les droits individuels et les droits publics, qui sont deux visions différentes des droits. Le courant des droits publics considère les droits comme une fonction pour réaliser l'utilité globale de la société plutôt que comme une variable. À l'inverse, le courant des droits individuels est axé sur l'individu et estime que chacun est le meilleur juge de ses propres intérêts et de la manière de les promouvoir : ni l'utilité globale de la société ni le contrôle des personnes ne peut remplacer les droits individuels, et encore moins les entraver (Dong Yurong 2010).

Le courant des droits individuels s'appuie sur l'intérêt personnel tandis que celui des droits publics est fondé sur l'altruisme. Tous deux demeurent des choix partiaux. Dans un monde réel complexe, ces modes de pensée unilatérale sont souvent trop simplistes pour couvrir toutes les situations et c'est la principale raison pour laquelle ces deux courants ont leurs limites. Le courant des droits individuels implique la neutralité de l'État[4] et ignore ses fonctions positives. Certains chercheurs estiment que seul l'individu a le droit de poursuivre ses valeurs et son bien, et que l'État protège cette poursuite au sens le plus faible (Dong Yurong 2010). Ce point de vue met l'accent sur le bien de l'individu sans prêter attention au « bien essentiel de

---

4   La neutralité de l'État signifie que l'État s'abstient de prendre position dans les questions de bien et de valeurs. Dans *The Morality of Freedom*, le philosophe britannique Joseph Raz suggéra que « les gouvernements doivent être neutres à l'égard des différentes conceptions du bien des peuples. Autrement dit, les gouvernements doivent se conduire de telle sorte que leurs actions n'améliorent ni n'entravent les chances des individus de vivre en accord avec leur conception du bien ».

la société » que l'État devrait garantir. Il ignore ainsi la fonction positive de l'État. De plus, lorsque les liens entre l'individu et la société sont rompus, l'individu peut difficilement réaliser ses valeurs. Le courant des droits individuels souligne la priorité ontologique de l'individu et considère la société ou l'État comme un outil pour atteindre des objectifs personnels rationnels et intéressés. C'est pourquoi le libéralisme a conféré aux individus des droits suprêmes et considère les droits de l'individu comme supérieurs aux intérêts publics de la société.

De son côté, le courant des droits publics a pour défaut de négliger des droits fondamentaux. Le but des droits publics est de maximiser l'intérêt général. Ils demandent à certaines personnes d'aliéner leurs intérêts afin que d'autres puissent obtenir de plus grands intérêts, augmentant ainsi les intérêts globaux de la société. Le courant des droits publics estime qu'une telle aliénation en vaut la peine et que l'inégalité qui en résulte est justifiable. Cette approche s'intéresse à la croissance de l'intérêt public global de la société et non à sa répartition entre les personnes. Toutefois, des doutes ont été depuis longtemps émis quant à la possibilité de quantifier l'intérêt public avec des droits publics. Étant donné que les droits publics reposent souvent sur l'intuition pour mesurer l'intérêt public, le calcul peut difficilement être objectif, car l'intuition varie d'une personne à une autre (Dong Yurong 2010).

Le conflit entre les droits individuels et les droits publics est un résultat inévitable du développement social, mais il peut être résolu par le droit de partage. Premièrement, le droit de partage permet de déplacer les droits de l'individu de la sphère privée vers la sphère publique. Aucun individu n'existe de façon isolée : tout individu fait partie du système de collaboration sociale. Le droit de partage permet aux individus de bénéficier les uns des autres par la coopération, garantissant ainsi la justice. Sa conséquence logique sera une attention accrue à la valeur de l'égalité et aux droits individuels dans la vie publique, ce qui favorise la justice. Deuxièmement, le droit de partage contribue à corriger l'approche globale des droits publics. La poursuite d'un résultat global des droits publics peut conduire à la perte d'intérêts de certaines personnes. À cet égard, le droit de partage peut rendre des dispositions inégales plus adaptées au principe de réciprocité. En évitant les facteurs de hasard de l'environnement naturel et social dans la structure de l'égalité et de la liberté, le droit de partage permet aux gens d'exprimer le respect mutuel et la justice dans la structure sociale. Il les oblige à se considérer comme une fin plutôt que comme un moyen. De ce fait, le droit de partage aide à garantir l'efficacité et l'harmonie des personnes dans la coopération sociale sur la base de l'estime de soi et du bénéfice mutuel, tout en prévenant les atteintes aux droits de certaines personnes dues à une approche globale des droits publics. Troisièmement, le droit de partage aide à éviter les inégalités causées par les droits publics. En effet, le droit de partage préconise une distribution de la richesse bénéfique à tous, en particulier aux groupes défavorisés, évitant ainsi que les choix individuels soient toujours soumis à la maximisation de l'intérêt public. De plus, le droit de partage permet de corriger le problème de contingence de l'utilitarisme. Alors que les humains sont nés avec des conditions et des capacités différentes, qui forment des inégalités naturelles, le droit de partage peut compenser ces différences naturelles par des arrangements institutionnels. Par conséquent, le droit de partager contribue à remédier aux différences sociales et naturelles entre les personnes, pour réaliser l'égalité et la justice substantielles.

3.4.2 *Importance du droit de partage pour l'ordre social*

Un ordre social dans lequel le partage est une quête fondamentale peut être appelé « ordre du partage ». Celui-ci, au sens large, a toujours existé dans la civilisation humaine. Les langues parlées et écrites sont des canaux de partage, tandis que la division du travail, la coopération et les échanges de biens sont des moyens de partage : ils font tous partie de la civilisation humaine. Le partage est la direction vers laquelle la société humaine évolue. Au fur et à mesure que le droit de partage s'enracine dans notre esprit, l'ordre du partage revient également dans notre champ de vision.

Le droit de partage changera les arrangements institutionnels de la société. Du point de vue de la justice sociale, la justice substantielle et la justice institutionnelle sont complémentaires dans le partage. D'une part, la justice substantielle du partage est le fondement de sa justice institutionnelle. Pour évaluer si un système de partage est juste, il faut déterminer si ce système favorise le développement de la productivité et s'il est cohérent avec notre mode de production. D'autre part, la justice institutionnelle du partage est la garantie de sa justice substantielle. Elle représente la concrétisation et la matérialisation des valeurs justes et fournit la garantie institutionnelle pour la réalisation de la justice substantielle (Miao Ruidan et Dai Junyuan 2017). Par conséquent, il est nécessaire de mettre en place un système institutionnel solide pour garantir l'exercice du droit de partage. Ce système devra coordonner la relation entre l'économie et la société, puisque l'économie recherche l'efficacité et vise à créer plus de richesse matérielle, tandis que la société recherche l'équité et vise à ce que davantage de personnes puissent bénéficier de la richesse. Dans une certaine mesure, l'économie du partage et la société du partage sont contradictoires. Il faut donc coordonner leur relation par des moyens institutionnels pour qu'ils puissent mieux jouer leur rôle. Le droit de partage est un résultat d'arrangements institutionnels et représente un équilibre entre efficacité et justice.

Le droit de partage optimisera la hiérarchisation des données. La hiérarchisation des données fait référence à une structure de classes sociales générée par les différences de statut des données. Dans cette structure, les classes sociales peuvent être formées selon nos identités (e.g. professions différentes), mais aussi selon d'autres facteurs tels que notre capacité en matière de données et le volume de ressources de données que nous détenons. Il y a généralement des différences claires entre les classes et la structure des données présentera des tendances de plus en plus évidentes à la stratification, à la hiérarchisation et à la solidification. Lorsque le flux des facteurs de données (tels que les technologies, le capital et les ressources) est insuffisant, les facteurs se concentreront dans les classes supérieures et le sentiment de satisfaction des classes intermédiaire et basse sera faible, ce qui signifiera un déséquilibre dans la répartition des ressources de données. Dans ce cas, quelles que soient les politiques de données préférentielles, il sera difficile de changer la situation de faible revenu des classes intermédiaire et basse et encore plus compliquée de les faire évoluer vers la classe supérieure. En revanche, le droit de partage permettra d'utiliser pleinement les ressources de données inexploitées en possession privée ou publique pour créer plus de produits, d'opportunités et de services de données partageables, répondant ainsi aux besoins des différentes classes, en particulier des classes intermédiaire et basse. Ainsi, grâce au partage des ressources et des opportunités, le fossé entre les classes sera réduit et les classes intermédiaire et basse auront une chance d'améliorer leur situation. L'établissement d'un droit de partage permettra d'octroyer à toutes les classes le pouvoir d'utiliser les ressources de données. Il changera ainsi la pratique classique qui consiste à diviser les intérêts du partage de données en fonction des facteurs spécifiques tels que les chaînes, les capacités et les ressources, permettant ainsi au partage de profiter à toutes les catégories de personnes (Zhang Guoqing 2018).

Le droit de partage améliorera les capacités de gouvernance du gouvernement. Le gouvernement joue un rôle crucial dans l'allocation des ressources de données et influence la répartition des intérêts apportés par les données. Le modèle classique de l'ordre peut difficilement équilibrer efficacité et équité dans le travail du gouvernement. Grâce au droit de partage, le gouvernement pourra s'appuyer sur ses fortes capacités en matière de données pour réaliser des innovations institutionnelles, transformer ses fonctions, améliorer ses capacités de gouvernance, parvenir à un équilibre dynamique entre ses fonctions et celles du marché, et trouver un équilibre entre efficacité et équité, parvenant ainsi au plus grand diviseur commun pour le gouvernement et le marché. D'une part, le droit de partage peut maximiser le flux de talents, de capitaux et de ressources, activer divers facteurs pour le développement de l'industrie des données, augmenter la richesse des données publiques et permettre à davantage de personnes de bénéficier des données. En exerçant le droit de partage, les entreprises seront plus actives pour rendre l'utilisation des données plus efficace et assumer leurs responsabilités sociales, maximisant ainsi les intérêts économiques et sociaux apportés par les données. D'autre part, le droit de partage permettra au gouvernement de fournir des produits et services de données de haute qualité à la société afin de répondre aux besoins du public en matière de données. Le gouvernement pourra ainsi libérer l'enthousiasme, l'initiative et la créativité de toutes les parties, mettre en commun leur sagesse et leur force tout en garantissant les intérêts de chacun. Cela aidera à résoudre les problèmes liés à l'attribution de la propriété et à la répartition de la valeur ajoutée des données publiques, renforçant ainsi le sentiment de satisfaction du public (Tian Xinqiao et Zhang Guoqing 2018).

Droit de partage

Le droit de partage garantira l'équité et la justice dans le domaine des données. Le partage, en tant que nouveau modèle d'allocation des ressources, peut atténuer le problème de la répartition déséquilibrée des données entre le gouvernement et le marché, réduire l'injustice dans l'allocation des ressources de données et l'allocation secondaire et éviter l'inégalité dans les transactions de données et le gaspillage des ressources de données résultant de l'asymétrie de l'information et du modèle d'allocation traditionnel. En compensant la négligence du marché à l'égard de la justice sociale, le droit de partage permet à tous les membres de la société de bénéficier de manière égale de diverses ressources de données et d'en obtenir des droits et des intérêts économiques sur un pied d'égalité, faisant ainsi profiter tout le monde de la valeur des données. Le partage de données joue un rôle de coordinateur entre le gouvernement et le marché et permet l'égalité des chances pour tous dans l'acquisition, l'utilisation et la jouissance des ressources de données. Le droit au partage offre un immense espace à tous les membres de la société pour partager équitablement les données. Il est axé sur le partage égal des ressources plutôt que sur la redistribution de la richesse personnelle et publique. Il s'impose ainsi comme une nécessité à mesure que l'écart de richesse relative aux données se creuse. Par conséquent, tout en protégeant la propriété des données personnelles, le droit de partage doit prêter attention au partage égal des ressources de données de base afin de parvenir à la justice dans ce domaine (Zhang Guoqing 2018).

3.4.3 Importance du droit de partage pour l'économie

Alors que l'économie numérique a profondément changé la force motrice et le modèle de développement économique, l'établissement du droit de partage motivera les gens à produire et à partager plus de données, fournissant ainsi un flux constant de ressources de données pour le développement de l'économie numérique. En développant une économie numérique centrée sur les données et un mécanisme de distribution des intérêts basé sur le partage, nous favoriserons l'intégration profonde entre l'économie numérique et l'économie du partage.

Le droit de partage favorisera la réforme du système des droits de propriété. Le système des droits de propriété est une partie importante du système économique moderne. Dans les théories existantes, les droits de propriété sont les manifestations juridiques des relations de propriété économique et incluent, entre autres, la propriété, la possession, le contrôle, l'usage, la jouissance et la disposition. Les systèmes économiques actuels soulignent l'exhaustivité, l'inaliénabilité et l'inviolabilité des droits de propriété, ce qui les rend compétitifs et exclusifs. Dans le même temps, en raison des énormes déficits de ressources et des grands écarts de richesse, ce système de droits de propriété exclusifs conduit continuellement les ressources et la richesse du marché vers un petit nombre de personnes. Il fait obstacle à la transaction et à la circulation des droits de propriété et entrave le développement économique. Par conséquent, un accent excessif sur l'exhaustivité, l'inaliénabilité ou l'inviolabilité des droits de propriété n'est pas propice à la libre circulation des talents, des capitaux et des ressources, ni au développement sain et libre de l'économie (Zhang Guoqing 2018). Dans ce contexte, le droit de partage offre une nouvelle approche pour surmonter les faiblesses du système des droits de propriété classique : il propose de partager le droit d'utiliser les données tout en maintenant la propriété des données. Cette nouvelle vision des droits de propriété présente une structure à deux niveaux : au niveau supérieur se trouve la propriété qui détermine à qui appartiennent les données, tandis qu'au niveau inférieur se trouve le droit de partage qui permet de partager l'usufruit des données. En autorisant l'usage des données par autrui, le droit de partage aide à mieux exploiter les ressources de données. Axé sur l'utilisation plutôt que sur la possession, le droit de partage, de par sa nature, affaiblit la propriété des données et met l'accent sur l'*usus* et le *fructus* des données. Il promeut l'évolution du concept de propriété axé sur la possession privée vers un concept axé sur le partage des droits, permettant ainsi le flux libre et ordonné des ressources de données et une meilleure efficacité de l'allocation des ressources de données. Par conséquent, tout en réduisant le gaspillage de ressources, le droit de partage élargit les canaux pour mieux répondre à la demande du public en matière de données et rendre la circulation des données plus libre. Il semble bien que le droit de partage permette aux êtres humains d'obtenir ce qu'ils désirent et d'atteindre la liberté numérique sans avoir à posséder les ressources de données (Han Jing et Pei Wen 2017).

Le droit de partage augmentera le surplus du consommateur. Le surplus du consommateur fait référence à la différence entre le prix maximal qu'un consommateur est prêt à payer pour un bien et le montant effectivement payé. Il s'agit d'un concept issu de la théorie de l'utilité marginale d'Alfred Marshall qui sert à mesurer les avantages supplémentaires du consommateur. D'une part, le droit de partage offre aux consommateurs plus de canaux de données à choisir. Il affaiblit ainsi le monopole des producteurs de données, répartit les forces sur le marché et aide à sortir de la passivité du consommateur sur le marché des données. La concurrence du prix, qui aidera à répondre plus facilement à la demande des consommateurs, permettra également de baisser le prix réel des produits de données, augmentant ainsi le surplus du consommateur. D'autre part, en ouvrant un marché de l'usufruit des données, le droit de partage réduit le coût des transactions et améliore l'utilisation des ressources de données tout en créant plus de richesse. En somme, le droit de partage permet de combler le fossé entre l'offre et la demande de données pour réaliser une utilisation optimale des ressources. Au fur et à mesure que l'offre de données correspond à la demande de manière plus précise, plus fluide et plus ordonnée, les coûts d'opportunité ainsi que le prix réel des données payé par le consommateur seront réduits, ce qui élèvera la valeur des données pour les participants au niveau micro-économique et augmentera le surplus du consommateur (Zhang Yuming 2017, pp. 429–431).

Le droit de partage changera le paradigme de la concurrence. En effet, la logique traditionnelle de la concurrence est le jeu à somme nulle, mais le droit de partage favorisera la transformation vers un nouveau paradigme de la concurrence basé sur la valeur-partage. Du point de vue des pratiques commerciales, le droit de partage fait passer l'objectif des entreprises de données de la valeur économique à la valeur-partage. Il les pousse à rechercher un résultat global plutôt que seulement des avantages économiques. Par conséquent, afin d'exploiter pleinement le potentiel des entreprises pour créer de la richesse et obtenir des avantages globaux à partir des données, le choix le plus réaliste consiste à développer une concurrence et une coopération fondées sur le droit de partage. En réalité, les entreprises sont liées entre elles à la fois par la concurrence et la coopération : ces deux relations agissent ensemble, s'influencent l'une sur l'autre et se transforment l'une en l'autre dans certaines conditions. D'une part, l'exercice du droit de partage permettra aux entreprises d'accroître les échanges de données. Cela contribuera à accélérer la diffusion de divers types de données, à améliorer l'efficacité d'utilisation des facteurs (tels que les ressources, les technologies et les services de données), à donner un meilleur jeu aux ressources et aux capitaux, à stimuler les innovations, à repousser les limites de production de données, à former une synergie et un effet de couplage, et à créer plus d'opportunités de développement et d'opportunités commerciales permettant aux entreprises de générer plus de valeur grâce au partage de données et d'étendre leur réseau de valeur. D'autre part, le droit de partage permettra aux entreprises de se surpasser grâce à la possibilité d'obtenir plus de produits de données, y compris plus de ressources, de technologies et de services. Il aidera ainsi les entreprises à renforcer leur motivation et leur capacité d'innovation, à tirer plus d'avantages de leur surplus de valeur de données et à mieux répondre à la demande de la société en matière de données, tout en satisfaisant leurs propres besoins (Xiao Hongjun 2015).

Le droit de partage remédiera aux défaillances du marché. Plus précisément, il aidera à résoudre le problème de l'asymétrie de l'information et des externalités négatives sur le marché et à briser les monopoles. En cas d'asymétrie de l'information, les consommateurs manquent de données suffisantes pour avoir réellement un rôle actif lors de leurs achats, ce qui crée des situations où « la mauvaise monnaie chasse la bonne ». Avec le droit de partage, la transparence de l'information et l'efficacité du marché seront considérablement améliorées. En termes de réduction des externalités négatives, le droit de partage permet au public d'utiliser des données et d'en percevoir des revenus sans avoir à les posséder. Il réduit ainsi l'occupation des moyens de production que constituent les données, minimise l'impact des externalités négatives et atténue la pression liée à la rareté des données. Par conséquent, le droit de partage peut résoudre les problèmes d'asymétrie de l'information et d'externalités négatives sur le marché des données, promouvoir l'appariement précis et la pleine utilisation des ressources et remédier ainsi les défaillances du marché (Zhang Yuming 2017, pp. 445–447).

Bibliographie

Bureau central de Compilation et de Traduction, 马克思恩格斯文集 [Œuvres choisies Marx/Engels], (Volume 23), People's Publishing House, 1972.

Cheng Tongshun et Shi Meng, « 公共数据权和政治民主 » [Droits sur les données publiques et démocratie politique], *Jianghai Academic Journal*, 2018, n° 4.

Dong Yurong, « "共享正义观"与利益平衡——实现个人权利和社会功利融合的路径 » ['La justice du partage' et l'équilibre des intérêts : une voie vers l'intégration des droits individuels et de l'utilitarisme social], *Guangxi Social Sciences*, 2010, n° 10.

Du Zhenhua et Cha Hongwang, « 数据产权制度的现实考量 » [Étude des réalités pour le système de propriété des données], *Chongqing Social Sciences*, 2016, numéro 8.

Guan Dehua et Kong Xiaohong, 西方价值理论的演进 [Évolution de la théorie de la valeur en Occident], China Economic Publishing House, 2013.

Han Jing et Pei Wen, « 共享理念、共享经济培育与经济体制创新改革 » [Le concept du partage, le développement de l'économie du partage et la réforme novatrice du système économique], *Shanghai Journal of Economics*, 2017, n° 8.

He Zhe, « 网络文明时代的人类社会形态与秩序构建 », [La société humaine et la construction de l'ordre à l'ère de la civilisation des réseaux], *Nanjing Journal of Social Sciences*, 2017, n° 4.

Hu Shouyong, « 共享发展理念的世界历史意义 » [L'importance du concept de développement partagé pour l'histoire du monde], *Studies on Marxism*, 2018, n° 4.

Laboratoire clé de la stratégie des mégadonnées, 块数据 5.0：数据社会学的理论与方法 [*Données en blocs 5.0 : Théories et méthodes de sociologie des données*], CITIC Press, 2019.

Laboratoire clé de la stratégie des mégadonnées, 数权法 1.0：数权的理论基础 [*Loi sur les droits numériques 1.0 : Fondements théoriques*], Social Sciences Academic Press (China), 2018.

Li Jianhui et Xiang Xiaole, « 超越自我利益：达尔文的"利他难题"及其解决 » [Au-delà de l'intérêt personnel : l'altruisme paradoxal dans la théorie de l'évolution de Darwin et sa solution], *Studies in Dialectics of Nature*, 2009, n° 9.

Liu Genrong, « 共享经济：传统经济模式的颠覆者 » [L'économie du partage : une révolution des modèles économiques traditionnels], *Economist*, 2017, n° 5.

Liu Heling, « 从竞争进化到合作进化：达尔文自然选择学说的新发展 » [De l'évolution compétitive à l'évolution coopérative : nouveau développement de la théorie de la sélection naturelle de Darwin], *Science Technology and Dialectics*, 2005, n° 1.

Liu Ling, « 公平正义和共享发展的历史根源与统一治理格局 » [Les racines historiques de l'équité, de la justice et du développement partagé et leur modèle de gouvernance unifiée], *Humanities & Social Sciences Journal of Hainan University*, 2019, n° 4.

Long Rongyuan et Yang Guanhua, « 数权、数权制度与数权法研究 » [Les droits en matière de données, le système du droit des données et le droit des données], *Journal of Law and Technology*, 2018, n° 5.

Lu Xiaohua, 信息财产权：民法视角中的新财富保护模式 [*Propriété des données : un nouveau modèle de protection de la richesse en droit civil*], Law Press China, 2009.

Luo Ying, « 全面深化改革背景下共享权之定位 » [Le place du droit de partage dans le contexte de l'approfondissement global des réformes], *Seeker*, 2014, n° 6.

Meng Kui, « 经济学三大价值理论的比较 » [Comparaison de trois théories de la valeur en économie], *Economic Review*, 2013, n° 7.

Miao Ruidan et Dai Junyuan, « 共享发展的理论内涵与实践路径探究 » [Signification théorique et voie pratique du développement partagé], *Studies in Ideological Education*, 2017, n° 3.

Peter H. Diamandis et Steven Kotler, *Abundance : The Future Is Better Than You Think*, trad. Jia Yongmin, Zhejiang People's Publishing House, 2014.

Tian Xinqiao et Zhang Guoqing, « 通往共享之路：社会主义为什么是对的 » [Le chemin du partage : pourquoi le socialisme est-il le bon choix], *Zhejiang Social Science*, 2018, n° 2.

Wang Liming, « 数据共享与个人信息保护 » [Partage des données et protection des informations personnelles], *Modern Law Science*, 2019, n° 1.

Wang Liming, 人格权法研究 [*Sur le droit de la personnalité*], China Renmin University Press, 2005.

Wang Yan et Ye Ming, « 人工智能时代个人数据共享与隐私保护之间的冲突与平衡 » [Le conflit et l'équilibre entre le partage de données personnelles et la protection de la vie privée à l'ère de l'intelligence artificielle], *Journal of Socialist Theory Guide*, 2019, n° 1.

Xiao Hongjun, « 共享价值、商业生态圈与企业竞争范式转变 » [Valeur-partage, écosystème commercial et transformation du paradigme de la concurrence des entreprises], *Reform*, 2015, n° 7.

Zhang Guoqing, « 作为共享的正义：兼论中国社会发展的不平衡问题 » [La justice du partage, ou sur le déséquilibre du développement social de la Chine], *Zhejiang Academic Journal*, 2018, n° 1.

Zhang Xinbao, 隐私权的法律保护 [*Protection juridique du droit à la vie privée*], Qunzhong Publishing House, 1998, p. 21.

Zhang Yujie, « 论人工智能时代的机器人权利及其风险规制 » [Sur les droits des robots et la régulation des risques à l'ère de l'intelligence artificielle], *Oriental Law*, 2017, n° 6.

Zhang Yuming, 共享经济学 [*Économie du partage*], Science Press, 2017.

Zhao Hong, « 社会国与公民的社会基本权： 基本权利 在社会国下的拓展与限定 » [État-providence et droits fondamentaux des citoyens : l'expansion et la limitation des droits fondamentaux sous l'État-providence], *Journal of Comparative Law*, 2010, n° 5.

Zheng Jianjun et Fu Xiaojie, « 利他动机对中小学教师知识共享的影响——组织认同和组织支持感的调节作用 » [L'influence de l'altruisme sur le partage des connaissances chez les enseignants du primaire et du secondaire : le rôle modérateur de l'identité organisationnelle et du soutien organisationnel], *Psychological Development and Education*, 2019, n° 4.

Zhou Shuyun et Luo Xueying, « 信息获取权内容辨析 » [Une analyse du contenu du droit d'accès à l'information], *Information Studies : Theory & Application*, 2014, n° 5.

Zhou Shuyun et Wang Haoyun, « 信息获取权客体辨析 » [Une analyse de l'objet du droit d'accès à l'information], *The Library*, 2015, n° 1.

Zhou Shuyun, « 信息获取权主体探析 » [Une analyse du sujet du droit d'accès à l'information], *The Library*, 2014, n° 5.

CHAPITRE 4

Souveraineté des données

La souveraineté des données est une partie importante de la souveraineté d'un État : elle est sa manifestation et son extension naturelle dans le monde numérique. La souveraineté des données désigne le pouvoir d'un État de générer, diffuser, gérer, contrôler, utiliser et protéger les données relevant de sa juridiction. Elle est indispensable à tout pays pour sauvegarder sa souveraineté et son indépendance nationales et s'opposer au monopole et à l'hégémonie numériques à l'ère des mégadonnées. La souveraineté des données comprend entre autres la compétence sur les données ainsi que le droit à l'indépendance, à l'égalité et à la légitime défense en matière de données. À l'heure actuelle, la concurrence entre les États pour la souveraineté des données a créé une situation chaotique caractérisée par des conflits de juridiction et des dilemmes de sécurité nationale. Parallèlement, la souveraineté des données, domaine qui implique des intérêts croisés, est confrontée à de sérieux problèmes tels que l'hégémonisme, le protectionnisme, le capitalisme et le terrorisme numériques. Afin de sauvegarder la sécurité et la souveraineté des données, la communauté internationale devrait œuvrer ensemble pour construire un système de gouvernance en la matière, promouvoir la coopération entre les régimes de souveraineté des données et construire un système juridique régissant la souveraineté des données qui répond aux besoins et aux tendances de développement actuels, de sorte que le flux mondial de données soit encadré par des lois et réglementations internationales et profite à l'humanité.

4.1 Émergence de la souveraineté des données

Les flux transfrontaliers de données ont eu un impact considérable sur le concept traditionnel de souveraineté nationale, entraînant ainsi l'émergence de la souveraineté des données. La souveraineté des données est un développement du concept de la souveraineté numérique. Au niveau national, toutes deux sont des composants importants de la souveraineté des États. En tant que produit de l'ère des mégadonnées, la souveraineté des données est fondée sur l'existence du monde numérique. Elle est la manifestation, l'extension et le reflet de la souveraineté de l'État dans l'espace numérique. En raison des particularités de cet espace, la souveraineté des données présente des caractéristiques importantes : elle est de nature contemporaine, relative et implique la coopération et l'égalité. Sa proposition revêt d'une grande importance pour la protection de la sécurité des données et la construction d'une puissance numérique.

4.1.1 *Origine de la souveraineté*

Au début de la civilisation humaine, le régime d'État n'existait pas et il n'y avait pas non plus de notion de la souveraineté. Avec l'émergence des guerres et la création des États, l'idée et le concept de souveraineté prirent progressivement forme. Le concept de la souveraineté fut étudié par les spécialistes de différentes époques et de différents pays sous des angles différents. Aujourd'hui, pour mettre à jour le concept à l'ère des mégadonnées, il est utile de passer en revue les études effectuées ainsi que les caractéristiques de la souveraineté à chaque période historique.

1. Naissance de l'idée de la souveraineté

L'apparition du terme « souveraineté »[1] peut remonter à l'Antiquité. C'est un concept né dans un temps et un espace précis, à la suite des changements

---

1 Certains chercheurs estiment que la souveraineté et la souveraineté nationale sont deux concepts différents. Selon eux, la souveraineté nationale n'est qu'une des

sociaux et du développement économique. La souveraineté est une condition fondamentale aux activités humaines et permet d'apporter de l'ordre social. À l'époque de la Grèce antique, les États étaient divisés et menacés par des troubles intérieurs et extérieurs. Les philosophes s'étaient rendu compte que seule la mise en place d'un État centralisé et unifié permettrait d'empêcher les conflits internes et de résister ensemble à des ennemis étrangers. Ils commencèrent ainsi à explorer le pouvoir religieux et le pouvoir monarchique. Il semble donc que les philosophes antiques eussent commencé à étudier le concept de la souveraineté. Bien qu'ils n'aient pas explicitement utilisé le terme politique « souveraineté », leurs recherches sur l'origine des États, les types de régime et la gouvernance des États sont essentiellement similaires à notre notion actuelle de la souveraineté. Ces recherches ont d'ailleurs jeté les bases pour la proposition du concept de « souveraineté » à l'époque des Lumières.

Le philosophe de la Grèce antique Aristote est considéré comme le premier à avoir expliqué l'idée de souveraineté. Dans sa *Politique*, Aristote a noté que « la constitution est ce qui détermine dans l'État l'organisation régulière de toutes les magistratures, mais surtout de la magistrature souveraine (Aristote 1996, p. 129) ». Selon Aristote, le nombre de détenteurs souverains est le principal critère de classification des constitutions politiques. L'État étant la constitution qui compte le plus grand nombre de détenteurs souverains, il est supérieur aux autres constitutions et a le droit de gouverner. Aristote préconise la primauté du droit et s'oppose à un « gouvernement fait d'hommes ». Il estime que la loi est le meilleur dirigeant et que la formulation des lois doit refléter les opinions de la majorité pour assurer un plus grand consensus et une meilleure opportunité. Nous constatons donc que l'idée d'un État ayant le pouvoir suprême était déjà

---

manifestations de la subjectivité souveraine. Ils pensent que la distinction entre les deux notions est nécessaire pour saisir correctement la connotation de la souverainement nationale. Toutefois, d'une manière générale, les termes de souveraineté et de souveraineté nationale sont utilisés de façon identique. De plus, l'idée de la souveraineté est inévitablement liée à la notion de l'État dans son sens moderne. De ce fait, le présent ouvrage ne fait pas de distinction entre les concepts de souveraineté et de souveraineté nationale.

présente chez Aristote : bien qu'il n'ait pas explicitement utilisé le terme « souveraineté », il estime que l'État est la plus haute autorité en matière d'affaires intérieures.

La notion initiale de la souveraineté nationale vient de la pensée juriste de la Rome antique, selon laquelle le peuple est le seul et ultime porteur de l'autorité de l'État et qu'il est le sujet, le détenteur et l'exerçant de la souveraineté nationale. L'idée de souveraineté dans la Rome antique est manifestée dans la formule « *Quod principi placuit legis habet vigorem* » : Ce qui plaît au prince a force de loi (Chen Xujing 2010, p. 10). Cette formule peut être interprétée de façon différente selon les époques historiques. Lorsqu'un empereur ou un roi jouit d'un pouvoir absolu, suprême et illimité, il est considéré comme détenant la souveraineté, mais cette souveraineté vient du transfert des droits naturels du peuple. Le pouvoir d'un empereur ou d'un roi n'est jamais statique : il peut augmenter ou diminuer. En confiant le pouvoir au roi, le peuple n'abandonne pas ses droits et détient toujours ses droits les plus fondamentaux. Bien que cette pensée soit très différente du concept de souveraineté moderne, elle traduisait déjà l'idée selon laquelle la souveraineté appartient au peuple.

2. Évolution du concept de souveraineté

Le théoricien français Jean Bodin fut la première personne de l'histoire à donner une définition systématique et concrète de la souveraineté. Selon lui, la souveraineté est le pouvoir suprême dont jouit un État : il est unifié, indivisible et au-dessus de la loi (Zhu Qi 2015). Dans *Les Six Livres de la République*, Jean Bodin a noté qu'une République est un droit gouvernement de plusieurs ménages, et de ce qui leur est commun avec puissance souveraine. Cette puissance souveraine n'est pas soumise à la loi et est perpétuelle, absolue et suprême. Bodin a exposé de façon systématique le concept et les attributs de la souveraineté. Bien qu'il n'ait pas donné une explication solide sur la légitimité de la souveraineté, sa pensée, fondée sur les situations nationales et étrangères de l'époque, a jeté une base importante pour le développement ultérieur du concept de la souveraineté. Il est à l'origine de la théorie moderne de l'État souverain et a joué un rôle positif dans la proposition du concept de souveraineté moderne.

La pensée de la souveraineté de Bodin fut ensuite développée et enrichie par Thomas Hobbes. Celui-ci plaidait pour les « droits naturels » et estimait que tous les hommes naissent libres et égaux et que chacun a des droits naturels égaux aux ressources naturelles (Yang Xiaotong 2018). Les ressources étant limitées, chacun transfère par un pacte ses droits naturels à une « personne » qui est appelée le Souverain. Le souverain assumera la personnalité et agira en lieu et place de l'ensemble des contractants. Puisque cette personnalité est formée d'un commun accord entre les personnes, l'aliénation des droits est dotée de légitimité dès la signature du pacte. Hobbes estime que le Souverain est libre et suprême, et que le peuple a seulement le droit de choisir de conclure ou non le pacte social. En choisissant de conclure le pacte, le peuple déclare la fin de ses droits politiques. La théorie de la souveraineté de Hobbes, qui semble se justifier, est fondamentalement contradictoire. Néanmoins, son rôle positif dans la promotion du développement de la théorie de la souveraineté mérite d'être reconnu.

Le concept de souveraineté populaire de Jean-Jacques Rousseau fut un grand pas en avant dans le développement de la théorie de la souveraineté. Ce concept renversa complètement la monarchie autocratique féodale et conduisit le peuple vers une société de liberté et d'égalité. Pour Rousseau, la souveraineté n'est pas transférable, et la souveraineté populaire est l'incarnation de la volonté générale et le croisement de la volonté de chacun dans la signature d'un contrat social. Il estime que le pouvoir peut être transféré mais pas la volonté. Puisqu'elle ne peut pas être transférée, la souveraineté est aussi indivisible, car la volonté est universelle et indivisible. Lorsque la volonté est celle du peuple, cette volonté publique et généralement acceptée est un contrat souverain et constitue une loi (Jean-Jacques Rousseau 2006, pp. 20–21). Chez Rousseau, la souveraineté est relativement absolue. En d'autres termes, elle est absolue dans le cadre du contrat universel, mais ne peut aller au-delà du contrat. La proposition de la souveraineté populaire par Rousseau était une synthèse et un développement de la pensée de ses prédécesseurs. Elle a également inspiré de nouvelles réflexions sur la souveraineté (voir le tableau 4-1).

Tableau 4-1 : Certains concepts de souveraineté

Date	Figure représentative	Concept de souveraineté
1530-1596	Jean Bodin	Première définition systématique et concrète de la souveraineté : la souveraineté est un symbole majeur de l'État. Elle n'est pas limitée par la loi et représente le pouvoir suprême sur les citoyens et les sujets. La souveraineté signifie l'autorité suprême à l'intérieur du pays et le droit à l'indépendance et à l'égalité par rapport au monde extérieur.
1583-1645	Hugo Grotius	La souveraineté nationale est la condition préalable à l'existence du droit international. Elle désigne le pouvoir suprême d'un État, c'est-à-dire le pouvoir qui permet au souverain d'agir sans être dominé par la volonté d'autrui ou par la loi. Grotius s'oppose à la souveraineté populaire et prône la souveraineté du monarque. Il soutient que la souveraineté est le fondement de l'existence d'un État et la condition préalable pour qu'un État soit un sujet de droit international.
1588-1679	Thomas Hobbes	Les individus transfèrent leurs droits naturels à un souverain. Hobbes s'oppose au droit divin, prône le pouvoir d'État et confère à la souveraineté un statut suprême.
1632-1704	John Locke	La souveraineté nationale est liée au pouvoir politique et au pouvoir suprême. Elle comprend le pouvoir législatif, le pouvoir exécutif et le pouvoir fédératif. Il existe deux approches de la souveraineté nationale : la souveraineté parlementaire et la souveraineté populaire. La souveraineté n'est pas absolue.
1712-1778	Jean-Jacques Rousseau	Première théorie complète de la souveraineté populaire : la souveraineté nationale ne peut être divisée ni transférée. Tout exercice et toute application des droits de l'homme doivent refléter la volonté du peuple. La loi est « la volonté générale » : tous sont égaux devant la loi et le monarque ne peut se considérer au-dessus de la loi.

3. Concept moderne de souveraineté

La souveraineté n'est pas un concept statique : elle évolue constamment avec la société, les innovations scientifiques et technologiques et le développement économique. L'émergence du concept moderne de souveraineté a deux principales raisons. Premièrement, elle est motivée par des facteurs internes générés par chaque État souverain lorsqu'il poursuit sa survie, ses intérêts et son développement. Deuxièmement, elle est liée à la force majeure externe à laquelle chaque État souverain est confronté dans un environnement international en mutation. La proposition du concept moderne de souveraineté est une étape importante dans l'évolution de la civilisation humaine, parce qu'elle a changé la façon dont les États souverains s'échangent et favorisé d'énormes changements dans le système international et le droit international. La souveraineté ne peut être séparée des lois nationales et elle continuera sûrement d'évoluer avec le temps. L'émergence du concept moderne de la souveraineté n'est pas seulement un résultat inévitable de nos efforts pour contenir le chaos et le désordre et établir un ordre juridique sain, mais aussi une exigence fondamentale pour que la société humaine passe de la civilisation industrielle à la civilisation numérique.

La souveraineté moderne est un développement du concept de souveraineté traditionnel. En effet, la mondialisation a posé de nouveaux défis à la souveraineté traditionnelle, tels que la création et le développement d'organisations internationales, la coopération transnationale de plus en plus fréquente et l'émergence continue de mécanismes internationaux. Ces défis ont brouillé les frontières territoriales de la souveraineté traditionnelle. C'est la raison pour laquelle la théorie moderne de la souveraineté a intégré de nouveaux éléments tels que la communication et la coopération, les échanges économiques et le partage des ressources avec les organisations internationales. Au sens moderne, la souveraineté ne désigne plus l'indépendance absolue dans les sphères militaire, politique, économique et technologique, mais plutôt une indépendance relative, dans un effort d'adaptation à la tendance de la mondialisation. Par rapport au concept traditionnel, elle a une portée plus large et un contenu plus riche en réponse au développement de nouveaux territoires. « La conception traditionnelle de la souveraineté est non seulement en contradiction avec les pratiques réelles, mais entrave également la pensée des gens et lie les mains des États (Liu Qingjian 2004) ». En revanche, le concept de souveraineté moderne qui associe théorie et pratique permet de franchir les limites de la souveraineté traditionnelle et de résoudre la situation difficile à laquelle nous sommes actuellement confrontés en matière de souveraineté.

La souveraineté moderne est une nouvelle forme de souveraineté nationale, mais elle ne crée pas de nouveaux droits. Le passage du monde physique à l'espace virtuel offre une excellente occasion d'élargir et d'améliorer les règles du monde humain. L'émergence du cyberespace comme « cinquième domaine » est justement un résultat de l'évolution continue de la théorie de la souveraineté dans la pratique. Bien qu'il n'y ait pas de frontières tangibles dans ce nouveau domaine, les barrières virtuelles créées par la technologie, les connaissances et la culture sont tout aussi insurmontables. Le cyberespace contient des informations et des données du monde physique. Il fait partie de l'indivis mondial et sera inévitablement un nouveau domaine dans lequel les puissances se rivaliseront. L'émergence de la souveraineté sur le « cinquième domaine » vise précisément à atténuer les affrontements entre les pays, à améliorer le mécanisme de dialogue international et à sauvegarder les intérêts communs dans ce nouveau domaine. La souveraineté sur le « cinquième domaine » est la manifestation de la souveraineté moderne et une externalisation de la souveraineté moderne au-delà du niveau purement juridique.

4.1.2 De la souveraineté numérique à la souveraineté des données

Aujourd'hui, la sécurité traditionnelle et la sécurité non traditionnelle se croisent. Les menaces non traditionnelles à la sécurité sont de plus en plus importantes et ont un impact sur la sécurité nationale. Dans ce contexte, la souveraineté des données est devenue incontournable pour sauvegarder la sécurité de l'État. En tant que développement du concept de la souveraineté numérique, la souveraineté des données partage certains éléments avec celle-ci. Elle est proposée pour faire face aux problèmes de sécurité engendrés par les données massives et diffère d'une certaine manière du concept de souveraineté numérique.

1. Sécurité nationale

La sécurité nationale est la pierre angulaire de la stabilité, de la survie et du développement d'un pays. Elle signifie avant tout un état sûr et comprend également des méthodes et des compétences pour maintenir et réaliser cet état. Un pays est dans un état sûr lorsqu'il a un ordre stable et que son peuple peut poursuivre et réaliser tranquillement ses idéaux et ce qui l'inspire. Sans la sécurité nationale, il n'y aura ni stabilité ni ordre et le peuple sera épuisé par les efforts pour survivre et n'aura aucune énergie pour poursuivre l'épanouissement personnel. Par conséquent, la sauvegarde de la sécurité nationale est indispensable à la sauvegarde des intérêts fondamentaux du pays et du peuple. La question de sécurité nationale est un problème commun auquel toute l'humanité est confrontée. Elle fournit donc un appui important à la construction d'une communauté de destin pour l'humanité.

La souveraineté nationale et la sécurité nationale sont intimement liées. Sauvegarder la sécurité nationale, c'est défendre l'égalité, l'indépendance, l'intégrité et l'inaliénabilité de la souveraineté nationale. Les liens étroits entre la souverainement nationale et la sécurité nationale sont déterminés par la complexité, l'incertitude et l'imprévisibilité des relations internationales. En effet, l'établissement des normes de souveraineté tient compte des relations internationales et s'y adapte. Dans la pratique des relations internationales, des interactions peuvent se produire entre des États de zones géographiques et de cultures différentes, mais aussi entre des États ayant les conditions sociales similaires. C'est la structure externe du système international, les consensus atteints par les pays et le processus d'interaction lui-même qui maintiennent ces interactions et déterminent leur forme. Le système international a eu une grande influence sur la conception de souveraineté nationale. Il incite tous les pays à faire de leur mieux pour sauvegarder leur souveraineté et pousse de plus en plus de pays à accorder une priorité élevée à la souveraineté et à la sécurité nationales lors de l'élaboration des stratégies liées aux affaires étrangères.

Aujourd'hui, la sécurité nationale est confrontée non seulement à des défis traditionnels tels que des menaces de sécurité dans les domaines politique, militaire, territorial et économique, mais également à de nouveaux types de défis, notamment en matière de cybersécurité et de sécurité des données. Dans un paysage aussi complexe, la sauvegarde de la sécurité et de la souveraineté nationales est devenue une préoccupation réelle. Il est désormais inévitable d'innover notre compréhension de la souveraineté et d'étendre le concept dans de nouveaux domaines pour assurer la sécurité nationale à l'ère des mégadonnées. Les nouvelles formes de souveraineté, telles que la souveraineté numérique et la souveraineté des données, sont précisément des innovations audacieuses de la souveraineté traditionnelle. Elles étendent et enrichissent la dénotation de la souveraineté nationale et revêtent une importance déterminante pour traiter correctement les questions de sécurité nationale à l'ère des mégadonnées.

2. Souveraineté numérique

Le cyberespace n'est pas une zone de non-droit et la souveraineté numérique est une extension naturelle de la souveraineté nationale dans le cyberespace. En réalité, le concept de souveraineté numérique est une réflexion orientée vers les affaires intérieures, qui vise notamment à maintenir le développement pacifique et régulier du cyberespace. « Le cyberespace est créé par les humains. Vu ses particularités, il entraîne inévitablement de nombreux problèmes juridiques dont la solution nécessite l'intervention de l'État. Le développement durable et sain du cyberespace n'est possible qu'avec des règlementations nationales, ce qui a conduit à une extension objective de la souveraineté nationale au cyberespace et donc à la naissance du concept de souveraineté numérique (Du Zhichao et Nan Yuxia 2014) ». Le concept de souveraineté numérique a permis d'une part d'intégrer l'espace virtuel créé par les réseaux dans le cadre juridique global, de sorte que les autorités aient une base juridique solide pour maintenir l'ordre dans le cyberespace et protéger les intérêts des internautes. D'autre part, il fournit une garantie légale pour la libre expression et la libre participation dans le cyberespace.

La souveraineté numérique fait partie intégrante de la souveraineté nationale. Pour construire un système de gestion de réseau harmonieux, il est nécessaire de respecter le pouvoir suprême des États souverains dans leur gestion interne ainsi que leurs droits à l'égalité, à l'indépendance, à la légitime défense et à l'exercice de la juridiction lorsqu'ils participent à la gouvernance internationale du cyberespace. Plus précisément, le droit à l'égalité signifie que tous les pays participent à la gouvernance internationale du cyberespace sur un pied d'égalité, quelle que soit la taille de l'État ou la quantité de ressources dont il dispose. Le droit à l'indépendance signifie qu'il ne doit y avoir aucune ingérence dans les installations de communication et les équipements de réseau situés à l'intérieur d'un État. Le droit à la légitime défense signifie qu'un État souverain peut mobiliser toutes ses ressources nationales pour assurer le fonctionnement normal de sa propre infrastructure de réseau. Enfin, le droit à l'exercice de la juridiction signifie que les plateformes physiques qui constituent le cyberespace, les données qu'elles transportent et les activités qui y sont liées sont soumises à la juridiction judiciaire et administrative de l'État souverain correspondant (Fang Binxing, Zou Peng et Zhu Shibing 2016).

Le concept de souveraineté numérique est déjà un consensus de la communauté internationale. En effet, en raison de la libéralisation d'Internet et de l'absence de frontières physiques dans le cyberespace, la cybersécurité est devenue un nouvel élément à prendre en compte dans la sécurité nationale. L'émergence de la cybersécurité indique, d'une part, que les pays attachent de l'importance à la gouvernance internationale du cyberespace. D'autre part, elle révèle que la mise en place d'un système international de cybersécurité solide, scientifique et durable est un objectif commun de tous les gouvernements (Yu Zhigang 2016). L'émergence de la souveraineté numérique s'inscrit également dans la tendance du développement des réseaux. Étant donné qu'aucun pays ne peut rester à l'écart du développement des réseaux, nous devons faire bon usage du cyberespace pour renforcer la communication et les échanges, promouvoir le dialogue et réduire les différends internationaux. Ce n'est qu'en respectant l'égalité souveraine des États dans le cyberespace que nous pourrons parvenir à une véritable confiance mutuelle et à un consensus international et construire un « village mondial » caractérisé par l'interdépendance et l'intégration.

3. Souveraineté des données

La souveraineté des données est au cœur de la souveraineté numérique. La souveraineté numérique et la souveraineté des données sont toutes deux des extensions de la souveraineté nationale dans le « cinquième domaine ». Elles enrichissent le concept de souveraineté pour l'adapter au développement de la nouvelle ère et représentent un pas en avant de la théorie de souveraineté nationale. La souveraineté des données est fondée sur le contrôle et l'utilisation des données en tant que nouveau type de ressource par l'État, tandis que la souveraineté numérique met davantage l'accent sur la maîtrise de la technologie Internet et des technologies de l'information par l'État, ainsi que le droit de l'État de posséder et d'administrer les données du cyberespace (Shi Yuhang 2018). D'un côté, les flux de données ont un impact sur l'exercice de la souveraineté des données ; de l'autre côté, le pouvoir de gestion et de contrôle des flux octroyé par la souveraineté des données affectent l'exercice de la souveraineté numérique.

    La proposition du concept de souveraineté des données est inévitable pour faire face à un flux mondial massif de données. Elle traduit un changement majeur apporté par l'essor des nouvelles technologies telles que l'Internet, les mégadonnées et l'intelligence artificielle. D'une manière générale, les chercheurs, chinois et étrangers, ont deux visions de la souveraineté des données, l'une au sens strict et l'autre au sens large. « La souveraineté des données au sens strict se réfère uniquement à la souveraineté des données publiques. Dans ce cas, la 'souveraineté des données personnelles' est considérée comme un droit sur les données, c'est-à-dire le droit des utilisateurs à l'autodétermination et à l'autocontrôle de leurs données (Cai Cuihong 2013) ». Selon le professeur Joel Kinnaman de l'Université Tufts aux États-Unis, la souveraineté des données au sens large couvre à la fois les données publiques et les données personnelles. Selon lui, la souveraineté des données publiques est une condition préalable à la réalisation de la souveraineté des données personnelles. En même temps, la réalisation de la souveraineté des données publiques repose sur le soutien et l'expression de la souveraineté des données personnelles.

La souveraineté des données est une extension de la souveraineté nationale dans le domaine des données. Avec le développement rapide de la technologie, toutes les informations relatives à notre vie quotidienne et à la vie politique, économique et culturelle d'un pays sont devenues des données numériques. À l'ère des mégadonnées, ces données représentent une part croissante des ressources disponibles, ce qui nécessite une extension de la souveraineté nationale. Le champ de la souveraineté nationale ne se limite plus aux domaines réels traditionnels tels que le territoire, les eaux territoriales, l'espace aérien et l'énergie. Il s'étend désormais à l'espace virtuel constitué de données. Dans le cyberespace, la diffusion, l'échange et la reproduction des données impliquent des droits similaires aux « droits souverains » stipulés par la Convention sur le plateau continental. Ces droits sont étroitement liés à la souveraineté. En effet, la souveraineté des données n'est pas seulement l'incarnation des droits souverains suprêmes, mais aussi la manifestation de la souveraineté nationale. Par conséquent, elle doit être fondée sur la souveraineté nationale et agit comme une extension de celle-ci.

4.1.3 *Caractéristiques de la souveraineté des données*

1. Nature contemporaine

Chaque époque a un ensemble de concepts qui lui sont propres, et le développement du concept de souveraineté nationale suit le rythme du temps. L'émergence de la souveraineté des données est une nécessite réelle et pratique de l'ère des mégadonnées. En effet, il est indispensable d'enrichir continuellement le concept de souveraineté nationale pour identifier et résoudre rapidement les problèmes complexes qui se posent à l'ère des mégadonnées. Ce n'est qu'en appréhendant notre époque et en renforçant la nature contemporaine de la souveraineté des données que nous pourrons contrôler le flux transfrontalier de données massives, répondre aux besoins en matière d'analyse de données massives et assurer la souveraineté nationale dans l'ère des mégadonnées. La souveraineté des données a émergé avec l'avènement de l'ère des mégadonnées. Elle existe avec l'ère des mégadonnées et se développera avec le développement de celle-ci. Nous ne pouvons pas traiter la souveraineté des données en l'isolant de notre époque, car elle incarne et représente notre époque. À l'image de notre époque, la souveraineté des données est basée sur la technologie. Elle est, en substance, le résultat d'une technologie de données très mature. En effet, de la même manière que le maintien de la sécurité des données et la gestion des ressources de données dépendent de la technologie, l'exercice et la protection de la souveraineté des données s'appuient également sur la technologie. Le développement du concept de souveraineté des données est basé sur le progrès technologique. Sa définition, sa connotation et sa portée sont déterminées par le niveau de développement technologique. L'innovation et la maturité de la technologie sont à la base de la formation et du développement du concept de souveraineté des données, et aussi une condition nécessaire à son exercice.

2. Nature relative

À l'ère des mégadonnées, l'exercice de la souveraineté des données nécessite des compromis : il s'agit donc d'une souveraineté relative. En réalité, la souveraineté nationale est de nature irréversible. Elle est absolue envers l'intérieur et restrictive envers l'extérieur, ce qui lui donne aussi un caractère relatif. La relativité de la souveraineté est justifiable dans une certaine mesure et largement acceptée dans la société internationale contemporaine. En ce qui concerne la souveraineté des données, sa relativité se traduit, d'une part, par des divergences de la communauté scientifique quant à sa définition et, d'autre part, par la complexité de ses contraintes réelles. En effet, à l'heure actuelle, la réalisation de la souveraineté des données se heurte à des contraintes horizontales et verticales. Les contraintes horizontales désignent les relations de pouvoir entre les pays en matière de données, tandis que les contraintes horizontales désignent les relations de pouvoir entre les États, les structures supranationales, régionales et les individus dans le domaine des données (Cai Cuihong 2013). Du point de vue de la relativité, la souveraineté ne doit pas être considérée comme absolue. Elle est soumise à des restrictions. La relativité de la souveraineté des données se reflète dans sa définition et ses contraintes. D'abord, il n'y a pas encore de définition claire et unifiée du concept en raison des compréhensions divergentes. Ensuite, la réalisation de la souveraineté des données dépend du niveau technologique de chaque État. Toutefois, la fracture numérique entre les pays en développement et les pays développés ne peut pas être supprimée à court terme. Par conséquent, les pays sont inégaux quant à la capacité à réaliser la souveraineté des données. Enfin, contrairement à la possession absolue des ressources physiques dans le monde réel, le contrôle d'un pays sur des ressources de données dans le cyberespace est relatif. Étant donné que la circulation et le partage des données peuvent accroître leur valeur ou même créer une nouvelle valeur, les États seront menés à partager des données en leur possession (Zhu Yanxin 2017).

3. De la coopération

À notre ère, de nouvelles règles et de nouveaux mécanismes sont nécessaires pour contrôler et utiliser efficacement les données. Selon le chercheur américain Adeno Addis, la souveraineté des données implique deux missions nationales contradictoires : la mondialisation et la spécificité politique. La mondialisation est une condition préalable au développement et à l'intégration des pays dans la communauté internationale, tandis que la spécificité politique sert à garantir la sécurité et les intérêts de chaque pays. La mondialisation a lié les pays les uns aux autres et créé une influence et une dépendance mutuelles entre les pays dans le domaine des données. Elle demande ainsi une certaine coopération entre les États. La nécessité de la coopération est déterminée par les caractéristiques des données elles-mêmes. De manière générale, les données ont une valeur plus élevée lorsqu'elles sont partagées. Par conséquent, sous réserve de garantir leur propre sécurité, les États doivent coopérer pour poursuivre des intérêts communs. La souveraineté des données est ainsi coopérative. Cela signifie qu'aucun pays ne doit agir seul pour résoudre des problèmes internationaux liés à la souveraineté des données. Plus précisément, la coopération internationale devrait mettre l'accent sur la surveillance et la défense contre l'hégémonie dans le cyberespace afin de favoriser la construction commune d'un espace de données harmonieux et civilisé.

« Contrairement à la protection traditionnelle de la souveraineté, la souveraineté des données n'engage pas de concurrence absolue mais un certain degré de coopération. En raison du caractère intangible des données et de leur flux mondial, aucun pays ne peut à lui seul parvenir à un contrôle absolu sur les données. La 'souveraineté absolue des données' n'est qu'une illusion. Il est beaucoup plus réaliste d'orienter la construction du système de souveraineté des données avec la théorie de la souveraineté relative (Xiao Dongmei et Wen Yuheng 2017) ». La réalisation de la souveraineté des données nécessite non seulement que les pays se consultent mutuellement en vue d'aboutir à un consensus en matière de lois. Elle a également besoin du contrôle des conventions et des organisations internationales de diverses compétences.

4. De l'égalité

En tant que revendication, l'égalité de la souveraineté des données signifie qu'il ne devrait y avoir aucune autorité externe autre que le droit international pour décider des affaires intérieures d'un État souverain en matière de données, que les États souverains reconnaissent l'égalité de la souveraineté des données les uns pour les autres, et que chaque État souverain gère indépendamment ses affaires intérieures liées aux données. L'égalité de la souveraineté des données se manifeste principalement dans les relations extérieures d'un pays. En effet, à l'intérieur d'un État, la souveraineté est une relation hiérarchique entre le gouvernement et ses institutions subordonnées, tandis qu'à l'extérieur, la souveraineté signifie la reconnaissance d'un pays en tant qu'entité politique par d'autres pays. Cette reconnaissance établit une relation formelle et égale entre eux : aucun pays n'a droit de donner des ordres à un autre pays, ni obligation d'obéir à des ordres d'un autre pays. Les États souverains ont tous le pouvoir de posséder, d'administrer et d'utiliser leurs propres données ainsi que le droit de garder des données confidentielles et de maintenir leur indépendance et leur autonomie vis-à-vis du monde extérieur. Parallèlement, ils doivent respecter les données des autres États et s'abstenir d'intervenir dans leurs affaires intérieures ou de voler leurs données. Il s'agit à la fois d'une exigence nationale et d'un consensus international. En théorie, tous les pays jouissent de la même souveraineté de données. Cependant, en réalité, il existe un énorme écart de niveau entre les pays en développement et les pays développés en termes de technologie des données. Cet écart se traduit par des capacités d'influence très inégales dans le cyberespace. De plus, certains pays pratiquent l'hégémonie des données. Il est donc quasi-impossible de parvenir à une véritable égalité souveraine dans le domaine des données. En conséquence, l'égalité de la souveraineté des données est de pure forme, c'est-à-dire dans les réglementations et les consensus internationaux, et non dans la réalité. Pour atteindre une véritable égalité souveraine dans le domaine des données, il faut mettre en œuvre ces réglementations internationales, les observer dans la pratique et éliminer toute discrimination non fondée.

4.2 Droits de la souveraineté des données

Selon la théorie traditionnelle, la souveraineté est, à l'intérieur d'un État, le pouvoir suprême, et à l'extérieur, le pouvoir de rester indépendant. Elle comprend, entre autres, la juridiction, le droit à la légitime défense, le droit à l'indépendance et le droit à l'égalité. En tant qu'extension de la souveraineté dans le cyberespace, la souveraineté des données couvre également quatre droits fondamentaux : la juridiction sur les données, qui fait référence au droit d'un État d'administrer et de disposer de ses propres données ; le droit à l'indépendance des données, qui signifie que chaque État formule de manière indépendante ses lois et ses politiques en matière de données et détermine lui-même ses méthodes de gestion ; le droit à l'égalité des données, qui signifie qu'aucun État ne peut revendiquer la juridiction sur des données d'un autre État et que chaque État a le droit de participer à la coopération internationale et au partage des données sur un pied d'égalité ; le droit à la légitime défense en matière de données, qui signifie que tout État a le droit de se défendre lorsqu'il fait l'objet d'un vol de données, d'une surveillance ou d'une attaque de l'extérieur.

4.2.1 Juridiction sur les données

Le droit le plus important qu'un État souverain exerce en interne est la juridiction nationale. Les données, en tant que nouveau domaine de la souveraineté des États, entrent naturellement dans le champ d'application de la juridiction nationale. La juridiction sur les données se traduit par la régulation du domaine des données par les pouvoirs publics. À l'instar de la juridiction sur les autres domaines, elle est également une manifestation concrète de la souveraineté. Par conséquent, la juridiction sur les données découle de la souveraineté nationale. Plus précisément, elle désigne le droit d'un État de maintenir, de gérer et d'utiliser le matériel et les services associés pour la production, le stockage et la transmission de ses données (Cai Cuihong 2013). Le sujet exerçant la juridiction sur données est identique à celui de la juridiction nationale traditionnelle, mais ses objets sont les personnes et organisations qui utilisent des données pour mener des activités et échanges, ainsi que les biens en leur possession. Par ailleurs, la principale base juridique pour l'exercice de la juridiction sur les données comprend à la fois le principe de juridiction traditionnel et des principes secondaires découlant de la nature unique des données. À l'instar de la juridiction traditionnelle, la juridiction sur les données peut s'exercer de manière différente et comprendre des éléments différents d'un pays à un autre. L'exercice de la juridiction sur les données par un État est lié par sa constitution et le droit international sur la compétence (Qi Juxun 2003).

La juridiction sur les données est une manifestation externe de la souveraineté nationale : elle est donc relative en raison de la nature relative de cette dernière. Cette relativité se traduit par des contraintes à l'exercice des droits souverains d'un État, ainsi que par l'interdépendance et l'interaction entre les États en matière de souveraineté. C'est précisément les interactions entre les États souverains qui permettent de maintenir la souveraineté. Avec le développement en profondeur de la mondialisation, l'interdépendance et l'interaction entre les pays s'intensifient et les problèmes mondiaux se multiplient. Aucun pays ne peut exister et se développer seul. Qu'il s'agisse de la protection de l'environnement, du changement climatique ou de la finance internationale, de l'énergie et de la sécurité alimentaire, aucun pays ne peut relever à lui-seul les défis. L'approfondissement continu des échanges oblige les pays à s'unir et à coopérer pour surmonter les difficultés et résoudre les problèmes de survie et de développement.

À l'instar de la juridiction sur les domaines classiques, l'exercice de la juridiction sur les données au niveau international par les États souverains suit généralement les principes de la juridiction nationale, à savoir la compétence territoriale, la compétence personnelle, la compétence protectrice et la compétence universelle. Parmi celles-ci, la compétence territoriale est le fondement de l'indépendance ainsi qu'un droit indispensable d'un État. Conformément au principe de compétence territoriale, un État a le droit d'exercer sa compétence sur les personnes et les actions relatives à la transmission de données sur son territoire. La compétence personnelle, également appelée compétence internationale, prévoit qu'un État a compétence sur ses citoyens, qu'ils soient à l'intérieur ou à l'extérieur du territoire du pays, ainsi que sur certaines infractions commises par ses citoyens à l'étranger. La juridiction protectrice s'applique lorsqu'un citoyen d'un État porte atteinte aux intérêts d'un autre État à l'extérieur du territoire de celui-ci. Bien que l'acte ne soit ni commis par ses citoyens, ni arrivé sur son territoire, cet autre État a le droit d'exercer sa juridiction sur le citoyen en question situé à l'étranger si l'acte lui a entraîné des conséquences préjudiciables. La compétence universelle signifie que tout État souverain a le droit d'exercer sa juridiction sur des actes spécifiques qui mettent en danger la paix et la sécurité de l'humanité ou qui affectent la stabilité et l'ordre de la communauté internationale. Le champ d'application de la compétence universelle est relativement limité. Même en matière de flux transfrontaliers de données, elle doit reposer sur des dispositions précises du droit international.

Au niveau international, les conflits de juridiction entre États sur des affaires internationales sont généralement réglés par voie de négociation et d'accord mutuels ou par l'intermédiaire de la Cour internationale de justice. Dans le processus de règlement des différends internationaux, l'emplacement géographique du différend a souvent une influence importante et peut même jouer un rôle clé dans certaines circonstances. Cependant, dans le domaine des données, il est difficile de déterminer le lieu et l'heure d'un litige. En d'autres termes, la juridiction traditionnelle n'est pas adaptée aux données et il est urgent d'établir des règles de juridiction propres au domaine des données. À l'ère des mégadonnées, la juridiction nationale est souvent ignorée par des citoyens qui voient le monde numérique comme un lieu sans restriction où ils peuvent faire ce qui leur plaît. Le monde numérique étant virtuel, global et sans frontières, les champs de juridiction des États peuvent s'y croiser et se chevaucher. La compétence d'un État sur ses affaires peut ainsi être indirectement affectée, créant de nombreuses difficultés au fonctionnement de son système judiciaire. C'est pourquoi une coopération étroite entre les États dans le domaine des données est indispensable. Les particularités du monde numérique rendent l'exercice de la juridiction nationale difficile et la juridiction traditionnelle se montre de plus en plus limitée à l'ère des mégadonnées. En effet, il est difficile d'appliquer la compétence territoriale dans le monde numérique puisqu'il n'y existe pas de frontières physiques. De même, les difficultés liées à l'identification des utilisateurs de données compliquent l'application de la compétence personnelle. L'application de la compétence protectrice et de la compétence universelle rencontre également de nombreux obstacles dans le monde numérique.

4.2.2 *Droit à l'indépendance des données*

Le droit à l'indépendance est l'élément le plus fondamental de la souveraineté nationale. Il signifie qu' « un État exerce son pouvoir de manière indépendante et autonome, sans ingérence ni restriction étrangère (Xie Yongjiang 2018) ». Le paragraphe 7 de l'Article 2 de la Charte des Nations Unies stipule qu' « aucune disposition de la présente Charte n'autorise les Nations Unies à intervenir dans des affaires qui relèvent essentiellement de la compétence nationale d'un État ni n'oblige les Membres à soumettre des affaires de ce genre à une procédure de règlement aux termes de la présente Charte ; toutefois, ce principe ne porte en rien atteinte à l'application des mesures de coercition prévues au Chapitre VII ». Cette disposition a pour but de souligner l'indépendance de la souveraineté nationale : aucun pays ou organisation n'a le droit de s'ingérer dans les affaires d'autres pays pour quelque raison que ce soit. Conformément à l'esprit de la Charte, en 1965, l'Assemblée générale des Nations Unies a adopté la Déclaration sur l'inadmissibilité de l'intervention dans les affaires intérieures des États et la protection de leur indépendance et de leur souveraineté. La déclaration a de nouveau mis l'accent sur la protection de l'indépendance de la souveraineté nationale. Elle stipule que les affaires intérieures et extérieures d'un État doivent être menées et gérées de manière indépendante par l'État. Parallèlement, aucun État n'est autorisé à interférer ou à entraver les affaires intérieures d'un autre État sous quelque forme que ce soit, ni à participer directement ou indirectement aux conflits internes d'un autre État pour quelque raison que ce soit. Aucun État n'est autorisé à organiser, aider, promouvoir, financer, inciter ou soutenir des activités internes d'un autre État visant à renverser le gouvernement. La déclaration prône le respect mutuel de l'indépendance souveraine entre les États. Ainsi, le droit à l'indépendance a pour but de permettre à tout État de gérer ses affaires intérieures et extérieures de manière indépendante et autonome, selon sa propre volonté, sans aucune forme de contrôle et d'ingérence d'autres États.

La souveraineté nationale signifie « une indépendance totale de l'État, à l'intérieur et à l'extérieur de son territoire (Robert Jennings et Arthur Watts 1995, p. 92) ». À l'ère des mégadonnées, les États souverains devraient également être indépendants lorsqu'ils exercent leur pouvoir dans le monde numérique. Le droit à l'indépendance des données désigne justement le droit d'un État de gérer de manière indépendante l'infrastructure et les ressources de données situées à l'intérieur de l'État, de protéger la sécurité de ses données et d'empêcher d'autres États d'interférer arbitrairement dans son infrastructure et ses ressources de données. Le droit à l'indépendance des données inclut d'abord le droit des États souverains de gouverner leur propre monde numérique. Cette gouvernance peut prendre diverses formes telles que l'éthique, des politiques et des normes juridiques. Elle vise principalement à maintenir l'autorité suprême de l'État dans son espace des données. Le droit à l'indépendance des données comprend ensuite le droit d'un État d'interdire l'ingérence d'autres États dans sa gestion des données. Bien qu'il n'y ait pas de frontière dans le monde numérique, aucun État ne doit s'ingérer dans la gestion des autres États de leurs propres données. Rejeter fermement l'hégémonie des données est un moyen efficace de maintenir l'indépendance souveraine de chaque État dans le domaine des données (Jiang Ruihao 2016).

La relation entre l'indépendance des données et l'indépendance nationale classique. Tout d'abord, le droit à l'indépendance des données est le développement et l'extension du droit à l'indépendance nationale de la souveraineté classique. En tant qu'application de ce dernier dans le monde numérique, il poursuit ses principes tout en l'enrichissant pour qu'il s'adapte à notre époque. Ensuite, le droit à l'indépendance nationale est la base théorique du droit à l'indépendance des données. À l'instar du droit à l'indépendance nationale, le droit à l'indépendance des données adhère au principe de « non-ingérence dans les affaires intérieures » du droit international. Il est conforme aux dispositions du droit international relatives à l'indépendance et répond aux tendances de développement de la communauté internationale du droit international. Enfin, le droit à l'indépendance des données et le droit à l'indépendance nationale sont dans une unité dialectique. En effet, elles sont deux dimensions d'un même concept. L'application de l'indépendance nationale au monde numérique sera confrontée à certains défis et elle ne sera pas suffisante pour réguler le développement des relations internationales à l'ère des mégadonnées. Par rapport au droit à l'indépendance nationale, le droit à l'indépendance des données est plus adapté à l'environnement national et international du monde numérique à l'ère des mégadonnées.

Le droit à l'indépendance des données exige que le système de données d'un État, y compris son réseau et sa technologie d'application, ne soit soumis à aucune restriction de la part d'un autre État ou organisation. Cependant, du point de vue de la résolution de noms de domaine, le fonctionnement d'Internet actuel dans de nombreux pays dépend fortement des serveurs racines situés aux États-Unis, ce qui affecte dans une certaine mesure l'exercice du droit à l'indépendance des données. En effet, le système de résolution de noms de domaine utilise un modèle de gestion centralisé et hiérarchisé qui comporte deux risques principaux. Premièrement, les noms de domaine nationaux peuvent être bloqués. Si l'enregistrement du nom de domaine de premier niveau d'un État est supprimé du serveur racine, les sites Web sous ce nom de domaine national seront tous inaccessibles. Dans ce cas, le système de résolution multi-niveaux des noms de domaine s'effondrera également. Deuxièmement, l'accès Internet d'un État peut être bloqué. Si le serveur racine ainsi que tous ses serveurs esclaves et miroirs refusent de fournir la résolution de noms racine pour les adresses IP des serveurs DNS récursifs d'un État, les utilisateurs Internet qui utilisent ces serveurs DNS n'auront plus accès à Internet (Fang Binxing 2014).

Selon les statistiques disponibles, il existe actuellement treize serveurs racines du DNS dans le monde, parmi lesquels le seul serveur racine principal ainsi que neuf des douze serveurs racines secondaires se trouvent aux États-Unis. Il est à constater que les États-Unis contrôlent les ressources centrales et essentielles de l'Internet mondial. S'ils bloquent le nom de domaine d'un pays sur le serveur racine, ils peuvent faire disparaître instantanément tous les sites Web sous ce nom de domaine de premier niveau. En ce sens, les États-Unis ont un pouvoir de contrôle unique sur les données et peuvent affaiblir la souveraineté des données d'autres pays. À l'exception des États-Unis, aucun pays n'a encore une indépendance totale de ses données sur Internet. Pour réaliser le droit à l'indépendance des données de tous les pays, il faudrait transférer la gestion des serveurs racines d'Internet à une organisation internationale comme l'ONU. C'est pourquoi depuis longtemps, la Chine œuvre pour que l'ONU reprenne les fonctions de l'ICANN (« Société pour l'attribution des noms de domaine et des numéros sur Internet »). Le 1er octobre 2016, sous la pression de la communauté internationale, la National Telecommunications and Information Administration (NTIA), agence du département du Commerce des États-Unis, avait transféré la gestion de l'attribution des adresses et des numéros sur Internet à l'ICANN, mettant fin à une gestion sous contrat. Ce transfert devrait aider les pays à sortir du contrôle des États-Unis et à devenir plus indépendants (Huang Zhixiong 2017, p. 146).

4.2.3 Droit à l'égalité des données

« L'égalité, en tant que valeur fondamentale de la construction de l'ordre social, est un objectif poursuivi par tous les peuples depuis la naissance de la société humaine (Wu Shan et Liu Yading 2010) ». Le droit à l'égalité signifie « la codification et la normalisation de l'égalité et donne ainsi de l'ordre à la poursuite de l'égalité (Wang Xiangrong 2019) ». Du point de vue des relations interétatiques, le droit à l'égalité est l'un des droits fondamentaux d'un État et une expression fondamentale de sa souveraineté. Le droit à l'égalité signifie que tous les États sont égaux en droit international, quels que soient leur puissance, leur superficie, leur régime politique, leur modèle économique, leur culture, leur système social et leur idéologie. En effet, l'égalité souveraine entre les États a été reconnue dès 1648, dans les traités de Westphalie qui ont clairement énoncé les principes juridiques importants des relations internationales modernes. Son affirmation dans le droit international contemporain se reflète principalement dans la Charte des Nations Unies adoptée en 1945 : le préambule de la Charte affirme l'égalité des nations, grandes et petites ; son article 2 stipule expressément que « l'Organisation est fondée sur le principe de l'égalité souveraine de tous ses Membres ». En droit international, tous les États, grands ou petits, puissants ou faibles, sont des membres égaux de la communauté internationale. En d'autres termes, bien qu'il existe des différences de superficie, de puissance économique et militaire entre les États, ils jouissent des mêmes droits souverains et du même statut juridique. Tous les États sont égaux devant le droit international et jouissent des mêmes droits et intérêts légitimes. Ils doivent tous respecter les normes fondamentales du droit international et des relations internationales.

Selon Ian Brownlie, « l'égalité souveraine entre les États est le principe constitutionnel fondamental du droit international public ». Cela montre l'importance du droit à l'égalité pour les États souverains (Fang Binxing 2017, pp. 67–68). En tant que l'un des droits fondamentaux d'un État, le droit à l'égalité est un symbole majeur de sa souveraineté. À l'ère des mégadonnées, la souveraineté des données est une extension de la souveraineté nationale dans le domaine des données. Elle devrait donc être égale pour tous les États. « L'égalité de la souveraineté des données se manifeste principalement dans les relations entre les États souverains, soit dans les relations étrangères. Au niveau national, la souveraineté des données est le pouvoir suprême, tandis qu'à l'extérieur, elle signifie l'indépendance de chaque État souverain et le respect mutuel entre les États souverains. Aucun État ne peut intervenir dans le monde numérique d'un autre État sous prétexte d'affaires internationales ; aucun État n'a droits ni obligations envers un autre État. Les États devraient entretenir des relations d'égalité, qui sont un élément inhérent à la souveraineté nationale. En d'autres termes, puisqu'un État a la liberté de déclarer qu'il n'est pas soumis à la restriction ni au contrôle d'autres États dans le champ de sa souveraineté nationale, il doit également reconnaître que les autres États jouissent d'une liberté égale dans le champ de leur souveraineté (Zhang Jingwen 2018, p. 8) ».

De la même manière que le droit à l'égalité des États est un élément essentiel de la souveraineté nationale, le droit à l'égalité des données est un symbole majeur de la souveraineté des données. Il signifie qu' « aucun État ne peut revendiquer la juridiction sur les données d'un autre État et que tout État a le droit de participer de manière égale à la coopération et au partage internationaux des données (Li Aijun et Zhang Jun 2017, p. 34) ». Le droit à l'égalité des données exige que l'importance des données soit reconnue par la communauté internationale et que la souveraineté des données devienne un élément important de la souveraineté nationale, afin de réaliser des échanges de données égaux et de permettre à tous les États de jouir du droit à l'égalité des échanges dans le système international. Dans la pratique, le droit à l'égalité des données comporte trois aspects. Premièrement, l'accès aux ressources de données devrait être égal. Les données sont une richesse commune de l'humanité, tous les peuples devraient avoir le droit de les utiliser librement et sans discrimination, sous réserve de ne pas porter atteinte aux intérêts des autres pays et peuples. Deuxièmement, les règles en matière de données devraient être établies sur le principe de l'égalité. En d'autres termes, chaque État devrait être représenté de manière égale dans le système mondial de gouvernance des données. Dans le même temps, un État doit éviter de porter atteinte aux intérêts des États qui dépendent de ses services de données lorsqu'il élabore ses propres règles en matière de données. Si les règles sont inégales, certains États seront certainement victimes du traitement inégal de la part d'États développés. Enfin, le droit à l'égalité des données devrait également mettre l'accent sur l'immunité des États dans le monde numérique, qui permet de prolonger le concept de l'immunité dans l'ère des mégadonnées et de refléter indirectement l'égalité souveraine des États.

Le droit à l'égalité des données est de nature relative. Cette relativité est déterminée par la capacité de chaque État en matière de traitement des données. Avec le développement rapide de la technologie, il est nécessaire que la communauté internationale renforce la coopération et établisse des règles unifiées pour le monde numérique afin de réduire les différences juridiques entre les pays et de promouvoir l'établissement d'un nouvel ordre mondial dans le domaine des données. Le droit à l'égalité des données s'intéresse non seulement à l'égalité dans l'allocation des ressources de données, mais aussi à l'égalité des capacités à transformer les ressources après leur distribution. Cependant, il est confronté à une réalité complexe : par rapport aux pays développés, les pays en développement en général sont très en retard en termes de technologie des données. Leur influence dans le monde numérique est plus faible. À cela s'ajoutent des comportements hégémoniques de certaines puissances : il est donc quasiment impossible de réaliser une pleine égalité. Par exemple, en raison de leur capacité technologique insuffisante, de nombreux pays en développement ne sont pas en mesure de stocker et de traiter les données en toute sécurité. Ils sont ainsi contraints de transférer leurs données vers des pays développés et même accepter leur domination.

À l'heure actuelle, les États ne sont pas égaux dans le domaine des données et c'est un grand défi pour la réalisation du droit à l'égalité. En effet, en raison du développement inégal de la technologie de données entre les pays, leur exercice de droits dans le domaine des mégadonnées présente des inégalités. D'une part, les pays développés, en particulier les États-Unis, sont dans une position dominante absolue en termes de technologie des données, tandis que les nombreux pays en développement sont dans une situation désavantageuse. D'autre part, les pays ne disposent pas des mêmes capacités en matière de collecte, de stockage, de transmission, de traitement et d'utilisation des données, ce qui entraîne un déséquilibre dans les flux de données transfrontaliers. Les données, dont les flux sont très rapides, circulent plus facilement vers les pays développés disposant de capitaux et de ressources plus abondants. Ces pays, qui maîtrisent des ressources massives de données, peuvent développer encore plus d'avantages, creuser l'écart et contrôler la souveraineté industrielle et les opportunités de développement économique des pays plus faibles. De ce fait, la communauté internationale devrait promouvoir vigoureusement l'égalité de la souveraineté des données. Afin de parvenir à une répartition égale des intérêts en matière de données, nous pouvons nous inspirer du « principe des intérêts communs de toute l'humanité » du Traité de l'espace. Ainsi, nous ferons en sorte que tous les pays du monde tirent parti des énormes avantages offerts par le monde numérique, que tous les États soient représentés de manière égale et participent sur un pied d'égalité dans la gouvernance mondiale des données, et que tous travaillent ensemble pour explorer un modèle de gouvernance des données mutuellement bénéfique et gagnant-gagnant.

4.2.4 Droit à la légitime défense en matière des données

Le droit de légitime défense d'un État provient de sa souveraineté nationale. Selon le principe de la souveraineté nationale, tous les États ont l'obligation de respecter la souveraineté et l'indépendance des autres États. Pour assurer sa survie et sa sécurité, maintenir sa souveraineté et son indépendance, un État a le droit de prendre toutes les mesures autorisées par le droit international pour se protéger. En droit international traditionnel, un État avait le droit de faire la guerre. Par conséquent, il pouvait recourir à diverses mesures, incluant la guerre, pour obtenir ou défendre ses intérêts en vue de se préserver et de se développer. En ce sens, le droit à la guerre était un moyen important de se préserver. En 1928, le Pacte Briand-Kellogg met pour la première fois la guerre hors-la-loi. Puis, avec l'entrée en vigueur de la Charte des Nations Unies après la Seconde Guerre mondiale, le droit international moderne condamne clairement le recours à la guerre pour se préserver et se développer. Le droit à la légitime défense est ainsi né. Dans le système juridique international, le droit de légitime défense, en tant que droit fondamental d'un État, est subordonné à sa souveraineté nationale. Ce droit est notamment prévu par l'article 51 de la Charte des Nations Unies[2], selon lequel un État a le droit inhérent de contrer les attaques armées, c'est-à-dire le droit de légitime défense.

---

2   L'article 51 de la Charte des Nations Unies stipule qu'« aucune disposition de la présente Charte ne porte atteinte au droit naturel de légitime défense, individuelle ou collective, dans le cas où un Membre des Nations Unies est l'objet d'une agression armée, jusqu'à ce que le Conseil de sécurité ait pris les mesures nécessaires pour maintenir la paix et la sécurité internationales. Les mesures prises par des Membres dans l'exercice de ce droit de légitime défense sont immédiatement portées à la connaissance du Conseil de sécurité et n'affectent en rien le pouvoir et le devoir qu'a

Le droit de légitime défense d'un État fait référence à son droit d'utiliser la force pour résister aux attaques extérieures afin de protéger ses droits inhérents ou ses droits naturels. Depuis longtemps, la communauté internationale diverge sur l'interprétation du droit de légitime défense dans la Charte des Nations Unies. Il existe deux points de vue principaux sur sa définition : l'un au sens strict et l'autre au sens large. Le droit de légitime défense au sens strict désigne le droit d'un État de mettre en œuvre une légitime défense armée, individuelle ou collective pour défendre le pays contre une agression extérieure (Zhou Gengsheng 1981, p. 77). Au sens large, le droit de légitime défense désigne le droit d'un État de défendre sa propre survie et son indépendance. C'est un droit inhérent à l'État en tant que personnalité internationale (Zhang Naigen 2002, p. 95). Le milieu universitaire chinois utilise généralement le terme de droit de légitime défense au sens strict et estime que c'est un droit naturel d'un État découlant de sa souveraineté nationale. En combinant les différents points de vue, nous pensons que le droit de légitime défense des États présente les caractéristiques suivantes : il s'agit d'un droit inhérent des États en tant que personnalité internationale ; c'est le droit d'un État de défendre sa survie et son indépendance ; aucun État n'est autorisé à abuser de la légitime défense dans l'exercice de ce droit (He Fuyong et Duan Jindong 2005).

Le célèbre spécialiste britannique du droit international Lassa Oppenheim soutient que, selon le droit international coutumier, aucun État n'a obligation de rester passif lorsqu'un autre État prend des mesures préjudiciables à ses intérêts légalement protégés. Lorsqu'un État est attaqué par la force, il a le droit de recourir à la force si nécessaire, pour se défendre, repousser l'agresseur et l'expulser de son territoire. Cependant, en raison du caractère virtuel du monde numérique, le droit à la légitime défense en matière de données est différent du droit de légitime défense des États en droit international. Si une attaque numérique a causé de graves dommages à l'infrastructure de données clé d'un État, cet État peut exercer le droit de légitime défense contre l'agresseur sous réserve de certaines conditions et

---

le Conseil, en vertu de la présente Charte, d'agir à tout moment de la manière qu'il juge nécessaire pour maintenir ou rétablir la paix et la sécurité internationales ».

restrictions. Le droit à la légitime défense en matière de données est fondé sur le droit traditionnel de légitime défense des États. Il est établi pour maintenir la souveraineté des données et constitue un droit indispensable à tout État souhaitant garantir la sécurité et le développement de ses données. Il permet à un État de protéger ses propres droits et intérêts lorsque sa souveraineté des données est menacée par un vol de données, une surveillance ou une attaque extérieure.

Selon l'article 51 de la Charte des Nations Unies, un État ne peut exercer son droit de légitime défense que lorsqu'il est l'objet d'une agression armée ou menacé par une agression armée imminente. Cependant, l'article n'a donné aucune définition du terme « agression armée », ni précisé si les attaques numériques peuvent être considérées comme des « agressions armées » au sens traditionnel du terme. En tant que nouvelle méthode de combat, les attaques numériques, bien qu'elles ne provoquent pas toujours des dommages massifs aux personnes, peuvent facilement perturber et détruire le système de commandement de l'ennemi, du fait que les mécanismes d'opérations de guerre modernes dépendent de plus en plus des données. Elles peuvent ainsi endommager les installations, armes et équipements de l'ennemi, et même entraîner des blessures mortelles aux combattants. Dans une certaine mesure, les attaques numériques ne sont pas différentes des frappes militaires utilisées dans les guerres traditionnelles. Par conséquent, si une attaque numérique a causé un dommage matériel grave, elle peut être considérée comme une agression armée au sens du droit de la guerre. L'État souverain victime de l'attaque peut alors exercer son droit à la légitime défense en matière de données, pour contrer une telle attaque.

Le droit international reconnaît le droit de légitime défense comme un droit naturel d'un État, mais limite son exercice. Dans l'affaire du Caroline, Daniel Webster, alors secrétaire d'État américain, a précisé dans sa réponse à la note d'un ambassadeur britannique que si un État a le droit de légitime défense, ce droit ne peut être exercé que dans des situations où la légitime défense est « urgente et impérieuse, ne laissant aucun autre choix ni le temps de délibération »[3]. De même, l'exercice du droit à la légitime défense

---

3 « 加罗林号血案：一个国家如何行使自卫权？ » [L'affaire du Caroline : comment un État peut-il exercer son droit de légitime défense ?], <http://www.sohu.com/a/300675149_120094707>, consulté le 12 mars 2019.

en matière de données doit être restreint pour éviter que le droit donne lieu à des représailles armées qui sont illégales et contraires aux principes du droit international moderne. Plus précisément, l'exercice du droit à la légitime défense en matière de données doit respecter certaines limites, notamment le principe de nécessité et le principe de proportionnalité. Le principe de nécessité vise principalement à réglementer les moyens et méthodes utilisés lors de l'exercice du droit, ainsi que l'exercice immédiat du droit. Le principe de proportionnalité exige que lorsqu'un État exerce son droit à la légitime défense en matière de données, la force appliquée doit être raisonnablement proportionnelle au dommage dont il a subi. De même, les intérêts militaires spécifiques et directs ou d'autres intérêts qu'il cherche à protéger doivent être raisonnables par rapport aux éventuels dommages collatéraux qui peuvent être causés aux civils et aux biens de caractère civil (Gu Dexin 2001).

4.3 Jeu de la souveraineté des données

Les données, en tant que ressource stratégique de base, occupent une place de plus en plus importante dans le développement économique, la construction et la stabilité sociale de chaque pays. « La concurrence pour les ressources de données devient de plus en plus féroce. La souveraineté des données est devenue un point central du jeu international et la concurrence entre les pays pour la domination numérique ne cesse de s'intensifier (Zhao Gang, Wang Shuai et Wang Peng 2017) ». Dans la pratique, l'indépendance absolue que l'on exige de la souveraineté des données crée des conflits de juridiction et dilemmes de sécurité nationale. Le jeu de la souveraineté des données a ainsi conduit au désordre de la communauté internationale dans le monde numérique. Pour sortir de ce chaos, les pays devraient revenir à la coopération et à la participation souveraines, et mettre en œuvre une réglementation et une gouvernance communes des données pour assurer la paix durable, la sécurité universelle et le développement commun de l'humanité.

4.3.1 Conflits de souveraineté des données

Les flux et le stockage transfrontaliers de données ont remis en cause la théorie traditionnelle de l'indépendance absolue de la souveraineté. En effet, il est impossible pour un État souverain de posséder pleinement ses données et d'exercer sa juridiction de façon entièrement autonome sur ses données. Il ne peut non plus exclure complètement toute ingérence étrangère. Si un État met en œuvre un contrôle absolu et unilatéral sur ses données ainsi que sur les technologies associées en évoquant l'indépendance de la souveraineté, cela déclenchera une confrontation spontanée de la souveraineté des données et aboutira finalement au désordre de la communauté internationale dans le monde numérique. L'insistance excessive sur l'indépendance de la souveraineté des données est donc la principale cause des confrontations. À l'heure actuelle, le jeu spontané de la souveraineté des données découle principalement des conflits de juridiction sur les données et des dilemmes en matière de sécurité nationale des données.

Les conflits de juridiction sur les données. À l'ère des mégadonnées, le droit international est confronté à de nombreux nouveaux défis. Un des défis les plus importants vient du fait qu'une donnée peut être régie par des lois de plusieurs États en fonction de son lieu de possession, de stockage et de transmission. Parallèlement, pour réduire les coûts et répondre aux besoins des clients, les fournisseurs de services de données délocalisent souvent une partie de leurs services. Par conséquent, la même donnée peut se trouver soumise à plusieurs juridictions nationales, d'autant plus qu'il n'existe pas encore de définition claire sur la portée de juridiction de la souveraineté des données et que les États exercent leurs droits au sein de la communauté internationale selon la raison. En l'absence d'un système international unifié et d'un mécanisme de coordination, afin d'assurer la sécurité absolue du pays et d'avoir une surveillance suffisante, les États préfèrent revendiquer la souveraineté sur toutes les données qu'ils peuvent contrôler, ce qui conduit inévitablement à la surveillance de certaines données extraterritoriales et donc à des situations de juridictions multiples. En résumé, les pratiques actuelles qui mettent l'accent sur l'indépendance de la souveraineté ont entraîné une anarchie au sein de la communauté internationale en ce qui concerne la juridiction des données (Sun Nanxiang et Zhang Xiaojun 2015).

Les dilemmes en matière de sécurité nationale des données. Premièrement, par rapport aux pays développés, les pays en développement comme les pays les moins avancés manquent de toute évidence de moyens en matière de contrôle des données. En dépit d'une souveraineté indépendante sur les données, la majorité des pays en développement et des pays les moins avancés ne sont pas en mesure de protéger efficacement leur propre sécurité des données et leurs intérêts nationaux en raison de leur faible niveau technologique. Deuxièmement, la révolution de la technologie des données a permis à certains pays développés d'abuser de la souveraineté des données *via* leurs avantages techniques, provoquant ainsi des menaces sérieuses pour la sécurité des données d'autres pays. Prenons l'exemple des États-Unis : en plus d'exercer leur contrôle sur des données extraterritoriales en appliquant la législation nationale, les États-Unis collectent et analysent des données relevant de la juridiction d'autres États dans le cadre de projets spéciaux de leurs services de sécurité nationale. Enfin, le jeu spontané de la souveraineté des données rend également difficile la garantie effective de la sécurité nationale des données. D'une part, les flux et le stockage transfrontaliers de données ont considérablement affaibli la compétence effective des États sur les données et les équipements connexes, ce qui donne lieu à de graves failles de sécurité. D'autre part, les pays développés peuvent utiliser leurs avantages techniques pour collecter et surveiller les données d'autres pays de façon masquée, empiétant ainsi sur la souveraineté des données de ces pays. Par conséquent, un accent excessif sur l'indépendance de la souveraineté des données entraînera des confrontations entre les États et conduira certains pays développés à mettre en œuvre arbitrairement l'unilatéralisme dans le domaine des données.

Le jeu spontané de la souveraineté des données. Les interactions étroites entre l'indépendance de la souveraineté, les conflits de juridictions et les dilemmes de sécurité nationale des données forment un jeu spontané de la souveraineté des données. Premièrement, le fait de souligner l'indépendance absolue de la souveraineté des données donnera lieu à des conflits entre plusieurs juridictions. En raison de leur flux, les données impliquent au moins les producteurs, les destinataires et les utilisateurs, les lieux de transmission, de transfert et de destination, l'emplacement de l'infrastructure de données, le pays d'origine et le lieu d'exploitation du fournisseur de services. Les données étant indivisibles, toute activité transfrontalière peut entraîner un chevauchement des juridictions nationales et conduire à une confrontation en matière de souveraineté des données. Deuxièmement, pour garantir sa sécurité des données, un État peut adopter un contrôle unilatéral absolu sur ses données et sur les technologies connexes en invoquant la souveraineté. En particulier, il peut appliquer des restrictions légales quant à l'emplacement des centres de données, de sorte qu'ils restent dans le cadre d'un processus de contrôle de sécurité défini par l'État. Enfin, certains pays développés utilisent la souveraineté comme un prétexte pour obtenir des données sensibles, en portant atteinte à la souveraineté des données d'autres pays. Par exemple, les États-Unis monopolisent les ressources stratégiques de l'Internet mondial et comptent un grand nombre d'opérateurs de réseau et de fournisseurs de services de communication très influents, ce qui leur permet de voler facilement des données confidentielles à d'autres pays et constitue une menace à la sécurité globale des données.

Dans un contexte caractérisé par le développement rapide et la généralisation de la technologie des données, chaque État a défini à sa manière sa juridiction sur les données. En particulier, le caractère indépendant de la souveraineté pousse tous les États à revendiquer leur compétence sur les données extraterritoriales. Parallèlement, à l'ère des mégadonnées, le contrôle d'un État sur les données lui rapportant est considérablement affaibli. Dans les confrontations en matière de souveraineté des données, les pays en développement en général et les pays les moins avancés ne sont pas en mesure d'assurer leur propre sécurité des données et d'exercer efficacement leur souveraineté sur les données sans recourir aux mécanismes internationaux de coordination. En revanche, les pays développés peuvent exercer efficacement leur souveraineté des données grâce à une technologie de pointe, et même mettre en danger la sécurité et la souveraineté des données d'autres pays. De ce point de vue, l'indépendance absolue que l'on exige de la souveraineté des données a créé des conflits de juridiction et des dilemmes de sécurité nationale. Le jeu spontané de la souveraineté des données a conduit au désordre de la communauté internationale dans le monde numérique. Pour sortir de ce désordre, nous devrions explorer l'aliénabilité et la coopération en matière de souveraineté des données et établir une organisation ou un mécanisme de coordination internationale correspondant (Sun Nanxiang et Zhang Xiaojun 2015).

4.3.2 Transfert de souveraineté des données

Dans les premières théories de la souveraineté, la souveraineté était généralement considérée comme absolue, permanente, indivisible et incessible. Comme l'a souligné le chercheur américain Bertrand Barty dans son article « Mondialisation et société ouverte », « la mondialisation détruit les États souverains, relie le monde, abuse de la communauté politique qu'elle a établie, remet en question le contrat social et propose prématurément des garanties de l'État... Dès lors, la souveraineté n'est plus la valeur fondamentale incontestable comme elle l'était autrefois ». Le concept de la souveraineté nationale absolue, indivisible et incessible n'est plus adapté à notre époque. En particulier, le temps où un État peut gérer toutes ses affaires intérieures de manière totalement autonome sans s'inquiéter ou même considérer les avis des autres pays est révolu. Dans cette nouvelle ère, les actions de chaque pays sont de plus en plus restreintes par les autres parties. Face à de telles réalités, l'idée d'une souveraineté transférable apparaît comme une nouvelle tendance. De manière générale, le transfert de souveraineté fait référence à un moyen d'exercer la souveraineté dans le contexte de la mondialisation. Par ce moyen, un État souverain, afin de maximiser ses intérêts nationaux et de promouvoir une interaction positive avec d'autres États et de la coopération internationale, transfère volontairement une partie de ses droits souverains à d'autres États ou à des organisations internationales dans le respect des principes de souveraineté, tout en se réservant le droit de reprendre à tout moment ses droits transférés.

« Le transfert de souveraineté est le résultat de la collision entre la mondialisation et la souveraineté nationale. Il est bien fondé et inévitable. C'est pourquoi l'opinion générale est favorable à son égard » (Yang Fei 2009). Toutefois, le concept est aussi contesté. La raison apparente de ces contestations est le manque d'unification dans l'utilisation du terme de « souveraineté nationale » par les chercheurs, mais la raison la plus profonde réside dans la multiplicité des éléments contenus par la souveraineté nationale. En effet, la souveraineté nationale contient de nombreux éléments tels que l'identité souveraine, l'autorité souveraine, le pouvoir souverain, la volonté souveraine et l'intérêt souverain. Tous ces éléments ne sont pas transférables : certains d'entre eux comme le pouvoir souverain et l'intérêt souverain peuvent être cédés, tandis que d'autres tels que la volonté souveraine, l'autorité souveraine et l'identité souveraine sont inaliénables. À l'heure actuelle, il n'y a pas encore de consensus sur la définition du terme « transfert de souveraineté » et les chercheurs utilisent des termes variés tels que « l'aliénation de la souveraineté », « la cession de souveraineté », « la négation de la souveraineté » ou encore « la renonciation à la souveraineté » (Yi Shanwu 2006).

La souveraineté des données, en tant qu'extension de la souveraineté nationale dans le domaine des données, devrait aussi être transférable. En réalité, à l'ère des mégadonnées, aucun pays ne peut posséder le monde numérique. L'infrastructure de données et les centres d'échange de données qui sont indispensables au fonctionnement du monde numérique devraient être considérés comme des « biens communs mondiaux ». Le caractère ouvert du monde numérique oblige naturellement tous les pays à sauvegarder leurs intérêts nationaux dans un cadre international unifié. Par conséquent, pour réaliser pleinement sa souveraineté sur les données, chaque État doit transférer une partie de sa souveraineté à un mécanisme ou à une institution commune, de sorte que celle-ci puisse gérer les biens communs grâce à l'exercice de la souveraineté transférée. Le transfert partiel de la souveraineté des données n'est pas une renonciation à la souveraineté nationale, mais un choix rationnel à l'ère des mégadonnées qui permettrait à un État de participer aux organisations internationales. Grâce au transfert de souveraineté par les États, une institution reconnue collectivement exerce cette partie du pouvoir de manière centralisée (Zhang Haibing 2005, p. 145) et réalise le partage de la souveraineté sur les données, ce qui permettra aux États de rechercher de plus grands intérêts nationaux à long terme et de sauvegarder la souveraineté nationale des données en général.

La partie transférable de la souveraineté des données comprend deux éléments : la juridiction sur les données et la propriété des données. Le transfert partiel de la juridiction signifie qu'un État peut transférer sa juridiction sur des données à de grandes entreprises qui respectent les lois, réglementations et politiques de gestion des données du pays. Ces entreprises ont alors une juridiction relativement indépendante sur les ressources de données et exercer des activités commerciales en lien avec les données dans le cadre des lois et réglementations nationales pertinentes. Il peut même s'agir de sociétés multinationales étrangères, tant qu'elles acceptent la surveillance et le contrôle des autorités nationales compétentes conformément à la loi. Le transfert partiel de la propriété des données concerne les données qui sont stockées ou exploitées sur le territoire d'un État mais générées dans un autre État. Le premier État devrait transférer la propriété de ces données à cet autre État. En d'autres termes, un État ne possède pas toutes les données stockées ou exploitées sur son territoire, car la propriété des données appartient uniquement à l'État où elles sont générées.

Le transfert partiel de la souveraineté des données doit respecter le principe de la sauvegarde de l'intérêt national. Comme l'a fait remarquer le chercheur américain Hans J. Morgenthau dans son *Dilemmas of Politics*, « tant que le monde est politiquement composé d'États, le langage ultime de la politique internationale ne peut être que l'intérêt national ». Autrement dit, l'intérêt national détermine les objectifs fondamentaux de la politique étrangère et le comportement international d'un État (Cai Gaoqiang 2002). À l'ère des mégadonnées, l'intérêt national est également un facteur déterminant et fondamental pour décider du transfert de souveraineté des données et de la manière de réaliser le transfert. Un État doit respecter le principe de la sauvegarde de l'intérêt national lorsqu'il transfère partiellement sa souveraineté des données. Le transfert de souveraineté « consiste, dans une certaine mesure, à sacrifier des intérêts temporaires et partiels en échange des intérêts à long terme et des intérêts généraux (Li Huiying et Huang Guiqin 2004) ». Par ailleurs, le transfert de souveraineté des données par un État devrait être réglementé par des limites et à des principes : ce ne doit pas être une action passive sous la pression d'une puissance quelconque. L'étendue du transfert doit être examinée attentivement afin de maintenir l'indépendance de chaque État et l'égalité des droits et des statuts entre les États.

4.3.3 Coopération en matière de souveraineté des données

À l'ère des mégadonnées, aucun pays ne peut gérer unilatéralement les affaires internationales. En ce qui concerne les problèmes causés par le croisement des juridictions nationales, les dilemmes de sécurité des données et les caractéristiques uniques des données, les États devraient chercher des solutions dans la coopération en matière de souveraineté des données. Ils devraient définir raisonnablement les juridictions, administrer conjointement les biens communs du monde numérique et prendre des mesures collectives contre la criminalité dans le monde numérique, de sorte à résoudre les conflits à la source et à faire baisser la tension entre les États.

1. Coopération en matière de souveraineté

Au sein de la communauté internationale, tout État souverain a la liberté et le droit de prendre des mesures légitimes. En d'autres termes, tant qu'il ne viole aucune disposition prohibitive du droit international ni aucune obligation conventionnelle spécifique qu'il a contractée, un État peut librement exercer sa souveraineté dans la poursuite de ses propres intérêts. Toutefois, dans un monde de plus en plus interdépendant, l'exercice de la souveraineté et de la liberté d'action dans le cadre et les limites juridiques ne suffit plus pour faire face à des problèmes transnationaux de plus en plus complexes et diversifiés. De plus, les actions indépendantes et les échanges libres de chaque État peuvent également entraîner des atteintes mutuelles (Zhao Zhou 2010, p. 153). Par conséquent, les États doivent coopérer étroitement les uns avec les autres en matière de souveraineté. L'essence de cette coopération est la poursuite d'intérêts. En effet, il s'agit d'une « coopération étendue et globale entre les États, qui vise à trouver un terrain d'entente sur la base d'une pleine reconnaissance des différences entre leurs objectifs (Huang Houwen et Li Quanhui 2009) ». La coopération en matière de souveraineté « doit être fondée sur le principe de l'égalité souveraine, le respect du droit international, l'acquittement des obligations internationales de bonne foi et la non-ingérence dans les affaires intérieures d'autres États. Ce n'est qu'ainsi que nous pourrons sauvegarder les intérêts communs de l'humanité (Ren Mingyan 2007) ».

La particularité des données et du monde numérique nécessite un nouveau type de coopération en matière de souveraineté. Avec le développement rapide et la généralisation de la technologie des données, les flux et le stockage transfrontaliers de données sont de plus en plus courants et pratiques. Dans le même temps, les données étant intangibles et circulant dans le monde entier, aucun État n'est en mesure de parvenir à un contrôle absolu sur les données par des efforts unilatéraux. L'établissement d'une souveraineté absolue de l'État sur les données est donc illusoire. Les mégadonnées sont de nature internationale et la question de la souveraineté des données qu'elles soulèvent est également internationale : aucun État ne peut y répondre à lui seul. En ce qui concerne les problèmes causés par le croisement des juridictions nationales, les dilemmes de sécurité des données et les caractéristiques uniques des données, les États devraient chercher des solutions dans la coopération en matière de souveraineté des données. En renforçant leur coopération, les États pourront changer la situation actuelle, rendre les flux transfrontaliers de données plus transparents, mieux réglementés et plus ordonnés. La coopération permettra également aux uns et aux autres de se contrôler efficacement et d'utiliser rationnellement les données des partenaires. Elle favorisera la maximisation de la valeur d'usage des données et aidera à faire baisser la tension entre les États à la source.

2. Coopération en matière de souveraineté des données

Le droit de participer à la prise de décision dans les affaires internationales dont jouit chaque État est une garantie importante pour la coopération en matière de souveraineté des données. La coopération n'est pas seulement le travail de la communauté internationale, mais aussi une responsabilité et un devoir de tous les États souverains qui souhaitent sauvegarder les intérêts communs, assurer la sécurité et les espaces de développement. Parallèlement, la coopération est également un moyen important d'exercer la souveraineté des données. À l'ère des mégadonnées, chaque État doit reconnaître pleinement la souveraineté des autres États sur les ressources de données, les fournisseurs de services numériques et l'infrastructure de données relevant de leurs compétences, sans oublier que la poursuite unilatérale de l'indépendance absolue de la souveraineté peut conduire à des confrontations entre les États. Pour faire face aux flux transfrontaliers de données et aux nombreux problèmes qu'ils entraînent, il faut revenir à la définition de la souveraineté et mettre l'accent sur le droit de participation et de prise de décision dans les affaires internationales. Tous les États, qu'ils soient grands ou petits, riches ou pauvres, puissants ou faibles, ont le droit de participer aux affaires internationales et de prendre des décisions y relatives sur un pied d'égalité. Cette égalité de participation est le fondement de la coopération en matière de souveraineté des données. Dans le même temps, aucun État ne peut gérer à lui seul toutes les affaires internationales et la coopération est indispensable pour la gestion des biens communs. Par conséquent, la coopération en matière de souveraineté est un moyen inévitable d'exercer la souveraineté des données.

La coopération en matière de souveraineté des données doit respecter les principes fondamentaux du droit international, à savoir l'égalité souveraine, l'équité et l'intérêt mutuel. L'égalité souveraine de tous les États est un principe fondamental stipulé dans la Charte des Nations Unies. Elle est la condition préalable à la coopération, tandis que l'équité est au cœur de l'établissement d'un nouvel ordre international. Aujourd'hui, certains pays développés profitent de leur avantage technologique pour mettre en œuvre un contrôle unilatéral sur les données et les installations connexes, sans hésiter à nuire ou même à sacrifier les intérêts d'autres pays, entraînant ainsi des tensions en matière de sécurité des données. De ce fait, la coopération en matière de souveraineté des données doit éviter à tout prix un modèle orienté par le pouvoir. La coopération a pour but ultime de gouverner, contrôler et utiliser efficacement le domaine commun des données. Elle doit refléter les principes d'égalité et de bénéfice mutuel au lieu de servir les intérêts d'une seule partie au détriment des intérêts des autres. Pour parvenir à l'équité, la communauté internationale devrait fournir un soutien technologique aux pays en développement, en particulier aux pays les moins avancés pour améliorer leur capacité à gouverner, à contrôler et à utiliser leurs propres données et les aider à prévenir les menaces à la sécurité des données, telles que l'hégémonie et le terrorisme dans le domaine des données.

3. Modèle de coopération en matière de souveraineté des données

L'objectif d'équilibrer et de réglementer l'exercice de la juridiction est au centre de la coopération en matière de souveraineté des données. Pour y parvenir, il faut définir raisonnablement la portée de la juridiction nationale. Cette définition doit être basée sur la souveraineté et la gouvernance de l'État, tout en gardant un équilibre entre compétence territoriale et compétence personnelle. D'une part, en droit international traditionnel, un État est considéré comme un tout indivisible, responsable de tous les individus se trouvant sur son territoire, ou du moins de leurs actes. De même, le cadre juridictionnel, qui détermine les lois applicables, ainsi que les droits et obligations des sujets sont déterminées en fonction de l'emplacement des choses ou des personnes. D'autre part, la souveraineté des données et la gouvernance vont de pair, car il est impossible pour un État d'exercer sa juridiction sur des personnes ou des choses qu'ils ne contrôlent pas. Cependant, compte tenu de la particularité des données et de l'absence de frontières physiques du monde numérique, la juridiction traditionnelle est insuffisante et devrait être complétée par le principe de l'effet. En d'autres termes, lorsqu'un État exerce sa juridiction sur les données, si ses effets s'étendent aux populations et au territoire d'un autre État ou ont un impact significatif sur la sécurité nationale, l'ordre social et les intérêts économiques d'un autre État, celui-ci a alors le droit d'exercer sa juridiction sur les données et de demander à l'État concerné de limiter ses pouvoirs juridictionnels excessivement étendus.

En tant qu'endroit de stockage et de transmission de données le plus important, le monde numérique est considéré comme un indivis mondial présentant des caractéristiques similaires à celles de la haute mer, des régions polaires, de l'espace aérien international et de l'espace extra-atmosphérique. À l'ère des mégadonnées, aucun pays ne peut posséder de manière exclusive le monde numérique. Les données et les installations connexes qui sont indispensables au fonctionnement du monde numérique devraient être considérées comme des « biens communs mondiaux ». Le caractère ouvert du monde numérique oblige naturellement tous les pays à sauvegarder leurs intérêts nationaux dans le cadre général des Nations Unies. Par conséquent, pour réaliser pleinement leur souveraineté sur les données, les États doivent coopérer et laisser une autorité, une organisation ou un mécanisme commun exercer « la souveraineté coopérative », réalisant ainsi la gestion des biens communs. En effet, les conflits que nous constatons actuellement sont essentiellement causés par des pays développés qui exercent une juridiction unilatérale sur le monde numérique pour leur propre sécurité et intérêt, alors que le monde numérique devrait être partagé par l'humanité toute entière. Le monde numérique étant un bien commun aux êtres humains, dans un sens, les données et les installations qui soutiennent sa construction et son exploitation ne devraient pas appartenir à un État spécifique, mais faire l'objet d'une co-gouvernance internationale.

Étant donné que le monde numérique est intangible, virtuel et n'est pas délimité par des frontières physiques, les pays en développement en général, en particulier les pays les moins avancés, ne sont pas en mesure de réaliser une gestion efficace des données territoriales et extraterritoriales pour lutter contre la criminalité numérique, notamment le terrorisme en lien avec les données. Un moyen efficace de résoudre ce problème est de mettre en place un mécanisme de sécurité coopératif au sein de la communauté internationale sur la base de la souveraineté des données. À l'heure actuelle, bien que le mécanisme de coopération internationale pour lutter contre la criminalité numérique soit de plus en plus mature, la force juridique et contraignante des normes de conduite formulées par la communauté internationale en la matière reste encore relativement faible. Nous devons donc améliorer et institutionnaliser de toute urgence les actions collectives pour lutter contre les activités criminelles dans le monde numérique. La criminalité numérique met en jeu les intérêts et la sécurité de tous les pays. En effet, la plupart des crimes graves sont étroitement liés au terrorisme et menacent directement la survie, la sécurité et le développement de toute l'humanité. Par conséquent, la mise en place d'un mécanisme de sécurité collective pour le domaine des données est non seulement importante mais également très nécessaire. La pratique consistant à permettre à quelques pays développés de fixer et d'appliquer des règles va à l'encontre du concept de coopération en matière de souveraineté des données. La coopération fondée sur le transfert de souveraineté des données nécessite l'établissement de règles de conduite complètes dans un cadre international unifié.

Des actions transnationales peuvent même être envisagées sur la base du droit à la légitime défense collective pour lutter contre le terrorisme sévère.

4.4 Gouvernance de la souveraineté des données

La sauvegarde de la souveraineté des données est d'une grande importance pour la sécurité et le développement d'un État, mais elle est confrontée à de durs défis dans la pratique. L'hégémonisme, le protectionnisme, le capitalisme et le terrorisme sont en augmentation dans le domaine des données. En l'absence d'une gouvernance efficace, il sera impossible d'établir l'ordre international dans le monde numérique. Nous devons donc construire, de toute urgence, un système de gouvernance pour sauvegarder la souveraineté des données selon les principes pertinents. Basée sur le paysage politique international actuel, la gouvernance de la souveraineté des données pourra offrir une voie institutionnalisée et réaliste pour la gouvernance du cyberespace. La souveraineté des données est l'un des concepts fondamentaux du système chinois du droit des données. Pour construire son système de gouvernance et assurer sa réalisation, nous devons étudier sa signification sous l'angle de la gouvernance juridique et clarifier sa connotation.

4.4.1 Situation mondiale de la souveraineté des données

À l'heure actuelle, la souveraineté des données est devenue un nouveau champ de concurrence entre les pays. Certains problèmes dans ce domaine sont même devenus de nouveaux goulots d'étranglement et de nouveaux risques pour la croissance économique mondiale et le développement social. La gouvernance de la souveraineté des données est donc un sujet de plus en plus préoccupant pour tous les pays. L'anarchie étant l'une des caractéristiques fondamentales du monde numérique actuel, dans un sens, le monde numérique actuel est un indivis mondial anarchique à l'instar de la haute mer et de l'espace extra-atmosphérique. Dans ce contexte, la gouvernance de la souveraineté des données est confrontée à une série de nouveaux défis tels que l'hégémonisme, le protectionnisme, le capitalisme et le terrorisme numériques.

1. Hégémonisme numérique

Avec l'aide des mégadonnées, certaines grandes puissances ont commencé à poursuivre l'hégémonie numérique en plus de l'hégémonie dans les domaines traditionnels militaire, politique et économique. Elles préconisent l'hégémonie sur les données et profitent de la dépendance des populations à l'égard des données et de la vulnérabilité d'une société numérique pour manipuler ou dominer le monde *via* le contrôle des données. Sur le plan théorique, l'hégémonisme numérique est à l'opposé de la souveraineté des données. Celle-ci exige l'égalité des droits entre les tous États dans les relations internationales. Cependant, dans la pratique, l'hégémonisme numérique « constitue une grave menace à la souveraineté et à la sécurité nationale des États et à la paix mondiale. Certaines puissances se permettent non seulement de dépasser les limites lorsqu'ils exercent leur pouvoir, mais étendent leur pouvoir à des domaines qui relèvent de la souveraineté d'autres États (Laboratoire clé de la stratégie des mégadonnées 2019, pp. 272–273) ». L'hégémonisme numérique est actuellement la plus grande menace pour la gouvernance de la souveraineté des données, car il empêche les pays faibles de parvenir à une gestion efficace de leurs propres données et entrave la réalisation d'une gouvernance plus efficace de la souveraineté des données.

2. Protectionnisme numérique

Les flux transfrontaliers de données ont entraîné la croissance de l'économie numérique mondiale et sont devenus le circuit commercial le plus précieux à l'ère des mégadonnées. Néanmoins, les pays y imposent encore des restrictions à des niveaux différents. En particulier, depuis les révélations d'Edward Snowden, davantage de pays ont imposé des restrictions ou des interdictions sur les flux transfrontaliers par des exigences strictes en termes de localisation des données. Dans la plupart des pays, les politiques de localisation des données fournissent une garantie juridique pour la sécurité nationale et la protection de la vie privée des citoyens. Toutefois, dans le même temps, certains pays ont commencé à adopter des politiques extrêmes de localisation des données pour des objectifs économiques, en limitant complètement ou en interdisant les flux transfrontaliers. Cette pratique engendre la menace d'une protection excessive des données, ou protectionnisme numérique. Sur le plan international, le protectionnisme numérique est non seulement incompatible avec le flux rapide de données, de capitaux, de technologies et de talents dans l'économie mondiale, mais aussi entre en conflit avec les stratégies de la majorité des États en matière de souveraineté des données, car il ne respecte pas leur souveraineté des données. Le protectionnisme numérique ne permettra pas de prévenir efficacement les risques engendrés par les flux transfrontaliers de données. Au contraire, il intensifiera la concurrence et les frictions entre les pays, conduira à un égoïsme extrême et à l'unilatéralisme et déclenchera des guerres commerciales numériques ainsi que des conflits dans le domaine des données, plongeant ainsi l'ère des mégadonnées dans une crise sévère et globale.

3. Capitalisme numérique

Les données ne sont pas seulement des enregistrements d'informations, mais contiennent aussi une énorme valeur commerciale. D'une manière générale, les données sont des « messages » d'une valeur indéterminée. C'est leur valeur d'usage qui pousse les gens à en posséder. Dans un monde capitaliste, les données deviennent inévitablement un capital. En effet, les données constituent un nouveau type de capital émergent après le capital monétaire et le capital intellectuel. Elles représentent une combinaison de capital monopoliste industriel et de capital monopoliste financier, caractérisé par des monopoles de données. Les monopoles de données ont accéléré l'appréciation des données à un niveau sans précédent, formant ainsi un capitalisme numérique. Le capitalisme numérique « a créé une forme de monopole toute nouvelle qui s'intensifie sous le déguisement de la propriété intellectuelle (Yan Xianjun 2001) ». Il ne peut pas résoudre la contradiction fondamentale du capitalisme qui devient de plus en plus complexe à l'ère des mégadonnées. D'une part, les États prônant le capitalisme numérique utilisent leur position de leader dans la technologie numérique pour contrôler et manipuler la production et la diffusion des données en vue de s'approprier des intérêts sans respect de la souveraineté des données d'autres États. D'autre part, les capitalistes du numérique poursuivent des intérêts politiques, économiques et culturels à travers le contrôle de la technologie des données. Ils intensifient ainsi la fracture numérique dans le monde tout en provoquant une crise mondiale de la sécurité des données. Il est à constater que le capitalisme numérique n'est pas une solution scientifique ni efficace aux problèmes épineux de la gouvernance de la souveraineté des données. Il ne permettra pas de relever les nouveaux défis posés par un développement déséquilibré. Au contraire, il constitue lui-même un problème majeur à résoudre dans le processus de gouvernance de la souveraineté des données.

4. Terrorisme numérique

À l'ère des mégadonnées, le terrorisme traditionnel est loin d'avoir disparu. Au contraire, à l'aide des données massives, les activités terroristes se sont étendues du monde physique au monde numérique. Les mégadonnées fournissent aux terroristes de nouveaux moyens et de nouvelles plates-formes. Les terroristes les utilisent non seulement comme une arme de destruction et de perturbation, mais aussi pour recruter, collecter des fonds, planifier et commettre des actes terroristes. Profitant du développement et de la large application des mégadonnées, le terrorisme traditionnel se transforme progressivement en terrorisme numérique et menace le monde de façon plus puissante, plus influente et plus dévastatrice (Laboratoire clé de la stratégie des mégadonnées 2019, p. 279). Le terrorisme numérique partage des caractéristiques communes avec le terrorisme traditionnel, tout en étant plus asymétrique et plus dissimulé. En effet, par rapport au terrorisme traditionnel, le terrorisme numérique peut mettre encore plus en péril la souveraineté nationale ainsi que la paix et la sécurité mondiales. Ses conséquences sont également plus dévastatrices. En tant que nouveau moyen des terroristes, le terrorisme numérique est « un nouveau problème mondial dans le domaine de la sécurité non traditionnelle (Yu Xiaoqiu 2002) ». À l'heure actuelle, le terrorisme numérique constitue déjà une menace sérieuse pour le développement économique, la sécurité sociale et la stabilité de certains pays et même du monde. Il pose d'énormes défis à la gouvernance de la souveraineté des données et se présente comme un problème réel que les pays du monde doivent résoudre d'urgence.

4.4.2 Différences internationales en matière de souveraineté des données

Le cyberespace est sans aucun doute un domaine important pour l'exercice de la souveraineté des données. Toutefois, à l'heure actuelle, la communauté internationale diverge sur de nombreux aspects du cyberespace. Ces divergences sont liées à « des connaissances insuffisantes sur le cyberespace et au manque de pratique en la matière, mais elles sont surtout dues aux différences d'idéologique, de valeurs et d'intérêt national entre les pays (Huang Zhixiong et Ying Yaohui 2017) ». Dans l'ensemble, les différences internationales concernent la compréhension, les stratégies et la gouvernance du cyberespace.

1. Différences de perception : indivis mondial *vs* domaine souverain

Aujourd'hui, il existe deux conceptions très différentes du cyberespace au sein de la communauté internationale : l'une considère le cyberespace comme de l'indivis mondial, l'autre comme du domaine souverain. Pour des pays et régions développés en termes de réseau informatique, tels que les États-Unis, le Japon et l'Union européenne, le cyberespace, différent du monde physique, ne devrait pas être soumis à la juridiction et au contrôle d'un seul État, mais devrait être considéré comme un bien commun mondial comme la haute mer et l'espace extra-atmosphérique. Un bien commun mondial désigne une ressource ou un domaine qu'aucun État ne peut dominer et dont dépendent la sécurité et la prospérité de tous les États. Les États-Unis, par exemple, comparent le cyberespace aux océans, à l'espace aérien international et à l'espace extra-atmosphérique et le classent dans les « biens communs mondiaux » hors de la portée de tout État souverain. « En 2005, les États-Unis ont classé le cyberespace comme un bien commun mondial dans la 'Strategy for Homeland Defense and Civil Support' (stratégie de défense intérieure et de soutien civil). Puis, en 2010, le pays a réaffirmé cette vision en définissant le cyberespace comme un 'domaine mondial dans l'environnement de l'information' dans son 'Quadrennial Defense Review' (rapport quadriennal de la défense) (Huang Zhixiong 2017, pp. 98–99) ». Ainsi, pour les États-Unis, la gestion du cyberespace devrait dépasser les frontières des États souverains au sens traditionnel du terme. En d'autres termes, les États ne devraient pas exercer de souveraineté dans le cyberespace. À l'opposé de la conception américaine, des pays et organisations émergents en termes de réseau informatique représentés par la Russie, le Brésil, l'Organisation de coopération de Shanghai (OCS) et le Conseil pour la coopération en matière de sécurité dans la région Asie-Pacifique (CSCAP) estiment que le cyberespace relève de la souveraineté nationale. En d'autres termes, pour maintenir la stabilité sociale, les États devraient exercer leur souveraineté dans le cyberespace. Ainsi, en 2011, la Russie, la Chine et d'autres États membres de l'OCS se sont portés coauteur d'un projet de résolution intitulé « Code de conduite international pour la sécurité de l'information » à la 66e session de l'Assemblée générale des Nations Unis, proposant que le pouvoir de décision sur les questions de politique publique concernant l'Internet relève de la souveraineté des États et que la souveraineté de chaque État dans le cyberespace doive être respectée. Le CSCAP soutient également que le cyberespace ne fait pas partie des biens communs mondiaux. Il le considère comme un élément important de la souveraineté nationale et un nouveau domaine qui implique la sauvegarde de la souveraineté, de la sécurité et des intérêts des États en matière de développement. À l'heure actuelle, bien que de nombreux pays préconisent l'exercice de la souveraineté nationale dans le cyberespace, en pratique, ils ont des perceptions différentes de la nature du cyberespace en raison des différences importantes de niveau de développement, d'histoire, de culture et de système social (Liu Ying et Wu Ling 2019). Il manque ainsi un consensus sur la souveraineté des États dans le cyberespace pour l'élaboration des règles internationales pertinentes. De même, la souveraineté des données, en tant que concept subordonné de la souveraineté du cyberespace, est également perçue de manières très différentes au sein de la communauté internationale. Il existe même des désaccords sur la légitimité de la souveraineté des données ainsi que sur sa relation avec la souveraineté du cyberespace.

2. Différences de stratégie : modèle libéral du cyberespace *vs* communauté de destin

Conformément à leur système de valeurs, les pays occidentaux ont toujours prôné la suprématie des droits de l'homme par rapport à la souveraineté et soutenu que les droits fondamentaux des citoyens sont sacrés et inviolables. Ainsi, en ce qui concerne le cyberespace, ils préconisent un modèle libéral et s'opposent à l'extension du contrôle de l'espace réel au cyberespace. Estimant qu'une frontière numérique pourrait poser des problèmes à la démocratie, ces pays rejettent toutes les actions qui pourraient entraver la libre circulation des données. Par exemple, les États-Unis considèrent que l'État ne peut entraver la liberté de connexion et la libre circulation des données pour quelque raison que ce soit, et qu'il devrait garantir les libertés fondamentales dans le cyberespace. À cet égard, en 2011, les États-Unis ont successivement publié la « Stratégie internationale pour le cyberespace » et la « Stratégie d'opération dans le cyberespace » visant à promouvoir la cyber-liberté. Ces deux documents qui mettent en avant la liberté sur Internet constituent le cadre général de la stratégie internationale des États-Unis en matière d'Internet. En particulier, la liberté dans le cyberespace est un concept fondamental et un élément majeur de la « Stratégie internationale pour le cyberespace », selon laquelle « la politique internationale des États-Unis sur le cyberespace traduit les principes fondamentaux du pays, c'est-à-dire son engagement en faveur des libertés fondamentales, de la vie privée et de la libre circulation des données ». « La liberté de l'Internet est devenue l'idéologie officielle du gouvernement américain qui la considère comme une valeur universelle incontestable. Avec la forte influence des pays occidentaux représentés par les États-Unis, elle a pratiquement dominé la recherche et les discussions sur les questions d'Internet pendant de nombreuses années (Li Chuanjun 2019) ». À l'opposé, des pays en développement estiment que « le modèle libéral ne répond pas aux besoins en matière de cyberespace (Wang Mingjin 2016) ». Ils estiment que, dans le cyberespace, nous devons suivre les principes des relations internationales et la Charte des Nations Unies, respecter l'intégrité territoriale, l'indépendance politique de tous les États ainsi que les droits et les libertés de l'homme, et adhérer au principe de l'unité entre sécurité nationale et indépendance souveraine. Aucun pays ne peut promouvoir l'hégémonie dans le cyberespace sous couvert de « liberté de l'Internet ». La Chine, par exemple, accorde une grande attention à la question de la souveraineté du cyberespace. Au cours des dernières années, elle a activement plaidé pour le respect et la sauvegarde de la souveraineté du cyberespace de tous les États. Il s'agit d'une des propositions centrales de la Chine sur le droit international et l'ordre international en matière de cyberespace. En décembre 2015, lors de la 2e Conférence mondiale sur Internet, le président chinois Xi Jinping a présenté pour la première fois le concept d'une « communauté de destin dans le cyberespace » et a exposé en profondeur les « quatre principes » ainsi que les « cinq propositions » pour la construire. L'idée d'une communauté de destin dans le cyberespace est dans l'intérêt de la plupart des États. Depuis son lancement, elle est acceptée par de plus en plus de pays dans le monde. Toutefois, pour des raisons idéologiques et autres, elle suscite encore des doutes de certains pays occidentaux.

3. Différences de gouvernance : gouvernance multipartite *vs* gouvernance multilatérale

Aujourd'hui, la communauté internationale propose principalement deux modèles différents pour la gouvernance du cyberespace : l'un prône la gouvernance multipartite et l'autre la gouvernance multilatérale. Le premier modèle est défendu par les pays cyber-développés représentés par les États-Unis, tandis que le second modèle est préconisé par les pays émergents et en développement dans le cyberespace représentés par la Chine, la Russie et le Brésil. L'approche multipartite, qui est actuellement un modèle de gouvernance largement admis, prône

« une gouvernance du cyberespace dirigée par des experts techniques, des institutions commerciales et la société civile, sans trop d'intervention des gouvernements et même des organisations intergouvernementales telles que les Nations Unies (Wang Mingjin 2016) ». Ce modèle attache de l'importance à la diversité des acteurs de gouvernance, privilégie le rôle des individus sur la souveraineté nationale. « Il estime que le caractère mondial et décentralisé de la communication dans le cyberespace a fait perdre aux gouvernements leur position dominante et centrale dans la gouvernance (Zheng Wenming 2017) » et que la gouvernance de l'Internet devrait être ascendante. De prime abord, le modèle de gouvernance multipartite semble jouer un rôle positif dans l'équilibre des intérêts de toutes les parties. Cependant, en raison du manque de coopération et de soutien des États souverains, il peut difficilement aboutir à une gouvernance efficace du cyberespace. Dans le même temps, ce modèle présente de nombreuses lacunes et sa rationalité, sa légitimité et sa fiabilité ont également été remises en question par les pays cyber-émergents et les pays en développement en général. De leur côté, ces pays sont plus enclins à une gouvernance dirigée par les gouvernements et plaident pour le renforcement de la gouvernance du cyberespace par le biais des Nations Unies ou d'autres organisations internationales. Ils proposent donc un modèle de gouvernance multilatérale et descendante axé sur les fonctions de l'État. Selon ce modèle, « dans le cyberespace, les principes de la souveraineté nationale et la résolution du désordre devraient être centrés sur les États-nations. Un État devrait avoir le pouvoir de protéger sa sécurité dans le cyberespace et sa souveraineté numérique. Une entité avec les États comme principal acteur devrait être créée dans le cadre des Nations Unies pour coordonner et traiter les questions liées à la gouvernance du cyberespace (Zheng Wenming 2017) ». Il est à constater que ces deux modèles de gouvernance du cyberespace sont en conflit à bien des égards. En effet, « la différence entre les deux camps est essentiellement un différend entre conservateurs et réformistes, qui poursuivent des intérêts différents. Il est à prévoir que les différences et le jeu autour de cette question persisteront pendant longtemps encore (Long Kun et Zhu Qichao 2019) ».

4.4.3 Réglementation juridique en matière de souveraineté des données

La sauvegarde de la souveraineté des données est d'une grande importance pour la sécurité nationale, le développement économique et la stabilité sociale d'un pays, mais elle est confrontée à de nombreuses nouvelles menaces et à de durs défis dans la pratique. Par conséquent, il faut construire de toute urgence un système institutionnel pour préserver la souveraineté des données, explorer la réglementation juridique en la matière et l'amener sur la voie de l'état de droit, afin de réduire le risque d'abus de souveraineté des données et de promouvoir son développement sain.

1. Défis de la souveraineté des données

À l'heure actuelle, de plus en plus de pays ont mis en œuvre une législation sur la souveraineté des données, mais dans l'ensemble, la communauté internationale n'est pas parvenue à un consensus sur les principes à suivre à cet égard. D'une part, la Russie, l'Union européenne et les États-Unis ont des points de vue différents sur l'exercice de la souveraineté des données en raison des intérêts nationaux différents. La Russie plaide activement pour l'exercice de la souveraineté des données dans un souci de sécurité de l'État. L'UE et ses États membres le préconisent également pour la protection des données personnelles des citoyens. En revanche, les États-Unis et d'autres pays accordent plus d'attention aux intérêts commerciaux apportés par les mégadonnées et prônent la libre circulation transfrontalière des données. D'autre part, la souveraineté des données n'a pas le même sens pour les pays ayant des capacités de contrôle des données différentes. En comparaison, les pays ayant de plus faibles capacités de contrôle sont plus enclins à accepter le concept de souveraineté des données, puisqu'ils espèrent protéger leurs droits à la gestion et à l'utilisation des données grâce à la coopération internationale. Au contraire, les pays dotés de solides capacités de contrôle n'ont pas à s'inquiéter du pillage ni de l'exploitation de leurs données. Ils n'ont donc pas de besoin réel de mettre l'accent sur la souveraineté des données (He Bo 2017). Parallèlement, en tant que nouveau droit des États, la souveraineté des données est confrontée à de nouveaux défis et menaces, dont notamment l'hégémonisme, le protectionnisme, le capitalisme et le terrorisme numériques. De nombreux pays occidentaux, à commencer par les États-Unis, ont mis en place des systèmes juridiques relativement complets et matures pour la gestion des données. En s'appuyant sur leurs avantages technologiques, ils ont occupé l'ensemble de la chaîne de l'industrie numérique et maîtrisé les maillons clés de la gestion des données, imposant ainsi une hégémonie numérique à d'autres pays. Par exemple, dans l'affaire PRISM, afin d'obtenir des renseignements, le gouvernement américain a autorisé sa National Security Agency à accéder directement aux énormes ressources de données de neuf grandes entreprises telles que Google, Facebook, Microsoft, YouTube et PalTalk, ce qui a porté gravement atteinte à la sécurité des données et aux intérêts nationaux d'autres pays (Du Yanyun 2016).

2. Construction institutionnelle de la souveraineté des données

À l'heure actuelle, les lois et politiques relatives à la souveraineté des données s'intéressent principalement à la gestion et au contrôle des données, tandis que les revendications et les pratiques des pays en matière de souveraineté des données portent principalement sur la gestion des flux transfrontaliers de données. Sur le plan international, de plus en plus de pays et de régions ont commencé à construire leur système juridique de souveraineté des données pour normaliser la gestion des données (He Bo 2017). Lors de la construction d'un tel système, nous devons non seulement prêter attention à la sécurité et à la protection des données de base en vue de prévenir les risques, mais aussi accorder de l'importance à l'exploitation et à l'utilisation des ressources des mégadonnées, tout en restant prudents face aux risques techniques et aux pertes économiques que l'hégémonie numérique pourrait provoquer. Par conséquent, il est nécessaire de formuler des règles et des mécanismes en ciblant la circulation transfrontalière de données basée sur la classification, le stockage localisé des ressources de données et l'élimination de l'hégémonie numérique pour la construction d'une communauté de destin (Zhang Jianwen et Jia Zhangfan 2018).

Contrôle et circulation des données basés sur la classification. À l'ère des mégadonnées, la libre circulation des données, sous réserve de garantir la sécurité nationale, est conforme aux intérêts les plus fondamentaux et à long terme de la plupart des pays. Cela nécessite que les pays gèrent leurs données sur la base de la classification pour éviter les fuites de données critiques, permettre la circulation ordonnée et libre des données non critiques conformément à la loi et former un ensemble de règles pour les flux transfrontaliers qui tiennent à la fois compte de la sécurité et de la liberté. Afin de prévenir les fuites de données, il faudrait créer un modèle de suivi dynamique du flux et un modèle d'évaluation des risques de sécurité, mettre en place un mécanisme de responsabilité rétroactive multiple et un mécanisme de réponse d'urgence aux risques de sécurité. Ces modèles et mécanismes nous aideront à éviter les fuites de données critiques et à réduire les pertes entraînées par des éventuels accidents de fuite. Pour favoriser les flux de données non critiques, il faudrait introduire les principes de nécessité et de complémentarité et soutenir le libre-échange et la circulation des données non critiques, de sorte que toutes les parties puissent mettre à profit leurs atouts pour des bénéfices mutuels et un résultat gagnant-gagnant.

Stockage localisé des données et protection des infrastructures clés. Les exigences en matière de localisation des données mettent l'accent sur la collecte, le traitement et le stockage de données, de sorte qu'ils soient dans la compétence de l'État concerné. Cependant, la mise en place d'un système de souveraineté des données doit tenir compte de la reproductibilité et de la mobilité des données, afin d'éviter des effets inverses et des débordements réglementaires qui pourraient résulter du croisement des juridictions. En plus d'un stockage localisé des données, les États devraient également définir des règles précises quant à l'emplacement des infrastructures clés telles que les opérateurs et les installations de service. Plus précisément, les opérateurs numériques devraient être des entreprises ou des organisations non corporatives enregistrées sur le territoire de l'État. L'emplacement des serveurs devrait être soumis à une approbation préalable et à des contrôles continus. Il faudrait également attribuer des niveaux de confidentialité et des niveaux de sécurité appropriés à l'infrastructure afin de mieux protéger l'infrastructure clé contre les hackers.

Élimination de l'hégémonie numérique et construction d'une communauté de destin. Afin d'éliminer l'hégémonie dans le domaine des données, les pays en développement devraient, d'une part, renforcer la conception stratégique de haut niveau et offrir plus de soutien à leurs entreprises spécialisées dans les mégadonnées, de sorte à briser le monopole des puissances hégémoniques sur les technologies de données, et d'autre part, ils devraient œuvrer à la construction d'une communauté de destin en vue de démanteler le fondement même de la légitimité de l'hégémonie numérique. Bien que la souveraineté des données d'un État couvre les données générées par ses citoyens dans d'autres États, son exercice nécessite sans aucun doute le soutien et la coopération de ces derniers. En l'absence de coopération, l'exercice de la souveraineté des données pourrait créer un effet de débordement réglementaire et de la riposte d'autres États. Il sera difficile de réaliser la libre circulation des données et d'établir une juridiction extraterritoriale. En renforçant la construction de mécanismes de coopération multilatérale, nous pourrons promouvoir la formation de nouvelles règles pour les flux transfrontaliers de données et construire un nouveau système sur la base de l'égalité et des avantages mutuels. Cela nous aidera à réduire efficacement les inégalités en termes d'opportunités de développement induites par l'hégémonie numérique, et à contribuer à la formation d'un nouveau modèle de relations internationales.

3. Recommandations pour la législation autour de la souveraineté des données

Dès la fin du 20ᵉ siècle, la chercheuse américaine Lisa J. Damon a noté qu'en théorie, les flux transfrontaliers de données devraient rapprocher les populations du monde séparées par des distances géographiques, rendre l'accès aux données plus facile et contribuer à une économie mondiale interdépendante. Cependant, en réalité, les flux transfrontaliers de données sont en train de créer de nouveaux obstacles entre les pays. Afin de prévenir une nouvelle détérioration de la situation, nous devons mettre en place de nouveaux accords et des organes juridictionnels internationaux efficaces (Zhu Gaofeng 2016). « Lors de la mise en place d'une législation sur la souveraineté des données, nous devons adopter une approche multidimensionnelle et globale et tenir pleinement compte des différents aspects, car la protection de la souveraineté nationale des données est un processus multilatéral et démocratique qui implique plusieurs parties (Qi Aimin et Zhu Gaofeng 2016) ».

Dans la législation chinoise, la protection de la souveraineté des données est abordée dans certaines lois et réglementations, mais à l'heure actuelle, aucune loi ne lui est dédiée. Selon le *Recueil des textes régissant l'industrie Internet chinoise* de 2018, aujourd'hui, la protection de la cybersécurité et de la sécurité des données en Chine cible principalement les infrastructures de réseau, les systèmes de données et les failles numériques. Le pays n'a pas encore de loi ou règlement spécifiquement dédié à la protection de la souveraineté nationale en matière de données. Il est donc urgent que la Chine mette en place des réglementations pour protéger la sécurité des données dans le cyberespace et défendre sa souveraineté des données. À cet effet, elle devrait progresser sur deux volets. D'une part, au niveau national, la Chine devrait améliorer activement ses lois et réglementations relatives à la souveraineté des données, agir plus rapidement pour établir le statut juridique de la souveraineté des données, s'efforcer de concevoir un cadre spécifique pour la réglementation en la matière et exercer la souveraineté des données dans le cadre juridique pour protéger la sécurité des données et les intérêts nationaux. D'autre part, au niveau international, la Chine devrait tirer pleinement parti de l'expérience et des méthodes qu'elle a acquises grâce à sa coopération avec d'autres pays dans divers domaines, et s'inspirer de l'expérience des pays occidentaux en matière de protection des données. En attendant d'avoir une législation solide sur la souveraineté des données, la Chine devrait construire un cadre juridique systématique pour régir les droits relatifs aux données, améliorer son mécanisme de contrôle des données et augmenter son niveau technique pour la législation relative aux données, tout en se basant sur ses conditions nationales réelles.

Du point de vue du droit international, la souveraineté des données est un sujet à fort caractère international. En effet, à l'ère des mégadonnées, tous les États sont menacés par des atteintes à la souveraineté des données et aucun État ne peut en rester à l'écart. Par conséquent, il est important que les États surmontent leurs différences pour trouver un terrain d'entente et qu'ils participent activement à la formulation de règles internationales sur la sécurité des données et à l'élaboration d'accords pertinents. Ces accords devraient être diversifiés, de sorte à traiter tous les aspects du problème et à refléter une approche globale de la sécurité. Il peut s'agir d'accords régionaux, bilatéraux ou encore multilatéraux. Puisque la souveraineté des données est indissociable de la souveraineté nationale et en est son composant, les principes fondamentaux la souveraineté nationale devraient aussi s'appliquer aux accords sur la sécurité des données que les pays concluront. De même, ces accords devraient prévoir des dispositions précises sur leur objectif, leur portée ainsi que les obligations et les responsabilités de chaque État. Ils devraient servir de textes d'orientation pour aider la communauté internationale à assurer la sécurité des données. Ainsi, les accords devraient amener les pays et les régions à renforcer leur coopération internationale pour lutter contre les abus, les violations et les atteintes à la souveraineté des données, à éliminer les risques qui menacent la sécurité des données politiques, économiques et sociales des États, à assurer une distribution juste et équitable des ressources de données et à maintenir un fonctionnement sûr, stable et libre dans le domaine des données (Qi Aimin et Zhu Gaofeng 2016).

Bibliographie

Aristote, *Politique*, trad. Wu Shoupeng, The Commercial Press, 1996.
Cai Cuihong, « 云时代数据主权概念及其运用前景 » [Le concept de souveraineté des données à l'ère du cloud et ses perspectives d'application], *Contemporary International Relations*, 2013, n° 12.
Cai Gaoqiang, « 论全球化进程中主权权力的让渡 » [Le transfert du pouvoir souverain dans le processus de mondialisation], *Journal of Hunan Administrative Cadre Institute of Politics and Law*, 2002, n° 5.
Chen Xujing, 现代主权论 [*Souveraineté moderne*], Tsinghua University Press, 2010.
Du Yanyun, « 大数据时代国家数据主权问题研究 » [La question de la souveraineté nationale des données à l'ère des mégadonnées], *International Review*, 2016, n° 3.
Du Zhichao et Nan Yuxia, « 网络主权与国家主权的关系探析 » [Une analyse de la relation entre la souveraineté numérique et la souveraineté nationale],

Souveraineté des données 247

Journal of Southwest Petroleum University (édition des sciences sociales), 2014, n° 6.

Fang Binxing, Zou Peng, Zhu Shibing, « 网络空间主权研究 » [La souveraineté dans le cyberespace], *Engineering Sciences*, 2016, n° 6.

Fang Binxing, « 从"国家网络主权"谈基于国家联盟的自治根域名解析体系 » [La souveraineté numérique et un système de résolution de noms de domaine racine autonome basé sur une alliance des nations], *Information Security and Communications Privacy*, 2014, n°12.

Fang Binxing, 论网络空间主权 [*La souveraineté dans le cyberespace*], Science Press, 2017.

Gu Dexin, « 战争法法律冲突 », [Le conflit des lois de la guerre], *International Forum*, 2001, n° 1.

He Bo, « 数据主权法律实践与对策建议研究 » [La pratique juridique en matière de souveraineté des données et quelques recommandations], *Information Security and Communications Privacy*, 2017, n° 5.

He Fuyong et Duan Jindong, « 反恐中国家自卫权的国际法透视 » [Une perspective du droit international basée sur le droit de légitime défense des États dans la lutte contre le terrorisme], *Forum of World Economy & Politics*, 2005, n° 2.

Huang Houwen et Li Quanhui, « 合作是可持续发展与和谐社会的基石 » [La coopération est la pierre angulaire du développement durable et d'une société harmonieuse], *The South of China Today* (Édition Innovation théorique), 2009, n° 12.

Huang Zhixiong et Ying Yaohui, « 美国对网络空间国际法的影响及其对中国的启示 » [L'influence des États-Unis sur le droit international du cyberespace et ses révélations pour la Chine], *Fudan International Studies Review*, 2017, n° 2.

Huang Zhixiong, 网络主权论：法理、政策与实践 [*La souveraineté numérique : jurisprudence, politique et pratique*], Social Sciences Academic (China), 2017.

Jean-Jacques Rousseau, *Du contrat social*, trad. Yang Guozheng, Édition populaire du Shaanxi, 2006.

Jiang Ruihao, « 浅析网络主权内容 » [Une analyse du contenu de la souveraineté numérique], *Legality Vision*, 2016, n° 13.

Laboratoire clé de la stratégie des mégadonnées, 块数据 5.0：数据社会学的理论与方法 [Données en blocs 5.0 : Théories et méthodes de sociologie des données], CITIC Press, 2019, p. 272~ 273.

Li Aijun et Zhang Jun, « 数据的法律性质和权利属性 » [La nature juridique des données et la nature des droits sur les données], publié par l'Institut de droit de la finance sur Internet de l'Université de politique et de droit de Chine, dans 新时代大数据法治峰会——大数据、新增长点、新动能、新秩序论文集 [*Actes du sommet sur l'état de droit à l'ère des mégadonnées : mégadonnées, de nouveaux moteurs de croissance, de nouveaux élans et un nouvel ordre*], 2017.

Li Chuanjun, « 网络空间全球治理的秩序变迁与模式构建 » [La gouvernance mondiale du cyberespace : changement de l'ordre et construction d'un modèle], *Journal of Wuhan University of Science and Technology* (édition des sciences sociales), 2019, n° 1.

Li Huiying et Huang Guiqin, « 论国家主权的让渡 » [Le transfert de la souveraineté nationale], *Hebei Law Science*, 2004, n° 7.

Liu Qingjian, « 国家主权理论探析 » [Une analyse de la théorie de la souveraineté nationale], *Journal of Renmin University of China*, 2004, n° 6.

Liu Ying et Wu Ling, « 全球网络空间治理：乱象、机遇与中国主张 » [Gouvernance mondiale du cyberespace : chaos, opportunités et proposition de la Chine], *Cognition and Practice*, 2019, n° 1.

Long Kun et Zhu Qichao, « 网络空间国际规则制定——共识与分歧 » [Établissement des règles internationales pour le cyberespace – consensus et divergences], *Global Review*, 2019, n° 3.

Qi Aimin et Zhu Gaofeng, « 论国家数据主权制度的确立与完善 » [| L'établissement et l'amélioration d'un système national de souveraineté des données], *Journal of Soochow University* (Édition Philosophie & Sciences sociales), 2016, n° 1.

Qi Juxun, « 互联网中的管辖权问题 » [La question de la juridiction sur Internet], *Lanzhou Academic Journal*, 2003, n° 5.

Ren Mingyan, « 互联网背景下国家信息主权问题研究 » [La souveraineté de l'État en matière d'information dans le contexte de l'Internet], *Hebei Law Science*, 2007, n° 6.

Shi Yuhang, « 主权的网络边界——以规制数据跨境传输的视角 » [Les frontières de la souveraineté sur réseaux sous l'angle de la régulation de la transmission transfrontalière des données], *Journal of Information*, 2018, n°9.

Sir Robert Jennings et Sir Arthur Watts, *Oppenheim's International Law* (9ᵉ édition, Volume 1), trad. Wang Tieya *et al.*, Encyclopedia China Publishing House, 1995.

Sun Nanxiang et Zhang Xiaojun, « 论数据主权——基于虚拟空间博弈与合作的考察 » [Sur la souveraineté des données : une étude basée sur le jeu et la coopération dans l'espace virtuel], *Pacific Journal*, 2015, n° 2.

Wang Mingjin, « 全球网络空间治理的未来：主权、竞争与共识 » [L'avenir de la gouvernance mondiale du cyberespace : souveraineté, concurrence et consensus], *Frontiers*, 2016, n° 4.

Wang Xiangrong, « 浅谈我国宪法中的平等权 » [Un bref exposé sur le droit à l'égalité dans la Constitution chinoise], *Legal System and Society*, 2019, n°18.

Wang Yuan, Huang Daoli et Yang Songru, « 数据权的权利性质及其归属研究 » [Une étude de la nature et de l'appartenance des droits sur les données], *Scientific Management Research*, 2017, n° 5.

Wu Shan et Liu Yading, « 主权与平等的融合进程 » [Le processus d'intégration de la souveraineté et de l'égalité], *Contemporary World & Socialism*, 2010, n°1.

Xiao Dongmei et Wen Yuheng, « 在全球数据洪流中捍卫国家数据主权安全 » [Défendre la souveraineté nationale des données dans le flux mondial de données], *Red Flag Manuscript*, 2017, n° 9.

Xie Yongjiang, « 论网络安全法的基本原则 » [Les principes fondamentaux de la loi sur la cybersécurité], *Jinan Journal* (Édition Philosophie et sciences sociales), 2018, n° 6.

Yan Xianjun, « 信息资本主义是资本主义发展的新阶段 » [Le capitalisme informatique est un nouveau stade du développement du capitalisme], *Finding*, 2001, n° 6.

Yang Fei, « 试析国家主权让渡概念的界定 » [Sur la définition du concept de transfert de souveraineté], *Journal of University of International Relations*, 2009, n° 2.

Yang Xiaotong, « 霍布斯的性恶论与契约国家 » [La nature mauvaise de l'homme et l'État contractuel chez Hobbes], *Literature Education*, 2018, n° 32.

Yi Shanwu, « 主权让渡新论 » [Une nouvelle théorie sur le transfert de souveraineté], *Journal of Chongqing Jiaotong University* (édition des sciences sociales), 2006, n° 3.

Yu Xiaoqiu, « 全球信息网络安全动向与特点 » [Tendances et caractéristiques de la sécurité des réseaux informatiques dans le monde], *Contemporary International Relations*, 2002, n° 2.

Yu Zhigang, « 坚持网络主权和数据主权构建国际互联网治理体系 » [L'importance de la souveraineté numérique et de la souveraineté des données pour la construction d'un système international de gouvernance de l'Internet], *Procuratorial Daily* du 13 décembre 2016.

Zhang Haibing, 欧洲一体化制度研究 [Le système d'intégration européen], Shanghai Academy of Social Sciences Press, 2005.

Zhang Jianwen et Jia Zhangfan, « 法经济学视角下数据主 权的解释逻辑与制度构建 » [L'interprétation et la construction institutionnelle de la souveraineté des données sous l'angle de l'analyse économique du droit], *Journal of Chongqing University of Posts and Telecommunications* (édition des sciences sociales), 2018, n° 6.

Zhang Jingwen, « 数据主权的国际法规制研究 » [Une étude des réglementations internationales en matière de souveraineté des données], thèse de doctorat, Université de Mongolie-Intérieure, 2018, p.8.

Zhang Naigen, 当代国际法研究 [*Le droit international contemporain*], Shanghai People's Publishing House, 2002.

Zhao Gang, Wang Shuai, Wang Peng, « 面向数据主权的 大数据治理技术方案探究 » [Une exploration de solutions technologiques de gouvernance des mégadonnées pour la souveraineté des données], *Cyberspace Security*, 2017, n° 2.

Zhao Zhou, 主权责任论 [*La responsabilité souveraine*], Law Press China, 2010.

Zheng Wenming « 互联网治理模式的中国选择 » [Le choix chinois du modèle de gouvernance de l'Internet], *Chinese Social Sciences Today* du 17 août 2017.

Zhou Gengsheng, 国际法 [*Droit international*] (Partie 1), The Commercial Press, 1981.

Zhu Gaofeng, « 大数据时代国家信息主权的确立及其立法建议 » [L'établissement de la souveraineté nationale de l'information à l'ère des mégadonnées et des recommandations concernant sa législation], *Jiangxi Social Sciences*, 2016, n° 7.

Zhu Qi, « 论博丹主权思想中的秩序观 » [La vision de l'ordre dans la pensée de la souveraineté de Bodin], Guizhou Social Sciences, 2015, n°12.

Zhu Yanxin, « 国际法视野下的网络主权问题 » [La souveraineté numérique sous l'angle du droit international], Journal of Xi'an Politics Institute of PLA, 2017, n°1.

CHAPITRE 5

Système du droit des données : une comparaison internationale

Les droits relatifs aux données sont une question commune du monde et leur protection constitue une stratégie majeure pour la législation de tous les pays. Les États-Unis considèrent la protection des droits relatifs aux données comme faisant partie de la protection du droit à la vie privée au sens large. L'Union européenne met en avant la nécessité de protéger ces droits sous l'angle des droits de la personnalité. Le Japon combine les avantages du système de common law et des droits de tradition civiliste. De son côté, la Chine qui œuvre pour la construction d'une communauté de destin dans le cyberespace plaide pour que les pays du monde entier « renforcent la coopération, approfondissent les échanges, saisissent les opportunités du développement numérique et intelligent basé sur les réseaux, et relèvent ensemble les défis juridiques, de sécurité et de gouvernance liés au développement des mégadonnées ». Ainsi, en nous appuyant sur les dernières avancées technologiques, tendances et modèles de législation étrangère, nous proposons l'établissement d'un système de droit des données guidé par la construction d'une communauté juridique internationale. Nous pensons que le droit des données est un concept majeur pour l'étude de notre avenir, une découverte importante dans l'étude de la civilisation numérique et un outil juridique clé pour participer à la gouvernance mondiale.

5.1 Droit des données à l'étranger

En ce qui concerne la Chine, la législation autour du droit des données est une stratégie nationale à l'ère des mégadonnées et un travail important pour faire entendre sa voix sur la scène internationale en la matière. À l'étranger, la protection des droits en matière de données a commencé avec la législation sur la protection des informations personnelles dans les années 1970. Depuis, de nombreux pays ont élaboré des plans et pris des mesures stratégiques pour une législation dans le domaine des données. D'après des statistiques incomplètes, plus de 110 pays et régions ont adopté des lois relatives à la protection des droits en matière de données. Dans cette partie, nous allons étudier et comparer leurs systèmes juridiques notamment en termes de loi, de sécurité et de gouvernance gouvernementale, afin de déceler quelques modèles et expériences en matière de législation du droit des données.

5.1.1 Une comparaison de la protection juridique des droits en matière de données

En tant que nouveau défi pour la gouvernance mondiale du numérique, la protection des données personnelles est devenue une priorité de la législation dans divers pays et régions (voir le tableau 5-1). De toute évidence, en cette matière, l'Europe occupe le premier rang mondial, puisque la majorité de ses pays ont déjà adopté des lois sur la protection des données à caractère personnel et les améliorent continuellement. Certains d'entre eux, tels que la Suisse et l'Allemagne, en ont adopté dès les années 1970. En Amérique, ce sont les États-Unis qui ont pris les devants en établissant des lois sur la protection de la vie privée dès les années 1970 et en étendant la couverture de cette protection aux enfants. En Océanie, des pays ont également établi des lois sur la protection des données personnelles vers la fin du 20ᵉ siècle. En Afrique, la plupart des pays n'ont pas encore mis en place de système du droit des données, à quelques exceptions près comme l'Afrique du Sud et la Tunisie. Enfin, en Asie, parmi les neuf pays qui ont légiféré sur la protection des droits en matière de données jusqu'à présent, Israël est le premier à avoir établi des lois sur la protection des données personnelles, tandis que le Japon est le plus précis en termes de protection juridique des données personnelles grâce à une classification minutieuse et raffinée des lois.

Dans la pratique étrangère en matière de législation du droit numérique, il existe trois principales notions juridiques de base : les données personnelles, les informations personnelles et la vie privée. La notion de « données personnelles » est la plus utilisée par les pays, régions et organisations. Elle est notamment abordée dans les législations du Conseil européen, de l'Union européenne et de ses États membres, ainsi que dans de nombreux autres pays qui ont largement emprunté à la directive de l'UE sur la protection des données personnelles (directive 95/46/CE). « Dans les pays de common law tels que les États-Unis, l'Australie, la Nouvelle-Zélande, le Canada, ainsi que dans l'APEC qui est fortement influencé par les États-Unis, la notion de 'vie privée' est plus populaire. En revanche, au Japon, en Corée du Sud, en Russie et dans d'autres pays, le terme 'informations personnelles' est plus utilisé (Zhou Hanhua 2005) ». En plus de ces trois notions, d'autres concepts de base sont aussi utilisés, comme « la vie personnelle » (e.g. la loi chilienne sur la protection de la vie personnelle) et « les données à caractère personnel et la vie privée » (e.g. Lignes directrices de l'OCDE sur la protection de la vie privée et les flux transfrontaliers de données de caractère personnel). « Les choix différents de termes sont principalement dus aux différences de traditions juridiques et d'habitudes entre les pays. Fondamentalement, ils n'affectent pas le contenu des lois (Zhou Hanhua 2005) ».

En ce qui concerne le contenu de la législation étrangère, les lois sur la protection des données personnelles de divers pays, régions et organisations internationales partagent trois caractéristiques communes. Premièrement, l'objet de la protection juridique est l'individu en tant que personne physique, et non des entreprises, des gouvernements ou autres organisations, ni des robots ou clones humains. Deuxièmement, la protection juridique des données personnelles adopte les principes de légalité, de légitimité, de nécessité, de finalité limitée et de minimisation des données, afin de protéger au mieux les intérêts légitimes des titulaires de droits. Troisièmement, les lois ont pour l'objectif d'empêcher la collecte, le stockage, la transmission et l'utilisation illégaux d'informations et de données permettant d'identifier un individu spécifique, afin de prévenir les atteintes aux droits. Par conséquent, la réglementation juridique en matière de protection des données personnelles s'intéresse davantage au traitement des données et aux activités y relatives plutôt qu'aux données elles-mêmes. Pour cette raison, de nombreux pays, régions et organisations, comme le Conseil européen, l'Union européenne, Saint-Marin, l'Islande, la Grèce et le Danemark, ont mis spécifiquement en évidence la notion de traitement dans leurs législations respectives.

Tableau 5-1 Systèmes juridiques en matière de droit des données dans différents pays et régions

Continent	Pays ou région	Année	Loi
Europe	Suède	1973	*Datalagen* (« Loi relative aux données »)
		1998	Loi sur les données personnelles
	Finlande	2018	Loi sur la protection des données personnelles
	Danemark	1978	Loi sur les registres privés
		1987	Loi sur les registres des autorités publiques
		2000	Loi sur le traitement des données personnelles
	Norvège	1978	Loi sur les registres privés
		1978	Loi sur les registres publics
		2000	Loi sur les données personnelles
	France	1978	Loi Informatique et Libertés
		2016	Projet de loi pour une République numérique
	Autriche	1978	Loi fédérale sur la protection des données (révisée en 2012)
	Allemagne	1977	Loi fédérale de protection des données (révisée en 1980, 1990, 2001, 2003, 2005, 2006, 2009, 2015 et 2017)

Tableau 5-1   Continued

Continent	Pays ou région	Année	Loi
	Belgique	1992	Loi relative à la protection de la vie privée à l'égard des traitements de données à caractère personnel (révisée en 1998)
	Luxembourg	1979	Loi réglementant l'utilisation des données nominatives dans les traitements informatiques
		2002	Loi relative à la protection des personnes à l'égard du traitement des données à caractère personnel
		2005	Loi relative aux dispositions spécifiques de protection de la personne à l'égard du traitement des données à caractère personnel dans le secteur des communications électroniques
	Suisse	1992	Loi fédérale sur la protection des données
	Espagne	1992	Loi de régulation du traitement automatisé des données à caractère personnel (révisée en 1999)
		1999	Loi organique de protection des données à caractère personnel
	Portugal	1991	Loi sur la protection des données à caractère personnel face à l'informatique
		1998	Loi relative à la protection des données à caractère personnel
	Italie	1996	Loi sur la protection des données personnelles

(continued)

Tableau 5-1   Continued

Continent	Pays ou région	Année	Loi
	Grèce	1997	Loi sur la protection des personnes à l'égard du traitement des données à caractère personnel
	Royaume-Uni	1984	Loi de protection des données (Data Protection Act 1984)
		1998	Loi de protection des données (Data Protection Act 1998)
	Irlande	1988	Loi sur la protection des données
		2003	Loi sur la protection des données (Amendement)
	Russie	2015	Loi sur la protection des données personnelles
	Roumanie	2001	Loi relative à la protection des personnes à l'égard du traitement des données à caractère personnel et à la libre circulation de ces données
Amérique	États-Unis	1970	Fair Credit Reporting Act (FCRA)
		1974	Loi sur la protection des libertés individuelles dans les administrations fédérales
		2000	Children's Online Privacy Protection Act (COPPA)
		2014	Confidentialité des données et réseau intelligent : code de conduite volontaire
		2015	California Consumer Privacy Act (CCPA) (Loi sur la protection du consommateur de Californie)

Tableau 5-1   Continued

Continent	Pays ou région	Année	Loi
	Canada	1983	Privacy Act (Loi sur la vie privée)
		2000	Loi fédérale sur la protection des renseignements personnels et les documents électroniques
		2003	Loi sur la protection des renseignements personnels
	Argentine	1998	Loi sur la protection des données personnelles
		2000	Loi sur la protection des données personnelles
	Chili	1999	Loi sur la protection de la vie privée
	Uruguay	2002	Loi sur la protection des données
	Brésil	1997	Loi sur la protection des données
	Paraguay	2000	Loi sur la protection des données personnelles
	Bahamas	2003	Loi sur la protection des données (confidentialité des renseignements personnels)
Asie	Corée du Sud	1997	Loi sur la protection des renseignements personnels dans les organismes publics
		2011	Loi sur la protection des renseignements personnels
	Japon	1988	Loi sur la protection des données personnelles informatisées détenues par les organes administratifs

(continued)

Tableau 5-1   Continued

Continent	Pays ou région	Année	Loi
		1989	Loi sur la protection des données personnelles informatisées détenues par des organes non publics
		2003	Loi relative à la protection des renseignements personnels détenus par des institutions administratives indépendantes
		2003	Loi sur l'établissement du Comité d'examen de la divulgation et de la protection des renseignements personnels
		2003	Loi de protection des informations personnelles
	Singapour	2002	Loi sur la protection des données dans les institutions privées
		2012	Projet de loi sur la protection des renseignements personnels
	Israël	1981	Loi sur la protection de la vie privée (révisée en 1985)
	Thaïlande	1997	Loi sur la protection des données dans le secteur public
	Arménie	2002	Loi sur les données personnelles
	Émirats arabes unis	2007	Loi sur la protection des données
	Chine	2016	Loi sur la cybersécurité de la République populaire de Chine
	Hong Kong (Chine)	1995	Ordonnance sur les données personnelles (vie privée)
	Macao (Chine)	1995	Loi relative à la protection des données personnelles informatisées

Tableau 5-1   Continued

Continent	Pays ou région	Année	Loi
		1996	Règlement d'application de la loi relative à la protection des données personnelles informatisées
		2005	Loi sur la protection des données personnelles (ou sur la vie privée)
	Taïwan (Chine)	1995	Loi relative à la protection des données personnelles informatisées
		1996	Règlement d'application de la loi relative à la protection des données personnelles informatisées
Océanie	Australie	1988	Loi fédérale sur la vie privée (révisée en 2000)
		1998	Principes nationaux pour un traitement équitable des informations personnelles
		2002	Loi contenant l'amendement sur la vie privée (secteur privé)
	Nouvelle-Zélande	1993	Loi sur la vie privée
Afrique	Afrique du Sud	2014	Loi sur la protection des renseignements personnels
	Tunisie	2004	Loi organique portant sur la protection des données à caractère personnel
	Sénégal	2008	Loi sur la protection des données personnelles
	Maurice	2004	Loi de protection des données

En tant que loi fondamentale et suprême d'un État, la Constitution a la plus haute autorité dans le système juridique national. Bien que la protection des données personnelles ne soit pas un sujet nouveau, il est relativement nouveau de comparer et d'examiner les pratiques et moyens constitutionnels adoptés par les différents pays en la matière. Parmi les pays du monde, les États-Unis, l'Allemagne et le Japon ont une protection constitutionnelle plus mature des droits relatifs aux données[1], tandis que la France est le pays le plus susceptible d'inscrire la protection des données à caractère personnel dans sa Constitution. En raison des différences d'histoire, de culture et de tradition juridique, la protection constitutionnelle des droits relatifs aux données est très différente d'un pays à un autre en termes de conception, de méthodes et d'efficacité. Une analyse comparative sur le sujet serait donc très utile pour améliorer la protection constitutionnelle des droits en matière de données en Chine (Yao Yuerong 2011, pp. 70–76).

1. États-Unis

Dans le système juridique américain, le droit sur les données personnelles est traité comme du droit à la vie privée. Ainsi, bien que la Privacy Act de 1974 comporte le terme « vie privée » dans son titre, son contenu est centré sur les données personnelles et elle est considérée comme une loi classique sur la protection des données personnelles des citoyens dans le secteur public. Par conséquent, pour discuter de la protection des droits relatifs aux données aux États-Unis, nous devons partir du droit à la vie privée[2]. Aux États-Unis, la protection de la vie privée a d'abord été

---

1 Selon le journal *Nouvelles d'Europe* du 23 juillet 2018, l'Assemblée nationale française a voté dans la nuit du 18 juillet un amendement pour inscrire la protection des données personnelles dans la Constitution. Une clause au nom de « la lutte contre l'utilisation extensive ou déraisonnée » des données personnelles a ainsi été inscrite à l'article 34 de la Constitution.
2 Il est généralement admis que le droit à la vie privée fut initialement défini par Samuel Warren et Louis Brandeis, dans leur article « The Right to have privacy » publié en 1980. Ils définissent le droit à la vie privée comme le droit d'être laissé seul (« the right to be let alone »). Dans cet article, Warren et Brandis ont fait une nouvelle analyse du droit de tout individu d'empêcher la publication de ses manuscrits ou de ses œuvres

abordée dans le domaine de la responsabilité civile délictuelle. À mesure qu'elle préoccupe de plus en plus les populations, la Cour suprême fédérale a commencé à interpréter le droit à la vie privée dans la Constitution en se basant sur les quatrième et cinquième amendements, et a ensuite développé le contenu des premier et quatorzième amendements. Par exemple, elle considère toute action étatique qui porte illégalement atteinte à la vie privée des individus comme une violation du quatrième amendement de la Constitution. La Cour suprême fédérale a également étendu la protection de la vie privée des membres à la liberté d'association stipulée dans le premier amendement. Elle reconnaît que le droit à la vie privée est un droit conféré par la Constitution : bien qu'il n'y soit pas expressément stipulé, il entre dans la sphère du droit constitutionnel du fait que c'est un droit conféré par un amendement. En revanche, le droit à la vie privée en tant que droit constitutionnel indépendant découle de l'interprétation du neuvième amendement[3]. Il est à noter que les procédures constitutionnelles aux États-Unis qui concernent directement des droits en matière de données sont plutôt rares. Néanmoins, la protection de ces droits par des procédures législatives a fait des progrès remarquables (voir le tableau 5-2).

---

    d'art par des tiers sans son consentement. Selon eux, ce droit a certes la nature d'un droit de propriété, mais lorsque la publication n'a pas pour but d'obtenir des bénéfices, il est plus difficile de le considérer comme un droit de la propriété classique. Dans ce cas, ce droit vise en réalité à protéger l'individu contre les menaces à sa tranquillité qui pourraient résulter de la publication. De ce fait, la protection des écrits privés et de toute autre œuvre personnelle ne repose pas sur le droit de propriété, mais sur le droit inviolable de la personnalité. Le principe utilisé pour cette protection est le droit à la vie privée : un individu a le droit de préserver sa vie privée et d'empêcher qu'elle soit rendue publique. En 1939, la protection du droit à la vie privée fut expressément incluse dans le dernier volume des « Restatement of Torts ». En 1960, William Lloyd Prosser publia un des articles les plus influents du 20e siècle : « Privacy » (« sur la vie privée »). Par cet article, Prosser a confirmé l'existence du droit à la vie privée dans le système juridique américain en passant au peigne fin plus de 300 affaires tranchées par les cours d'appel impliquant la vie privée.

3 Le neuvième amendement est une clause générale de la Constitution américaine. Il stipule que « l'énumération de certains droits dans la Constitution ne pourra être interprétée comme déniant ou restreignant d'autres droits conservés par le peuple ».

Tableau 5-2 Protection des droits relatifs aux données dans le système juridique américain

Date	Loi	Description
1970	Fair Credit Reporting Act (FCRA)	Elle donne aux consommateurs le droit de corriger les erreurs et garantit que les erreurs dans les rapports de consommation ne seront pas utilisées pour nuire aux consommateurs.
1974	Privacy Act (loi sur la vie privée)	Elle accorde aux individus le droit d'accéder aux fichiers contenant des renseignements personnels pour garantir l'exactitude des informations et vérifier l'objectif de la collecte de ces informations. Les dossiers confidentiels ne doivent pas être conservés et les individus disposent de voies de recours civiles.
1978	Right to Financial Privacy Act (RFPA) (loi sur la confidentialité financière)	Elle interdit aux institutions financières de divulguer des dossiers financiers des clients au gouvernement fédéral sans en avertir les clients et sans obtenir leur consentement. Le gouvernement fédéral doit suivre certaines procédures et fournir les pièces justificatives correspondantes pour obtenir le dossier financier d'un client.
1980	Right to Financial Privacy Act (RFPA) (loi sur la confidentialité financière)	Elle réglemente les enquêtes du gouvernement fédéral sur les documents bancaires.
1980	Privacy Protection Act (loi sur la protection de la vie privée)	Elle établit des normes régissant l'utilisation des informations contenues dans les journaux et d'autres supports média par les organes chargés de l'application des lois.
1984	Cable Communications Policy Act (loi sur la politique de communication par câble)	Elle stipule qu'un avis doit être fourni pour obtenir des informations personnelles et que les individus ont le droit d'accès aux informations et de refuser de fournir des informations non pertinentes.

Tableau 5-2   Continued

Date	Loi	Description
1986	Electronic Communications Privacy Act (loi sur la confidentialité des communications électroniques)	Elle précise les circonstances et les responsabilités en cas d'atteinte à la vie privée par interception ou divulgation d'informations de communication stockées.
1988	Video Privacy Protection Act (loi sur la protection de la confidentialité des vidéos)	Elle protège la vie privée à l'égard des achats et des locations de vidéos.
1994	Driver's Privacy Protection Act (loi sur la protection de la vie privée du conducteur)	Elle impose des restrictions sur l'utilisation et la divulgation des dossiers personnels relatifs aux véhicules par les services de transport des états.
1996	Health Insurance Portability and Accountability Act (HIPPA) (loi sur la transférabilité et la responsabilité de l'assurance maladie)	Elle protège la confidentialité des informations personnelles de santé et empêche toute utilisation ou divulgation non autorisée de ces données.
1999	Financial Services Modernization Act (loi sur la modernisation des services financiers)	Elle exige que les institutions financières protègent les renseignements personnels des consommateurs.
2000	Children's Online Privacy Protection Act (COPPA) (loi sur la protection de la vie privée en ligne des enfants)	Elle protège les informations personnelles à l'égard de leur traitement par les fournisseurs de services en ligne et limite la collecte et l'utilisation des informations personnelles des enfants sans le consentement de leurs parents.
2008	Genetic Information Nondiscrimination Act (loi sur la non-discrimination des informations génétiques)	Elle offre une protection renforcée de la vie privée et des informations génétiques.

(continued)

Tableau 5-2   Continued

Date	Loi	Description
2010	Consumer Financial Protection Act (loi sur la protection financière des consommateurs)	Elle autorise le Bureau de protection des consommateurs en matière financière à superviser et à protéger la confidentialité financière.
2018	California Consumer Privacy Act (CCPA) (Loi sur la protection du consommateur de Californie)	Elle élargit le champ de protection et crée plusieurs nouveaux droits relatifs à la vie privée des consommateurs, tels que le droit d'accès, le droit à l'oubli et le droit à l'information, tout en obligeant les entreprises à prendre des mesures plus strictes pour protéger les données personnelles.

2. Allemagne

Le droit allemand étant une branche importante des systèmes de droit de tradition civiliste, la culture juridique allemande est naturellement très différente de celle des États-Unis. Contrairement aux États-Unis, la protection des données personnelles n'est pas abordée sous l'angle du droit à la vie privée en Allemagne. En effet, « il n'existe pas de notion de vie privée dans le droit civil et la constitution allemande. L'équivalent allemand du terme est 'sphère privée' ou 'caractère privé'[4] ». Ainsi, le droit à la vie privée n'est pas un concept utilisé dans la tradition juridique allemande, mais l'Allemagne n'ignore pas pour autant les théories et la jurisprudence

---

4   Les chercheurs allemands ont coutume d'utiliser « la théorie des sphères » pour diviser les informations relatives à l'individu en sphère privée et publique. Le droit à la sphère privée est synonyme du droit à la vie privée. Dans certaines de ses décisions, la Cour constitutionnelle fédérale d'Allemagne a également divisé les choses en trois catégories selon leur nature : celles de l'intimité, celles de la sphère privée et celles de la sphère publique. La théorie des sphères place la sphère privée au centre de son modèle et protège les informations à différents niveaux en fonction de leur proximité avec ce centre. Voir Wang Zejian, « 人格权保护的课题与展望（三）〉之隐私权 » [Les enjeux et les perspectives de la protection des droits de la personnalité : droit à la vie privée] (Partie 3, Chapitre 1), *Taiwan Law Journal*, 2007, n° 96.

américaines relatives au droit à la vie privée. D'une manière générale, la protection des droits de la personnalité de la sphère privée dans le système de droit civil allemand correspond à la protection de la vie privée dans le domaine de la responsabilité civile du droit américain. La protection des données personnelles et la protection de la liberté générale de comportement en Allemagne correspondent à la protection de la vie privée dans la Constitution américaine. Ainsi, à l'instar de la protection constitutionnelle du droit à la vie privée aux États-Unis, la Cour constitutionnelle fédérale d'Allemagne a établi le droit à l'autodétermination de l'information et protège ce droit par la Loi fédérale sur la protection des données personnelles. La Cour constitutionnelle fédérale d'Allemagne s'est appuyée sur la théorie des sphères adoptée par la Cour fédérale pour renforcer les interprétations constitutionnelles sur la sphère privée, qui est un élément central de protection absolue. Elle souligne que la dignité humaine est inviolable et doit être respectée et protégée par toute autorité de l'État (Wang Zejian 2007), comme le prévoit le premier paragraphe de l'article 1 de la Loi fondamentale[5]. Dans l'approche américaine, la protection de la vie privée est traduite par des revendications telles que le droit d'être seul, la non-ingérence dans la vie personnelle ou encore le droit à la tranquillité, mais en Allemagne, la question est étudiée sous l'angle de la protection de la sphère privée. Ainsi, dans la Loi fondamentale d'Allemagne, l'inviolabilité de la liberté de la personne (article 2), la liberté de croyance et de conscience (article 4), l'inviolabilité du secret de la correspondance, de la poste et des télécommunications (article 10) et l'inviolabilité du domicile (article 13) sont considérés comme des droits fondamentaux de la sphère privée. Dans le même temps, la liberté d'opinion (article 5), la protection de la famille (article 6), la liberté de réunion (article 8) et la liberté d'association (article 9) stipulées par la Loi fondamentale peuvent également jouer un certain rôle dans la protection de la sphère privée. La protection allemande des droits fondamentaux dans la sphère privée au niveau constitutionnel ne s'arrête pas là. Dans la théorie et la pratique allemandes, la dignité humaine et les droits de la personnalité (en vertu de l'article 1, paragraphe 1 et l'article 2,

---

5   La Loi fondamentale, ou Loi fondamentale pour la République fédérale d'Allemagne, est la constitution de l'Allemagne.

paragraphe 1 de la Loi fondamentale) sont utilisés pour interpréter et protéger les droits fondamentaux de la sphère privée qui ne sont pas énumérés dans la Constitution. Il est juste de dire que la protection de la sphère privée dans la Loi fondamentale allemande est pratiquement sans faille et constitue un système de protection des droits fondamentaux dense et évolutif (voir tableau 5-3).

Tableau 5-3 Protection des droits relatifs aux données dans le système juridique allemand

Date	Loi	Description
1970	Loi sur la protection des données de la Land de Hesse	En tant que première loi sur la protection des données au monde, elle a inauguré une nouvelle ère de protection des données par la législation.
1976	Loi fédérale sur la protection des données personnelles	Entrée en vigueur en 1977, elle est officiellement appelée « loi sur la protection contre le traitement abusif des données personnelles ».
1977	Loi fédérale sur la protection des données (Bundesdatenschutzgesetz – BDSG)	Il s'agit de la première loi au monde à adopter un modèle de réglementation unifié pour les institutions publiques et privées. Elle exige que les institutions des secteurs public et privé protègent les données personnelles afin de fournir une protection complète de ces données.
1997	Loi relative à la réglementation des services d'information et de communication	Connue également sous le nom de « loi multimédia », elle est la première loi au monde réglementant la communication sur Internet. Son influence sur la réglementation d'Internet en Allemagne se traduit principalement par trois aspects : d'abord, elle a renforcé la définition des responsabilités à l'égard de la diffusion de contenus illicites ; ensuite, elle a permis la mise en place d'une « cyber police » spécifique pour surveiller la propagation de contenus illicites ; enfin, elle considère toute production ou transmission de discours préjudiciables aux enfants sur Internet comme une infraction à la loi.

Tableau 5-3   Continued

Date	Loi	Description
1997	Loi sur les télécommunications	Les fournisseurs de services Internet sont responsables du contenu qu'ils fournissent conformément aux lois générales. Ils sont tenus d'empêcher des contenus illégaux conformément aux lois générales à condition de respecter les dispositions de la Loi sur les télécommunications relatives à la protection du secret des télécommunications. S'il est prouvé que le fournisseur de services n'a pas empêché la diffusion d'un contenu illicite en sa connaissance alors qu'il aurait pu l'empêcher par des moyens techniques, il devra en assumer « la responsabilité conjointe » en raison de son « intention coupable ».
1997	Ordonnance sur la protection des données de télécommunications	Elle établit des règles strictes à l'égard des violations aux informations personnelles dans l'exploitation du réseau.
2007	Loi sur les télémédias (révisé en 2010, 2016 et 2017)	En tant qu'élément central de la législation allemande sur Internet, cette loi est communément appelée « loi Internet » allemande. « Télémédias » est un concept unique de la législation allemande qui couvre presque tous les types de services Internet dans le pays.

3. Japon

Durant l'ère Meiji, le Japon s'est inspiré des systèmes occidentaux pour réformer le pays. Ainsi, son système juridique est profondément influencé par les modèles européens, notamment celui de l'Allemagne, de qui le Japon a également emprunté les systèmes politique et militaire. Après la Seconde Guerre mondiale, les États-Unis ont « pris le contrôle » du Japon et c'était sous la direction américaine que le Japon a rédigé et promulgué sa propre Constitution (Li Wei 2009). Pour ces raisons, le système juridique actuel de Japon a la particularité de contenir à la fois des traditions juridiques allemandes et américaines. Au Japon, les données personnelles des citoyens ont été initialement protégées sous l'angle de la vie privée. En 1970, dans son article intitulé « La position constitutionnelle sur le droit à la vie privée », le professeur Koji Sato s'est appuyé sur le système juridique américain pour trouver la base constitutionnelle japonaise du droit à la vie privée à partir du « droit à la poursuite du bonheur » garanti par l'article 13 de la Constitution japonaise. « Dans la législation japonaise, le droit à la vie privée est généralement interprété comme le droit de refuser la divulgation de ses informations personnelles ou de sa vie privée. Les autres intérêts de la personnalité, notamment ceux relatifs aux noms, aux portraits, à la vie personnelle et à l'autodétermination, sont protégés à des degrés divers par l'interprétation du droit à la poursuite du bonheur ». En effet, l'article 13 de la Constitution japonaise stipule que « tous les citoyens devront être respectés comme individus. Leur droit à la vie, à la liberté, à la poursuite du bonheur, dans la mesure où il ne fait pas obstacle au bien-être public, demeure le souci suprême du législateur et des autres responsables du gouvernement ». Le droit octroyé par cet article est souvent qualifié de « dignité personnelle » et est considéré comme l'un des droits fondamentaux énoncés par la Constitution japonaise. Toutefois, au départ, le droit à la poursuite du bonheur n'était qu'un terme général désignant un droit de l'individu et ne permettait pas d'en découler directement d'autres droits. Il a fallu attendre les années 1960 pour que son interprétation soit réévaluée en raison des défis engendrés par des changements sociaux et économiques radicaux. « Ainsi, le droit à la poursuite du bonheur, fondé sur le principe du respect de l'individu, a été progressivement interprété comme un droit de caractère général qui sous-tend de nouveaux droits de l'homme non énumérés dans la Constitution (Nobuyoshi Ashibe 2006, p. 104) ».

Tableau 5-4 Protection des droits relatifs aux données dans le système juridique japonais

Date	Loi	Description
1973	Règlement de la ville de Tokushima sur la protection des informations personnelles à l'égard de leur traitement informatique	Il défend le respect des droits et des intérêts personnels relatifs à la vie privée impliqués dans le traitement des données personnelles par le gouvernement.
1988	Loi sur la protection des données personnelles informatisées détenues par les organes administratifs	La protection concerne uniquement les données personnelles informatisées et ne couvre pas les données traitées manuellement.
1997	Directives pour le traitement informatique et la protection des données personnelles dans le secteur privé	Un label de respect de la vie privée (P-Mark) a été créé pour certifier les entreprises dotées de mesures de protection efficaces.
2003	Adoption de la Loi sur la protection des renseignements personnels, avec une série de réglementations connexes, notamment la Loi relative à la protection des renseignements personnels détenus par les organes administratifs, la Loi relative à la protection des renseignements personnels détenus par des institutions administratives indépendantes, la Loi sur l'établissement du Comité d'examen de la divulgation et de la protection des renseignements personnels et la Loi visant à améliorer les textes impliquées dans la mise en œuvre de la Loi sur la protection des renseignements personnels détenus par les organes administratifs.	La Loi sur la protection des renseignements personnels constitue la loi fondamentale régissant la protection des données personnelles dans différents domaines et forment un ensemble plus complet avec les quatre autres lois.

(continued)

Tableau 5-4   Continued

Date	Loi	Description
2015	Loi sur la protection des renseignements personnels (révision)	Cette révision a élargi la portée de la protection des renseignements personnels ainsi que le champ d'application de la loi, tout en promouvant l'utilisation de données personnelles anonymisées.

5.1.2 Une comparaison des législations en matière de sécurité des données

La sécurité des données est un élément fondamental et majeur de la protection des droits relatifs aux données. De nombreux pays et régions tels que l'Union européenne, les États-Unis, le Japon, l'Australie, la Russie et Singapour ont mis en place des lois et réglementations en la matière (voir tableau 5-5). Bien qu'ils aient adopté des stratégies et des approches différentes, les éléments clés contenus dans leurs lois et réglementations pertinentes sont fondamentalement les mêmes. L'examen de ces lois et règlementations nous permettra de mieux comprendre les différents principes et modèles législatifs utilisés pour la sécurité des données. Nous pourrons ainsi faire des suggestions sur la législation, la formulation de lois, de réglementations, de règles administratives et de normes industrielles en matière de sécurité des données en Chine[6].

1. Union européenne

Au sein de l'Union européenne, la législation sur la sécurité des données adopte un modèle piloté par les États. Les pays de l'UE estiment que les données à caractère personnel sont par nature de l'ordre des droits de la

---

6   Groupe de travail sur les normes de sécurité des mégadonnées relevant du Comité technique national de normalisation pour la sécurité de l'information, *Livre blanc sur la normalisation de la sécurité des mégadonnées* (édition 2018), <http://www.cesi.cn/201804/3789.html>, consulté le 16 avril 2018.

personnalité. Leur protection est non seulement un droit fondamental accordé par la Constitution, mais doit être garantie par des droits substantiels caractérisés *via* des lois sectorielles. En tant qu'organisation d'intégration politique et économique régionale, l'Union européenne présente une unité juridique relativement élevée, mais laisse de l'espace pour le développement indépendant de chaque État. Ainsi, dans ses États membres, le droit de l'Union européenne et les droits nationaux coexistent. En ce qui concerne la sécurité des données, l'Union européenne formule des documents directifs, tels que des conventions, des directives, des lignes directrices et des accords-cadres. Ces documents directifs ne sont parfois pas directement applicables à la pratique judiciaire, mais ils établissent le cadre de base et les principes fondamentaux pour la législation en matière de sécurité des données dans les États membres. Sur cette base, chaque État membre formule ses propres lois et réglementations relatives à la protection de la sécurité des données. En raison de son exhaustivité, de sa rigueur et de sa faisabilité, la législation européenne en matière de protection des données personnelles a une grande influence à travers le monde. En effet, depuis 1981, l'UE a promulgué de nombreux documents directifs en la matière, dont notamment la Convention pour la protection des personnes à l'égard du traitement automatisé des données à caractère personnel (1981), la Décision du Conseil du 31 mars 1992 en matière de sécurité des systèmes d'information, la Directive 95/46/CE sur la protection des données personnelles (1995), la Directive « vie privée et communications électroniques » (2002), la Directive sur la conservation des données (2006), les principes COMPACT pour la gouvernance d'Internet (2011), les initiatives de la stratégie Europe (2012), le Plan de cybersécurité de l'UE (2013) et le Règlement général sur la protection des données ou RGPD (2018). Ces documents ont établi un cadre juridique et des normes de base pour la protection de la sécurité des données dans l'Union européenne. Ainsi, la régulation des flux transfrontaliers de données a été progressivement mise en œuvre et des organismes de réglementation ont été créés pour protéger les données personnelles des utilisateurs du réseau (Ran Congjing et Wang Bingjie 2019), jetant les bases solides pour la construction d'un système juridique européen strict pour la protection de la sécurité des données.

2. États-Unis

La législation américaine en matière de sécurité des données est différente de celle de l'Union européenne. En effet, les États-Unis n'ont pas de règle juridique unifiée sur la protection des données, mais légifèrent selon les domaines et les sujets concernés. Ainsi, aux États-Unis, les données personnelles et les données privées sont protégées par la Constitution, le Privacy Act (loi sur la protection de la vie privée) et d'autres lois, les données des secteurs et domaines importants par des législations spécifiques, tandis que les données à caractère général sont réglementées par l'autorégulation de l'industrie et la réglementation du marché, formant ainsi un modèle juridique avec la gouvernance multipartite. Dans le système américain, le droit à la vie privée est le fondement juridique de la législation en matière de protection des données personnelles. En un sens, il est l'équivalent du droit de la personnalité dans les systèmes de droit de tradition civiliste. Il semble bien que le système juridique américain en matière de protection de la sécurité des données fournisse une protection complète de la personnalité des titulaires de droits. Cela se reflète dans les lois et règlementations nationales ainsi que dans l'autorégulation sectorielle. En effet, aux États-Unis, la protection des données personnelles est divisée en protection dans le domaine public et protection dans le domaine privé. La première est caractérisée par des législations décentralisées, tandis que la seconde est réalisée par l'autorégulation sectorielle. Plus précisément, les lois promulguées pour la protection des données personnelles dans le domaine public comprennent, entre autres, le Fair Credit Reporting Act (FCRA) de 1971 qui réglemente la collecte, le traitement et le stockage des informations personnelles par des organes privés, le Privacy Act de 1974 qui réglemente le traitement des données personnelles par les organes de l'État, le Family Education Rights and Privacy Act de 1976 qui protège les renseignements personnels des élèves et de leurs parents, l'Electronic Communications Privacy Act de 1986 et le Computer Matching and Privacy Protection Act de 1988 qui règlementent le traitement des informations électroniques, le Online Privacy Protection Act (COPPA) de 2000 qui protège les informations personnelles en ligne des enfants, ainsi que le USA Freedom Act entré en vigueur depuis le 2 juin 2015. Quant à l'autorégulation sectorielle aux États-Unis, elle est orientée par le gouvernement et basée sur des dialogues et des efforts d'innovation conjoints des gouvernements, des entreprises, des universités et des instituts de recherche. Présentant une certaine flexibilité, l'autorégulation sectorielle est complémentaire à la législation et est parfois appelée « législation d'orientation » (Zhao Qiuyan 2005). Aux États-Unis, l'autorégulation sectorielle se réalise par trois moyens principaux, à savoir la protection technique, les directives sectorielles et la certification commerciale. Par exemple, le Framework for Global Electronic Commerce publié par le gouvernement des États-Unis en 1995 indique expressément que le gouvernement soutient les efforts des organisations commerciales pour mettre en place un système d'autorégulation afin de faciliter la protection efficace de la vie privée de leurs clients.

3. Japon

Bien que le Japon ait commencé plus tard à légiférer sur la sécurité des données par rapport à l'Europe et aux États-Unis, il reste l'un des premiers pays d'Asie à adopter des lois en la matière. De plus, son système juridique à cet égard fait partie des plus matures. En s'inspirant de l'expérience législative et du cadre juridique de l'Union européenne en matière de protection des données, le Japon a formé un ensemble de lois fondamentales pour la protection des données personnelles. Ces lois règlementent le traitement des données par des services gouvernementaux et des entreprises privées dans le but de protéger les droits de personnalité et les droits de propriété des citoyens, dont notamment leur droit à la vie privée. Dans le même temps, le Japon a également adopté l'approche pragmatique de la législation américaine. Ainsi, en plus des lois nationales, il accorde une attention particulière à la législation spécifique, à l'autorégulation et au contrôle de tierces parties des secteurs importants, afin de trouver un équilibre entre la protection des intérêts et l'utilisation des données. Il convient de noter que dans la mise en place et l'application de son système juridique en matière de données, le

Japon s'est beaucoup inspiré de l'expérience étrangère, sans pour autant négliger les conditions réelles du pays. De plus, la législation japonaise met l'accent sur l'équilibre entre la protection des droits et intérêts légitimes des individus et la promotion de la libre circulation des données. Au Japon, la protection législative des données personnelles a commencé dans les années 1980 avec des réglementations locales et sectorielles, ainsi que des lois dédiées aux données personnelles détenues par les organes administratifs. Par exemple, le Centre japonais de développement du traitement de l'information (JIPDEC) a publié en mars 1987 les Directives pour la protection des données personnelles dans les institutions financières et en mars 1988 les Directives pour la protection des renseignements personnels dans le secteur privé. En 1989, le Ministère japonais de l'Économie, du Commerce et de l'Industrie a formulé les Directives pour le traitement informatique et la protection des renseignements personnels dans le secteur privé (Xie Qing 2006). En 2003, le Japon a officiellement promulgué la Loi sur la protection des renseignements personnels[7], avant de décider de la réviser en 2013. La dernière version de cette loi est entrée en vigueur le 30 mai 2017. « Cette dernière version fournit des réglementations encore plus détaillées sur la protection des droits relatifs aux renseignements personnels. Elle comporte les derniers progrès de la législation en matière de protection des renseignements personnels, tels que les dispositions portant sur l'utilisation d'informations anonymisées, la certification des entreprises pour l'utilisation des données, le système de certification par des tiers et le transfert de compétence sur les collecteurs de données personnelles, du ministre des Affaires intérieures et des Communications vers la Commission de protection des renseignements personnels (Wei Jianxin et Song Renchao 2018) ».

---

7   La Loi sur la protection des renseignements personnels inclut en son sein quatre autres lois connexes : la Loi relative à la protection des renseignements personnels détenus par les organes administratifs, la Loi relative à la protection des renseignements personnels détenus par des institutions administratives indépendantes, la Loi sur l'établissement du Comité d'examen de la divulgation et de la protection des renseignements personnels et la Loi relative à la protection des renseignements personnels détenus par des agences administratives intégrées.

Tableau 5-5 Lois et réglementations en matière de sécurité des données dans les principaux pays et régions du monde

Pays ou région	Lois, règlements et réglementations sectorielles	Année de promulgation / d'entrée en vigueur	Remarque
Union européenne	Règlement général sur la protection des données (RGPD)	2018	Loi d'application générale
	Directive sur la conservation des données	2006	Loi d'application générale
	Directive sur la protection de la vie privée dans le secteur des communications électroniques	2002	Loi d'application générale
	Directive 95/46/CE sur la protection des données personnelles	1995	Loi d'application générale
États-Unis	Bouclier de protection des données UE-États-Unis	2016	Loi d'application générale
	California Online Privacy Protection Act (CalOPPA)	2014	Loi étatique
	Privacy Act	2014	Loi d'application générale
	Digital Accountability and Transparency Act (loi sur la responsabilité et la transparence numériques)	2014	Réglementation sectorielle
	Digital Government Strategy (stratégie pour un gouvernement numérique)	2012	Loi d'application générale
	Open Government Directive	2009	Loi d'application générale
	Loi californienne sur les notifications de violation de la sécurité	2002	Loi étatique
	Financial Services Modernization Act (loi sur la modernisation des services financiers)	1999	Réglementation sectorielle

(*continued*)

Tableau 5-5   Continued

	Health Insurance Portability and Accountability Act (HIPPA) (loi sur la transférabilité et la responsabilité de l'assurance maladie)	1996	Réglementation sectorielle
	Federal Trade Commission Act (loi de la commission fédérale du commerce)	1914	Réglementation sectorielle
Japon	Loi sur la protection des renseignements personnels (révision)	2017	Loi d'application générale
	Loi sur la protection des renseignements personnels	2005	Loi d'application générale
	Loi sur la protection des données personnelles informatisées détenues par les organes administratifs	1988	Loi d'application générale
	Directives pour la protection des données personnelles informatisées	1976	Loi d'application générale
Australie	Telecommunications Act	1997	Réglementation sectorielle
	Privacy Act	1988	Loi d'application générale
Russie	Loi de la Fédération de Russie n° 152-FZ sur la protection des données personnelles	2015	Loi d'application générale
	Loi de la Fédération de Russie n° 149-FZ relative à l'information, aux technologies de l'information et à la protection de l'information	2006	Loi d'application générale
	Convention de Strasbourg	2005	Loi d'application générale
Singapour	Loi sur la protection des données personnelles	2012	Loi d'application générale

Source : Groupe de travail sur les normes de sécurité des mégadonnées relevant du Comité technique national de normalisation pour la sécurité de l'information, *Livre blanc sur la normalisation de la sécurité des mégadonnées* (édition 2018), <http://www.cesi.cn/201804/3789.html>, consulté le 16 avril 2018.

5.1.3 Une comparaison des systèmes de gouvernance du numérique

Les données jouent un rôle de plus en plus important dans l'innovation de la conduite des affaires publiques. Elles poussent continuellement le gouvernement à réformer les concepts, le modèle, les composantes et les moyens de sa gouvernance. À l'avenir, le gouvernement numérique sera une manifestation essentielle de l'approche pangouvernementale, du gouvernement ouvert, du gouvernement collaboratif, du gouvernement de service et du gouvernement intelligent. Un gouvernement fondé sur les données apportera des changements historiques dans la gouvernance et fournira un appui solide à la modernisation de la gouvernance. À l'ère des mégadonnées, tous les gouvernements, qu'ils soient dans un pays développé ou en développement, sont menés à réfléchir à des réformes et à la construction d'un modèle de gouvernance du numérique (voir tableau 5-6). L'Union européenne, les États-Unis et le Japon sont à la fois les précurseurs, les leaders et les bénéficiaires d'un modèle de gouvernance intégrant les mégadonnées. Pour la Chine ainsi que d'autres pays en développement qui souhaitent promouvoir une gouvernance numérique, interconnectée et intelligente, il est d'une grande importance de comparer les modèles de gouvernance numérique américain, européen et japonais afin d'en déduire un mécanisme permettant de laisser parler les données et d'utiliser les données pour prendre des décisions, administrer et innover.

1. Union européenne

La gouvernance électronique est une nouvelle caractéristique de l'administration électronique (ou administration en ligne) dans son stade de développement poussé[8]. Elle représente une nouvelle exploration l'Union

---

8   Comme l'a noté le chercheur néerlandais Michel Bacchus, la gouvernance électronique fait référence à un modèle de gouvernance dans lequel les technologies de l'information sont utilisées dans l'interaction entre le gouvernement et la société civile, entre le gouvernement et les entreprises et dans le fonctionnement du gouvernement, pour simplifier les procédures d'administration publique et de conduite des affaires publiques et favoriser la démocratisation. Son interprétation dans le

européenne pour améliorer son modèle de gouvernance et moderniser ses capacités de gouvernance. Par rapport à la technologie, le renforcement des institutions joue un rôle plus déterminant dans le développement de la gouvernance électronique. Ainsi, la déclaration ministérielle de décembre 2005 du Conseil de l'UE faite à l'occasion de la conférence ministérielle sur l'e-Gouvernement à Manchester a proposé quatre priorités pour développer la gouvernance électronique : « aucun citoyen laissé pour compte », « utiliser des TIC pour un gouvernement efficace et performant », « offrir des services à fort impact conçus en fonction des besoins des clients » et « fournir un accès fiable et largement disponible aux services publics dans toute l'UE, à travers des identifications électroniques mutuellement reconnues ». En 2006, la Commission européenne a publié le Plan d'action i2010 pour l'e-gouvernement – Accélérer l'instauration de l'administration en ligne en Europe dans l'intérêt de tous. La publication de ce plan d'action qui fait partie de la stratégie « i2010 » (société européenne de l'information 2010) a poussé la construction de l'administration électronique au niveau paneuropéen sur une voie systématique[9]. Les lois de l'Union européenne en matière de gouvernance électronique équivalent presque à un système réglementaire. À l'exception des lois et règles d'application générale, comme la Directive concernant la protection juridique des bases de données (96/9/CE) et la Directive relative à certains aspects juridiques des

---

rapport de la 26e Conférence internationale sur les sciences administratives est la suivante : la gouvernance électronique n'est pas une simple application des NTIC (« nouvelles technologies de l'information et de la communication ») dans le domaine des affaires publiques, mais un mode d'organisation et de fonctionnement sociopolitique qui est davantage lié à l'organisation et à l'utilisation du pouvoir politique et du pouvoir social. C'est une manifestation de la gouvernance à l'ère de l'information. Voir Dong Lisheng, « 欧盟电子治理发展的制度分析 » [Une analyse des institutions dans le développement de la gouvernance électronique de l'UE], *Journal of The Party School of CPC Hangzhou*, 2012, n° 5.

9   Le Plan d'action i2010 pour l'e-gouvernement qui définit comme priorités la lutte contre la fracture numérique, l'amélioration de l'efficacité, la passation électronique des marchés publics, la mise en place d'outils clés au niveau européen et le renforcement de la participation au processus démocratique de décision, est en quelque sorte une concrétisation de la déclaration sur l'e-gouvernement du Conseil des ministres de l'UE à Manchester en décembre 2005.

services de la société de l'information, et notamment du commerce électronique, dans le marché intérieur (« directive sur le commerce électronique »), ce système réglementaire vise principalement certains domaines liés au développement de la gouvernance électronique qui nécessitent une réglementation stricte. Par exemple, pour créer un environnement sain sur Internet, le Royaume-Uni a promulgué le « R3 Safety-Net » en septembre 1996 dans le but d'éliminer les informations illicites sur Internet, en particulier les contenus pornographiques et obscènes. Le terme « R3 » fait référence aux trois mesures principales : « rating, reporting, and responsibility » (notation, signalement et responsabilité). En France, la gestion d'Internet attache une grande importance à la protection des mineurs. Par exemple, la Loi de 1998 relative à la prévention et à la répression des infractions sexuelles ainsi qu'à la protection des mineurs prévoit des sanctions sévères à l'égard de l'utilisation d'Internet à des fins d'incitation à la délinquance juvénile. L'Union européenne a également établi des normes strictes pour la protection de la vie privée en ligne, en adoptant notamment la Convention pour la protection des personnes à l'égard du traitement automatisé des données à caractère personnel, la Directive relative à la protection des personnes physiques à l'égard du traitement des données à caractère personnel et à la libre circulation de ces données (95/46/CE), la Ligne directrice sur les transferts de données à caractère personnel vers des pays tiers : Critères de référence pour l'adéquation, ainsi que la Direction relative à la protection des données personnelles à l'égard de la collecte et de la transmission de ces données sur l'autoroute de l'information.

2. États-Unis

Le libre accès aux données publiques est une percée dans la réforme de la gouvernance aux États-Unis. La Freedom of Information Act (FOIA) adopté en juillet 1966 stipule que le public a le droit d'obtenir des informations administratives et que les agences administratives ont l'obligation de fournir ces informations au public[10]. En septembre 1993, les

---

10 Groupe de travail sur les normes de sécurité des mégadonnées relevant du Comité technique national de normalisation pour la sécurité de l'information, *Livre blanc sur la normalisation de la sécurité des mégadonnées* (2017).

États-Unis ont lancé la construction de « l'autoroute de l'information », inaugurant ainsi la révolution des technologies de l'information (TIC). Un système intégré de services d'information avec Internet comme noyau a été établi et le modèle de gouvernance a connu d'énormes changements. En décembre 2009, le gouvernement américain a publié une directive de « gouvernance ouverte » (Open Government), lancé le site Web « Data.gov » pour faciliter l'accès aux données publiques et établi la transparence, la participation et la collaborativité comme les trois principes de base d'une gouvernance ouverte. Cette directive exige les agences gouvernementales de faciliter l'accès des citoyens aux informations publiques, par notamment la publication des données en ligne, afin de promouvoir le dialogue entre le gouvernement et le public et de renforcer la confiance des citoyens dans le gouvernement. Par la suite, le gouvernement américain a introduit de manière créative le concept des mégadonnées dans le domaine de la gouvernance. « En mars 2012, le gouvernement américain a publié l'initiative 'R&D des mégadonnées' (Big Data Research and Development Initiative), annonçant qu'il investirait plus de 200 millions de dollars dans la recherche sur les mégadonnées. En mai, il a publié une stratégie de gouvernement numérique (Digital Government Strategy) qui vise à fournir de meilleurs services numériques au public. Une série de mesures autour des données a rapidement suivi et l'impact des mégadonnées sur la gouvernance américaine devient de plus en plus manifeste (Liu Yeting et Tang Sisi 2014) ». Les États-Unis se sont fixé trois grands objectifs pour sa construction d'un gouvernement numérique : « permettre au peuple américain d'accéder à des informations et des services gouvernementaux numériques de haute qualité partout, à tout moment, sur n'importe quel appareil ; veiller à ce que le gouvernement s'adapte à ce nouveau monde numérique, se procure et gère des appareils, des applications et des données de manière intelligente, sécurisée et abordable ; libérer la puissance des données gouvernementales pour stimuler l'innovation dans le pays et améliorer la qualité des services pour le peuple américain[11] ».

---

11   Centre d'étude de la gouvernance électronique de l'École centrale du PCC (École nationale d'administration), *Rapport 2019 sur le développement du gouvernement numérique*, 2019.

3. Japon

La gouvernance nationale du Japon est l'une des plus réputées du monde. Depuis la restauration de Meiji, le Japon a rattrapé et surpassé les puissances européennes et américaine en peu de temps, tout en devenant le premier pays d'Asie à lancer et à achever le processus de modernisation. Le Japon est ainsi un modèle important pour les études sur la modernisation. Le Japon a créé en 2000 le siège stratégique pour la promotion d'une société d'information (« IT Strategic Headquarter ») et lancé en 2001 la stratégie « e-Japon » en vue d'améliorer son infrastructure des TIC pour devenir le numéro un mondial en matière de développement informatique. En 2003, le gouvernement japonais a adopté la stratégie « e-Japon II » pour apporter quelques ajustements majeurs aux priorités et à la direction de sa construction d'une société d'information. Ainsi, il s'est fixé l'objectif de promouvoir l'application des technologies de l'information, en particulier dans les domaines de la santé, de l'alimentation, de la vie quotidienne, du financement des PME, de l'éducation, de l'emploi et de l'administration. La stratégie propose également d'étendre l'utilisation efficace des technologies de l'information dans cinq programmes horizontaux, à savoir infrastructure de nouvelle génération, confidentialité, R&D, ressources humaines et stratégie internationale (Liu Ziheng et Zhou Jiagui 2013). En décembre 2004, le gouvernement japonais a publié la politique « u-Japon »[12] dans le but de construire un gouvernement omniprésent et capable de fournir des services publics à n'importe qui, sur n'importe quelle question, à tout moment et en tout lieu. Puis, en janvier 2006, le Japon a adopté la « Nouvelle stratégie de réforme informatique » (New IT Reform Strategy) en intégrant la construction d'une administration électronique comme un élément majeur. Dans le prolongement des stratégies « e-Japon », « u-Japon » et de la « Nouvelle stratégie de réforme informatique », le gouvernement japonais a publié la

---

12 La stratégie « u-Japon » a quatre significations : Ubiquitous (omniprésent), Universel, User-oriented (Orienté vers l'utilisateur) et Unique. L'annonce de la stratégie « u-Japon » marque une nouvelle étape dans le processus de construction d'une administration électronique au Japon.

stratégie « i-Japon 2015 »[13] en juillet 2009, dessinant ainsi un nouveau plan pour l'avenir de l'informatisation du pays (Yao Guozhang et Lin Ping 2009). « La stratégie 'i-Japon 2015' a pour objectif de promouvoir la transformation électronique dans trois domaines prioritaires : l'administration, la santé et l'éducation (Hai Qun et Wu Rina 2010) ». Pour promouvoir les technologies de l'information et apporter un maximum d'avantages et de services à la société, le gouvernement japonais a formulé en 2013 la « Déclaration pour être la nation informatique la plus avancée au monde : Plan de base pour la promotion de l'utilisation des données dans les secteurs public et privé ». Ce plan a consolidé les bases d'une utilisation flexible des technologies de l'information sous la direction du gouvernement. Dans le même temps, diverses politiques et mesures destinées à faciliter les Jeux olympiques et paralympiques de Tokyo 2020 ont également été prises (Lian Cheng, Yang Fei et Zhang Hengye 2018).

Tableau 5-6 Stratégies de gouvernement numérique des grandes puissances

Pays	Stratégie de gouvernement numérique	Année	Éléments essentiels
Japon	« i-Japon 2015 »	2009	Le « i-Japon » a deux dimensions : inclusion et innovation. Par l'inclusion, le Japon entend intégrer les TIC dans tous les aspects de son développement économique et social, à l'instar du soleil, de l'eau et de l'air. La stratégie « i-Japon 2015 » a pour principal objectif de promouvoir la transformation électronique dans les domaines de l'administration, de la santé et de l'éducation.

---

13   La stratégie « i-Japon 2015 » a deux dimensions : inclusion et innovation. Par l'inclusion, le Japon entend intégrer les TIC dans tous les aspects de son développement économique et social, à l'instar du soleil, de l'eau et de l'air.

Tableau 5-6   Continued

Pays	Stratégie de gouvernement numérique	Année	Éléments essentiels
Corée du Sud	Smart E-Gov Plan (Plan de gouvernement intelligent)	2011	Avec pour objectif de bâtir un gouvernement intelligent à l'horizon 2015, ce plan de mise en œuvre comprend quatre volets : ouverture, intégration, coordination et croissance verte durable.
Royaume-Uni	Government Digital Strategy (stratégie numérique du gouvernement)	2012	Le document fait un état des lieux du développement des services numériques au Royaume-Uni, y compris la situation actuelle, les obstacles, les progrès accomplis et les futurs plans d'action. Il oriente les différents secteurs dans la formulation de leurs propres stratégies numériques afin de favoriser l'amélioration des services numériques. Le cœur de la stratégie consiste à faire en sorte que le gouvernement considère les canaux numériques comme un moyen prioritaire de fournir des services publics. Elle vise, d'une part, à fournir des services aux personnes utilisant des canaux numériques, et d'autre part, à créer des conditions pour aider les personnes rencontrant des difficultés dans l'utilisation de ces canaux.
États-Unis	Gouvernement numérique : Construire une plateforme du 21e siècle pour mieux servir le peuple américain	2012	Son objectif est d'innover plus à moindre coût et de permettre aux entrepreneurs de mieux utiliser les données publiques pour améliorer la qualité des services fournis au peuple américain.

(*continued*)

Tableau 5-6　Continued

Pays	Stratégie de gouvernement numérique	Année	Éléments essentiels
Singapour	Smart Nation 2025	2014	Son objectif est de relier les citoyens, le gouvernement et les services publics de Singapour d'une manière sans précédent, afin que les institutions et les citoyens bénéficient du libre accès aux données. Le plan Smart Nation revêt d'une grande importance pour les citoyens, les entreprises et leurs partenaires.
France	La République numérique en actes	2015	1. Promouvoir l'économie numérique en créant le concept de données d'intérêt universel. 2. Établir des alliances pour l'innovation ouverte en encourageant la coopération entre les entreprises traditionnelles et les start-ups. 3. Encourager la science ouverte par le libre accès aux publications et aux données de recherche.
Allemagne	Stratégie numérique 2025	2016	Elle présente les objectifs des domaines clés du développement numérique, tels que le gouvernement numérique, tout en proposant des mesures de mise en œuvre spécifiques et très ciblées. Cette stratégie joue un rôle important dans l'accélération du déploiement de l'Industrie 4.0 en Allemagne.

Tableau 5-6   Continued

Pays	Stratégie de gouvernement numérique	Année	Éléments essentiels
Danemark	Stratégie numérique 2016–2020	2016	Elle s'inscrit dans la continuité la stratégie « e-Gouvernement 2011–2015 » et définit le processus de transformation numérique dans le secteur public danois ainsi que son interaction avec les entreprises et les industries. Cette stratégie vise à jeter les bases d'un Danemark numérique fort et sécurisé.
Suède	Stratégie numérique : Pour une transformation numérique durable en Suède	2017	Elle décrit les priorités de la politique numérique du gouvernement suédois et exprime la vision d'une transformation numérique durable en Suède. Son objectif global est de faire de la Suède un leader mondial en tirant parti des opportunités du numérique.
Australie	Digital Transformation Strategy 2018–2025 (stratégie de transformation numérique)	2018	La principale mission consiste à améliorer la prestation des services publics grâce à une base de données centrale destinée aux données publiques ouvertes, qui créera une nouvelle valeur pour les utilisateurs et l'ensemble de la société. La vision stratégique est de faire entrer l'Australie dans les trois premiers rangs mondiaux en matière de développement d'e-gouvernement d'ici 2025, tout en apportant des bénéfices à tous les citoyens du pays.

Source : Centre d'étude de la gouvernance électronique de l'École centrale du PCC (École nationale d'administration), *Rapport 2019 sur le développement du gouvernement numérique*, 2019.

5.2 Droit des données en Chine

Aujourd'hui, la protection des droits relatifs aux données est devenue un sujet majeur commun et la plupart des pays du monde ont adopté une législation nationale en la matière. Au cœur du nouveau cycle de révolution technologique et de transformation industrielle, la Chine a su saisir fermement les opportunités du développement numérique, interconnecté et intelligent. Ainsi, elle répond très activement aux défis posés par le développement des mégadonnées dans les domaines du droit, de la sécurité et de la gouvernance. Un système juridique de protection des droits en matière des données a déjà commencé à prendre forme en Chine. Ce système, couvrant le droit pénal, le droit civil et le droit administratif, avec des législations de l'Assemblée populaire nationale (APN), des réglementations et des normes sectorielles, offrent une protection des droits aux caractéristiques chinoises.

5.2.1 Protection juridique des droits en matière de données en Chine

Au niveau national, les dispositions relatives à la protection des droits en matière de données sont présentes dans différentes branches du droit chinois comme la Constitution, le droit pénal et le droit civil (voir le tableau 5-7). Toutefois, à l'heure actuelle, aucune loi n'a fourni de définition précise des droits en matière de données, ni précisé la portée de la protection. La protection juridique chinoise des droits relatifs aux données manque encore de cohérence et d'approche systématique et systémique. La portée de sa protection est insuffisante et les normes d'application sont ambiguës.

1. Protection constitutionnelle

La Constitution est la base de la protection des droits relatifs aux données personnelles. Dans la Constitution chinoise, la « dignité personnelle » défendue par l'article 38 laisse une marge à l'interprétation des nouveaux droits fondamentaux liés à la personnalité, dont fait partie le droit à la protection de ses données. L'article 33 de la Constitution, qui stipule que « l'État respecte et garantit les droits de l'homme », est l'élément essentiel sur lequel repose l'existence du droit à la protection des données en tant que droit fondamental non explicitement énuméré. D'autres articles de la Constitution peuvent également servir de base à la protection des droits en matière de données, comme l'article 37 stipulant l'inviolabilité de la liberté individuelle des citoyens, l'article 39 stipulant l'inviolabilité du domicile des citoyens, l'article 40 garantissant la liberté et le secret de la correspondance des citoyens, ainsi que l'article 41 octroyant aux citoyens le droit de formuler des critique et des suggestions et de présenter des requêtes, de porter plainte ou de procéder à une dénonciation. La réalisation des droits fondamentaux stipulés par ces dispositions, qui sont directement ou indirectement liées au droit à la protection des données, offre une garantie solide pour la réalisation du droit à l'autodétermination informationnelle De par sa nature même, le droit à la protection de ses données incarne des droits fondamentaux essentiels, à savoir la dignité humaine et l'indépendance de la personnalité. La protection des données est une nécessité pour la démocratie sociale, une condition préalable à l'autonomie des citoyens et une garantie solide pour la réalisation de la liberté individuelle dans une société démocratique. En même temps, elle est aussi la conséquence logique de l'adaptation du système des droits fondamentaux au développement de la société de l'information (Li Aijun 2018, p. 24).

2. Protection par le droit pénal

De nos jours, les atteintes aux données personnelles des citoyens échappent souvent au contrôle du droit civil et du droit administratif Ainsi, en Chine, l'amendement VII et l'amendement IX au Code pénal, adoptés respectivement en 2009 et 2015, ont ajouté des dispositions spécifiques sur les infractions liées aux données personnelles. Par l'amendement VII, le champ d'application de l'article 253 du Code pénal a été étendu à la vente, à l'offre illégale d'informations à caractère personnel et à l'obtention illégale de telles informations. L'amendement

IX a considérablement amélioré les dispositions relatives aux atteintes à la sécurité des données personnelles. Tout d'abord, l'article 253 a été modifié : le délit de vente ou d'offre illégale d'informations à caractère personnel et le délit d'obtention illégale de telles informations ont été supprimés. À leur place, le délit de violation des données personnelles a été ajouté[14]. Aussi, le champ d'application de l'article a été étendu pour ne plus se limiter aux personnels des organes de l'État ou des institutions de finances, de télécommunications, de transport, d'éducation ou de santé. D'ailleurs, l'article prévoit des sanctions plus sévères à l'égard des infractions commises par le personnel de ces institutions. Ensuite, l'amendement IX a ajouté à l'article 286 le délit de manquement à l'obligation en matière de gestion de la sécurité de réseaux d'information, à l'article 287 le délit d'utilisation illégale de réseaux d'information et le délit d'assistance aux activités criminelles au moyen de réseau d'information (Yao Yuerong 2011, pp. 22-23), offrant ainsi une protection plus vigoureuse des droits des citoyens sur leurs données. À l'ère des mégadonnées, il est très nécessaire de renforcer la protection des données personnelles par le droit pénal. Les efforts de la Chine à cet égard montrent son engagement en faveur des droits de l'homme et de la protection des informations personnelles des citoyens.

3. Protection par le droit civil

En Chine, la Loi sur la responsabilité délictuelle, promulguée en 2010, a établi pour la première fois le droit à la vie privée comme un droit civil. Son article 36, portant sur la responsabilité en cas d'atteintes aux droits commises sur les réseaux, rompt avec la protection classique indirecte du droit à la vie privée en ligne et clarifie davantage les responsabilités juridiques que les utilisateurs de réseau et les fournisseurs d'accès à Internet devraient assumer en cas de violation du droit à la

---

14   Voir les « Dispositions supplémentaires (6) sur l'application du Code pénal de la République populaire de Chine (Fa Shi [2015] n ° 20) », publiées par la Cour suprême populaire et le Parquet populaire suprême le 30 octobre 2015.

vie privée d'autrui. La Loi sur la protection des droits des consommateurs, révisée en 2014, est la première législation chinoise à prévoir des dispositions détaillées sur la protection des données personnelles. Les articles 14, 29 et 50 de cette loi stipulent respectivement « le droit de l'individu à la protection de ses renseignements personnels conformément à la loi », « les principes et obligations que les opérateurs doivent respecter lorsqu'ils collectent des données personnelles » ainsi que « le droit de la personne concernée d'obtenir réparation ». Ces dispositions fournissent une protection directe des informations personnelles des consommateurs. Les Principes généraux du droit civil, adoptés en mars 2017, ont pour la première fois inscrit les « les données personnelles des personnes physiques » dans le champ des droits et intérêts civils. L'article 110 de cette loi prévoit que toute personne physique a le droit au nom, le droit à l'image, le droit à la réputation, le droit à l'honneur et le droit à la vie privée ; l'article 111 stipule que « les données personnelles des personnes physiques sont protégées par la loi. Toute organisation ou personne ayant besoin de données personnelles d'autrui doit chercher à les obtenir par des moyens légaux et assurer la sécurité de ces données. Elle ne doit pas collecter, utiliser, traiter ou transmettre illégalement des données personnelles d'autrui, ni commercialiser, fournir ou divulguer illégalement des données personnelles d'autrui ». L'article 127 des Principes généraux du droit civil apporte une réponse directe au statut juridique des données en stipulant que « lorsqu'une loi prévoit la protection des données et de la propriété virtuelle sur réseau, ses dispositions s'appliquent ». Ces mesures marquent l'entrée formelle des données dans le champ de réglementation et de protection du droit civil chinois et montrent que les Principes généraux du droit civil sont en phase avec le temps.

4. Protection par d'autres branches du droit

La protection des droits relatifs aux données est un projet systématique et complexe, qui implique l'ajustement de nombreuses lois, en plus de la Constitution, du droit pénal et du droit civil. Ces ajustements peuvent être divisés en trois grandes catégories. La première catégorie concerne des lois d'application générale, telles que la Loi relative aux passeports, la Loi relative aux statistiques, la Loi sur la protection des secrets d'État, la Loi relative aux cartes d'identité des résidents et la Loi sur la sécurité de l'État. Ces lois fournissent des orientations générales, un cadre et des principes pour la protection des données personnelles. La deuxième catégorie concerne la protection des données personnelles de certains groupes spécifiques de la population, telle que la Loi relative à la protection des mineurs et la Loi relative à la protection des droits et des intérêts des femmes. En protégeant les données personnelles de ces populations spécifiques, ces lois protègent leur personnalité, leur dignité et leur liberté et défendent leurs droits et intérêts légitimes. La troisième catégorie concerne la protection des données personnelles dans des domaines spécifiques, telle que la Loi sur les professions médicales, la Loi sur les avocats, la Loi relative à la prévention et au contrôle des maladies infectieuses, la Loi sur les services postaux, la Loi sur les banques commerciales, la Loi sur la cybersécurité, la Loi relative aux signatures électroniques et la Loi sur la cryptographie. Cette catégorie comprend le plus grand nombre de lois et couvre un large éventail de secteurs et de domaines. Les dispositions de ces lois sont hautement techniques, applicables et réalisables. Elles jouent un rôle irremplaçable dans la protection juridique des droits relatifs aux données en Chine. En conclusion, chacune de ces trois catégories de lois protège les droits relatifs aux données à leur niveau respectif. Elles sauvegardent efficacement les droits et intérêts légitimes des citoyens, des personnes morales et d'autres organisations, tout en promouvant le développement sain et ordonné de l'économie et de la société.

Tableau 5-7 Dispositions légales relatives à la protection des droits en matière de données en Chine

Catégorie	Titre de loi	Date d'entrée en vigueur	Dispositions pertinentes
Constitution	Constitution	11/03/2018	Articles 33, 37, 38, 39 et 41
Droit pénal	Code pénal	04/11/2017	Articles 253(1), 286, 286(1), 287, 287(1), 287(2)
Droit civil	Loi sur la responsabilité délictuelle	01/07/2010	Articles 2 et 36
	Loi sur la protection des droits des consommateurs	15/03/2014	Articles 14, 29, 50
	Principes généraux du droit civil	01/10/2017	Articles 110, 111, 127
Autres branches du droit	Loi relative aux passeports	01/01/2007	Articles 12, 20
	Loi sur les professions médicales	27/08/2009	Articles 22, 37
	Loi relative aux statistiques	01/01/2010	Articles 9, 25, 37, 39
	Loi sur la protection des secrets d'État	01/10/2010	Articles 23, 24, 25, 26
	Loi relative aux cartes d'identité des résidents	01/01/2012	Articles 6, 13, 19, 20
	Loi relative à la prévention et au contrôle des maladies infectieuses	29/06/2013	Articles 12, 68, 69
	Loi sur les services postaux	24/04/2015	Articles 7, 35, 36, 76

(continued)

Tableau 5-7   Continued

Catégorie	Titre de loi	Date d'entrée en vigueur	Dispositions pertinentes
	Loi sur la sécurité de l'État	01/07/2015	Articles 51, 52, 53, 54
	Loi sur les banques commerciales	01/10/2015	Articles 6 et 29
	Loi sur la cybersécurité	01/06/2017	Articles 10, 18, 21, 22, 27, 37, 40, 41, 42, 43, 44, 45, 66, 76
	Loi sur les avocats	01/01/2018	Articles 38, 48
	Loi relative aux signatures électroniques	23/04/2019	Articles 15, 27, 34
	Loi sur la cryptographie	01/01/2020	Articles 1, 2, 7, 8, 12, 14, 17, 30, 31, 32

5.2.2 Pratique législative chinoise en matière de sécurité des données

La sauvegarde de sécurité des données est indispensable pour garantir la sécurité de l'État, et la législation est la solution fondamentale pour résoudre les problèmes en matière de sécurité des données. Ce n'est qu'en poursuivant l'état de droit que nous parviendrons à un équilibre entre l'utilisation des mégadonnées et la protection de la sécurité. Nous pourrons ainsi assurer les intérêts nationaux, publics et la sécurité des individus tout en tirant parti des mégadonnées. Aujourd'hui, la Chine, tout en profitant des opportunités de développement apportés par les mégadonnées, étudie activement la mise en place d'une législation autour de la sécurité des données. Elle a ainsi formé un climat propice en la matière, avec le soutien de l'État et des experts ainsi que de nombreuses initiatives locales.

1. Législation nationale sur la sécurité des données

À l'ère des mégadonnées, les problèmes de sécurité des données affectent non seulement le développement sain du secteur numérique, mais constituent également une menace sérieuse pour la sécurité nationale. La sécurité des données est donc devenue l'un des problèmes centraux les plus urgents dans le domaine de la sécurité de l'information. Le 5 septembre 2015, dans le « Plan d'action pour la promotion du développement des mégadonnées », le Conseil des affaires d'État chinois a appelé expressément à améliorer le système juridique et normatif, afin de réglementer de manière scientifique l'utilisation des mégadonnées et garantir efficacement la sécurité des données. Le 8 décembre 2017, lors de la deuxième étude collective sur la mise en œuvre de la stratégie nationale des mégadonnées au sein du Bureau politique du Comité central du Parti communiste chinois, le secrétaire général Xi Jinping a souligné que « nous devons protéger efficacement la sécurité nationale en matière de données. Il faut renforcer la protection de la sécurité des infrastructures d'information critiques, consolider les capacités de l'État en matière de protection des ressources de données critiques et améliorer nos capacités en termes d'alerte précoce et de traçabilité des données. Il est nécessaire de renforcer la coordination globale entre les politiques, le contrôle et les lois, tout en accélérant la mise en place de mécanismes de réglementation. Il faut également formuler des systèmes pour l'octroi des droits sur les données, l'ouverture, la circulation et la transaction des ressources de données, afin d'améliorer le système de protection des droits de propriété relatifs aux données ». Pour cela, nous devons adopter une approche globale de la sécurité nationale, établir une vision juste de la cybersécurité, œuvrer pour l'équilibre entre la protection de la sécurité et le développement du numérique et accélérer la construction d'un système de protection, pour assurer le succès de la stratégie nationale de développement des mégadonnées.

La Loi sur la cybersécurité est une arme juridique puissante qui permettra à la Chine de répondre aux défis internationaux de sécurité, de sauvegarder sa souveraineté et de protéger les droits et intérêts légitimes de ses citoyens dans le cyberespace. En tant que première loi chinoise en la matière, la Loi sur la cybersécurité contient des dispositions claires sur la sécurité des données et des informations dans le cyberespace. Elle fournit une base juridique pour promouvoir l'utilisation des données, assurer la sécurité des données et sauvegarder la souveraineté chinoise en matière de données L'article 21 de cette loi oblige les opérateurs de réseau à prendre des mesures telles que la classification, le chiffrement et la sauvegarde des données critiques pour empêcher les vols ou falsifications de données. Les articles 37 et 38 imposent aux exploitants d'infrastructures critiques de l'information de stocker sur le territoire chinois les données importantes telles que les données personnelles des citoyens. En cas de nécessité de stocker ou fournir de telles données à l'étranger, une évaluation de la sécurité doit être effectuée conformément à la réglementation. Les articles 40 à 45 disposent que les opérateurs de réseau doivent garder strictement confidentielles les informations des utilisateurs qu'ils collectent, mettre en place et améliorer des systèmes de protection de ces informations. Ils interdisent aux opérateurs de réseau de collecter, utiliser ou traiter des données personnelles d'autrui en violation de lois ou de contrats. Tout cela a pour but d'empêcher l'acquisition, la divulgation et l'utilisation illégales des données personnelles de citoyens. L'article 47 stipule expressément l'obligation des opérateurs de réseau en ce qui concerne la disposition d'informations illégales Ainsi, lorsqu'un opérateur a repéré une information dont la publication ou la transmission est interdite par la loi ou des règlements administratifs, il doit bloquer immédiatement sa diffusion, en la supprimant ou en prenant d'autres mesures. Il doit également conserver les enregistrements pertinents et signaler l'évènement au service compétent (Li Aijun 2018, p. 27). La Loi sur la cybersécurité laisse une marge de développement à la circulation et aux transactions des données en Chine, tout en offrant une garantie solide pour la protection des données personnelles des citoyens.

Les cryptogrammes sont une ressource stratégique nationale importante et ont une incidence directe sur la sécurité des données. Le 26 octobre 2019, la Chine a adopté la Loi sur la cryptographie, plaçant ainsi la technologie de cryptographie au cœur de la protection de la sécurité des données. Le texte, composé de 44 articles en cinq chapitres, offre des dispositions précises sur le système de direction et d'administration dans le domaine de la cryptographie, le principe de gestion par catégories de la cryptographie, l'application de la cryptographie basée sur des scénarios ainsi que la promotion et le soutien au développement de la cryptographie. La Loi sur la cryptographie est non seulement en phase avec des lois existantes, telles que la Loi sur la cybersécurité et la Loi sur la protection des secrets d'État, mais fournit également une référence à des lois ultérieures, telles que la Loi sur la sécurité des données et la Loi sur la protection des données personnelles. En tant que première loi dans le domaine de la cryptographie en Chine, elle crée une base juridique pour la protection des données par le cryptage et met fin à l'utilisation abusive des données. Elle favorisera la généralisation des applications cryptographiques ainsi que le développement sain et durable de l'Internet en Chine. La Loi sur la cryptographie revêt donc une grande importance pour le renforcement de la protection de la sécurité des données en Chine.

Le 28 mai 2019, la Chine a publié la version préliminaire des Mesures relatives à l'administration de la sécurité des données (« les Mesures »), élaborées sur la base des lois et réglementations existantes, telles que la Loi sur la cybersécurité. En termes de contenu, les Mesures apportent notamment des modifications en ce qui concerne la gestion de la sécurité et la protection des données critiques et des données personnelles. Elles définissent les normes pertinentes pour la collecte, le traitement et l'utilisation, ainsi que le contrôle et la gestion de la sécurité de telles données. Elles proposent que les opérateurs de réseau, qui collectent des données critiques ou des données personnelles sensibles à des fins commerciales, s'enregistrent auprès des autorités locales du cyberespace et de l'information, qu'ils formulent et publient leurs règles relatives à la collecte et à l'utilisation des données personnelles via des sites Web, des applications et d'autres produits. Le RGPD publié par l'Union européenne en 2018 est souvent considéré comme la loi sur la protection des données la plus stricte de l'histoire, car il spécifie non seulement la protection des droits relatifs aux données à caractère personnel, mais établit également des sanctions sévères à l'égard des infractions. Pour certains professionnels du secteur, les Mesures publiées par la Chine sont encore plus strictes que le RGPD. De plus, en septembre 2018, la loi sur la sécurité des données a été officiellement inscrite au programme législatif du Comité permanent de la 13e Assemblée populaire nationale (APN). La législation sur la sécurité des données devient ainsi une stratégie nationale en Chine. Le 4 mars 2019, lors de la conférence de presse de la deuxième session de la 13ᵉ APN, le porte-parole Zhang Yesui a déclaré qu'en 2019, la Chine ferait avancer ses travaux législatifs autour de la sécurité des données, afin d'améliorer sa capacité à prévenir et à résister aux risques de sécurité.

2. Législation locale sur la sécurité des données

La législation locale présente des avantages uniques tels qu'une flexibilité élevée, un faible coût d'expérimentation et une grande adaptabilité aux spécificités locales. Elle offre non seulement une solide garantie institutionnelle pour la recherche des initiatives innovante et la promotion du développement social au niveau local, mais accumule également des expériences précieuses pour une nouvelle ère de la gouvernance chinoise. La législation locale joue donc un rôle irremplaçable dans le processus de mise en œuvre du principe fondamental de l'état de droit en Chine. La sécurité des données est la condition préalable au développement et à l'application des mégadonnées. Sans elle, il serait impossible de parvenir à un développement sain et durable de l'industrie des mégadonnées. En Chine, la province du Guizhou et la ville de Tianjin sont les chefs de file de la législation locale sur les mégadonnées. Elles constituent également les principales zones pilotes pour les projets nationaux d'expérimentation dans le domaine des mégadonnées. Au décembre 2019, le Guizhou compte déjà cinq réglementations locales sur les mégadonnées et la ville de Tianjin en compte une. Ces textes législatifs locaux ont fourni des orientations scientifiques et une garantie juridique pour le développement de l'industrie des mégadonnées à Tianjin et dans le Guizhou, en particulier pour leur gestion de la sécurité des données. D'autres villes et provinces, telles que Shanghai, Chongqing, le Zhejiang et le Fujian, ont également formulé des règlementations publiques sur la gestion de la sécurité des données, le partage et l'ouverture des données ainsi que les applications et services de données (voir le tableau 5-8). Ces pratiques législatives locales ont contribué à réglementer la collecte, l'utilisation et le traitement des données et à assurer la sécurité des données. Elles aident donc à protéger les droits et intérêts légitimes des titulaires de droits.

La province du Guizhou est l'une des premières régions de Chine à développer le secteur des mégadonnées. Elle a planifié des programmes de développement dès 2013, avant de les lancer en 2014. À l'instar du Guangdong (ou Canton), Pékin et Tianjin, le Guizhou a su se positionner comme l'un des précurseurs du développement des mégadonnées. En janvier 2016, la province du Guizhou a formulé le premier règlement local de la Chine sur les mégadonnées : le « Règlement de la province du Guizhou sur la promotion du développement et de l'application des mégadonnées », énonçant des principes, des règles générales et des lignes directrices pour la gestion de la sécurité des mégadonnées (articles 4, 29, 31, 32 et 33). En effet, « dans un contexte de développement rapide, les problèmes liés à la sécurité des mégadonnées se multiplient : d'abord, les risques de sécurité sont omniprésents ; ensuite, le conflit entre les exigences de sécurité et les besoins d'ouverture et de partage des données s'intensifie ; enfin, les réglementations en matière sécurité des données nécessitent encore d'être améliorées[15] ». Pour ces raisons, lors d'une réunion de travail législatif, le Comité permanent de la 13ᵉ Assemblée populaire de la province du Guizhou a spécifiquement souligné que « nous devrions rapidement étudier et promulguer des réglementations locales sur la protection de la sécurité des mégadonnées dans notre province ». Ainsi, en août 2019, le Guizhou a de nouveau pris les devants en promulguant le premier arrêté provincial de Chine sur la sécurité des mégadonnées : le « Règlement relatif à la protection de la sécurité des mégadonnées dans la province du Guizhou » (le « Règlement de 2019 »). Sur la base du « Règlement de la province du Guizhou sur la promotion du développement et de l'application des mégadonnées », le Règlement de 2019 établit des dispositions plus précises régissant la protection de la sécurité dans le domaine des mégadonnées et définit les responsabilités juridiques des responsables de sécurité. Il traduit le principe consistant à accorder une importance égale au développement et à la sécurité et vise à promouvoir le développement avec la sécurité, tout en assurant la sécurité avec le développement. Axé sur la construction de « huit systèmes[16] » de protection pour la sécurité des mégadonnées, le Règlement de 2019 vise à améliorer les capacités de défense

---

15   Comité des affaires législatives du Comité permanent de l'Assemblée populaire de la province du Guizhou, « 〈贵州省大数据安全保障条例〉解读 » [Une interprétation du Règlement relatif à la protection de la sécurité des mégadonnées dans la province du Guizhou], *Guizhou Daily*, 26 septembre 2019.

16   Les « huit systèmes » de protection pour la sécurité des mégadonnées font référence à : un système d'organisation, un système de prévention, un système de

et de gouvernance en matière de mégadonnées dans l'ensemble de la société. Il répond à trois problèmes fondamentaux dans le développement de l'industrie des mégadonnées. « Premièrement, en légiférant spécialement sur la protection de la sécurité des mégadonnées, il met fin à une industrie qui donnait la priorité au développement et ignorait les aspects de la sécurité ; deuxièmement, en définissant les responsables de sécurité et leurs responsabilités spécifiques, il apporte une solution à l'ambiguïté de la responsabilité au niveau règlementaire qui existait dans le développement de l'industrie des mégadonnées (He Xinghui 2019) ; enfin, il clarifie la relation entre le partage, le libre accès des données et la protection de la sécurité des données ». Le Règlement de 2019 revêt une grande importance pour la protection de la sécurité des mégadonnées et des données personnelles, ainsi que pour la définition des responsabilités en matière de sécurité des mégadonnées et le développement et l'application des mégadonnées. Il a également jeté une base théorique et pratique solide pour la législation nationale autour de la sécurité des mégadonnées et de la protection des données personnelles.

En tant que ville pilote pour les projets nationaux dans le domaine des mégadonnées, Guiyang (chef-lieu de la province du Guizhou) a toujours attaché une grande importance aux innovations institutionnelles dans sa stratégie de « China Data Valley ». Elle a planifié au plus haut niveau le programme « 1 + 1 + 3 + N »[17] pour la protection de la sécurité des données et s'est engagée à créer une zone pilote pour la sécurité des mégadonnées et des réseaux. En mai 2017, après l'approbation du ministère chinois de la

---

supervision et de régulation, un système d'intervention d'urgence, un système de protection intégré, un système de service technique, un système d'éducation et de formation des talents et un système de soutien.

17 Par le programme « 1+1+3+N », la ville de Guiyang veut continuer à être une « ville pilote pour la sécurité des mégadonnées et des réseaux » ; devenir un lieu d'expérimentation pour la sécurité des mégadonnées, qui intègrera l'utilisation commerciale et civile des données et fournira la certification et la vérification de la sécurité pour différents produits, technologies et services ; construire trois centres spécialisés, dédiés respectivement à l'appréciation de la situation de sécurité urbaine, au contrôle de la sécurité urbaine et à l'innovation en matière de sécurité des mégadonnées ; et mettre en place diverses plates-formes autour de la sécurité des données et de la sécurité des réseaux dans différents domaines et secteurs.

Sécurité publique, Guiyang est devenue la première « Ville pilote pour la sécurité des mégadonnées et des réseaux » en Chine. Cela signifie qu'elle fera de nouvelles explorations dans le domaine de la sécurité des mégadonnées et créera un nouveau modèle urbain assurant la sécurité des mégadonnées. En 2018, en s'appuyant sur des règlementations pertinentes telles que la Loi sur la cybersécurité, la ville de Guiyang a formulé et publié le « Règlement municipal relatif à la sécurité des mégadonnées » pour répondre à ses besoins de travail réels. En vigueur depuis le 1er octobre 2018, ce règlement municipal est composé de 37 articles répartis en six chapitres : dispositions générales, mesures de sécurité, surveillance avec alerte précoce et intervention d'urgence, inspection et contrôle, responsabilités juridiques, annexes. En termes de mesures de sécurité, le règlement municipal stipule expressément que « le représentant légal ou le principal responsable d'une entité est le premier responsable de la sécurité des mégadonnées dans cette entité. Toute entité ayant des responsabilités en matière de sécurité doit formuler et améliorer sa stratégie de contrôle d'accès et adopter des mesures techniques telles que l'autorisation d'accès et l'authentification de l'identité pour empêcher toute enquête, reproduction, modification ou transmission non autorisée de données. Les données personnelles et les données critiques doivent être protégées par le chiffrement et autres mesures de sécurité ; les données touchant la sécurité de l'État, l'intérêt général de la société, les secrets commerciaux et les renseignements personnels doivent être désensibilisées conformément à la loi[18] ». En tant que première réglementation municipale consacrée à la sécurité des mégadonnées en Chine, ce règlement définit de manière plus précise les responsabilités du gouvernement et des autorités compétentes sur la base de la Loi sur la cybersécurité, tout en permettant une surveillance dynamique et en temps réel des risques majeurs pour la sécurité des mégadonnées. Il est donc d'une grande importance pour le développement de l'industrie chinoise des mégadonnées et la mise en œuvre de l'état de droit dans le domaine des mégadonnées. Il existe également d'autres règlementations locales avec des dispositions relatives à la sécurité des données, telles

---

18 « 〈贵阳市大数据安全管理条例〉10 月起施行 » [Le Règlement municipal de Guiyang relatif à la sécurité des mégadonnées entrera en vigueur en octobre], *Guiyang Daily*, 16/08/2018.

que le « Règlement municipal de Guiyang sur le partage et l'ouverture des données publiques » de 2017 (articles 24 et 25), le « Règlement municipal de Guiyang sur l'application et le développement des mégadonnées dans le domaine de la santé » de 2018 (article 26) et le « Règlement municipal de Tianjin sur la promotion du développement et de l'application des mégadonnées » de 2018 (articles 46 à 51). La promulgation de ces législations locales est essentielle pour sensibiliser l'ensemble de la société à la sécurité des données, renforcer la capacité de la société en matière de protection de la sécurité des données et promouvoir la formation d'un climat juridique dans lequel la sécurité des données est la responsabilité de tous. De plus, les efforts législatifs locaux apportent une sagesse à la formulation des lois et réglementations nationales sur la sécurité des données.

3. Recommandations législatives de spécialistes

Au fur et à mesure que les conditions pour une législation autour la sécurité des données deviennent plus matures en Chine, les voix des différents secteurs de la société en faveur d'une telle législation augmentent également. Ces dernières années, à l'occasion des réunions annuelles de l'Assemblée populaire nationale (APN) et de la Conférence consultative politique du peuple chinois (CCPPC), de nombreux participants ont vigoureusement appelé à la formulation d'une législation nationale sur la sécurité des données. Par exemple, Zheng Jie, représentant de l'APN, a déclaré que la sécurité des données était une question touchant la cybersécurité, la sécurité de l'État, la vie privée des citoyens ainsi que la sécurité et la stabilité de la société, et que les travaux législatifs en la matière devraient être accélérés. Selon lui, il faudrait « établir la souveraineté des données et définir la compétence des lois relatives à la sécurité des données ; exiger que les données personnelles et les données critiques collectées et générées sur le territoire chinois soient stockées dans le pays ; améliorer le mécanisme d'évaluation de la sécurité à l'égard des flux transfrontaliers de données et étendre l'application de ce mécanisme à tous les opérateurs de réseau, en plus des opérateurs d'infrastructure informatique sensible ciblés par la Loi sur la cybersécurité ; et intégrer les activités de données impliquant les intérêts de l'État, des entreprises, des organisations et des citoyens dans le champ d'application des lois relatives à la sécurité des données (Zhao Yingying 2019) ».

Pour contribuer à la législation autour de la sécurité des données, Lian Yuming, membre de la CCPPC, a soumis deux propositions aux autorités compétentes : la proposition de mars 2018 concernant la législation sur la sécurité des données et la proposition de mars 2019 concernant l'accélération du processus législatif de la loi sur la sécurité des données. Par ces deux propositions, il a appelé les autorités compétentes de l'État à intensifier la recherche théorique sur le droit des données (y compris l'établissement des droits et le système des droits), à mener activement des consultations législatives pour une loi sur la sécurité des données, à accélérer l'organisation de la rédaction d'un tel projet de loi, à étendre la compétence nationale sur des flux transfrontaliers de données, à garder fermement nos pouvoirs en matière de formulation des règles relatives à la sécurité des données et à faire entendre la voix de la Chine sur la scène internationale, afin d'apporter de la sagesse et des solutions chinoises pour une gouvernance mondiale d'Internet fondée sur l'état de droit. Les propositions soumises par M. Lian contiennent également une description des éléments clés à couvrir par la législation sur la sécurité des données : « Premièrement, la législation devrait avoir pour objet de préserver la sécurité nationale et l'intérêt général de la société, protéger les droits et intérêts légitimes des citoyens, des personnes morales et d'autres organisations, et promouvoir l'ouverture et le partage des données ainsi que leur développement et utilisation. Deuxièmement, la législation devrait attacher une importance égale à la sécurité et au développement et suivre les principes de la direction gouvernementale, de la réglementation prudentielle, de la protection des innovations, de l'unité des pouvoirs et des responsabilités et des risques contrôlables. Troisièmement, la législation devrait ajuster la portée, les priorités et les organes de contrôle de la sécurité des données. Plus précisément, elle devrait couvrir la protection de la sécurité dans la collecte, le stockage, la circulation et l'utilisation des données, et accorder la priorité aux données touchant les intérêts nationaux, la sécurité publique, les secrets commerciaux, la vie privée ou encore la recherche et la production militaires. Elle devrait aussi définir les organes de contrôle, dont l'absence constitue une difficulté majeure pour la législation sur la sécurité des données. Quatrièmement, la législation devrait inciter les parties concernées à établir quatre premières normes pour la sécurité des données : une norme de base, une norme technique, une norme de gestion et une norme d'application. Cinquièmement, la législation devrait aborder la question des niveaux de protection. Plus précisément, un système de protection avec des niveaux de sécurité supérieurs devrait être mis en œuvre pour les données confidentielles et sensibles, et les infrastructures essentielles de l'information devraient être classifiées, avec un niveau de protection approprié. Sixièmement, la législation devrait prévoir l'établissement d'un système obligatoire d'évaluation des risques liés à la sécurité des données et promouvoir l'institutionnalisation de la certification et des essais en matière de sécurité des données. Septièmement, la législation devrait comporter des dispositions restrictives à l'égard de quatre types de données : les données pouvant être stockées sur des serveurs étrangers ; les données devant être stockées sur des serveurs nationaux indépendants et contrôlables ; les données devant être sauvegardées ; et les données dont la diffusion à l'étranger est interdite (Zhong Guangping 2018) ».

En outre, Qi Aimin et Pan Jia ont proposé un ensemble de mécanismes de protection juridique autour de la sécurité des mégadonnées, avec des principes de base et une structure spécifique (y compris des dispositions générales, un mécanisme de droit privé, un mécanisme de droit pénal, un mécanisme de droit administratif et un mécanisme de droit international). Ils estiment que le travail en matière de sécurité des données « ne consiste pas seulement à fournir une protection suffisante et efficace des données, mais aussi à promouvoir le développement, la circulation et l'utilisation des ressources de données, de manière à parvenir à un équilibre entre sécurité et développement (Qi Aimin et Pan Jia 2015) ». En passant en revue les publications, nous constatons que la recherche en législation sur la sécurité des données est principalement menée sous trois axes. La première axe est l'étude des concepts et droits fondamentaux tels que l'information, la vie privée, les données, les droits numériques, les droits sur les données et les droits sur les bases de données ; la deuxième axe est l'étude des principaux problèmes et défis dans le domaine de la sécurité des données, ainsi que des moyens de les prévenir et de les contrôler ; la troisième axe est l'étude de la nécessité, de la faisabilité, du calendrier, des conditions et des éventuels obstacles de la législation sur la sécurité des données. Ces études ont construit un écosystème théorique de la législation sur la sécurité des données et jeté les bases théoriques et jurisprudentielles pour la législation aux niveaux local et national.

Tableau 5-8 Législations locales sur les droits en matière de données en Chine

Règlementation	Publiée par	Date de publication	Date d'entrée en vigueur
Règlement de la province du Guizhou sur la promotion du développement et de l'application des mégadonnées	Assemblée populaire provinciale du Guizhou (incluant son Comité permanent)	15 janvier 2016	1er mars 2016
Règlement municipal de Guiyang sur le partage et l'ouverture des données publiques	Assemblée populaire municipale de Guiyang (incluant son Comité permanent)	11 avril 2017	1er mai 2017
Règlement municipal de Guiyang relatif à la sécurité des mégadonnées	Assemblée populaire municipale de Guiyang (incluant son Comité permanent)	02 août 2018	1er octobre 2018
Règlement municipal de Guiyang sur l'application et le développement des mégadonnées dans le domaine de la santé	Assemblée populaire municipale de Guiyang (incluant son Comité permanent)	09 octobre 2018	1er janvier 2019
Règlement municipal de Tianjin sur la promotion du développement et de l'application des mégadonnées	Assemblée populaire municipale de Tianjin (incluant son Comité permanent)	14 décembre 2018	1er janvier 2019
Règlement relatif à la protection de la sécurité des mégadonnées dans la province du Guizhou	Assemblée populaire provinciale du Guizhou (incluant son Comité permanent)	1er août 2019	1er octobre 2019
Règlement de la province du Guizhou sur le partage et l'ouverture des données publiques (projet)	Assemblée populaire provinciale du Guizhou (incluant son Comité permanent)	–	–

(continued)

Tableau 5-8   Continued

Règlementation	Publiée par	Date de publication	Date d'entrée en vigueur
Règlements d'administrations locales			
Mesures de la province du Zhejiang relatives à l'administration des échanges et du partage de données géospatiales	Gouvernement populaire provincial du Zhejiang	04 mai 2010	1er juillet 2010
Mesures de la province du Qinghai relatives à l'administration des échanges et du partage de données géospatiales	Gouvernement populaire provincial du Qinghai	14 octobre 2015	1er décembre 2015
Mesures de la province du Fujian relatives à l'administration des données publiques	Gouvernement populaire provincial du Fujian	15 octobre 2016	15 octobre 2016
Mesures de la province du Hunan relatives à l'administration des données géospatiales	Gouvernement populaire provincial du Hunan	03 mars 2017	1er avril 2017
Mesures de la province du Zhejiang relatives à l'administration des données publiques et à l'e-gouvernement	Gouvernement populaire provincial du Zhejiang	16 mars 2017	1er mai 2017
Mesures de la municipalité de Guiyang relatives à l'administration des données publiques	Gouvernement populaire municipal de Guiyang	23 novembre 2017	1er janvier 2018
Mesures de la province du Jiangxi relatives à l'administration des données géographiques	Gouvernement populaire provincial du Jiangxi	26 décembre 2017	1er mars 2018

Tableau 5-8   Continued

Règlementation	Publiée par	Date de publication	Date d'entrée en vigueur
Règlement d'application de Guiyang relatif au partage et à l'ouverture des données publiques	Gouvernement populaire municipal de Guiyang	12 janvier 2018	1er mars 2018
Règlement d'application de Chengdu relatif à l'administration des données publiques	Gouvernement populaire municipal de Chengdu	06 juin 2018	1er juillet 2018
Mesures provisoires de Guiyang relatives à l'évaluation du partage et de l'ouverture des données publiques	Gouvernement populaire municipal de Guiyang	27 juin 2018	1er septembre 2018
Mesures de la région autonome hui du Ningxia relatives à l'administration du partage des données publiques	Gouvernement populaire de la région autonome hui du Ningxia	04 septembre 2018	1er novembre 2018
Mesures de la municipalité de Shanghai relatives à l'administration des données publiques et du guichet unique en ligne	Gouvernement populaire municipal de Shanghai	30 septembre 2018	1er novembre 2018
Mesures provisoires du Hainan relatives à l'administration des méga-données	Gouvernement populaire provincial du Hainan	21 septembre 2019	21 septembre 2019
Mesures de la municipalité de Tianjin relatives à l'administration de la sécurité des données (provisoires)	Administration de l'information et d'Internet de Tianjin	26 juin 2019	1er août 2019

(*continued*)

Tableau 5-8 Continued

Règlementation	Publiée par	Date de publication	Date d'entrée en vigueur
Mesures provisoires de la municipalité de Chongqing relatives à l'administration des données publiques	Gouvernement populaire municipal de Chongqing	31 juillet 2019	31 juillet 2019
Mesures provisoires de la municipalité de Shanghai relatives à l'ouverture des données publiques	Gouvernement populaire municipal de Shanghai	29 août 2019	1er octobre 2019

5.2.3 Gouvernance par une administration numérique

Le gouvernement chinois attache une grande importance à la cybersécurité et à l'informatisation et a pris une série d'arrangements importants pour accélérer la construction d'une Chine numérique. Par exemple, dans le 13ème plan quinquennal, il a été proposé de mettre en œuvre une stratégie de puissance informatique et d'accélérer la construction d'une Chine numérique. Le « Cadre stratégique national pour un développement soutenu par l'informatisation » a également placé la construction d'une Chine numérique et le développement de l'économie de l'information dans ses priorités absolues. Les objectifs de la « Chine numérique » ont été précisés dans le 13ème plan quinquennal pour l'informatisation nationale. Le rapport au 19e Congrès national du PCC a aussi appelé à poursuivre les efforts pour construire une Chine numérique (Centre d'étude de la gouvernance électronique de l'École centrale du PCC 2019). Enfin, lors de la quatrième session plénière du 19e Comité central du PCC, une proposition claire a été faite pour promouvoir la construction d'un gouvernement numérique. En tant que partie intégrante de la « Chine numérique », le gouvernement numérique offre un soutien stratégique à la modernisation du système de gouvernance et des capacités de gouvernance. Il constitue également un élément important d'une gouvernance aux caractéristiques chinoises. Le gouvernement numérique est un nouveau modèle de gouvernance publique qui aligne l'administration sur la science et la technologie modernes. Il est adapté à la demande du public en matière de services de base et à ses revendications de droits à l'ère de la civilisation numérique. Par rapport au modèle de gouvernance traditionnel, le gouvernement numérique présente de nouvelles caractéristiques : il est plus ouvert, plus collaboratif et davantage basé sur les données.

Avec l'avancement de la mise en œuvre de la stratégie « Chine numérique », plusieurs provinces, dont le Guangxi, le Guangdong, le Zhejiang, le Hubei et le Fujian ont successivement publié des plans de gouvernement numérique ou des politiques et réglementations en la matière (voir tableau 5-9). Ainsi, le 29 août 2018, le gouvernement populaire de la région autonome zhuang du Guangxi a publié son Plan d'action triennal pour la construction d'un gouvernement numérique (2018-2020), proposant comme objectif de de « construire, à l'horizon 2020, un gouvernement numérique doté de capacités d'analyse et de prise de décisions scientifiques, avec une gestion interne affinée et capable de fournir des services publics efficaces ». Le Plan d'action a proposé des dispositions spécifiques à l'égard de sept tâches prioritaires, qui sont : faire avancer la construction d'un système de soutien de base intégré, promouvoir le partage et l'ouverture des ressources de données, renforcer les services d'administration en ligne, favoriser l'utilisation des mégadonnées pour les prises de décision au niveau macro, faire progresser la réglementation numérique du marché, promouvoir la réglementation numérique des ressources naturelles et développer la gouvernance numérique de l'environnement. Le 26 octobre 2018, le gouvernement populaire de la province du Guangdong a publié son Plan directeur pour la construction d'un gouvernement numérique (2018-2020), proposant de mettre en place, à l'horizon 2020, un système d'administration intégré, caractérisé par la collaboration entre gouvernement et entreprise et la séparation entre administration et exploitation, ainsi qu'un système de conduite d'affaires publiques intégré, caractérisé par le partage, la collaboration et l'intégration des services. Le Plan directeur propose également de construire un réseau cloud d'administration unifié et sécurisé, un centre de mégadonnées ouvert et intégré et une plate-forme de services publics en ligne intégrée, et de former un gouvernement numérique connecté à tous les niveaux et couvrant tous les aspects et domaines. Le 28 décembre 2018, le gouvernement populaire de la province du Zhejiang a publié son Programme général pour des services gouvernementaux à guichet unique et la transformation numérique du gouvernement, proposant l'objectif de « former, à l'horizon 2020, un gouvernemental numérique connecté verticalement, coordonné horizontalement et couvrant l'ensemble de la province ». Le Programme général met en avant une structure de gouvernement numérique organisée et hiérarchique, avec un équilibre entre l'intégration et la division du travail. En janvier 2019, le gouvernement populaire de la province du Hubei a publié un Avis directeur sur la construction d'un gouvernement numérique et le Programme de mise en œuvre pour la construction d'un gouvernement numérique. Ces deux documents ont fourni des dispositions spécifiques relatives à cinq missions : le soutien intensif à l'infrastructure, l'intégration des services gouvernementaux, l'intégration intelligente du travail collaboratif, une gouvernance basée sur des prises de décisions scientifiques et une garantie systématique des mécanismes de travail. Le 20 mars 2019, le gouvernement de la province du Fujian a publié les Axes de travail 2019 pour une province numérique, donnant des exigences spécifiques aux cinq aspects de travail : assurer le succès du deuxième Sommet de la Chine numérique, moderniser l'infrastructure de l'information, améliorer de manière globale les services d'administration en ligne, mettre en œuvre les actions de premier plan en matière d'économie numérique, et renforcer le soutien pour une mise en œuvre efficace de ces actions (Centre d'étude de la gouvernance électronique de l'Ecole centrale du PCC 2019).

Tableau 5-9 Programmes d'administrations locales chinoises en matière de gouvernement numérique

Programme	Publié par	Date de publication
Plan d'action triennal pour la construction d'un gouvernement numérique dans le Guangxi (2018–2020)	Gouvernement populaire de la région autonome zhuang du Guangxi	29 août 2018
Plan directeur pour la construction d'un gouvernement numérique dans le Guangdong (2018–2020)	Gouvernement populaire provincial du Guangdong	26 octobre 2018
Programme général pour des services gouvernementaux à guichet unique et la transformation numérique du gouvernement dans le Zhejiang	Gouvernement populaire provincial du Zhejiang	28 décembre 2018
Avis directeur sur la construction d'un gouvernement numérique dans le Hubei	Gouvernement populaire provincial du Hubei	15 janvier 2019
Programme de mise en œuvre pour la construction d'un gouvernement numérique dans le Hubei	Gouvernement populaire provincial du Hubei	15 janvier 2019
Programme de mise en œuvre pour la construction d'un gouvernement numérique dans le Shandong (2019–2022)	Gouvernement populaire provincial du Shandong	13 mars 2019
Axes de travail 2019 pour une province du Fujian numérique	Gouvernement populaire provincial du Fujian	20 mars 2019
Programme de travail pour l'accélération de la construction d'un gouvernement numérique dans la région autonome hui du Ningxia	Gouvernement populaire de la région autonome hui du Ningxia	24 juin 2019

L'une des tâches les plus urgentes de la gouvernance numérique consiste à réaliser l'ouverture et le partage des données publiques. Sur cette question, la Chine a promulgué le 5 avril 2007 le Règlement sur l'accès public à l'information du Gouvernement, exigeant que tous les services administratifs rendent publiques les informations gouvernementales en leur possession conformément aux procédures légales. Puis, le 31 août 2015, le Conseil des affaires d'État chinois a publié le Plan d'action pour la promotion du développement des mégadonnées, proposant « d'accélérer la mise en place d'une plate-forme nationale unifiée pour l'ouverture des données publiques et d'élaborer un programme pour l'ouverture des données des institutions publiques ». Le 5 septembre 2016, le Conseil des affaires d'État a publié les Mesures provisoires relatives au partage des informations de l'administration publique, établissant des dispositions uniformes pour le partage d'informations gouvernementales au niveau national. Ces Mesures ont mis fin à des comportements discordants entre les organes administratifs en matière de partage d'informations. Pour éviter que les services administratifs ne refusent de partager leurs informations sans fondement, les Mesures stipulent que tout refus de partage doit justifier d'une base suffisante. Enfin, en octobre 2019, lors de la quatrième session plénière du 19e Comité central du PCC, le gouvernement chinois a proposé « d'accélérer la construction d'une plate-forme nationale intégrée de services gouvernementaux », de sorte à fournir aux entreprises et au public des services gouvernementaux couvrant l'ensemble des procédures et de façon intégrée, promouvant ainsi la modernisation de la gouvernance. Pour tenir compte des nouvelles réalités et des nouveaux défis qui sont apparus avec l'amélioration de la gouvernance nationale et le développement rapide de la société de l'information, la Chine a révisé, en 2019, le Règlement sur l'accès public à l'information du Gouvernement, initialement promulgué en 2008. La version révisée est entrée en vigueur le 15 mai 2019, avec des modifications apportées aux trois principaux aspects. Premièrement, il a été réaffirmé que l'accès public à l'information du gouvernement devrait être la norme, que la portée de l'information gouvernementale ouverte devrait être clairement définie et constamment élargie. Deuxièmement, il a été demandé aux services gouvernementaux d'améliorer leurs procédures de demande d'accès à l'information, afin de garantir efficacement les droits et intérêts légitimes des demandeurs et des parties concernées. Dans le même temps, des réglementations nécessaires ont été prises à l'égard des demandes d'accès abusives qui impactent le déploiement normal de l'ouverture des informations. Troisièmement, les exigences en matière de services pratiques ont été renforcées. Il a été proposé d'améliorer l'efficacité de l'accès public à l'information gouvernementale par l'utilisation des TIC, de sorte que l'information publique puisse servir la production, la vie quotidienne et les activités économiques et sociales du peuple (Wu Shan 2019).

Au niveau local, Pékin (en 2008), Wuhan (en 2015) et Shanghai (en 2016) ont successivement promulgué des mesures relatives au partage des données de l'administration publique (voir le tableau 5-10). En 2017, la ville de Guiyang a publié le Règlement municipal de Guiyang sur le partage et l'ouverture des données publiques, qui est la première réglementation locale de Chine en la matière. Le Règlement oblige le gouvernement à ouvrir les données publiques et à intégrer le partage et l'ouverture des données publiques (y compris la gestion des dépenses et des objectifs) dans un cadre législatif, afin de garantir l'avancement du processus. La mise en œuvre de ce règlement signifie que le partage et l'ouverture des données publiques ne sont plus une question de choix, mais un devoir que les services gouvernementaux doivent remplir conformément à la loi. Au 13 novembre 2019, sur la plate-forme des données publiques ouvertes de Guiyang (première plate-forme municipale de ce genre du pays), 11 729 739 entrées de données, 3 078 ensembles de données et 480 interfaces de programmation d'application (API), émanant de 51 services municipaux et 13 districts ou comtés, ont déjà été publiées[19] en libre accès. Tout le monde peut accéder à la plate-forme et obtenir des données publiques en faisant une recherche par sujet, secteur d'activité, domaine, service ou district / comté. En mai 2019, la province du Guizhou a publié le Règlement de la province du Guizhou sur le partage et l'ouverture des données publiques

---

19   Source des chiffres : plate-forme des données publiques ouvertes de Guiyang, voir <http://www.gyopendata.gov.cn/city/index.htm>

(projet) (« le Projet de règlement »). Composé de 44 articles en huit chapitres, le Projet de règlement énonce des dispositions claires en ce qui concerne l'administration, le partage, l'ouverture, l'application et le contrôle des ressources de données publiques, ainsi que les responsabilités juridiques pertinentes. Sur la question du partage des données, le Projet de règlement affirme expressément que le partage devrait être la norme et que les données non partagées devraient être des exceptions, tout en différenciant le partage sans condition et le partage avec conditions. Sur la question de l'ouverture des données, il différencie les données ouvertes sans condition, les données ouvertes avec conditions et les données non ouvertes au public. Il est donc à constater que la province du Guizhou a su cibler la question clé du libre accès des données publiques dans sa législation autour des mégadonnées. En promouvant le partage des données dans l'ensemble de la société par le partage des données publiques, le gouvernement provincial du Guizhou fournit une expérience utile et transposable au reste de la Chine.

Par ailleurs, sur l'île de Taïwan, le partage de données gouvernementales entre les organismes est pratiqué depuis de nombreuses années. Depuis 2013, l'île de Taïwan promeut activement la politique de données publiques ouvertes et a publié un ensemble de règlements en la matière, dont les Principes relatifs au libre accès à l'information gouvernementale, les Priorités en matière d'administration de l'information gouvernementale ouverte, les Spécifications relatives à l'utilisation des données de la plate-forme de l'information gouvernementale ouverte et les Conditions d'autorisation pour le libre accès à l'information gouvernementale (première édition). Selon les résultats d'évaluation publiés par l'Open Knowledge Foundation le 9 décembre 2015, l'île de Taïwan se classe au premier rang mondial dans le domaine des données publiques ouvertes (Lian Yuming 2017, p. 88).

Tableau 5-10 Partage et ouverture des données publiques dans les administrations locales chinoises

Province ou municipalité	Textes relatifs au partage et à l'ouverture des données	Éléments centraux	Année de publication
Pékin	Avis sur le renforcement du partage des informations gouvernementales	Le texte propose une planification intégrée pour la construction et la maintenance des bases de ressources d'information et suggère d'éviter les répétitions par un système de requête partagé. Il établit des règles claires sur les responsabilités en matière de collecte de données ; et exige le partage rapide et gratuit de toutes les ressources d'information sur la base d'accords de confidentialité entre le fournisseur et le demandeur de données.	2005
	Règlement de la municipalité de Pékin sur la promotion de l'informatisation	Il réglemente la gestion de l'information du gouvernement, intègre les projets d'informatisation existants, crée une plate-forme unifiée pour le partage et l'échange d'informations gouvernementales, oriente et normalise l'utilisation des ressources d'information pour créer plus de valeur, promeut l'application des technologies de l'information et met en œuvre un système de protection de la sécurité par niveaux.	2007

(continued)

Tableau 5-10   Continued

Province ou municipalité	Textes relatifs au partage et à l'ouverture des données	Éléments centraux	Année de publication
	Mesures de la municipalité de Pékin relatives à l'administration de la plate-forme d'échange et de partage des informations gouvernementales	Elles obligent toutes les autorités municipales à partager leurs ressources via la plateforme municipale, à laquelle sont reliées les plates-formes des districts et des comtés. Elles interdisent aux demandeurs de données de fournir des données partagées à des tiers sans autorisation et spécifient des exigences pour une exploitation et une maintenance sûres de la plate-forme de partage.	2008
	Avis sur le renforcement de la consommation d'informations et de la demande intérieure	Ils visent à améliorer les capacités d'offre et de consommation d'informations de Pékin, à favoriser la modernisation de l'industrie de l'information, à construire l'infrastructure informatique de nouvelle génération, à promouvoir le partage des données publiques et à soutenir les projets à valeur ajoutée dans la société.	2014
	Plan d'action de la municipalité de Pékin sur les mégadonnées et le Cloud Computing	Il fixe des objectifs pour l'ouverture des données : 90% des autorités devront fournir un libre accès à 60% de leurs données à l'horizon 2020, et la qualité et l'efficacité des données ouvertes seront améliorées.	2016

Tableau 5-10   Continued

Province ou municipalité	Textes relatifs au partage et à l'ouverture des données	Éléments centraux	Année de publication
	Programme de l'informatisation de la municipalité de Pékin pour la période du 13e Plan quinquennal	Il fournit un plan et des listes pour l'ouverture des données publiques ; encourage l'ouverture et l'intégration des données sociales avec l'ouverture des données publiques et décide de la construction d'un centre de transaction de données.	2016
Shanghai	Plan d'action triennal de Shanghai pour la R&D des mégadonnées (2013–2015)	Le plan donne une analyse des forces et des faiblesses de Shanghai dans le domaine des mégadonnées. En termes de forces, Shanghai dispose de ressources de données abondantes, d'une forte capacité de recherche et d'une industrie des données qui commence à se structurer. En termes de faiblesses, son développement de l'industrie des données est encore insuffisant et il lui manque de technologies essentielles ainsi qu'une chaîne industrielle mature. Le plan propose également de promouvoir un partage normalisé des données par des accords.	2013

(*continued*)

Tableau 5-10   Continued

Province ou municipalité	Textes relatifs au partage et à l'ouverture des données	Éléments centraux	Année de publication
	Avis de la municipalité de Shanghai sur la promotion de l'accès public à l'information du gouvernement	Les Avis proposent d'adopter une approche axée sur l'application des données et de promouvoir, de façon active, prudente et graduelle, le libre accès aux données générées et collectées durant l'utilisation de fonds public. Le texte appelle à créer des conditions nécessaires pour favoriser le libre accès des données qui devraient être ouvertes et à encourager la société à exploiter les données pour créer plus de valeur.	2014
	Plan annuel 2015 de Shanghai sur le partage et l'ouverture des données publiques	Le plan prévoit l'amélioration de trois grandes bases de données et demande à tous les services de trier leurs données pour dresser une liste des données en libre accès selon les domaines clés fixés pour 2015. Il appelle également à rassembler et à analyser les besoins de la société, à améliorer la qualité des services de données et à élargir les canaux d'accès aux données publiques en plus du réseau existant.	2015

Tableau 5-10   Continued

Province ou municipalité	Textes relatifs au partage et à l'ouverture des données	Éléments centraux	Année de publication
	Plan annuel 2016 de Shanghai sur le partage et l'ouverture des données de l'administration	Les nouveaux projets d'informatisation qui ne permettent pas le partage des données ne seront plus approuvés par la ville. La priorité sera accordée à l'ouverture de données dynamiques en temps réel via des interfaces. Les données sensibles seront ouvertes après avoir été désensibilisées et les données avec des niveaux de sécurité plus élevés seront fournies sur demande conformément à la loi. Le partage et l'ouverture des données seront inclus dans l'évaluation des performances des services, avec la « sécurité urbaine » comme domaine ouvert prioritaire de l'année.	2016
	Avis de la municipalité de Shanghai sur le développement des méga-données	Il établit des normes pour les systèmes de données ouverts, renforce la gestion de la qualité et les vérifications croisées, intègre l'ouverture et le partage des données dans l'évaluation des performances des services, encourage le libre accès et le partage des données sociales et favorise la circulation des données commerciales.	2016

(*continued*)

Tableau 5-10   Continued

Province ou municipalité	Textes relatifs au partage et à l'ouverture des données	Éléments centraux	Année de publication
	Mesures de la municipalité de Shanghai relatives à l'administration du partage données publiques	Les Mesures définissent la répartition des responsabilités en matière de partage des données, demandent les organismes administratifs à éviter la collecte répétée de données et classent les données en trois catégories : données en libre accès, données partagées sur demande et données non partagées.	2016
Guiyang	Avis sur la promotion du développement de l'industrie des mégadonnées	Il a été proposé de construire la première plate-forme publique de blocs de données au monde à l'horizon 2017.	2015
	Règlement de la municipalité de Guiyang sur l'accès public à l'information du Gouvernement (révision)	Il définit de nouvelles exigences en matière de partage d'informations pour les services gouvernementaux à tous les niveaux.	2015
	Dix mesures visant à promouvoir l'innovation en matière de mégadonnées dans la zone nationale de haute technologie de Guiyang	Elles encouragent, avec un système de récompense, les entreprises à développer et utiliser les données ouvertes et invitent les utilisateurs à partager leurs expériences désagréables, de sorte à pousser l'amélioration des services.	2016

Système du droit des données : une comparaison

Tableau 5-10 Continued

Province ou municipalité	Textes relatifs au partage et à l'ouverture des données	Éléments centraux	Année de publication
	Programme de travail du gouvernement populaire municipal de Guiyang visant à promouvoir les pratiques expérimentales de la Zone de libre-échange de Shanghai	Il favorise le regroupement, le partage et l'utilisation des données publiques et prévoit la mise en place d'un système de réunion conjointe pour le partage des données.	2016
	Règlement municipal de Guiyang sur le partage et l'ouverture des données publiques	Les données de certificats et de licences partagées peuvent être utilisées à des fins administratives. Les données ouvertes doivent être fournies sur une plate-forme permettant leur lecture et leur copie, selon un catalogue pré-publié. Le public devrait pouvoir accéder sur demande à des données qui ne sont pas encore en libre accès mais qui devraient l'être.	2017
Wuhan	Avis sur la promotion de l'application des mégadonnées et le développement de l'industrie des mégadonnées	Il propose d'enregistrer toutes les données publiques de la ville, de créer une plate-forme d'échange et un marché de données, de mettre en œuvre des projets pilotes pour l'application des données, de guider la société dans la collecte des données ouvertes, et d'améliorer les réglementations gouvernementales ainsi que les systèmes de sécurité.	2014

(*continued*)

Tableau 5-10 Continued

Province ou municipalité	Textes relatifs au partage et à l'ouverture des données	Éléments centraux	Année de publication
	Plan d'action de la municipalité de Wuhan pour le développement de l'industrie des mégadonnées (2014–2018)	Les données publiques seront ouvertes en premier pour montrer l'exemple et seront gérées de manière centralisée. Des règles seront établies pour réglementer les transactions de données et une chaîne industrielle de mégadonnées sera formée sur la base des plates-formes de transactions.	2014
	Mesures provisoires de la municipalité de Wuhan relatives à l'administration du partage des données publiques	Les institutions administratives devront procéder à la transformation numérique et au traitement structuré des données. Les données de certificats et licences devront utiliser le scellement électronique et être mises à jour en temps réel. Les données sont divisées en trois catégories : données en libre accès, données avec accès restreint et données non partagées.	2015
Taïwan	Loi sur l'ouverture de l'information gouvernementale	Les informations gouvernementales devraient être rendues publiques volontairement ou fournies sur demande. Les agences gouvernementales peuvent facturer des frais aux demandes d'accès à l'information en fonction de la fin de la demande. Chaque agence fixera ses tarifs, mais les demandes à des fins de recherche universitaire ou d'intérêt public pourront bénéficier d'une réduction ou d'une exemption des frais.	2005

Tableau 5-10   Continued

Province ou municipalité	Textes relatifs au partage et à l'ouverture des données	Éléments centraux	Année de publication
	Principes relatifs au libre accès à l'information gouvernementale	Sur la base du principe du libre accès, les informations sensibles et autres données particulières peuvent constituer des exceptions à l'ouverture avec la présentation écrite des motifs et avec l'approbation des responsables concernés. Les autorités centrales de deuxième niveau serviront de centre pour la publication des données ouvertes sur une plate-forme dédiée. Pour garantir leur exhaustivité, leur exactitude et leur validité, les ensembles de données ne doivent pas être arbitrairement divisés lorsqu'ils sont rendus publics par les services gouvernementaux. En principe, l'information gouvernementale sera fournie de manière gratuite, mais des frais peuvent être facturés pour des demandes spécifiques. Tous les organismes du gouvernement devraient établir des normes et des restrictions relatives à l'utilisation des données, en favorisant l'exploitation de leur valeur d'usage. De même, tous les organismes devront mettre en place un mécanisme de gestion et de promotion de la performance.	2013

(continued)

Tableau 5-10   Continued

Province ou municipalité	Textes relatifs au partage et à l'ouverture des données	Éléments centraux	Année de publication
	Exigences relatives à l'administration de l'information gouvernementale ouverte	Chaque commission gouvernementale devra planifier de façon générale la gestion des ensembles de données des organismes qui lui sont subordonnés.	2013
	Règlement relatif à l'utilisation de la plateforme de l'information gouvernementale ouverte	Les utilisateurs bénéficient d'une autorisation gratuite et non exclusive d'utilisation des données (l'autorisation ne s'applique pas aux droits de marque et aux droits de brevet), sans restriction quant à la durée, l'emplacement ou encore le mode d'utilisation. Lorsqu'ils constatent des erreurs et des omissions dans les données, les utilisateurs doivent aider gratuitement les services gouvernementaux à les corriger. L'utilisateur est responsable des dommages causés aux intérêts de tiers ; les organismes gouvernementaux ne garantissent pas l'exhaustivité ni l'exactitude des données.	2013
	Conditions d'autorisation pour le libre accès à l'information gouvernementale (première édition)	Les utilisateurs de données ne sont pas autorisés à transférer leur autorisation à des tiers ; ils doivent indiquer clairement le fournisseur d'origine des données qu'ils utilisent.	2015

5.3 Importance du droit des données pour la gouvernance mondiale de l'Internet

Le droit des données est un outil juridiquement important pour participer à la gouvernance mondiale et une « clé en or » permettant de résoudre des problèmes de la gouvernance mondiale de l'Internet. Aujourd'hui, le système mondial de gouvernance de l'Internet est déséquilibré, avec des règles qui nécessitent d'être améliorées. Le domaine de l'Internet est dominé par un ordre injustifié et de l'hégémonie, plutôt que par l'état de droit (Zhi Zhenfeng 2017). En l'apparence, les communautés technologiques formulent des règles de leur propre initiative, mais en réalité, elles sont contrôlées par des puissances hégémoniques à la source, qui détiennent un monopole de pouvoir sous la pseudo-décentralisation d'Internet. L'Internet n'est pas une zone de non-droit et la communauté internationale a besoin d'un système de gouvernance équitable basé sur l'état de droit. À cette fin, nous proposons de nous baser sur le cadre théorique du droit des données pour développer davantage l'idée d'une communauté de destin dans le cyberespace. Aussi, nous étudierons l'importance particulière du droit des données pour la gouvernance mondiale de l'Internet, en vue d'apporter la solution chinoise à la mise en place d'une gouvernance de l'Internet fondée sur l'état de droit.

5.3.1 *Portée mondiale du droit des données*

1. Changement d'approche : de la gestion des frontières à la gouvernance souveraine

La souveraineté est au cœur de la gouvernance mondiale de l'Internet. En effet, la souveraineté numérique[20] est une pierre angulaire importante

---

20   La souveraineté numérique est un concept juridique moderne. Elle est l'extension et l'expression naturelles de la souveraineté des États dans le cyberespace et constitue un élément important de la souveraineté des États.

pour faire progresser la réforme du système de gouvernance mondiale d'Internet en faveur des pratiques fondées sur des lois justes. Respecter la souveraineté numérique, c'est lutter contre l'hégémonisme sur les réseaux. En matière de gouvernance de l'Internet, les réglementations juridiques et technologiques classiques tendent à mettre l'accent sur la gestion des frontières du réseau, par la mise en place de méthodes indépendantes et contrôlables pour l'authentification des protocoles de routage. Cependant, à l'ère des mégadonnées, la concurrence entre les diverses parties pour le contrôle des données devient de plus en plus féroce et les frontières traditionnelles, qu'elles soient définies selon les États, les entreprises ou encore les individus, sont progressivement brisées sur Internet. Il existe un besoin urgent de formuler un ensemble de réglementations juridiques mondiales fondées sur la gouvernance souveraine, pour redéfinir, réconcilier et optimiser les relations de droit relatives aux données. En tant qu'élément central du droit des données, la souveraineté numérique est d'une grande importance pour le système mondial de gouvernance de l'Internet, car elle aidera à garantir le respect de la souveraineté des États et permettra le dialogue sur un pied d'égalité ainsi que la construction et le partage conjoints du cyberespace. Le droit des données met en avant la souveraineté comme fondement de la gouvernance mondiale de l'Internet. Ainsi, les États souverains jouissent de la compétence, du droit à l'indépendance, du droit à la légitime défense et du droit à l'égalité sur le réseau, sous réserve de respecter les lois et règlements pertinents. Ce n'est que lorsque la gouvernance de l'Internet est basée sur la souveraineté qu'elle peut être juste et équitable.

2. Changement institutionnel : de l'hégémonie au consociationalisme

L'unilatéralisme est un problème clé auquel est confrontée la gouvernance mondiale de l'Internet. Aujourd'hui, des pays dotés d'une industrie de l'Internet développée profitent de leurs technologies de pointe et de leur domination pour piétiner brutalement la justice internationale, prôner le libéralisme dans le cyberespace, mettre en œuvre la stratégie de dissuasion numérique et promouvoir l'hégémonie idéologique sur le réseau. De son côté, la Chine, qui œuvre pour les consultations réciproques, le

Système du droit des données : une comparaison 325

partage des fruits et la gouvernance commune, prône la participation et l'engagement multilatéraux dans la gouvernance mondiale de l'Internet. Elle s'oppose à l'unilatéralisme, à la dictature hégémonique et appelle à une gouvernance fondée sur les consultations entre les États souverains. La Chine estime également qu'il faudrait amener les gouvernements, les organisations internationales, les entreprises d'Internet, les communautés technologiques, les organisations non gouvernementales, les citoyens et d'autres acteurs à jouer pleinement leur rôle. Le droit de partage est au cœur des droits relatifs aux données. En tant qu'instrument juridique fondé sur les droits, le droit des données est de nature altruiste et présente des caractéristiques du consociationalisme. Tout en respectant la souveraineté numérique, le droit des données prône le multilatéralisme, le consociationalisme et la coopération internationale. Il soutient les Nations Unies dans son rôle de coordinateur de la gouvernance mondiale de l'Internet et répond pleinement aux intérêts de toutes les parties prenantes. Le droit des données vise à trouver « le plus grand diviseur commun » et à former « le plus grand cercle concentrique », de manière à favoriser la construction conjointe d'une communauté de destin dans le cyberespace.

3. Changement structurel : de la décentralisation à la recentralisation

Né aux États-Unis, l'Internet est souvent considéré comme un réseau de nature décentralisée en raison de son architecture technique. En réalité, il s'agit d'une perception erronée. Aujourd'hui, la décentralisation de l'Internet n'est pas une décentralisation au sens réel et absolu, mais « centrée » sur les États-Unis. Par exemple, les pays occidentaux, en particulier les États-Unis, contrôlent la quasi-totalité des principales institutions d'exploitation et de gestion de l'Internet du monde. De ce fait, d'autres parties prenantes ne peuvent pas faire entendre leur voix sur la question de l'Internet. Elles ne peuvent pas garantir leurs intérêts légitimes ni leur autonomie dans le choix de leur voie de développement et de leur modèle de gestion de l'Internet. Avec l'objectif de construire une communauté de destin dans le cyberespace, le droit des données offre une solution en faveur d'une gouvernance mondiale de l'Internet fondée sur le droit. Il met en avant la structure polycentrique de l'Internet plutôt qu'une structure faussement décentralisée. Sur un réseau polycentrique, chaque État souverain peut réaliser l'authentification et la gestion des comptes sur différents nœuds en fonction de sa propre souveraineté dans le cyberespace. Dans une telle structure de réseau, tous les centres sont égaux et ont le même poids. Il n'y a ni hégémonie ni domination. De même, aucun centre n'a d'autorité absolue par rapport à un autre centre.

4. Changement de modèle : de la gouvernance technique à la gouvernance fondée sur le droit

Internet a été inventé aux États-Unis et ses mécanismes et modèles de gouvernance reposent principalement sur l'organisation spontanée des communautés techniques. Cependant, la plupart de ces communautés sont des organisations américaines, avec des équipes de direction et un personnel scientifique issus majoritairement de pays développés comme des pays de l'Europe et les États-Unis. Ils prônent la liberté et une gouvernance de l'Internet basée sur les technologies. La technologie ne connaît pas de frontières, mais chaque scientifique a sa nationalité. Lorsque des scientifiques d'un État sont en charge des technologies essentielles et peuvent facilement faire entendre leur voix dans la gouvernance mondiale de l'Internet, ils exercent une influence directe sur l'avenir de la technologie et de la cybersécurité de leur pays d'origine. Pour ces raisons, le droit des données ne préconise pas une gouvernance de l'Internet basée uniquement sur la technologie, mais une gouvernance basée sur la combinaison de règles juridiques et de règles techniques[21]. L'essence de cette combinaison est le remixage et son objectif est de parvenir à une gouvernance technique régie par un cadre juridique. Ce modèle est nécessaire pour adapter

---

21   Les règles techniques sont un cadre mixte composé de logiciels, de protocoles, de procédures, d'algorithmes, d'installations de support et d'autres éléments techniques. Elles sont essentiellement des codes informatiques qui présentent la caractéristique d'une exécution irréversible. Les règles juridiques sont composées, entre autres, de cadres réglementaires, de dispositions et de politiques sectorielles. Toute infraction à ces règles entraîne des responsabilités juridiques correspondantes.

la gouvernance à l'architecture de la technologie Internet et à l'innovation du modèle économique, équilibrer les rapports d'intérêts et les différentes valeurs et promouvoir le développement sain de l'industrie Internet tout en garantissant l'équité et la justice. Sur cette base, le droit des données peut servir de code de conduite et de norme de valeurs communs pour les sociétés qui reposent sur Internet, contribuer à la réalisation d'une bonne gouvernance fondée sur le droit et favoriser la formation d'un ordre mondial dans le domaine de l'Internet.

5.3.2 Difficultés d'une gouvernance mondiale de l'Internet fondée sur le droit

La gouvernance de l'Internet est à la fois un élément important de la gouvernance mondiale et un domaine de jeu entre les grandes puissances. À l'heure actuelle, l'offre du système mondial de gouvernance de l'Internet est insuffisante. Quatre dilemmes persistent et compliquent la mise en place d'une gouvernance fondée sur le droit : Premièrement, le développement mondial de l'Internet est toujours inégal, avec des règles imparfaites et un ordre injuste. Deuxièmement, les cybermenaces, tels que les atteintes à la vie privée, la violation des droits de propriété intellectuelle et l'usurpation des ressources d'information continuent de croître. Troisièmement, les incidents de cybersécurité tels que la cybersurveillance, les cyberattaques et les cybercrimes restent très fréquents. Quatrièmement, les fléaux communs du cyberespace, tels que le cyberterrorisme, le cyberrhégémonisme et le cybermilitarisme, doivent encore être combattus (Zhi Zhenfeng 2016). En termes simples, le système mondial actuel de gouvernance de l'Internet présente de nombreuses défaillances et nécessite d'être réformé de toute urgence pour mettre en œuvre l'état de droit.

1. Déséquilibre mondial en matière de fonctionnement et de gestion de l'Internet

L'Internet, tout comme le monde réel, a besoin de ressources pour fonctionner et ces ressources doivent être distribuées. Les adresses IP, les noms de domaine, les ports, les protocoles, etc. sont des ressources de base essentielles pour le fonctionnement d'Internet. Ces ressources ne peuvent pas être générées à partir de rien ni utilisées librement, mais sont allouées et gérées par des organismes spécifiques. Selon des statistiques incomplètes, aujourd'hui, les principales institutions chargées du fonctionnement et de la gestion d'Internet dans le monde sont l'ICANN, les RIR, l'ISOC, l'IAB, l'IETF, l'IRTF, l'ISO, le W3C et les NOG[22] (voir le tableau 5-11). Elles fournissent un soutien technique solide pour le fonctionnement de l'Internet mondial lui-même et exercent un contrôle et une domination absolus dans ce domaine. Ainsi, ces institutions contrôlent presque toutes les normes et protocoles essentiels relatifs aux infrastructures et technologies critiques de l'Internet. Elles forment donc la colonne vertébrale de la gouvernance mondiale de l'Internet. Cependant, en analysant la composition de ces institutions, en particulier celle de leurs sections centrales, nous pouvons constater qu'elles sont principalement contrôlées par des puissances technologiques occidentales, sous la houlette des États-Unis, ce qui génère un important déséquilibre fondamental. Ce déséquilibre a conduit à une situation injuste dans laquelle certaines parties prenantes ne peuvent pas faire entendre leur voix. D'une part, étant donné que les institutions de gestion sont principalement formées de pays occidentaux et composées de citoyens européens et américains, les droits et intérêts des pays à faible technologie Internet et de leurs citoyens ne peuvent être garantis. D'autre part, sous le monopole du pouvoir dans le système mondial de gouvernance de l'Internet, les pays du tiers-monde ne peuvent pas jouir pleinement de leur autonomie pour choisir leur propre voie de développement et leur propre modèle de gestion d'Internet.

---

22 Les institutions et organisations suivantes jouent également un certain rôle dans le fonctionnement de l'Internet mondial : la Coopération économique Asie-Pacifique (APEC), l'Association des nations de l'Asie du Sud-Est (ASEAN), le Conseil de l'Europe, l'Union européenne, le Forum of Incident Response and Security Teams (FIRST), le Groupe des huit (G8), l'Institut des ingénieurs électriciens et électroniciens (IEEE), l'Union internationale des télécommunications (UIT), le Forum sur la gouvernance de l'Internet (IGF), l'Organisation internationale de police criminelle (INTERPOL)), le Processus Meridian, l'Organisation du Traité de l'Atlantique Nord (OTAN), l'Organisation des États américains (OEA), l'Organisation de coopération et de développement économiques (OCDE), etc.

Tableau 5-11 Les principales organisations chargées de la gouvernance d'Internet du monde et leurs responsabilités

Organisations	Responsabilités
Internet Corporation for Assigned Names and Numbers (ICANN)	L'ICANN est responsable de la coordination mondiale du système d'identification unique d'Internet et de son fonctionnement sûr et stable, y compris l'allocation de l'espace des adresses de protocole Internet (IP), l'attribution des identificateurs de protocole et la gestion des noms de domaine génériques de premier niveau, des noms de domaine nationaux et régionaux de premier niveau ainsi que la gestion des serveurs racines. Son équipe de direction est composée de membres de l'ISOC et son personnel vient de nombreux pays à travers le monde, mais la majorité du personnel est Américains.
Registres Internet régionaux (RIR)	Les RIR sont responsables de l'attribution et de l'enregistrement des ressources numériques Internet dans leur région respective, de l'attribution de l'ICANN et de l'attribution des adresses IP et des numéros de système autonome (AS) aux économies. Leurs membres comprennent des FAI, des registres Internet nationaux (NIR) ainsi que d'autres organisations à but non lucratif.
Internet Society (ISOC)	Son objectif est de créer des conditions favorables et ouvertes pour le développement d'Internet dans le monde, de formuler des normes pertinentes, de diffuser des informations et d'organiser des formations sur la technologie Internet. L'ISOC est également engagé dans des missions sociales, économiques, politiques, éthiques et législatives qui peuvent influencer l'orientation du développement d'Internet. Ses administrateurs sont des élites du domaine de l'Internet sélectionnées dans toutes les régions du monde. C'est une ONG sectorielle à but non lucratif basée aux États-Unis.
Internet Architecture Board (IAB)	L'IAB définit la structure de l'Internet et ses plans de développement à long terme, assure la supervision et la coordination techniques, nomme et supervise diverses organisations liées à Internet. Ses membres sont nommés par les directeurs de l'ISOC et les participants de l'IETF. Il compte 15 chercheurs internationaux de différentes spécialités. Le comité a été fondé en 1979 par le Département de la Défense des États-Unis et la DARPA (« Agence pour les projets de recherche avancée de défense »). Il a été affilié à l'ISOC en 1992 pour passer d'une entité gouvernementale américaine à une entité publique internationale.

(continued)

Tableau 5-11 Continued

Organisations	Responsabilités
Internet Engineering Task Force (IETF)	L'IETF est responsable de la recherche, du développement et de la formulation des spécifications techniques relatives à Internet. Il est géré par la participation spontanée d'experts et est ouvert à tous ceux qui s'intéressent à ce secteur. Affiliée à l'ISOC, l'IETF est une organisation internationale ouverte de la société civile.
Internet Research Task Force (IRTF)	Agréé et géré par l'IAB, l'IRTF compte plusieurs groupes de travail chargés de mener des recherches théoriques sur différentes questions liées aux technologies Internet.
Organisation internationale de normalisation (ISO)	Elle promeut les travaux de normalisation dans le monde afin de faciliter les échanges internationaux de matériel et l'assistance mutuelle, et d'élargir la coopération dans les domaines de la connaissance, de la science, de la technologie et de l'économie. Ses principales tâches consistent à formuler des normes internationales, à coordonner les travaux de normalisation dans le monde et à coopérer avec d'autres organisations internationales pour étudier les questions relatives à la normalisation. Ses participants sont des organismes nationaux de normalisation et de grandes entreprises des États membres. La plus haute autorité de l'ISO est son Assemblée générale. Les membres abonnés, les membres correspondants ainsi que les organisations internationales ayant des liens avec l'ISO sont représentés à l'assemblée.
World Wide Web Consortium (W3C)	Le W3C vise à étudier et à formuler des normes Internet pertinentes telles que celles des plates-formes ouvertes et des technologies sans fil. L'organisme est dirigé par Tim Berners Lee, père du World Wide Web, et Jeffrey Jaffe, directeur général. Il est exploité conjointement par une équipe mondiale établie aux quatre sièges mondiaux, à Massachusetts Institute of Technology, au Consortium européen de recherche en informatique et en mathématiques (ERCIM), à l'Université Keio au Japon et à l'Université d'aéronautique et d'astronautique de Beijing en Chine respectivement. Par nature, il s'agit d'une agence internationale de normalisation technique neutre développée dans le cadre d'un projet de l'Organisation européenne pour la recherche nucléaire (CERN).

Tableau 5-11   Continued

Organisations	Responsabilités
Global NOG Alliance (GNA)	Elle discute et exerce une influence sur des questions liées au fonctionnement d'Internet. Ses membres sont essentiellement des fournisseurs de services Internet et des centres d'échange Internet, etc.

Source : Zhi Zhenfeng, « 互联网全球治理的法治之道 » [Pour une gouvernance mondiale de l'Internet fondée sur l'état de droit], *Legal System and Society*, 2017, n° 1.

2. Hégémonie et domination dans le cyberespace

En tant que berceau d'Internet, les États-Unis possèdent la technologie Internet la plus avancée au monde. Ils contrôlent les infrastructures Internet essentielles, la production des principaux produits d'information du monde ainsi que la gestion des ressources d'adresses Internet et des serveurs racine. Les États-Unis ont ainsi un pouvoir de contrôle absolu sur Internet, qui est inégalé par aucun autre pays. Parallèlement, le cyberespace est également entre les mains des États-Unis. La Chine et d'autres pays sont fondamentalement dans une zone grise en matière de souveraineté numérique, du fait qu'ils ne détiennent pas toute leur souveraineté dans le cyberespace. Par ailleurs, les États-Unis appliquent deux poids deux mesures[23], prônent le libéralisme technologique et créent une dictature technologique, laissant des opportunités au terrorisme et au militarisme dans le cyberespace. « Bien que la nouvelle révolution technologique affaiblisse et restreigne la souveraineté de tous les États, cet affaiblissement et cette restriction sont déséquilibrés et inégaux pour les pays développés et les pays en développement, en raison de leurs niveaux technologiques différents (Zhao Xudong 1997) ». Ce déséquilibre et

---

23 L'application de deux poids deux mesures signifie qu'en ce qui concerne la liberté et la sécurité du réseau, les États-Unis appliquent un ensemble de standards pour lui et ses alliés, mais un autre ensemble de standards pour les pays en développement.

cette inégalité sont la manifestation des relations internationales entre dominant et dominé. Ce modèle de relations dû à l'hégémonie des puissances technologiques dans le cyberespace est extrêmement préjudiciable à la justice internationale, en particulier aux intérêts des pays du tiers monde (voir tableau 5-12).

Tableau 5-12 Principales manifestations de l'hégémonie et de la domination dans le cyberespace

Formes d'hégémonie	Manifestations
Hégémonie sur la gestion du réseau	Quelques pays occidentaux développés, sous la houlette des États-Unis, ont le monopole des éléments essentiels de l'Internet. Parmi ces éléments, les serveurs racine et le système de noms de domaine forment le pilier de l'Internet. À l'heure actuelle, 13 serveurs racine prennent en charge le fonctionnement d'Internet dans le monde, parmi lesquels le seul serveur racine principal et neuf des douze serveurs racine secondaires sont situé aux États-Unis, les trois autres serveurs racine secondaire se trouvent au Royaume-Uni, en Suède et au Japon respectivement. Aujourd'hui, l'ICANN est responsable de la gestion unifiée des serveurs racine, des systèmes de noms de domaine et des adresses IP du monde. Autorisé par le gouvernement américain, l'ICANN est en réalité contrôlé par les États-Unis. En effet, le département du Commerce des États-Unis a le droit de mettre son veto au pouvoir de gestion de l'ICANN à tout moment et interférer dans les systèmes Internet d'autres pays à tout moment. De plus, la formulation des règles internationales relatives à Internet est aussi monopolisée par un petit nombre de pays développés, sous la houlette des États-Unis.
Hégémonie sur les technologies du réseau	Les États-Unis sont le berceau de l'informatique et des technologies de l'information. C'est aux États-Unis que le premier ordinateur électronique au monde a été inventé et que l'Internet a été construit.

Tableau 5-12   Continued

Formes d'hégémonie	Manifestations
	Dans le domaine des technologies de l'information, les États-Unis sont largement en avance sur les autres pays, y compris d'autres pays développés. Ils contrôlent les technologies informatiques et Internet essentielles. Tous les maillons clés de la chaîne de l'industrie Internet, comme les puces, les systèmes d'exploitation et les moteurs de recherche, sont essentiellement dominés par des entreprises américaines. Par exemple, Microsoft et Google constituent, de manière très évidente, des monopoles dans leur domaine.
Hégémonie linguistique et monopole de l'information sur Internet	Le langage d'assemblage informatique, les systèmes d'exploitation ainsi que les standards logiciels et matériels sont tous en anglais. Parmi les flux d'informations sur Internet, plus des deux tiers proviennent des États-Unis, 7% du Japon qui se classe deuxième et 5% de l'Allemagne qui se classe troisième. La Chine ne représente que 0,1% des flux d'entrée et seulement 0,05% des flux de sortie de l'information sur Internet. Il est donc à constater que l'anglais est la langue dominante sur Internet et que les pays développés sont les principaux producteurs d'informations sur Internet. Parmi eux, les États-Unis le producteur de l'information le plus important et le véritable « suzerain de l'information en ligne ».
Hégémonie idéologique sur le réseau	Quelques pays occidentaux développés, sous la houlette des États-Unis, promeuvent et embellissent vigoureusement les valeurs occidentales sur Internet, telles que la liberté, la démocratie, les droits de l'homme, l'égalité, la fraternité et la justice. Ils prônent les modèles politiques occidentaux et considèrent depuis longtemps Internet comme un outil important pour « répandre la démocratie ». La « liberté d'Internet » est devenue l'une des principales excuses de l'Occident pour mettre en œuvre son hégémonie numérique. La prétendue « libre circulation de l'information sur Internet » que les États-Unis promeuvent vigoureusement vise en réalité à permettre à l'information de « circuler librement » selon les besoins des États-Unis.

Source : Wang Zhengping et Xu Tieguang,
« 西方网络霸权主义与发展中国家的网络权利 » [L'hégémonie de l'Occident et les droits des pays en développement sur Internet], *Thinking*, 2011, n° 2.

3. Cybersécurité et cybercriminalité

La cybersécurité et la cybercriminalité sont également deux défis majeurs de la gouvernance mondiale de l'Internet. Internet est un monde virtuel ouvert et décentralisé où les participants sont anonymes, les frontières sont inexistantes et les interactions se produisent en temps réel. Ces caractéristiques font de lui un milieu propice aux activités illégales et criminelles telles que les cyberattaques, les fraudes en ligne et les escroqueries pyramidales. Des incidents de cybersécurité et de cybercriminalité se produisent régulièrement partout dans le monde, et des menaces telles que le terrorisme en ligne, l'hégémonisme et le militarisme dans le cyberespace sont devenues des dangers communs. D'une manière générale, il existe deux types de cybercriminalité. Le premier type comprend la surveillance en ligne, les attaques de sites Web, la propagation de virus ainsi que d'autres instructions et sabotages, tels que ceux révélés dans les affaires Snowden, Five Eyes et Stuxnet. Le deuxième type concerne des crimes traditionnels commis au moyen de l'Internet, tels que la fraude financière en ligne, le financement illégal en ligne et le vol sur Internet. D'autres infractions telles que la publicité mensongère, la chasse à l'homme sur Internet, les agressions verbales et l'espionnage en ligne sont également des manifestions de la criminalité classique. La cybercriminalité a un impact considérable sur le système de sécurité mondial existant. Par rapport à la criminalité classique, la cybercriminalité présente trois particularités distinctes : Premièrement, elle a tendance à être plus destructrice et ses auteurs sont de plus en plus jeunes. Deuxièmement, son coût est faible mais le nombre de victimes peut être important et les pertes économiques causées peuvent être très élevées. Troisièmement, elle touche tous les horizons et domaines, et certaines activités criminelles en ligne mettent même en danger la sécurité politique, la sécurité économique et la stabilité sociale du pays.

5.3.3 Droit des données comme solution à la gouvernance mondiale de l'Internet

Le principe de l'état de droit est un outil important de la gouvernance mondiale de l'Internet. « Le droit vient de la nature humaine. Il est créé par l'homme et existe pour l'homme. L'homme est à la fois son point de départ et son objectif (Qin Ying 2009) ». Face aux difficultés de la gouvernance mondiale de l'Internet, nous proposons d'utiliser « l'*homo numericus* » comme postulat de la nature humaine dans les réflexions. « Les droits dérivés de l'*homo numericus* peuvent être appelés droits sur les données ; l'ordre construit sur la base de ces droits peut être appelé système de droits sur les données et les normes juridiques formées sur la base de ce système peuvent être appelées droit des données. Ainsi un cadre juridique à trois éléments peut être formé (Laboratoire clé de la stratégie des mégadonnées 2018) ».

1. Droits sur les données, système des droits et droit des données

Le droit des données est un cadre juridique basé sur un système de droits relatifs aux données. Elle vise à réaffecter et à optimiser raisonnablement les responsabilités, les droits et les obligations afin d'ajuster les diverses relations et conflits d'intérêts survenant dans le domaine de l'Internet. En termes de portée de l'ajustement, le droit des données réglemente les nouveaux types de relations sociales et les questions de droits et obligations en lien avec le cyberespace, dans lequel les données jouent un rôle central. Contrairement aux branches classiques du droit, telles que le droit civil, le droit commercial, le droit pénal, le droit administratif et le droit de la propriété, le droit des données peut couvrir un large éventail d'objets et de domaines, tout en prenant en compte de multiples relations juridiques telles que civiles, administratives et pénales. Il regroupe un ensemble de normes juridiques qui régissent les relations de droits et d'obligations dans le domaine de l'Internet, notamment en matière de propriété des données, de droits sur les données, d'utilisation et de protection des données. Par exemple, les nouveaux types de droits juridiques dérivés du cyberespace tels que les droits de propriété sur les données, les droits de la personnalité relatifs aux données, le droit de partage et le droit à l'oubli, remettent continuellement en question les définitions juridiques traditionnelles, y compris celles en matière de droits de l'homme, de droit réel et de droit de propriété intellectuelle. Ils déclenchent constamment des changements dans les mécanismes de fonctionnement des systèmes juridiques traditionnels concernant la finance, le commerce, les contrats, les atteintes aux droits, etc. Quoi qu'il en soit, le droit des données est nécessaire pour la circulation ordonnée des données dans le cyberespace. Il est une condition préalable à la réutilisation des données et à l'équilibre entre la protection de la vie privée et l'exploitation des données, ainsi qu'une composante de base pour faire du cyberespace un empire juridique.

2. Droit des données en tant que solution pour une gouvernance mondiale de l'Internet fondée sur le droit

Le cyberespace n'est pas une zone de non-droit et la communauté internationale a besoin d'un système de gouvernance équitable basé sur l'état de droit. Depuis que la Chine s'est officiellement connectée à Internet en 1994, la gouvernance juridique de l'Internet a connu trois stades (voir le tableau 5-13). Au stade 3.0, l'Internet et le secteur mondial de l'Internet ont atteint un développement et une prospérité sans précédent. Dans le même temps, les risques et les menaces croissants nécessitent la réglementation d'un système juridique juste et tourné vers l'avenir. C'est dans l'étude des questions clés concernant l'état de droit dans le cyberespace (telles que le partage des données, la sécurité des données, la protection des droits et la souveraineté des données) que le droit des données a été proposé, pour devenir un élément central du stade 3.0 de la gouvernance de l'Internet. L'essence du droit des données consiste à fixer les règles, à clarifier la discipline et à tracer des limites pour le cyberespace et la cybersociété. En tant que norme juridique régissant diverses relations et conflits d'intérêts dans le cyberespace, le droit des données constitue une garantie importante pour la sauvegarde de la souveraineté dans le cyberespace ainsi que pour la promotion des innovations sectorielles, technologiques et commerciales en lien avec l'Internet. De la même manière que le droit réel est indispensable à l'ère de la civilisation industrielle, le droit des données est incontournable pour l'application de l'état de droit dans le cyberespace à l'ère des mégadonnées. Il établit le cadre de base de l'ordre juridique dans le cyberespace, traduit le principe de l'état de droit et offre un appui important et une solution à une gouvernance mondiale de l'Internet fondée sur le droit.

Tableau 5-13 Gouvernance juridique de l'Internet : stades 1.0, 2.0 et 3.0

Stades	Caractéristiques
Gouvernance juridique de l'Internet : stade 1.0 (1994–2000)	Internet a principalement pour fonction de transmettre des informations, sous forme de contenu statique. Le mode de transmission de l'information est relativement simple et Internet n'a pas une influence profonde sur la société, l'économie et la vie. Par conséquent, la gouvernance juridique de l'Internet à ce stade porte principalement sur ses infrastructures, y compris la gestion des adresses IP, la gestion des noms de domaine et la gestion de la sécurité des systèmes informatiques.
Gouvernance juridique de l'Internet : stade 2.0 (2000–2013)	Internet transmet principalement de la valeur. Le commerce électronique, les médias sociaux et les moteurs de recherche sont devenus ses trois piliers. Le flux d'informations s'est progressivement transformé en flux de valeur et les utilisateurs sont devenus le cœur des services Internet. À ce stade, la gouvernance juridique de l'Internet porte essentiellement sur la gestion de l'industrie Internet, les services d'information Internet, la protection de la sécurité et la gestion des transactions en ligne.
Gouvernance juridique de l'Internet : stade 3.0 (depuis 2013)	Internet se développe à toute vitesse et manque sérieusement d'ordre. À ce stade, avec l'essor rapide des technologies de l'information de nouvelle génération telles que les mégadonnées, l'intelligence artificielle et la blockchain, l'économie de l'information, l'économie en réseau et l'économie numérique se sont imposées comme les nouvelles tendances économiques. Dans le même temps, les effets négatifs de l'Internet, tels que les fuites d'informations personnelles, les flux transfrontaliers de données et le cyberterrorisme sont apparus et ont tiré la sonnette d'alarme. Les problèmes Internet tels que la sécurité du réseau, la sécurité des données et la protection des droits numériques nécessitent de toute urgence la mise en place d'une réglementation juridique.

3. Droit des données favorise la construction d'une communauté de destin dans le cyberespace.

La construction d'une « communauté de destin dans le cyberespace » est une belle vision pour le développement de l'Internet et permettra à l'Internet de profiter mieux à l'humanité. En tant que système de règles construit selon la rationalité humaine, chaque système juridique existe dans une période et un espace spécifiques (Huang Zhirong 2017). Depuis l'avènement de l'ère des mégadonnées, la Chine n'a jamais cessé d'étudier les droits sur les données, le système des droits relatifs aux données et le droit des données. Avec le droit des données, l'application de l'état de droit sur Internet a obtenu les premiers résultats et un modèle de gouvernance moderne de l'Internet fondé sur le droit a pris forme[24]. En tant que moyen de définir les droits et obligations relatifs aux ressources dans le cyberespace, le droit des données traduit l'idéologie, les valeurs et la philosophie de l'ère Internet. La civilisation numérique a donné une impulsion à la naissance du droit des données, tandis que celui-ci a fourni une base pour le maintien des systèmes et l'amélioration de l'ordre de la civilisation numérique. Le droit des données revêt une importance très significative en ce qu'il sert de paradigme d'ordre pour la civilisation numérique et jette les bases du maintien de l'ordre dans cette civilisation (Laboratoire clé de la stratégie des mégadonnées 2018). En ce sens, le droit des données est un produit de la transition de la civilisation et le fondement juridique de la construction d'une communauté de destin dans le cyberespace. Avec le droit réel, ils constituent les deux fondements juridiques de l'ère numérique et accompagnent conjointement l'humanité dans son passage de la civilisation industrielle vers la civilisation numérique.

24   Grâce au droit des données, l'application de l'état de droit dans la gouvernance de l'Internet a formé une structure à double système, composée de législations spécifiques sur Internet et de lois traditionnelles. Plus précisément, elle comprend la protection de l'infrastructure Internet essentielle, la règlementation de l'industrie Internet, l'administration du contenu Internet, la législation pénale sur Internet ainsi que l'interprétation judiciaire sur Internet, etc. Elle couvre des domaines importants et des maillons clés de l'Internet, avec des lois, règlements, règles et autres instruments juridiques et réglementaires de différents niveaux. Les règlementations de ce système trouvent leur source dans les législations existantes et se présentent sous forme écrite, et ce système appartient par nature au domaine du droit public.

Bibliographie

«〈贵阳市大数据安全管理条例〉10月起施行 » [Le Règlement municipal de Guiyang relatif à la sécurité des mégadonnées entrera en vigueur en octobre], *Guiyang Daily* du 16 août 2018.

Centre d'étude de la gouvernance électronique de l'école centrale du PCC (École nationale d'administration), *Rapport 2019 sur le développement du gouvernement numérique*, <http://www.egovernment.gov.cn/art/2019/8/2/art_194_6195.html>, publié le 2 août 2019.

Comité des affaires législatives du comité permanent de l'Assemblée populaire de la province du Guizhou, «〈贵州省大数据安全保障条例〉解读 » [Une interprétation du Règlement relatif à la protection de la sécurité des mégadonnées dans la province du Guizhou], *Guizhou Daily* du 26 septembre 2019.

Dong Lisheng, « 欧盟电子治理发展的制度分析 » [Une analyse des institutions dans le développement de la gouvernance électronique de l'UE], *Journal of The Party School of CPC Hangzhou*, 2012, n° 5.

Groupe de travail sur les normes de sécurité des mégadonnées relevant du Comité technique national de normalisation pour la sécurité de l'information, *Livre blanc sur la normalisation de la sécurité des mégadonnées* (édition 2017), <www.cesi.cn/uploads/soft/170411/1-1F411162633.pdf>, publié le 11 avril 2017.

Hai Qun et Wu Rina, « 日本"i-Japan 战略 2015"中的电子政务战略 » [La politique d'e-gouvernement dans la stratégie « i-Japon 2015 »], *Office Operation*, 2010, n° 4.

He Xinghui, « 我国大数据安全保护层面首部地方性法规正式实施 贵州大数据产业发展不再"九龙治水" » [Mise en œuvre de la première réglementation locale de la Chine sur la sécurité des mégadonnées : le développement de l'industrie des mégadonnées dans le Guizhou sera réglementé], *Science and Technology Daily* du 14 octobre 2019.

Huang Zhirong, 中国互联网立法研究 [La législation atour de l'Internet en Chine], Thèse de doctorat, École du Parti du Comité central du PCC, 2017.

Laboratoire clé de la stratégie des mégadonnées, 数权法 1.0：数权的理论基础 [*Loi sur les droits numériques 1.0 : Fondements théoriques*], Social Sciences Academic Press (China), 2018.

Li Aijun, « 数据权利属性与法律特征 » [La nature des droits relatifs aux données et leurs caractéristiques juridiques], *Oriental Law*, 2018, n° 3.

Li Wei, « 成功与遗憾——日本战后宪法的制定 » [Réussite et regret : la formulation de la Constitution japonaise après la Seconde Guerre mondiale], Dushu, 2009, n° 4.

Lian Cheng, Yang Fei et Zhang Hengye, « 韩日电子政务发展状况评析 » [Une analyse du développement de l'administration électronique en Corée du Sud et au Japon], *Management Observer*, 2018, n° 19.

Lian Yuming, 大数据蓝皮书：中国大数据发展报告 *No.1* [*Livre bleu sur les mégadonnées : Premier rapport sur le développement des mégadonnées en Chine*], Social Sciences Academic Press (China), 2017.

Liu Yeting et Tang Sisi, « 大数据对政府治理的影响及挑战 » [L'impact et les défis des mégadonnées sur la gouvernance gouvernementale], *E-Government*, 2014, n° 6.

Liu Ziheng et Zhou Jiagui, « 日本"u- JAPAN"计划和发展现状 » [La stratégie « u-Japon » et son état d'avancement], *Journal of Academic Libraries*, 2013, n° 3.

Nobuyoshi Ashibe, *La Constitution japonaise* (troisième édition), trad. Lin Laifan *et al.*, Peking University, 2006.

Qi Aimin, Pan Jia, « 大数据安全法律保障机制研究 » [Étude des mécanismes de protection juridique de la sécurité des mégadonnées], *Journal of Chongqing University of Posts and Telecommunications* (édition des sciences sociales), 2015, n° 3.

Ran Congjing, « 专题前言：超越地理疆界的网络与数据主权 » [Préface thématique : la souveraineté des réseaux et des données au-delà des frontières géographiques], *Journal of Information Resources Management*, 2019, n° 2.

Qin Ying, « 从人性恶之假设认识法律 » [Comprendre le droit à partir des postulats de la nature humaine], *Theoretic Observation*, 2009, n° 3.

Wei Jianxin et Song Renchao, « 日本个人信息权利立法保护的经验及借鉴 » [La protection juridique des droits relatifs aux données personnelles au Japon et son aspiration], *Journal of Shenyang University of Technology* (Édition des sciences sociales), 2018, n° 4.

Wu Shan, « 李克强签署国务院令　公布修订后的〈中华人民共和国政府信息公开条例〉 » [Li Keqiang signe l'ordonnance du Conseil des affaires d'État portant sur la révision du Règlement sur l'accès public à l'information du Gouvernement], *Quotidien du Peuple* du 16 avril 2019.

Xie Qing, « 日本的个人信息保护法制及启示 » [Le système juridique japonais en matière de protection des données personnelles et ses aspirations], *Political Science and Law*, 2006, n° 6.

Yao Guozhang, Lin Ping, « 日本电子政务规划部署与电子政务发展 » [Planification, déploiement et développement de l'administration électronique au Japon], *E-Government*, 2009, n° 12.

Yao Yuerong, 宪法视野中的个人信息保护 [La protection des renseignements personnels sous l'angle constitutionnel], Thèse de doctorat, Université des sciences politiques et du droit de la Chine orientale, 2011.

Zhao Qiuyan, « 网络隐私权保护模式的构建 » [La construction d'un modèle de protection de la vie privée sur le réseau »], *Seeking Truth*, 2005, n° 3.

Zhao Xudong, « 新技术革命对国家主权的影响 » [L'impact de la nouvelle révolution technologique sur la souveraineté des États], *Chinese Journal of European Studies*, 1997, n° 6.

Zhao Yingying, « 多位代表建议加快数据安全立法 在数据保护前 提下率先开放交通等数据 » [Plusieurs représentants suggèrent d'accélérer la législation sur la sécurité des données et d'ouvrir les données sur les transports sous réserve d'une bonne protection], *Beijing Evening News* du 7 mars 2019.

Zhi Zhenfeng, « 互联网全球治理的法治之道 » [Pour une gouvernance mondiale de l'Internet fondée sur l'état de droit], *Legal System and Society*, 2017, n° 1.

Zhi Zhenfeng, « 网络空间命运共同体的全球愿景与中国担当 » [La vision globale d'une communauté de destin dans le cyberespace et la responsabilité de la Chine], *Guangming Daily* du 27 novembre 2016.

Zhong Guangping, « 全国政协委员连玉明：建议加快数据安全立法 » [Le membre de la CCPPC Lian Yuming propose d'accélérer la législation sur la sécurité des données], *China Radio Film and TV*, 2018, n° 6.

Zhou Hanhua, « 对〈个人信息保护法〉（专家建议稿）若干问题的说明 » [Explication sur plusieurs questions de la Loi sur la protection des informations personnelles (proposition)], 中国科技法学年刊 [Annuaire du droit de la science et de la technologie en Chine], 2005, n° 1.

Postface

Proposé pour la première fois par le professeur Lian Yuming, directeur du Laboratoire clé de la stratégie des mégadonnées, en mars 2017, le terme « droit des données » (en chinois « 数权法 ») a été officiellement validé par le Comité d'examen des termes scientifiques et techniques de Chine. La même année, en juillet, le Centre d'étude du droit des données a été créé au sein de l'Université de science politique et de droit de Chine. Dirigé par le professeur Lian Yuming, ce centre est le premier établissement de recherche chinois spécialisé dans l'étude du droit des données.

Le 28 mai 2019, l'Université de science politique et de droit de Chine et le gouvernement populaire municipal de Guiyang ont organisé un séminaire sur l'ouvrage 数权法1.0 (*Droit des données 1.0*) et ses traductions en anglais et en chinois traditionnel, à l'occasion de l'inauguration de l'Alliance des think tank pour une Chine numérique. Zhao Deming, membre du comité permanent du Comité du Parti pour la province du Guizhou et secrétaire du Comité du Parti pour la ville de Guiyang, a assisté au séminaire et prononcé un discours, affirmant pleinement les innovations théoriques du *Droit des données 1.0*. Dès sa sortie, le *Droit des données 1.0* a suscité un vif intérêt mondial. Plus de 200 médias étrangers (en anglais, français, allemand, espagnol, etc.) et plus de 170 médias chinois se sont intéressés à l'ouvrage. Selon certains médias étrangers, sa publication a jeté les bases juridiques pouvant aider l'humanité à passer de la civilisation industrielle à la civilisation numérique et offrir une nouvelle clé pour entrer dans la civilisation numérique. La publication du *Droit des données 1.0* signifie que le droit chinois est en train de s'internationaliser pour devenir un instrument juridique de la gouvernance mondiale. Le *Droit des données 1.0* a révélé la logique théorique, la logique des valeurs et la logique juridique des droits relatifs aux données, à travers dix idées fondamentales : les droits de l'homme, les droits de propriété et les droits relatifs aux données seront les trois types de droits fondamentaux de l'homme à l'avenir ; les droits relatifs aux données sont une combinaison de droits de la personnalité et de droits de propriété ; les droits relatifs aux données ont pour sujet des titulaires spécifiques et pour objet des ensembles de données spécifiques ; une donnée peut souvent avoir plusieurs sujets de droit ; les droits relatifs aux données relèvent à la fois du droit privé, du droit public et de la souveraineté ; le système des droits relatifs aux données se décline en cinq dimensions, qui sont un système de légalisation, un système de propriété, un système d'usufruit, un système de droits d'intérêt général et un système de partage ; le droit de partage est l'essence même des droits relatifs aux données ; le droit des données constitue la norme juridique qui régira la propriété, l'utilisation, la protection des données et les droits sur les données ; le droit des données restructurera la civilisation numérique ; le droit des données est une pierre angulaire importante pour la transition de la civilisation industrielle vers la civilisation numérique. Ces idées sont le point de départ de notre étude du droit des données.

Dans la continuité du *Droit des données 1.0*, le présent ouvrage intitulé *Droit des données 2.0* se démarque par trois aspects. Premièrement, il propose de manière créative le concept de l'*homo numericus* centré sur l'altruisme, comme postulat de la recherche sur le droit des données. Deuxièmement, il met en avant trois droits et intérêts à l'ère des mégadonnées : les droits sur les données, le droit de partage et la souveraineté des données. Troisièmement, il répond aux instructions du président chinois Xi Jinping relatives à « la gestion des défis juridiques, de sécurité et de gouvernance liés au développement des mégadonnées », qui avaient été présentées dans sa lettre de félicitation au « Big Data Expo 2019 ». Les discussions, études et rédactions du présent ouvrage ont été organisées par le Laboratoire clé de la stratégie en mégadonnées. La démarche globale et les idées centrales ont été présentées par Lian Yuming, qui s'est également chargé de la conception du cadre global. Le plan et la thématique de l'ouvrage ont été essentiellement affinés par Long Rongyuan et Zhang Longxiang ; la rédaction a été confiée à Lian Yuming, Zhu Yinghui, Song Qing, Wu Jianzhong, Zhang Tao, Song Xixian, Long Rongyuan, Zhang Longxiang, Zou Tao, Shen Xudong, Chen Wei, Yang Guanhua, Yang Lu et Yang Zhou ; et l'assemblage a été réalisé par Long Rongyuan. Chen Gang a fourni de nombreux points de vue prospectifs et instructifs pour ce livre. Zhao Deming, membre du comité permanent du Comité du Parti pour la province du Guizhou et secrétaire du Comité du Parti pour la ville de Guiyang, Yan Aoshuang, directeur adjoint du comité permanent de l'Assemblée populaire municipale de Beijing et président du Comité du Parti Zhi Gong pour la ville de Beijing, Chen Yan, secrétaire adjoint du Comité du Parti pour la ville de Guiyang et maire de Guiyang, Xu Hao, membre du comité permanent du Comité du Parti pour la ville de Guiyang et maire adjoint exécutif de Guiyang, Liu Benli, membre du comité permanent et secrétaire du Comité du Parti pour la ville de Guiyang, ainsi que le Professeur Li Zheng, secrétaire général du comité académique l'Université de science politique et de droit de Chine et doyen de l'Institut pour l'état de droit dans l'intelligence artificielle, ont également apporté des idées novatrices pour le présent ouvrage. Nous tenons aussi à remercier l'équipe de direction et les responsables d'édition de la maison Social Sciences Academic Press de Chine. La publication du présent ouvrage n'aurait pas été possible sans la clairvoyance, la vision unique, l'audace et l'appui de son président Xie Shouguang, qui a affecté plusieurs de ses éditeurs pour la planification, la révision et la conception du livre.

Durant la préparation et la rédaction de ce livre, nous avons organisé plusieurs séminaires de haut niveau, auxquels ont participé une trentaine de spécialistes renommés des domaines juridiques, scientifiques et de la traduction, dont Wu Dahua, Liu Hongyu, Qu Qingchao, Kong Qingjiang, Xie Quan, Zhang Qing, Zhou Xuefeng, Tian Linan, Li Youxing, Ma Jing, Zhang Jiyu, Zhu Yinghui, Song Qing, Zhang Zhuhong, Pan Shanbin, Sun Zhiyu, Qi Yun, Xu Yan, Zhu Xiaowu, Wang Hao, Xiao Yu, Fu Yao, Wang Liping, Zhang Biao, Gao Xiangyu, Dai Jiajia, Zhang Chunyang, Wang Jing, Wu Yueguan et Zhu Jingjie. Selon Wu Dahua (Académie des sciences sociales du Guizhou), Xie Quan (Université du Guizhou), Pan Shanbin (Université des nationalités du Guizhou), Wang Hao (société « Xiaoi » du Guizhou), Xiao Yu (cabinet d'avocats Guizhou Zhongchuanglian), Wang Jing (Centre d'échanges de mégadonnées de Guiyang) et d'autres experts, le droit doit suivre le rythme des évolutions scientifiques et technologies et il est nécessaire de garder un esprit ouvert face à des nouveautés. Ils estiment que le concept de « droit des données » est de nature progressiste et légitime sur le plan juridique. Pour Zhang Jiyu (Université Renmin de Chine), Zhu Xiaowu (Université de science politique et de droit de Chine), Sun Zhiyu

(Université du Guizhou), Xu Yan (Université de science politique et de droit de Chine) et d'autres spécialistes, la proposition d'un « droit de partage » pour l'*homo numericus* est une nécessité tournée vers l'avenir, le postulat de l'*homo numericus* a élargi la vision de la communauté juridique, tandis que la proposition du droit de partage revêt une grande importance pour coordonner et équilibrer la relation entre les droits privé et public en matière de données. Selon Liu Hongyu (cabinet d'avocats Beijing Jincheng Tongda), Qu Qingchao (Institut Longxin de recherche sur les données), Kong Qingjiang (Université de science politique et de droit de Chine), Zhou Xuefeng (Université d'aéronautique et d'astronautique de Beijing), Li Youxing (Université du Zhejiang) et d'autres experts, le droit des données, en tant que concept pionner proposé par la Chine, marque une nouvelle percée juridique de la recherche chinoise, voire mondiale, sur les mégadonnées. Zhu Yinghui (Institut international de développement urbain de Beijing), Song Qing (Institut d'étude des stratégies de développement axées sur l'innovation de Guiyang) et d'autres experts estiment que le droit des données est une branche qui s'intéresse aux tendances de la technologie, du droit et du développement de la société humaine. Selon eux, le droit des données est une solution à la modernisation de la gouvernance fondée sur la technologie à l'ère du remixage. En tant que réflexion rationnelle sur le futur système juridique, il permet à la Chine de saisir son droit de participer à la formulation des règles en matière de données et de faire entendre sa voix sur la scène internationale. Pour des experts en traduction de l'École des langues étrangères relevant de l'Université de science politique et de droit de Chine, tels que Zhang Qing, Tian Linan, Ma Jing, Qi Yun, Fu Yao, Wang Liping, Dai Jiajia et Zhang Chunyang, le droit des données est un domaine de recherche multidisciplinaire, innovant, attractif et percutant. Ils estiment que la traduction de cette série de livres sur le droit des données offrira une fenêtre importante pour les échanges entre les juristes chinois et étrangers, tout en élargissant les horizons de la recherche mondiale sur les droits relatifs aux données.

La « trilogie des données » lancée par le Laboratoire clé de la stratégie des mégadonnées (*Chaîne de blocs*, *Droit des données* et *Chaîne de blocs souveraine*) représentante un nouveau jalon dans le développement des théories en matière de mégadonnées. Elle est saluée comme les trois piliers de la construction d'un nouvel ordre de la civilisation numérique et a une influence considérable tant en Chine qu'à l'étranger. Aujourd'hui, notre droit fait face à des défis sans précédent liés au développement technologique. Nous devons prêter une attention particulière aux technologies de pointe et répondre activement à ces défis, maîtriser les risques potentiels, coordonner le développement du droit et de la technologie et promouvoir activement la transformation du droit, de l'état de droit et des principes juridiques en réponse à la transformation sociale. La proposition du droit des données a jeté les bases juridiques pour la sauvegarde de la souveraineté nationale sur les données. Il permet à la Chine de saisir le droit de participer à la formulation des règles en matière de données et de faire entendre sa voix sur la scène internationale. Il contribue à mettre en place une gouvernance mondiale de l'Internet fondée sur le droit et revêt une importance particulière pour la construction d'une communauté de destin dans le cyberespace. L'étude du droit des données est une exploration théorique révolutionnaire, à la fois basée sur la réalité et tournée vers l'avenir. Elle favorisera certainement le développement de l'économie numérique, l'administration numérique, la gouvernance sociale numérique et les progrès de la civilisation numérique. Pour continuer à améliorer le système théorique du droit des données, nous sortirons également *Droit des données 3.0 : la législation*, *Droit des données 4.0 : le droit de partage et le droit à la vie privée*, *Droit des données 5.0 : principes et nouvelle éthique*.

Durant la rédaction du présent ouvrage, nous nous sommes efforcés de nous appuyer sur les recherches et les idées les plus récentes. Néanmoins, nos capacités ont des limites, il y a donc inévitablement des omissions et des erreurs dans le livre, d'autant plus qu'il couvre des domaines variés et complexes. Nous nous excusons pour toute éventuelle erreur et invitons les lecteurs à nous en informer, en particulier en ce qui concerne les citations et les références. À l'instar de la première machine à vapeur ou de la première voiture du monde, toute chose nouvelle est forcément imparfaite. Cependant, nous sommes convaincus que parmi les branches du droit chinois, le droit en matière d'économie numérique a la plus grande probabilité de se faire connaître sur la scène internationale. Nous nous efforçons d'avancer dans cette direction. Malgré les difficultés, nous restons confiants et pensons que l'avenir est prometteur.

Laboratoire clé de la stratégie des mégadonnées
Le 16 janvier 2020

Terminologie

Administration électronique 277, 278, 281, 340
Administration prestatrice 144, 145
Algorithme 21, 36, 87, 109, 111–113, 128, 326
Altruisme 1, 8, 9, 11, 18, 22, 23, 25–32, 131, 150, 153–156, 177, 178, 187, 189, 344
Attaque numérique 218, 219
Autorégulation sectorielle 272, 273

Blockchain 337

Cadre 6, 21, 24, 35, 46, 66, 74, 76, 82, 84, 88, 89, 91, 92, 96, 101, 116, 164, 191, 195, 200, 222, 223, 225–227, 230, 231, 238, 240, 245, 246, 271, 273, 290, 306, 311, 323, 326, 330, 335, 336, 344
Capitalisme numérique 234, 235
Caractère altruiste 155
Caractère privé 264
Caractère public 73, 169
Causalité 58, 59, 81
Cession de souveraineté 225
China Data Valley 298
Chine numérique 306–308, 343
Cinquième domaine 198, 202
Circulation des données 102, 159, 163, 166, 184, 238, 243, 244, 274, 317
Civilisation numérique 21, 24, 33, 56, 60, 82, 111, 118, 136, 148, 149, 151, 153, 154, 157, 158, 173, 197, 251, 307, 338, 343, 344, 346, 347
Code 8, 14, 17, 31, 37, 61, 67, 82, 108–111, 116, 120, 125, 237, 256, 287, 288, 291, 326, 327

Code civil 37, 67, 82, 120
Collaboration homme-machine 35, 111
Communauté 8, 10, 30, 77, 79, 118, 132, 134, 141, 149, 191, 199, 201, 204, 205, 209, 212–216, 218, 220, 221, 223, 224, 227–229, 231, 236, 238, 239, 241, 242, 244, 246, 251, 323, 325, 326, 336, 338, 341, 346, 347
Communauté de destin pour l'humanité 30, 199
Communauté juridique internationale 251
Compétence territoriale 209, 210, 230
Compétence universelle 209, 210
Complémentarité homme-machine 35
Confrontation 55, 94, 221–223, 229
Consommation collaborative 133

Décentralisation 27, 75, 323, 325
Dilemme du prisonnier 27
Données d'entreprise 44, 55, 62, 77, 85–88, 90, 119, 121, 123, 126, 127
Données dérivées 85, 87, 88
Données ouvertes 90, 93, 312, 314, 318, 319, 321
Données personnelles 31, 43, 44, 55, 62, 64, 66–68, 70–72, 75, 77–85, 89, 90, 94, 97, 99, 104–107, 112–116, 119, 121–124, 126–128, 132, 161, 162, 165–167, 183, 188, 202, 241, 252–260, 264–266, 268–276, 279, 286–290, 294, 295, 298–300, 340
Données publiques 42, 44, 89–94, 121, 124, 125, 129, 132, 161–165, 182, 187, 202, 279, 280, 283, 285, 300, 303–306, 310–316, 318–320

Données sensibles 71, 82, 163, 223, 317
Droit à l'égalité 132, 143, 146, 147, 201, 207, 213–216, 248, 324
Droit à l'égalité des données 207, 213, 215, 216
Droit à la réputation 289
Droit à l'honneur 289
Droit à l'image 81, 289
Droit à l'indépendance 191, 196, 201, 207, 210–213, 324
Droit à l'indépendance des données 207, 210–213
Droit à la confidentialité des données 80
Droit à la liberté 132, 143–146
Droit à la portabilité 44, 79, 80, 121
Droit à la portabilité des données 44, 121
Droit à la vie privée 79, 80, 106, 113, 114, 150, 158–161, 189, 251, 260, 261, 264, 265, 268, 272, 273, 288, 289, 347
Droit à l'autodétermination 79, 80, 265, 287
Droit à l'information 80, 116, 118, 163, 264
Droit au partage des données commerciales 164–166
Droit au partage des données personnelles 166, 167
Droit au partage des données publiques 162–164
Droit d'accès 44, 79, 80, 91, 121, 168, 174–176, 189, 262, 264
Droit d'accès aux données 91
Droit d'accès exclusif 79
Droit de collecter des données 42
Droit de contrôle 42, 74, 86, 119
Droit de contrôle des données 119
Droit de disposer 48, 84, 113, 161, 167, 172, 174
Droit de disposition 172, 175–177
Droit de gestion 65, 175, 176

Droit de jouissance 171, 174, 175
Droit de légitime défense 217–219, 247
Droit de partage 44, 55, 65, 98, 131, 132, 143–167, 169–173, 177, 179–186, 188, 325, 335, 344, 346, 347
Droit de possession 98, 151, 154
Droit de propriété 47, 49, 51, 65, 71, 83, 84, 87, 91, 104, 110, 123, 150, 152, 161, 261, 335
Droit de rectification 44, 80, 121
Droit des données 1, 12, 17, 18, 23, 24, 31–33, 40–47, 49, 50, 52, 150, 152, 153, 155, 160, 161, 174, 188, 232, 251, 252, 254, 286, 301, 323, 324, 325, 326, 327, 334, 335, 336, 338, 343–347
Droit d'opposition 80
Droit d'utilisation 42, 65, 175
Droit *erga omnes* 168
Droit public 49, 55, 62, 66, 103, 104, 106, 124, 127, 144, 146, 168, 176, 177, 338, 344
Droit réel 45, 52, 53, 62, 98, 147, 151, 152, 335, 336, 338
Droit sur les données 42, 55, 64, 72, 124, 202, 260
Droit sur les informations 80
Droits civils 34, 37, 79, 95, 96, 104, 106, 109
Droits de l'homme 10, 19, 35, 51, 52, 113, 122, 127, 129, 146, 196, 238, 268, 287, 288, 333, 335, 343
Droits de la personnalité 61, 63, 64, 81–84, 95, 114, 251, 264, 265, 335, 344
Droits de la personnalité relatifs aux données 335
Droits de propriété sur les données 61, 83, 86, 87, 128, 335
Droits des animaux 39
Droits d'intérêt général sur les données 42, 162, 170, 172, 173, 175, 176

Droits dus 67
Droits et intérêts relatifs aux données 24, 88, 125
Droits privés sur les données 95, 97, 100, 104, 157
Droits réels 45, 46, 52, 61, 67, 88, 91, 98, 150–152
Droits relatifs aux données 41, 42, 46, 47, 55, 60–62, 65, 68, 72, 78, 82, 83, 86, 94–102, 104–106, 108, 109, 114, 119–124, 127, 148, 149, 245, 251, 260, 262, 266, 269, 270, 286, 289, 290, 295, 325, 335, 338–340, 343, 344, 346
Droits souverains 203, 208, 214, 224
Droits sur les données 24, 31, 44, 46, 48–50, 55, 56, 60–68, 77, 79, 80–92, 94, 95, 98, 99–102, 104, 107, 108, 113, 118–124, 126–128, 131, 150, 152, 155–157, 163, 173–175, 187, 247, 249, 293, 302, 335, 338, 344
Droits sur les données d'entreprise 62, 77, 85, 88, 123
Droits sur les données personnelles 62, 67, 77, 79–84, 89, 94, 99, 104, 107, 113, 119, 121–124, 127, 128
Droits sur les données publiques 91, 163, 187
Droits sur ses propres données 49

Économie de partage 133
Économie numérique 1, 49, 74, 83, 85, 105, 177, 183, 233, 284, 308, 337, 347
Effet *erga omnes* 87
Effet exclusif 87
Égoïsme 21, 26, 27, 28, 234
Ensemble de données 58, 60
Équité 10, 31, 49, 132, 153, 154, 168, 181–183, 188, 229, 327

Espace numérique 63, 136, 192
Établissement des droits sur les données 50, 108, 120, 126, 150
Exclusivité 27, 151, 152

Faisceau de droits 79
Fiction juridique 49
Flux transfrontaliers de données 67, 192, 209, 228, 229, 233, 234, 242, 244, 253, 271, 300, 301, 337
Fournisseur de services de données
Fracture numérique 163, 205, 235, 278

Gouvernance chinoise 296
Gouvernance des données 32, 63, 93, 94, 215, 217
Gouvernance électronique 277–280, 285, 306, 308, 339
Gouvernance gouvernementale 252, 340
Gouvernance mondiale de l'Internet 323–328, 331, 334–336, 341, 347
Gouvernance mondiale des données 30, 217
Gouvernance multilatérale 239, 240
Gouvernance nationale 52, 281, 310
Gouvernance publique 307
Gouvernement intelligent 277, 283
Gouvernement numérique 1, 89, 90, 275, 277, 280, 282–285, 306–309, 339
Gouvernement ouvert 93, 277

Hégémonie idéologique sur le réseau 324, 333
Hégémonie numérique 191, 233, 242, 244, 333
Hégémonisme numérique 233
Homme abstrait 19
Homme écologique 19, 51, 53
Homme éthique 19, 53
Homme scientifique 19, 53

Homo culturalis 11, 20
Homo economicus 9-12, 19-24, 30, 52, 54
Homo moralis 10, 11, 20
Homo numericus 1, 18, 19, 21-25, 27, 28, 32-40, 63, 155-158, 335, 344, 346
Homo politicus 10, 11, 20
Homo socialis 10, 11, 20, 22

Individu spécifique 78, 79, 254
Indivis mondial 198, 230, 232, 236
Industrie des données 78, 84, 121, 150, 161, 182, 315
Informations personnelles 67, 69, 70, 78, 79, 82, 83, 90, 95, 101, 105, 113, 118, 128, 129, 166, 188, 252, 253, 258, 259, 262, 263, 267-269, 272, 288, 289, 337, 341
Infrastructure de données 218, 222, 225
Intelligence 34, 35, 51, 53, 54, 81, 85, 90, 111, 125, 141, 188, 189, 202, 337, 345
Intelligence biologique 35
Intelligence non biologique 35
Interaction homme-machine 35
Intérêt public 9, 31, 38, 42, 44, 73, 76, 99, 103, 104, 106, 107, 113, 136, 153, 154, 158-162, 173, 175-180, 320
Intérêt souverain 225

Juridiction 17, 191, 201, 207-210, 215, 220-223, 225-228, 230, 231, 236, 243, 244, 248
Juridiction des données 221
Juridiction protectrice 209
Justice 5, 10, 13, 15, 41, 43, 66, 71, 87, 104, 117, 125, 154, 177, 179-181, 183, 187, 188, 209, 324, 327, 332, 333
Libéralisme technologique 331
Licence 65, 87, 92, 319, 320
Localisation des données 233, 234, 243
Loi Grishin 37, 54

Meilleure utilisation des données 24, 31, 49, 170
Monopole des données 104, 154
Moralité 21, 53, 114, 115
Multipartite 239, 240, 272

Nature sociale 7, 9, 11, 12, 14, 22, 30, 32
Numérisation 18, 19, 47, 104, 164

Ouverture des données publiques 93, 124, 132, 163, 165, 300, 303, 305, 306, 310, 311, 313, 315, 316, 319

Panoptique 160
Partage des données 31, 44, 78, 91-93, 98, 106, 121, 132, 148-151, 158, 160-167, 169, 171, 172, 188, 205, 207, 297, 301, 305, 310-312, 314, 317, 318, 319, 320, 336
Personnalité électronique 36, 37
Personnalité virtuelle 36
Personne physique 36, 78, 79, 83, 166, 253, 289
Piège hobbesien 29
Plus-value 137, 138, 140, 141
Postulat de l'*homo numericus* 18, 19, 21-23, 32, 346
Postulat de la nature humaine 1, 2, 9, 12, 18, 24, 51, 335
Pouvoir absolu 194
Pouvoir des données 18, 34, 56, 72-76, 94, 98-102, 124
Pouvoir public 72, 73, 75, 94, 97-107, 112, 118, 124
Pouvoir public des données 100
Pouvoir souverain 225, 246
Propriété 7, 24, 25, 31, 32, 41-44, 47-49, 51, 52, 53, 55, 61-63, 65, 66, 71, 72, 76, 78, 79, 82-84, 86-88, 91, 93, 95, 98, 99, 103, 104, 108-110, 120, 122, 123, 126-129, 133, 143,

Terminologie

147, 149–152, 157–161, 165, 172, 173, 182–184, 187, 188, 225, 226, 234, 261, 273, 289, 293, 327, 335, 343, 344
Propriété des données 24, 31, 41, 42, 44, 48, 49, 55, 62, 83, 84, 87, 93, 120–122, 123, 126, 127, 129, 149, 152, 165, 172, 183, 184, 187, 188, 225, 226, 335
Propriété intellectuelle 61, 84, 88, 108, 110, 123, 234, 327, 335
Protection de la vie privée 67, 85, 102, 105, 113–115, 158, 160, 188, 234, 252, 253, 255, 257, 258, 260–263, 265, 272, 275, 279, 336, 341
Protection des données 24, 31, 40, 43, 45, 66, 67, 72, 84, 88, 92, 96, 97, 105, 111–114, 116–124, 126–129, 157, 159, 161, 166, 241, 242, 245, 252–260, 264–267, 269, 271–276, 279, 287–290, 294, 295, 298, 335, 340, 344
Protection des droits relatifs aux données 102, 105, 106, 109, 114, 119, 121–124, 251, 260, 262, 266, 269, 270, 286, 289, 295
Protectionnisme numérique 233, 234
Puissance numérique 23, 192

Rareté 131, 136, 139, 148, 169, 172, 186
Recours collectif 38
Règlement général sur la protection des données (RGPD) 67, 271, 275
Règles en matière de données 215, 346, 347
Remixage 33, 48, 61, 326, 346
Renonciation à la souveraineté 225
Responsables du traitement 80, 84, 99, 120
Ressources de données 31, 40, 41, 62, 74, 89, 92, 107, 111, 135, 150, 152, 154, 157, 158, 162, 163, 165, 167, 169, 173, 177, 181–185, 204, 205, 211, 215, 216, 220, 226, 228, 242, 246, 293, 302, 307, 312, 315
Robot 19, 34–37, 39, 52, 54, 108, 189, 253

Sans frontière 210
Scandale PRISM 68, 69
Secrets d'État 88, 290, 291, 295
Sécurité des données 22, 24, 30, 43, 69, 85, 102, 105, 108, 115, 117, 148, 168, 192, 200, 204, 222, 223, 227, 228, 229, 235, 242, 245, 246, 270–273, 275, 288, 292–302, 305, 336, 337, 341
Sécurité nationale 62, 102, 157, 163, 191, 198–201, 220–223, 230, 233, 234, 239, 241, 243, 293, 301
Sens du partage 132, 133, 154
Serveur racine 212, 213, 332
Service public 144–146, 158, 164, 175
Société numérique 1, 23, 27, 34, 233
Sociologie des données 125, 187, 247
Sophia 37
Souveraineté des données 45, 55, 62, 63, 126, 191, 192, 198, 200, 202–207, 213–216, 219–236, 238, 241–250, 300, 336, 344
Souveraineté des données personnelles 202
Souveraineté moderne 194, 195, 197, 198, 246
Souveraineté nationale 63, 192–194, 196, 198, 199–204, 208, 210, 211, 214, 215, 217, 218, 224, 225, 235, 237, 240, 245, 246, 248, 249, 250, 347
Souveraineté numérique 192, 198–202, 240, 246, 247, 249, 250, 323–325, 331
Souveraineté relative 204, 206
Sphère privée 159, 179, 264–266

Structure du pouvoir 76, 100, 125
Symbiose 35
Système de droits 42, 63, 84, 91, 99, 100, 103, 119, 128, 148, 184, 335, 344
Système de droits d'intérêt général sur les données 42
Système de partage 42, 43, 133, 143, 180, 344
Système de propriété des données 41, 187
Système des droits relatifs aux données 338, 344

Technologie de données 27, 204, 216
Technologie numérique 74, 235
Terrorisme en ligne 334
Terrorisme numérique 191, 233, 235, 236, 242
Théorie de la plus-value 137, 140, 141
Théorie de la valeur 137–141, 177, 187
Théorie de la valeur-partage 137, 140, 141
Théorie des faisceaux de droits 65
Transaction de données 41, 315
Transfert 30, 49, 66, 72, 75, 79, 91, 102, 125, 157, 194, 213, 222, 224–226, 231, 246, 248, 249, 274, 279
Transfert de souveraineté 224–226, 231, 249

Transmission transfrontalière 64, 65, 248
Une donnée peut souvent avoir plusieurs sujets de droit 344
Unilatéralisme 222, 234, 324, 325
Usufruit sur les données 42, 44, 162, 170, 172–175, 177
Utilisation abusive des données 295
Utilisation des données 23, 24, 31, 41–46, 48–50, 56, 66, 81, 86, 89, 93, 94, 99, 111, 119, 120, 148, 151, 153, 159, 162, 164–167, 169, 170, 172–174, 182, 202, 216, 241, 255, 273, 274, 282, 294, 295, 301, 312, 319, 321, 322, 336

Valeur des données 23, 44, 64, 65, 94, 98, 99, 102, 124, 131, 132, 150, 151, 153, 157, 165, 169–172, 174, 183, 185
Valeur-partage 131, 137, 140–143, 148, 150, 155, 161, 166, 169, 172, 177, 185
Vie privée 18, 61, 67–69, 75, 80, 82, 85, 95, 96, 101, 102, 105, 106, 110, 113, 115, 117, 123, 127, 150, 157–161, 163, 188, 189, 234, 238, 251–253, 255, 257–265, 268, 269, 271–273, 275, 279, 288, 289, 300–302, 327, 336, 341, 347

www.ingramcontent.com/pod-product-compliance
Ingram Content Group UK Ltd.
Pitfield, Milton Keynes, MK11 3LW, UK
UKHW021827210426
5322IPUK00003B/65